HISTORIA DE LA ELECTRICIDAD EN LA CUENCA DEL OJA

Desde las fábricas de luz a la Electra rural que alimentó a la comarca (1896-1964)

Jose Mari Merino Azcarraga

(Imagenes de la portada. Inauguración del Salto del Águila en 1952. Apunte a lápiz del natural por Luis del Río y Soler de Cornellá. Cedido por Manuel del Río Zuloaga)

Editorial: BoD · Books on Demand GmbH, In de Tarpen 42,
22848 Norderstedt (Alemania)
Impresión: Libri Plureos GmbH, Friedensallee 273,
22763 Hamburg (Alemania)

ISBN: 978-84-1092-013-2

CARMEN para ti a los 56 años de nuestro primer encuentro. En estos largos años has logrado el entorno para trabajos como este. Tu sabes la ilusión y los esfuerzos que hay dentro de estas páginas. A ti te debo el llegar hasta el final.

A Sandra, Inés y Carmentxu hijas muy queridas

Xabier, Belén, Íñigo y María nuestro futuro

ÍNDICE

ÍNDICE

PRESENTACIÓN

Motivo de satisfacción constituye para mi persona el poder presentar este libro, consecuencia directa del trabajo de un buen amigo y acreditado ingeniero, a la vez que concienzudo y profundo investigador de la historia de nuestro querido valle del Oja. Pero es que también la tradición familiar tiene mucho que ver en este trabajo. Baste que recordemos a don Juan Bautista Merino Urrutia, autor de numerosísimos trabajos de investigación relacionados con esta Comarca, para que nos demos cuenta que el cariño y amor a una tierra deja casi siempre poso, y muy fecundo por cierto, en las personas que por vínculo familiar le trataron y admiraron.

Nada menos que "La historia de la electricidad en la cuenca del Oja", es el trabajo de investigación que ha acometido Jose María Merino Azcárraga, doctor ingeniero industrial. Y es que ciertamente resultaba de todo punto chocante que pudiera perpetuarse el desconocimiento casi total que sobre este asunto teníamos en esta Comarca, a pesar de la importancia que la electricidad ha tenido – y sigue teniendo – en el desarrollo de nuestros pueblos y ciudades.

Ilusión, trabajo, cariño a esta tierra, además de profundos conocimientos sobre la materia, es lo que destila este libro a lo largo de sus capítulos, magníficamente bien secuenciados, con una narración clara, que a buen seguro llegará a enganchar a los lectores. Incluso a los de más edad nos ayudará a revivir aquellos años ya lejanos, en los que el suministro de energía eléctrica – al menos en esta zona – dependía de unos pocos saltos de agua que en absoluto garantizaban – especialmente en época estival – el suministro regular. ¡Más de una vez nos ha tocado recurrir a una vela encendida para poder ver algo…!

Jose Mari demuestra, además de todo lo anteriormente expuesto, un profundo conocimiento de los intríngulis y recovecos de la Sociedad "Electra Posadas", pieza clave en la electrificación del Valle a partir de 1923, ya que dicha empresa suministró energía eléctrica, a veces en condiciones cuasi heroicas, a la mayor parte de las poblaciones de la Comarca del Oja. Una Sociedad que contó con la aportación entusiasta de accionistas y obligacionistas, muchos de ellos vecinos de los pueblos comarcanos, quienes pusieron su ilusión y ahorros para que esta aventura llegara a buen puerto.

Nos hallamos ante un trabajo basado en infinidad de datos, entrevistas con personajes de edad avanzada que intervinieron en este proyecto, contraste de la información recibida a través de diversas fuentes, lectura de miles de páginas de libros, boletines oficiales, revistas especializadas y diarios de la época, acompañado de numerosas fotografías, planos, gráficos, etc. que nos ayudarán en el seguimiento de la narración.

Ha indagado el autor – y esto me consta de manera fehaciente – hasta en los más mínimos detalles de esta historia. Pero especialmente se ha detenido en los aspectos humanos, prestando especial atención a aquellas personas que desde los puestos más modestos a los de mayor responsabilidad, dedicaron su vida y su esfuerzo para que el suministro regular de energía eléctrica fuera una realidad en nuestro querido Valle del Oja.

Hace pocos meses han desmantelado la central del Águila, en Ezcaray. Ya no era necesaria. Actualmente el suministro de energía eléctrica procede de la red general, a partir de diversas fuentes (hidráulica, térmica, eólica, solar, etc.). Jose Mari y yo hemos sentido enorme pena por esta desaparición, pero el progreso manda y así debemos aceptarlo.

Sin embargo, las circunstancias del destino, han querido que finalmente confluyamos en esta historia dos personas, a quienes – aparte de la amistad – nos encanta la investigación. En lo que se refiere a Jose Mari, porque tanto él como sus familiares, trabajaron en puestos de responsabilidad en la dirección de "Electra Posadas", alma mater del desarrollo eléctrico de la Comarca; y en mi caso, porque mis familiares – concretamente mi abuelo Daniel Agustín Apéstegui, creyó siempre en el progreso y tuvo el buen tino de haber destinado, con gran ilusión, una parte de sus ahorros – como accionista – en esta más que loable iniciativa.

Y es que el progreso debe ser así: Unos aportan las ideas y la técnica para poner en marcha el proyecto; otros, la fe, el entusiasmo y su capital para desarrollarlo. Y no nos olvidemos de los trabajadores, quienes con su esfuerzo diario, colman la ilusión de ambos y hacen que los sueños se conviertan en realidad.

Seguro que a nuestros antepasados les hubiera gustado tener esta obra entre sus manos y poder disfrutar con su lectura.

JOSÉ LUIS AGUSTÍN TELLO
Agosto de 2021.

PRÓLOGO

Querido lector que te acercas a este libro titulado "Historia de la Electricidad en la cuenca del Oja", seas bienvenido, ante todo, pues vamos a estar en compañía durante bastantes horas, salvo que poco después de comenzarlo te canses y decidas dejarlo. Este libro es el resultado de un proyecto de investigación sobre la electrificación en la cuenca del río Oja. A medida que el proyecto avanzaba me di cuenta de que podía lograr un libro CON los datos que iba recopilando, y así se podrían difundir. Soy consciente de que al escribir algo hay que pensar en qué tipo de personas serán sus potenciales lectores. Esta preocupación la he tenido a lo largo de la escritura de las páginas que ahora tienes en tus manos.

Esta publicación puede ser de interés para las personas amantes de la naturaleza y de la lucha de nuestros antepasados para acomodarse a ella y extraer sus recursos. Los curiosos de la historia de la técnica también pueden sacar provecho al ir pasando sus páginas. También pueden obtener partido aquellos que tengan deseos de profundizar con otros proyectos de investigación. Además, hay muchas gentes que aman el Valle del Oja, en dónde a lo largo de la historia se han dado todo tipo de esfuerzos para mejorar el desarrollo y comodidad de sus habitantes. El río Oja, afluente del Ebro por la derecha, a pesar de ser modesto, ha dado lugar a muchos relatos y espero que este pueda ser incluido entre los mismos.

En la parte titulada "COLABORADORES Y AGRADECIMIENTOS", que viene a continuación, verás una descripción de mi historial profesional, junto con el de las muchas personas que me han ayudado, pero primeramente te explicaré los motivos por los que he decidido iniciar la escritura de esta publicación.

El primero y fundamental es que he detectado, últimamente, un cúmulo importante de documentos dispersos, junto con la memoria de personas mayores que los poseen, y que versan sobre el tema condensado en el título del libro. Además, en numerosas conversaciones, con las gentes aludidas, he detectado que existen muchas otras a las que gustaría ver todo esto reunido de forma organizada y disfrutar de su lectura. Sería una lástima que este conjunto de información se perdiera o que se diluyera ya que el paso del tiempo hace que se vuelva más borroso, en el sentido literal y mental del término. Así he estado leyendo y extractando cartas escritas por alguno de los protagonistas hace más de 120 años y hay que esforzarse para sacar la información que contienen. Viendo el soporte en que están copiadas es fácil pensar que si tardo otros 10 años más esta será una tarea mucho más complicada. Y no me perdonaría a mí mismo haber dejado pasar esta ocasión y espero que tú, que me estás leyendo, también lo sintieras. Durante este trabajo he pensado, muchas veces, que es posible que esta información no vea la luz en forma de libro publicado, que no tenga éxito en su distribución al público o que los ejemplares distribuidos sean pocos. Pero me ha animado mucho tratar de que mi trabajo quede fijado en un soporte adecuado y que otro u otros lo puedan tomar para seguir aportando sus métodos o estilos propios. También esto es válido si, por los motivos que sean, no puedo terminar.

PRÓLOGO

Ahora quiero contarte, brevemente, mi relación con la electricidad en general y con la electrificación de la cuenca del Oja en particular. Verás que mi devenir profesional se ha dedicado a actividades relacionadas con la electricidad, o en lenguaje coloquial los garbanzos que he ganado han sido todos eléctricos. Pero es que además la electricidad me ha marcado fuertemente desde que nací porque mi abuelo paterno y sus tres hijos, entre ellos mi padre, intervinieron en esta historia como apreciarás en el Capítulo 11 "Los protagonistas de la historia". Además, por circunstancias de edad, me tocó ser el último gerente de Electra Posadas SA empresa que cierra esta historia antes de que sus muchos accionistas vendieran sus participaciones a Iberduero en 1964.

Tengo además raíces riojanas por mis dos abuelos paternos de Grañón y Ojacastro, y por mi abuela materna nacida en Villalobar de Rioja. Y para completar mi relación con la electricidad en el Oja incluyo, en la figura que sigue, una fotografía de la década de los 40 del pasado siglo en la que estoy en brazos de mi madre en la pradera que hay delante de la Central de Posadas, este lugar permanece muy parecido a pesar de los años transcurridos.

Figura 1. Central de Posadas. Década de los 40 del pasado siglo. Maria de Azcarraga tiene en brazos a su hijo Jose Mari Merino autor de este libro.

Por todo lo anterior te pido de antemano disculpas porque te podrá parecer, que este libro es muy subjetivo ya que parte de sus fuentes y los muchos recuerdos que he empleado al escribirlo son familiares y personales. Te aseguro que he extremado los cuidados para que sea lo más imparcial posible y que no parezca un elogio al "buen hacer" de la familia Merino durante más de dos generaciones.

Termino indicando que mis relaciones afectivas se completan porque he pasado las vacaciones, desde mi niñez, en Ojacastro en la antigua fábrica de luz de este pueblo rehabilitada por mi padre. Si me visitas en esta casa, gustosamente te enseñaré los vestigios de las instalaciones que aún se conservan.

Este libro tiene una línea argumental fundamentada en las fábricas de luz que se instalaron al principio de la historia y que servían solamente a las poblaciones en las que estaban enclavadas.

Posteriormente se instaló una central eléctrica a distancia cuya misión fue el suministro a varios núcleos y comenzó, tímidamente, a suministrar fuerza además de la luz eléctrica. A partir de este momento el hilo argumental estuvo dado por la sucesión de pequeñas empresas que fueron extendiendo sus redes por una zona eminentemente rural. Entonces se puede decir que los acontecimientos principales tuvieron una sucesión temporal. Los hechos que se relatan van a tener una dimensión empresarial. Detrás de todo ello están los protagonistas humanos como en toda historia del tipo que sea. Se ha tratado de enmarcar todo ello en el devenir de la historia industrial, social y política de España durante aquellos años. Hay también algunas referencias a acontecimientos mundiales. Así el lector ve el sentido que tuvo esta historia.

Seguidamente explicaré brevemente la metodología aplicada, porque gran parte de la documentación está en manos privadas, salvo la parte final que se encuentra en el Archivo Histórico de Iberdrola en Ricobayo (Zamora). De los papeles privados la mayor parte son de mi familia, pero hay unas buenas excepciones en los de algunos de los colaboradores que los han puesto a mi disposición y que además me han animado a escribir este libro. Al abordar el estudio de los documentos se ve que el tratamiento descriptivo de las distintas fábricas de luz antiguas, y las posteriores centrales es muy irregular, es decir de alguna de ellas hay mucha información y de otras muy poca. Ante ello tenía la opción de acomodar la estructura de todas y cada una de las Empresas e instalaciones a realizarlo de forma homogénea y abandonar el exceso de información en los casos que esta existiese. Este proceder tenía la ventaja de lograr un conjunto más armónico, pero podía perder cosas interesantes que sería una lástima desechar. Así de una de las fábricas de luz, no la más grande, me he encontrado dos copiadores de cartas que guardan, de forma bastante legible, la correspondencia de su promotor y propietario entre 1907 y 1927 incluyendo el desarrollo del Proyecto. Son casi unas mil cartas en copiadores como los que se ven en la figura.

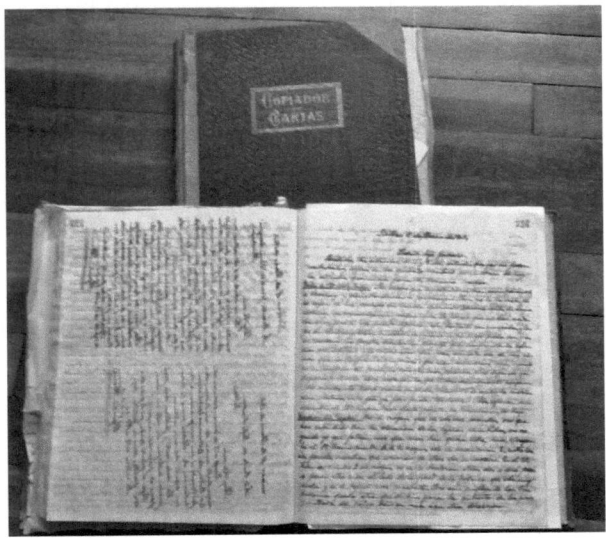

Figura 2. Fábrica de luz de Ojacastro. Copiadores de cartas.

La mayor parte de los documentos son cartas, muy pocas veces se conserva la carta inicial y la contestación a la misma, pero he observado que, a pesar de ello, no se pierde el hilo de lo acontecido. Para el enfoque emplearé tres modos principales:

PRÓLOGO

- El histórico, ordenando en el tiempo los hechos, describiendo los vestigios de las instalaciones que se hicieron, y las relaciones personales de los protagonistas que intervinieron. Y agruparé los temas por apartados que trataré sean homogéneos.
- El técnico divulgativo juzgando con modestia y respeto los datos técnicos de las instalaciones, apreciando siempre los esfuerzos de los que nos precedieron que aplicaban tecnologías emergentes. Si se describe una concesión hidráulica de hace más de un siglo, que no se llevó a cabo, realizaré especulaciones personales tratando de explicar las razones que pudieron existir para desecharla.
- El económico comparativo estableciendo, de forma aproximada y simple, las relaciones entre el consumo eléctrico, la población y la época en que tenían lugar.

Al tratar aspectos técnicos y económicos es posible se note mi fondo profesional de tantos años. Vigilaré para evitar que sean excesivos, pero será posible que algo se me escape. Desde el principio te pido comprensión. En la distribución final de capítulos y apartados, se estructurarán de forma que algunos de ellos se puedan evitar. Incluiré un índice terminológico para guiarte en las zonas más arduas para tu formación, curiosidad, o intereses. Las tecnologías que se emplearon a lo largo de esta historia ya estaban establecidas unas dos décadas antes de su comienzo y las mismas siguen hoy con grandes mejoras en las eficiencias, los materiales, el conocimiento de los procesos, ... Esto hace posible que haya podido emplear estos conocimientos, largamente establecidos, para sacar consecuencias en aquellas instalaciones en las cuales sus vestigios, o documentación son escasos. Verás bastantes ejemplos, de esta Ingeniería histórica, a lo largo de las páginas que tienes en tus manos.

Este libro está basado en anexos documentales y de cuentas todos en formato PDF, según se indicará a lo largo del libro. Además, para facilitar la utilización, por los estudiosos de economía, de los datos de cuentas, se incluyen estos en formato editable EXCEL [1]. También hay algunos vídeos ilustrativos. Todo ello se va a recoger en una carpeta de la cual se facilitará su índice detallado y el enlace para acceder a la misma.

Espero, querido lector, que el tiempo que has dedicado a esta lectura haya merecido la pena y que el balance entre las cosas aburridas y las interesantes haya quedado a favor de las amenas de forma rotunda.

Espero haber recibido tu benevolencia. VALE

Jose Mari Merino
Ojacastro (La Rioja) – Bilbao. Diciembre 2024

---

[1] Microsoft Excel es una hoja de cálculo desarrollada por Microsoft para Windows, macOS, Android y iOS.

COLABORADORES Y AGRADECIMIENTOS

Se van a indicar las personas que han hecho posible la investigación necesaria para escribir este libro, y darles, en su comienzo, las más expresivas gracias. Sin sus aportaciones la riqueza y frescura de los datos no hubiera sido posible. Se ha realizado un trabajo en red, de acuerdo con los tiempos actuales.

A los colaboradores se les cita por orden alfabético de apellidos. Se ha intentado no olvidar a ninguno, si ello sucediera el autor pide disculpas y se compromete a subsanar este olvido.

Se comienza por los colaboradores puntuales, todos ellos entrevistados personalmente, que han reaccionado magníficamente a las demandas de información, sus aportaciones han variado desde una conversación, al préstamo de fotografías, pasando por recortes de prensa, exploración de disposiciones oficiales, amén de hemerotecas y pequeños documentos sobre aspectos concretos. Muchas veces han servido de contraste y ampliación de informaciones que ya existían. También han permitido sacar fotografías cuando se trataba de antiguas instalaciones situadas en fincas privadas. Para las fotografías que se han incorporado al texto se cita la persona que las ha cedido. Las personas de este grupo son:

Abajo Monge, Gonzalo - Alonso, Alberto - Aransay Calvo, Ricardo († 21 -2 -2023) - Avanzini Merino, Jaime - Barrutia Etxebarria, Xabier - Bengoa de la Cruz, Diego - Bravo, Jose Luis - Campo Marín, Domingo - Capellán, Antonio - Carpintería Loma de Ezcaray - Carranza Campuzano, Pilar - Cilla, Samuel - Coca Figuerola, Ignacio - Cuevas, Dámaso - Chávarri Pérez, Susana - Dacal Vidal, Luis - De León Molina, Luis - Del Río Merino, Gonzalo - Del Río Zuloaga, Manuel († 23 - 7 - 2023) - Diego Martín, Yolanda - Diez Morrás, Eduardo - Dulac, Teresa - García Adán, Juan Carlos - García Calvo, Jose María - Garrués Irurzun, Josean - Giménez Uranga, Felícitas - López Araquistain Bericoechea, Alfredo - Llop Merino, Cosme - Marañón, Adolfo - Marín Abeytua, Diego - Marín Calvo, Jose Ramón - Marín Rodrigo, Carmen - Marín Santamaría, Carlos - Medina Del Río, Alfonso - Merino Aguilar, Augusto - Merino Murga, Rafael - Merino Sáenz de Santa María, Carmen - Merino Sáenz de Santa María, Inés - Merino Sáenz de Santa María, Sandra - Merino Santamaría, Vega - Merino Aguilar, Augusto († 8 - 2 - 2024) - Montoya Repes, Alfredo - Morán, Santiago - Olaizola Elordi, Juanjo - Poza, Oscar - Prado, Allende - Pujana Goitia, Ainhoa - Ramos Uranga, Mari Tere - Rodríguez Arias, Raúl - Rubio, Santos - Soto Sáenz, Jose Luis - Soto, Begoña - Terreros, Rubén - Torrecilla Gorbea, María José - Torrecillas Lozano, Cristina - Torres Sancho, Rafael - Uruñuela Sierra, Jose Antonio - Valgañón, Juan Luis - Vázquez Novoa, Raúl - .

Se sigue por un grupo de siete colaboradores, con ayuda especial y determinante en la consecución de este libro, a los mismos se reiteran las gracias muy especiales.

Agustín Tello, Jose Luis. Además de sus numerosas ayudas ha sido la persona que ha animado al autor para acometer este apasionante Proyecto.

COLABORADORES Y AGRADECIMIENTOS

Del Río Merino, Mercedes. Ha cedido al autor unos archivos extensos y completos de la Fábrica de Luz de Ojacastro establecida por su bisabuelo Agustín Merino.

Diez Morrás, Francisco Javier. Ha aportado documentos inéditos sobre la electrificación en Santo Domingo y sobre sus antepasados Díez Robredo y Díez Arrea.

Díez Urrecho, Francisco Javier († 6.8.2023). Ha facilitado mucha información sobre las personas de la familia Díez y detalles de obras e instalaciones.

Garay Montoya, Iñaki. Edición de vídeos. Por acompañar activamente al autor en sus paseos de campo. Asesoramiento de herramientas informáticas.

Matey Valderrama, Jorge. Ha colaborado en la redacción del apartado del Epílogo sobre el desmantelamiento de la central del Águila y sus fotografías anexas.

Uruñuela Uyarra, Pilar. Ha hecho de enlace, muy eficaz, con los Archivos Histórico de la Rioja e Histórico Diocesano. Ha evitado desplazamientos del autor a Logroño.

Finalmente se trae el perfil de experiencia profesional del autor de este libro Jose Maria Merino Azcarraga. Doctor Ingeniero Industrial (Promoción 1964) por la Escuela Técnica Superior de Ingenieros Industriales de Bilbao, actualmente jubilado.

En enero de 1963 inició un período de prácticas, compatible con sus estudios, en la Empresa Electra Posadas S.A. que ocupó los 40 años finales de esa Historia. Desde enero de 1964 hasta 31 de diciembre del mismo año fue su último gerente. También es autor de varios libros de divulgación técnica sobre electricidad.

A pesar de contar con tan amplio y cualificado elenco de colaboradores el autor asume todas las responsabilidades que pudieran derivar del uso, información, o interpretación inadecuada de la información recibida. Asimismo, los posibles juicios y opiniones vertidos son exclusivos del autor

INTRODUCCIÓN

Esta introducción a la historia de la industrialización eléctrica en la zona geográfica regada por el río Oja, afluente del Ebro por la derecha y que se extiende en la comarca geográfica denominada Rioja Alta, se dedica a situar el relato del apasionante desarrollo de la electricidad a caballo entre los siglos XIX y XX.

1. Desarrollo de la electricidad.

No es exagerado decir que la extensión de la electricidad, inicialmente en su forma de luz eléctrica, cambió radicalmente el progreso y el bienestar de la humanidad y en consecuencia el devenir histórico y social del mundo. La electricidad es una energía intermedia y si la necesitamos es para convertirla en luz, fuerza o calor. Estas tres formas fueron las que se aplicaron en los años y en la comarca en la que transcurre este relato. Hoy, en pleno siglo XXI, sus aplicaciones son muchísimas más. La electricidad, en cantidades muy pequeñas, está detrás del desarrollo de la informática, las comunicaciones y la automatización que están extendiéndose por doquier actualmente. Por otro lado, profetizar que la electricidad seguirá siendo la piedra angular del desarrollo futuro es muy sencillo y así lo comprobarán las personas de tiempos venideros.

Se van a dar unas pinceladas históricas para enmarcar la "Historia de la Electricidad en la cuenca del Oja". Para ello basta acudir a una de las muchas publicaciones dedicadas al tema. Siguiendo a Serrano se clasifican las etapas siguientes, algunas de las cuales fueron parcialmente simultáneas:

- Los descubrimientos básicos y experimentos fundamentales
- Los generadores eléctricos a partir de la energía mecánica
- Las lámparas para iluminación, las populares "bombillas"
- El desarrollo de los motores eléctricos
- El logro de la transmisión de energía a distancia y el establecimiento de las primeras centrales eléctricas, inicialmente llamadas fábricas de luz.

Así, **los descubrimientos básicos y experimentos fundamentales** tuvieron lugar a partir de Tales de Mileto (s VI a de JC) uno de los "*siete sabios de Grecia*" que describió la producción de electricidad estática por frotamiento y el magnetismo natural de ciertos minerales naturales (la magnetita) que atraía trozos de hierro. Se considera que este período, muy largo de 24 siglos, se cierra con los hallazgos por Oersted y Faraday, en 1832, del electromagnetismo y la inducción electromagnética. Estos últimos sientan las bases para el desarrollo de los generadores y motores eléctricos.

Poco antes de Oersted y Faraday, Galvani y Volta entre 1791 y 1799 desarrollaron el primer elemento galvánico, fundamento de los generadores electroquímicos, base de las pilas y baterías, y estos generadores tenían poco interés salvo para aplicaciones de laboratorio. La etapa fundamental fue la de los generadores eléctricos a partir de la energía mecánica. En el siglo XIX, esta procedía tanto de la máquina de vapor, como de ruedas y primitivas turbinas hidráulicas. Estos generadores suministraban electricidad siempre que la fuente energética, combustible o agua, estuviera disponible.

Tras los experimentos de Oersted y Faraday sobre inducción electromagnética aparecen diversas máquinas experimentales que anunciaban los generadores de aplicación industrial. Se trae aquí, en la figura, un ejemplo del generador que Hippolyte Pixii [1] desarrolló inmediatamente tras Faraday, en 1832, con el que demostró en la Academia de Ciencias Francesa, con su generador de bobinas giratorias e imán fijo, que los principios eran válidos.

Figura I.1. Generador experimental de Pixii de bobinas giratorias e imán fijo. Se conserva en la casa del autor en la antigua fábrica de luz de Ojacastro. Cedida por Iñaki Garay Montoya.

Esta época cubre desde los primeros prototipos de Faraday en 1831, hasta el generador síncrono trifásico de los desarrollos simultáneos de Haselwander y Bradley en 1887. La misma está jalonada por acontecimientos técnicos importantes entre los que se señalan el desarrollo del inducido en anillo de Gramme (1871), y el inducido en tambor de Hefner - Altener (1872). Estos últimos se industrializan y se instalan en las primeras centrales generadoras. En la figura siguiente, se puede ver un anuncio de 1889 de A. Boilard de París que vendía estas máquinas y que incluso citaba que las había instalado en Madrid y otras ciudades españolas. A la izquierda se distingue la polea sobre la cual se dispondrá la correa de transmisión de la potencia del motor hidráulico o térmico que la arrastra. Se ve en la figura que en ambos extremos aparecen unos dispositivos parecidos a bombillas, no son tales sino los engrasadores de los dos cojinetes de la máquina.

---

[1] Véase https://es.wikipedia.org/wiki/Hippolyte_Pixii

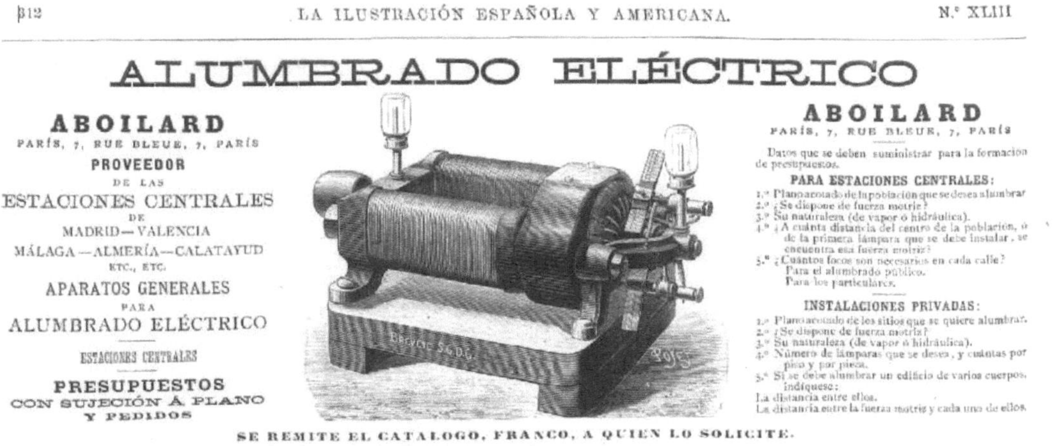

Figura I.2. Anuncio de un generador eléctrico de corriente continua tipo Gramme para alumbrado. (La Ilustración Española y Americana 1889. Cedida por Jose Luis Agustín Tello)

Para los proyectos de alumbrado hacen falta receptores que produzcan luz; son las **lámparas para iluminación**. La iluminación eléctrica estuvo precedida por las lámparas de arco voltaico con las que se realizó un alumbrado público experimental en 1841 en París. Pero este sistema tenía varios defectos tales como gran consumo de electrodos de carbón, entre los que saltaba el arco, mal rendimiento, luz inestable, y propensión a accidentes. La historia de los avances para lograr un dispositivo fiable, duradero, y barato está llena de mejoras progresivas que culminan en Thomas Alva Edison (1847 - 1931), que fue seguramente uno de los inventores más prolíficos de todos los tiempos. Se resume del libro de Fraile que publica la biografía de Edison. En 1876 fundó su laboratorio en Menlo Park (New Jersey) verdadera fábrica de inventos y le bautizaron como "el mago de Menlo Park". En 1879 junto con Swan patentaron una lámpara incandescente de hilo de carbono que duraba 40 horas. Un año más tarde en 1880 producía bombillas de 16 W de potencia con una duración de 1.500 horas. Además, realizó actividades de generación y distribución de electricidad para alumbrado público y doméstico con la creación de la Edison Electric Iluminating Company en 1880, que instaló las centrales de Holborn Viaduct en Londres y la de Pearl Street en Nueva York.

El desarrollo de los motores eléctricos fue necesario cuando las centrales eléctricas fueron más potentes que las primeras dedicadas al alumbrado y apareció la demanda de fuerza para mecanizar tareas, que se venían realizando manualmente, o solamente en los lugares en los que un salto de agua, o máquina de vapor, proporcionaban fuerza mecánica. Este proceso también estuvo jalonado por hitos técnicos sucesivos que lo iban perfeccionando. Sin embargo, el crucial fue en 1850 cuando Jacobi estableció el principio de reversibilidad con el que demostró que un motor eléctrico es una máquina de corriente continua o alterna en la cual el flujo de potencia se invierte. Así en un motor se da que la máquina toma potencia eléctrica de la línea de alimentación y produce potencia mecánica en su eje para alimentar a una máquina, una bomba de agua o trilladora, por ejemplo. Este proceso es opuesto al que ocurre en un generador por el cual una rueda hidráulica acciona el eje de un generador que produce electricidad para alimentar a los receptores a través de cables eléctricos. Los cables eléctricos constituyen la línea eléctrica.

Finalmente, el logro de la transmisión de energía a distancia y establecimiento de las primeras centrales eléctricas hizo que se pudiera contar con la electrificación asentada en comarcas extensas. En este punto es conveniente recordar el dilema corriente continua frente a corriente alterna. Se puede indicar que en los generadores, líneas y motores de corriente continua el sentido de la corriente es siempre el mismo en los conductores que constituyen el sistema. Al contrario, en los sistemas de corriente alterna la misma invierte su sentido (la polaridad) un número determinado de veces por segundo. Es sabido que en Europa es de 50 veces por segundo (ciclos por segundo o hercios). Se ha indicado, en los párrafos anteriores, que los desarrollos de corriente continua y alterna fueron simultáneos. Incluso casi todos los generadores de corriente continua eran en su interior generadores de corriente alterna y esta se rectificaba en la salida de la máquina para producir corriente continua.

La electricidad permitió alejar la producción del consumo. Hasta entonces si se quería establecer una fábrica textil, y que sus telares y demás máquinas no estuvieran arrastrados por la fuerza humana o animal, la única solución era situarla al lado de un salto de agua con su rueda hidráulica. A los molinos y a otros tipos de fábricas les sucedía lo mismo. Donde se dice salto de agua y rueda hidráulica se puede indicar máquina de vapor.

Para transmitir la potencia que se obtiene de un generador eléctrico basta unir este con los receptores (bombillas, motores, u otros) mediante cables. Cuanto mayor es el generador y los receptores a él conectados hay que transportar más potencia por los cables.

Es necesario recordar que la **potencia eléctrica** es proporcional al producto de la tensión (el voltaje) entre cables por la corriente (los amperios) que circulan por los mismos: Para una explicación de esta relación se recomienda consúltese el "ANEXO 1. Relaciones entre potencia, tensión (voltaje) y corriente".

Para ilustrar al lector se indican algunos valores de potencia, tensión (voltaje) y corriente de aparatos típicos, eligiendo valores usuales de la época narrada en esta historia:

Tabla con los valores de potencia, tensión (voltaje) y corriente de aparatos típicos

	Potencia (vatios)	Tensión (Voltaje) (voltios)	Corriente (amperios)
Bombilla incandescente de 1900	10 bujías (30 vatios)	125	0,24
Bombilla incandescente de 1900	10 bujías (30 vatios)	220	0,14
Plancha o estufa eléctrica	1.000 vatios	125	8
Plancha o estufa eléctrica	1.000 vatios	220	4,55
Motor eléctrico	5 CV	220 trifásicos	14,2
Generador eléctrico	240 kilovatios	220 trifásicos	630
Línea eléctrica que transporta	240 kilovatios	10.000 trifásicos	13,90

Se observa que la misma potencia a mayor tensión necesita que circule menos corriente. Pues bien, cuando las centrales eléctricas son de potencia elevada ya que el salto de agua es grande, están lejos de los receptores o ambas cosas a la vez, si se adoptan tensiones pequeñas las corrientes resultan muy elevadas y en consecuencia los cables que las transportan a distancia son gruesos, por lo tanto, caros, además de otras consideraciones.

Las primeras centrales de generación, promovidas por Edison, eran de corriente continua y se dedicaron al alumbrado. La tensión que proporcionaban sus generadores no era muy alta y en consecuencia se tuvieron que situar cerca de sus consumidores, la distancia al más alejado era del orden de 1 km. La estación generadora se trataba de situar en el centro de sus abonados y de ahí viene el nombre de central que ha perdurado para estas fábricas de luz como se las llamó entonces. Se realizaron algunos intentos para elevar la tensión de la corriente continua, pero sin resultado práctico.

Sin embargo, en corriente alterna este problema se resolvió de forma muy elegante con la adopción por Gaulard y Gibbs de transformadores eléctricos, véase figura I.3, en 1883. El primer transporte con línea monofásica se hizo en Turín en 1884. El transformador es un aparato que consta de dos bobinados acoplados magnéticamente. Su misión es transformar la tensión para conseguir variar la corriente. Así la corriente grande generada, a baja tensión, en la central eléctrica, se transforma en una corriente menor a tensión mayor. En la figura del transformador se ve que en los cables a la izquierda entra una corriente de 1.000 amperios con tensión de 220 voltios y se transforman, véanse los cables a la derecha, en 22 amperios con voltaje de 10.000 voltios. Además, se comprueba:

Lado de baja tensión (izquierda) 1.000 amp x 220 volt = 220.000
Lado de alta tensión (derecha) 22 amp x 10.000 volt = 220.000

Es decir, el producto de tensión por corriente permanece constante. Y cuando suben los voltios, los amperios se transforman reduciéndose a un valor inferior.

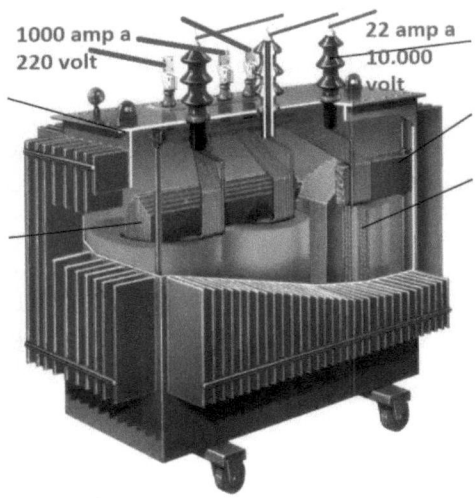

Figura I.3. Transformador y sus tensiones y corrientes en los lados de baja y alta tensión

La corriente menor se transporta por la línea con cables mucho más delgados y económicos. En cuanto la línea de alta tensión llega al lado de los receptores un transformador se encargaba de hacer la función inversa, es decir reducir la alta tensión y convertirla en baja adecuada para los receptores.

En esencia una central de generación eléctrica consiste en:

- Máquina que transforma la potencia de la corriente de agua o de la caldera de vapor, que es bien una turbina hidráulica (sucesora de las antiguas ruedas de agua) o una máquina de vapor.
- Generador eléctrico arrastrado por el eje de la anterior.

- Transformador que eleva la tensión y reduce la corriente para ser transportada por una línea de cables delgados y económicos.

En 25 de agosto de 1891 se realizó un transporte de electricidad entre la central de Lauffen situada sobre el río Neckar hasta la Exposición de Frankfurt del Main. La distancia era de 175 km y la línea de AT era trifásica a 15.000 voltios. El camino para la implantación de un sistema eléctrico moderno en corriente alterna estaba iniciado y sigue perfeccionándose en la actualidad 130 años más tarde. En cuanto las redes eléctricas de transporte se fueron extendiendo por una zona, las industrias y demás aplicaciones de la electricidad se podían situar lejos de los recursos energéticos que en aquellos tiempos casi siempre fueron saltos hidráulicos. Precisamente este fue el hecho clave que aceleró la electrificación, y se dio también en la comarca de la cuenca del Oja. Con referencia a esta historia, la central eléctrica para suministro de alumbrado a Ojacastro, que funcionó entre 1909 y 1939, producía a tensión continua de 165 voltios. Su potencia total máxima eran 12 kilovatios, y la distancia entre la central y su abonado más lejano era un kilómetro. La empresa con la que termina este relato (Electra Posadas SA), que manejaba potencias máximas de unos 800 kilovatios y había adoptado la corriente alterna, tuvo una red de transporte de 10.000 voltios trifásicos. Sus tensiones de distribución fueron 125 voltios en monofásica y 220 voltios en trifásica.

2. Desarrollo de la electrificación en España y en La Rioja.

Se acaban de ver, en el apartado anterior sobre el desarrollo de la electricidad, los pasos más importantes que ocurrieron a partir de 1832 cuando se establecieron las bases teóricas. Fueron avances en Londres, Nueva York, Frankfurt, Turín y algunas más y se constata que tuvieron lugar en los países más industrializados de la época. La extensión a entornos más cercanos tales como el español y los de La Rioja no tardó demasiado en producirse. Se puede conjeturar que nuestros antepasados tenían muchas ganas de disfrutar de las comodidades y seguridad que la luz eléctrica les iba a proporcionar. En este apartado se van a indicar los jalones temporales en las ciudades españolas más importantes para ir descendiendo a las de La Rioja cercanas a las de la cuenca del Oja. Se recomienda la lectura del apartado "LA ELECTRICIDAD EN ESPAÑA" a partir de la página 13 del libro de De León en el que viene una amplia descripción de los primeros empleos de la iluminación eléctrica que por ser pioneros fueron efímeros. El primer alumbrado público fue el de Gerona inaugurado en 1886. La adopción del alumbrado público con electricidad tuvo que luchar con la competencia, en las grandes ciudades, del alumbrado público basado en el gas. Sin embargo, al final las ventajas de la electricidad se impusieron.

Haro fue la pionera, en La Rioja, del alumbrado eléctrico público y esta realidad ha quedado condensada en la popular frase "*ya estamos en Haro, ya se ven las luces*" pues desde 1891 se instalaron en 58 calles de Haro un total de 260 bombillas y 8 focos que lucían en todas las épocas del año desde media hora antes de la puesta del sol hasta media hora antes de su salida.

Logroño, capital de la provincia, tuvo unos inicios titubeantes en su electrificación como se describe en el libro de Negueruela. En los dos núcleos más urbanos de la zona estudiada, Santo Domingo y Ezcaray, la introducción a la electricidad fue impulsada por los respectivos ayuntamientos para alumbrar las poblaciones. En Logroño ciudad la iluminación se realizaba mediante gas de hulla canalizado desde el 18 de setiembre de 1877. Las empresas que sucesivamente se subrogaron en la producción y distribución de gas a las lámparas públicas tuvieron contratos de larga duración que no caducaron hasta el 18 de setiembre de 1912. En este largo período de 35 años se opusieron, porque sus contratos lo permitían, a todos los intentos de electrificar el alumbrado público. En 1º de enero de 1892 la Sociedad Logroñesa de alumbrado eléctrico comenzó el suministro desde su central de

Sotillo, según Negueruela. Coincidiendo con estas fechas, según noticias recogidas del diario La Rioja, en 10 de mayo de 1892, Isaac Peral visita Logroño para "*estudiar la maquinaria y motor eléctricos para ver si se puede aumentar el potencial con objeto de dar mayor impulso a la floreciente industria de luz eléctrica con que Logroño desde hace unos meses cuenta*". La crónica fue extensa e Isaac Peral recibido y agasajado calurosamente. Para entonces había ensayado el submarino en diciembre de 1888, y como el submarino en inmersión era de propulsión eléctrica el inventor Peral tenía que ser un experto en estas materias. Hay otra evidencia de la intervención del inventor del submarino en el documento de Sánchez cuando se cita literalmente "*... el Centro Isaac Peral que, bajo la dirección de Alejandro Pérez del Villar, desarrollaba consultas electrotécnicas, instalaba centrales y fabricaba acumuladores de la marca Peral ...*". Las pruebas de la luz se realizaron en noviembre de 1892, el proyecto y su dirección fueron de Cipriano Salvatierra, véase Capítulo 11 apartado 11.1. La central estaba accionada por una máquina de vapor sistema Corliss, de 100 CV de fuerza, que arrastraba dos generadores de corriente continua. Finalmente, entre 1895 y 1896 se informaba de las obras del salto de Recajo para dar el suministro a partir de la energía que se obtenía en ese salto. El salto constaba de dos turbinas de 220 CV cada una, que darían luz a 7.000 lámparas incandescentes por las noches, y 300 CV de fuerza durante el día. La sociedad se llamaba "Electra Recajo" y el citado Salvatierra era uno de sus vocales.

Posteriormente, en junio de 1894, en la ciudad de Nájera, Salvatierra firmaba el contrato para el suministro de luz eléctrica, y el 19 de enero de 1895 se inauguró el servicio. En la noticia se decía que pueblos como Nájera no habían podido disfrutar de iluminación a base de gas, y que por lo tanto habían saltado del petróleo a la electricidad, apreciando muchas mayores ventajas al pasar desde el sistema basado en petróleo muy atrasado. Finalmente, en la Revista Alrededor del Mundo, se ve que en España había, en 1900, 357 fábricas de electricidad con 60.000 CV de fuerza total, de las cuales 175 eran hidráulicas con 16.000 CV, 125 de vapor con 31.000 CV, siendo el resto de gas o mixtas.

3. Marco espacial, de recursos y temporal de esta historia.

Esta historia se realizó con negocios particulares y empresas que adoptaron la forma legal de sociedad anónima. Detrás de estas empresas estaban las personas que fueron protagonistas de esta historia, y como en todo tipo de historia humana fue movida por hombres y mujeres. Los acontecimientos que se dieron estuvieron enmarcados en un espacio determinado, la cuenca del río Oja. Además, estuvo basada en los recursos energéticos suministrados por el potencial hidráulico del río Oja. Y tuvo lugar en entre los años finales del siglo XIX y los dos tercios iniciales del siglo XX.

En describir un poco más estos marcos se dedica el resto de este apartado. Posteriormente en los tres primeros capítulos que vendrán a continuación se trata de los condicionantes ofrecidos por el río Oja para suministrar la energía hidráulica y las normas y disposiciones legislativas, muy simples, que sirvieron para realizar las obras de proyectos e instalaciones. También se verán los empleos primitivos de la energía eléctrica y como eran los aparatos y máquinas empleados en las centrales y subestaciones eléctricas además de los que instalaban los usuarios de la electricidad.

Esta historia se va a iniciar en la comarca de los pueblos de la cuenca alta del río Oja, hasta Santo Domingo de la Calzada inclusive. Son Ezcaray; Zorraquín; Valgañón; Ojacastro; Santurde; Santurdejo; Pazuengos y la ciudad de Santo Domingo. Se trata de una comarca muy conexa de estructura muy sencilla en la cual se percibe claramente el valle del río limitado por los montes que lo separan de otras cuencas.

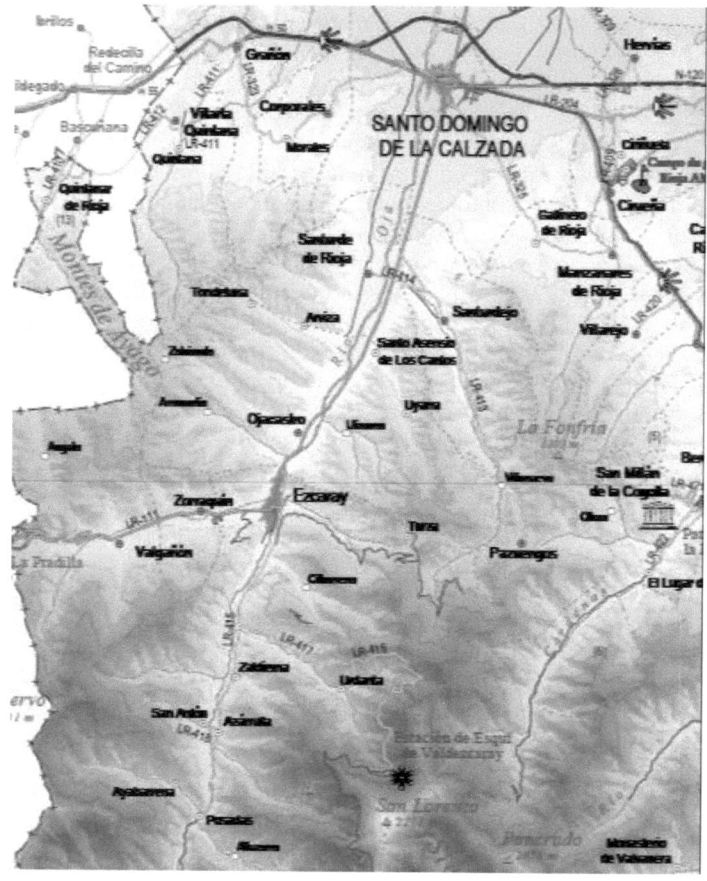

Figura I.4. Mapa de la cuenca del río Oja hasta Santo Domingo de la Calzada (tomada del mapa general Comunidad Autónoma de La Rioja. Escala 1:50.000. Año de 2008)

Las empresas eléctricas, siempre de carácter rural, se iniciaron en los pueblos de la cuenca alta acabados de citar y evolucionaron tras sucesivos cambios empresariales. Además, fueron impulsadas por el tesón de cinco personas nacidas en la comarca que fueron, por orden de su inicio en la actividad eléctrica, Benito Gandasegui Marín (Ezcaray), Dionisio Segura Hidalgo (Santurdejo), Agustín Merino Morquecho (Grañón), Gonzalo Merino Urrutia (Grañón), y Justo Díez Arrea (Posadas - Ezcaray). En la cuenca superior surgieron fábricas de luz aisladas, en algunos de sus pueblos, para dar servicio muy local e incipiente. Estuvieron en Santo Domingo; Ezcaray; Valgañón y Ojacastro. Posteriormente se dio la expansión a casi toda la cuenca inferior del Oja y del Tirón, con la excepción de la ciudad de Haro, que estuvo servida por la Electra Vasco Alavesa SA hasta su confluencia con Iberduero en la década de los 60 del siglo XX.

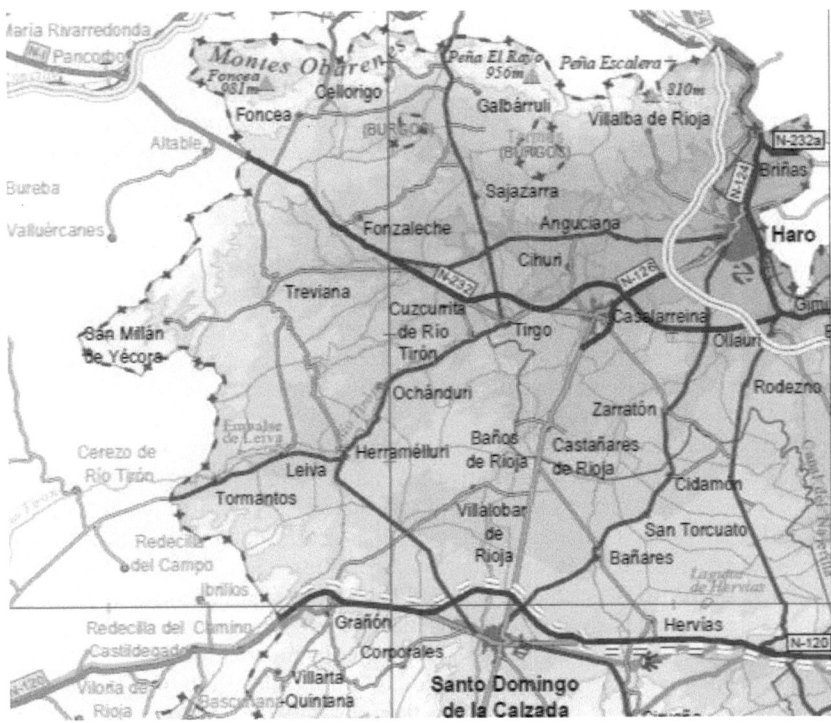

Figura I.5. Mapa de la cuenca inferior del río Oja (tomada del mapa general Comunidad Autónoma de La Rioja. Escala 1:50.000. Año de 2008)

Esta ampliación alcanzó también pueblos hacia el Oeste entre Cuzcurrita y los montes Obarenes incluyendo los burgaleses de Pancorbo y Altable. En la figura I.5., se acaba de ver el mapa de esta cuenca inferior. Más adelante se describirá como fue esta extensión a lo largo de los años que constituyen el marco temporal de esta historia. El crecimiento no acontece en los años de Hidroeléctrica del Oja (1912 - 1915) fundada por Dionisio Segura a partir de su central de Posadas y de su red a Santo Domingo de la Calzada, ya que bastante tuvo que luchar con problemas financieros que yugularon su crecimiento y abocaron en su desaparición. Cuatro socios principales, con los activos viables de la Hidroeléctrica, fundaron la Mancomunidad Electra Posadas (1916) que amplió sus abonados en el pueblo de Bañares en 1923. La Mancomunidad se planteó con seriedad la solución de los estiajes e instaló en Santo Domingo una Sub Central accionada por motor Diesel en 1922. Finalmente, en 1923 los socios de la Mancomunidad y algunos más fundaron Electra Posadas SA. Esta Electra estableció unos programas estratégicos basados en el crecimiento del mercado para generar beneficios sostenidos que pudieran remunerar a sus accionistas y abordar obras importantes para remediar los problemas de cada año debidos al estiaje. Electra Posadas SA desde 1923 prácticamente había absorbido a las fábricas de luz existentes de la cuenca superior, salvo una parte pequeña de Ezcaray, Valgañón y Ojacastro, que tenían las suyas. El mercado se extendió paulatinamente a muchas poblaciones aguas abajo de Santo Domingo, con excepción de Haro y algunos de los pueblos situados hacia el Este de esta ciudad. En la cuenca superior estaba Ezcaray pueblo industrial y Santo Domingo ciudad de servicios, los demás eran ganaderos y agrícolas con alguna actividad artesana muy ligada a la agricultura.

INTRODUCCIÓN

La distribución saltó hasta Pancorbo y su tejera, que tenía instalado el mayor motor eléctrico de toda la red. Relacionada con la agricultura y ganadería estaba la molinería, para harina y piensos, accionada al principio con fuerza hidráulica que evolucionó, más tarde, al motor eléctrico. La extensión de la Electra, medida en la mayor distancia de sus líneas, fue de unos 60 km. desde su extremo Sur (Central del Águila) hasta su punto más lejano al Noroeste (pueblo de Pancorbo). La población servida alcanzó un máximo de 21.150 habitantes en el año de 1950, pero a partir de entonces se redujo por el vaciamiento de los núcleos rurales.

Los recursos para generar electricidad procedían en su gran mayoría de la energía hidráulica de la cuenca superior del río Oja ya que el potencial del río es escaso en su cuenca inferior. En cuanto el consumo aumentó desde la necesidad inicial de alumbrado público nocturno, al alumbrado doméstico que se va generalizado a todos los hogares, y a la necesidad de fuerza con motores eléctricos aparece el problema de la escasez de agua en verano, el estiaje. La lucha contra la escasez de producción, entre el final del verano y el otoño, fue una constante. En 1928, Electra Posadas estableció un plan estratégico basado en atender al mercado modesto pero creciente como único modo de continuar dando beneficios a sus accionistas. Para ello conectó en San Felices, al lado de las Conchas de Haro, con Hidroeléctrica Ibérica SA, antecesora de Iberduero SA, que suministraba electricidad a precio de mayorista y así se podía atender al servicio a un mercado en expansión moderada. La forma de llevar la energía comprada a su centro de consumo más importante, Santo Domingo, fue instalar una nueva línea de alta tensión entre San Felices y Santo Domingo. La expansión seguía ya que en 1932 se dio la oportunidad de comprar la central de Cuzcurrita en el río Tirón con su red de abonados que se extendía hasta Pancorbo en Burgos. Luego, en 1944, se adquirió la de central de Tirgo sobre el mismo río, inmediatamente aguas abajo de Cuzcurrita, que además estaba asociada a un molino que fue explotado por la Electra lo que demuestra su vocación rural. En ambas centrales Cuzcurrita y Tirgo se fueron haciendo mejoras paulatinas que lograron que su producción superara a la del único recurso hidráulico hasta el momento en Posadas. Además, el Tirón mostraba una hidraulicidad algo mayor y complementaria a la del curso superior del Oja sobre el que estaba la central de Posadas. La extensión e incorporación de bastantes de los pueblos que entraron a ser suministrados por Electra Posadas SA se hizo por compra de las redes de los mismos que estaban suministrados, con baja calidad, por pequeñas centrales situadas en los ríos que los atravesaban. En todos los casos los abonados saludaron y reconocieron la mejora del suministro de luz con el cambio. No existen datos completos pero estas compras fueron ventajosas para la nueva Electra que mejoraba las redes y que muy pronto amortizaba las inversiones realizadas. De la primera parte circunscrita a la cuenca superior del Oja hasta Santo Domingo se va a dar una historia detallada basada en la descripción de las instalaciones a partir de documentos que han llegado hasta la actualidad. De la segunda parte ceñida a la expansión a la cuenca inferior la historia se va a tocar más la expansión pueblo a pueblo, pero sin muchos detalles sobre cada uno de ellos. Será una descripción basada en los registros empresariales de Electra Posadas SA, bastante completos, existentes en el Archivo Histórico de Iberdrola SA.

En lo que se refiere a los propietarios en los casos iniciales de las fábricas de luz, los capitales eran detentados por particulares o por comunidades de propietarios con un entramado legal y societario muy simple. En la segunda parte del proceso aparecieron dos sociedades anónimas. Los recursos financieros para acometer todos los proyectos en este largo y multiforme proceso provinieron principalmente de los ahorros de personas habitantes en la comarca. No se han obtenido nada más que datos puntuales de nombres de accionistas, pero se han encontrado algunos en Sestao, Zaragoza, Vitoria y Madrid. En los registros se ha visto que las ampliaciones de capital en acciones u obligaciones se cubrieron bien y a tiempo. El capital estaba muy repartido, se daban casos de poseedores de una sola acción u obligación. Sirva como ejemplo que, para la culminación del proyecto del Salto del Águila, por Electra Posadas SA., se obtuvo un crédito de 1,5 millones de pesetas del Banco de Crédito Industrial de Madrid. También hubo algún crédito puente a corto plazo

Historia de la Electricidad en la cuenca del Oja

de menor entidad suscrito con el Banco de Vizcaya que fue el banco de Electra Posadas SA. El sistema eléctrico en la cuenca del Oja durante los casi 70 años de esta historia fue lo que el profesor Garrués Irurzun denomina un Sistema Eléctrico Tradicional en contraposición con los imbricados en las estrategias del capitalismo financiero internacional.

Además, esta historia sucedió durante un marco temporal desde los primeros titubeos de alumbrado público nocturno, que pronto se extendió al alumbrado doméstico muy modesto, con contratos a tanto alzado de una sola bombilla. La industria y los servicios se fueron incorporando también con aplicaciones de fuerza basadas en motores eléctricos. Como se ha indicado las empresas individuales que habían comenzado la actividad confluyeron, a partir de 1923, en Electra Posadas SA. Esta sociedad concentró el devenir de la historia hasta que en 1964 sus propietarios vendieron las acciones a Iberduero SA. Este lapso aproximado de 70 años, 1896 - 1964, es el marco temporal de esta historia. El relato se divide en dos partes, una primera de 30 años con empresas individuales, y la segunda de 40 a cargo de Electra Posadas SA. Como se ve la ampliación de la zona superior a la inferior coincidió con la segunda parte de 40 años. La empresa fue un caso típico de integración de producción, transporte y distribución de electricidad, aunque su tamaño sea muy pequeño. Se ha accedido a datos de 1962 casi al final de su trayectoria independiente, que provienen de la Jefatura de Servicios Eléctricos de Obras Públicas, con la producción propia e incluyendo en los mismos una estimación de la adquirida a Iberduero en San Felices. Así en ese año hubo una producción hidroeléctrica en España de 15.961.048.808 kWh. La comparación se va a realizar con la energía hidráulica ya que la producida para suministrar en la zona de mercado de Electra Posadas SA era de ese origen y la adquirida de Iberduero se puede asumir que prácticamente era hidráulica. El informe de referencia da la lista ordenada de los productores de energía hidroeléctrica que ascendían a un total de 781 entidades, muestra de la atomización de un sector industrial que estaba ya maduro para la avalancha de absorciones que se avecinaban. La que iba a experimentar Electra Posadas dos años más tarde es un claro ejemplo de ello. En esta información se da la relación de las 781 empresas y se ve que Electra Posadas ocupaba una posición muy modesta en el lugar 153 de los 781 censados.

Además de dedicar recursos al mantenimiento de sus instalaciones, tuvo siempre un programa de obras desde las más pequeñas de mejora hasta las de nuevas instalaciones. Las obras de instalación de las centrales y líneas fueron realizadas en su mayor parte con mano de obra y técnicos de plantilla. Las obras las realizaban albañiles locales. El peonaje era constituido por labradores de la zona y ganaderos de las aldeas de Ezcaray. Obviamente se compraban el cemento, la varilla de acero, las tuberías de carga, las turbinas, los equipos y aparatos eléctricos. Estos equipos fueron siempre de marcas reconocidas y su montaje y puesta en servicio realizados por los técnicos y montadores de los suministradores. Los proyectos para obtener las autorizaciones los realizaron ingenieros competentes de Madrid, por su cercanía a las oficinas de los Ministerios. Asimismo, los suministros y montajes de las tuberías forzadas del salto del Águila y del sifón fueron realizados por la empresa asturiana Duro Felguera SA y sus montadores. Algunas personas claves de la Sociedad desarrollaron de forma autodidacta las competencias necesarias para sus trabajos ayudados por los conocimientos de los más veteranos. Hay que citar también que gran parte del período (1936 - 1959) coincide con la autarquía tras la Guerra Civil por ello se desarrollaron muchos suministros fabricados en la misma Empresa, son de destacar los postes tubulares de cemento armado para las líneas de alta tensión y los postes de madera sacados de las arboledas propias de Posadas y Cuzcurrita. También la madera para los encofrados de las obras.

CONDICIONANTES DE LA HISTORIA

La explicación detallada de los condicionantes de esta historia viene en los tres capítulos siguientes, que están dedicados a la descripción del río Oja desde el punto de vista del aprovechamiento hidráulico; posteriormente hay un capítulo dedicado a la normativa en sus aspectos del aprovechamiento de los cursos de agua, reglamentos eléctricos, tarifas eléctricas y las condiciones técnicas de la explotación; el último capítulo este grupo está dedicado a las aplicaciones de la electricidad en aquellas épocas pretéritas y como eran las instalaciones.

CAPÍTULO 1.
EL RÍO OJA Y LA ENERGÍA HIDRÁULICA

En este capítulo se describirá el río Oja, ya que el libro va a relatar la electrificación de su comarca, y su principal recurso energético fue la energía hidráulica de saltos de agua en el Alto Oja y el Bajo Tirón. En la descripción del río se hará énfasis en los aspectos que favorecen los saltos hidráulicos a saber, los desniveles y los caudales de agua. Se describirán, donde corresponda, diferentes saltos de agua y sus pequeñas centrales asociadas. Se tratará sobre los antecedentes del aprovechamiento de la fuerza hidráulica, antes de la llegada de la electricidad, en ferrerías, molinos y batanes textiles, con ejemplos en la zona. Al final se ilustrará sobre las máquinas hidráulicas empleadas, para captar la energía de un curso de agua, comenzando por las ruedas hidráulicas antiguas y terminando por las turbinas modernas. Se cierra el capítulo con referencias a la producción de electricidad. Para la redacción de este capítulo se ha tenido en cuenta a Merino Azcarraga.

1.1 Descripción geográfica. Datos generales de la cuenca del río Oja y su comparación con la del Tirón.

Para comenzar se aportan datos generales del río Oja hasta su entrada en el Tirón en el pueblo de Cihuri, cercano a Casalarreina. Los datos principales de ambos se resumen en la Tabla siguiente.

	Oja hasta Cihuri	Tirón hasta Cihuri	Tirón y Oja unidos
Superficie de la cuenca (km^2)	373	715	1.270
Longitud (km)	48	55	63
Nacimiento en	Fte el Águila (La Recila)	Pozo Negro	
Altitud del nacimiento (m snm)	1.800	1.760	
Aportación media anual sin consumos (Hm^3)	85	162	286
Embalses en	Balsas de Santurdejo	Leiva	Leiva + Balsas Santurdejo
Capacidad de embalses (Hm^3)	0,2	3,4	3,6

1.1.1. Descripción detallada del Alto Oja.

Se hace subdividiendo el río en los siguientes tramos:

Tramo 1. **Nacimiento del Oja**
Tramo 2. **Llano de la Casa al Ortigal**
Tramo 3. **Ortigal al puente de San Antón**
Tramo 4. Puente de San Antón al Estribo

Tramo 5.	**El Estribo al puente Canto de Ezcaray**
Tramo 6.	**Puente Canto al puente nuevo de Ojacastro**
Tramo 7.	Puente nuevo de Ojacastro al puente de Santurde
Tramo 8.	Puente de Santurde al puente de Santo Domingo
Tramo 9.	**Río Ciloria desde su nacimiento al Oja en Ezcaray**

De estos nueve tramos solamente se van a describir los **seis subrayados y en negrita** por ser aquellos en los que se instalaron fábricas de luz y centrales eléctricas. Esta subdivisión permite dejar claros los niveles topográficos a lo largo del desarrollo del río.

1.1.2. Tramo 1. Nacimiento del Oja.

Las particularidades y accidentes de este río, a lo largo de generaciones ha recogido una toponimia muy rica. Merino Urrutia en su libro, dedica al nacimiento del Oja el párrafo que se transcribe "*Nos hallamos ya en el origen del Oja, que sitúo al pie de medio anfiteatro de elevadas montañas, que forman fuertes y bravas pendientes. En su coronación tienen 1.900 metros de altitud media, cota que corresponde a las jurisdicciones de Barbadillo de Herreros, Monterrubio y Canales de la Sierra, los dos primeros de la provincia de Burgos y el último de Logroño. Al Nordeste veremos el Pico de San Lorenzo, cuya estribación forma parte de la cordillera Idubeya y la Sierra de la Demanda se une a la que contemplamos, desde donde comienza la gran jurisdicción de Ezcaray. En la primera cota citada se dividen las aguas, unas van al Ebro y otras al Duero por el río Arlanzón*". Sus pendientes son "*fuertes y bravas*" y está avenado por arroyos en barrancos que siempre son permanentes. Su vegetación en las partes bajas de los pequeños valles es autóctona, y en las cotas más altas por encima de los 1.400 m están repobladas con antigüedad entre 40 y 70 años. Los arroyos tienen una estructura arborescente de acuerdo con la figura 1.1. Los nombres que designan a los arroyos provienen de Matey. Las cotas y desarrollos de las obras de los saltos son de datos de Proyectos detallados. En el vídeo VID-1.mp4 de los "Anexos Documentales" se ve el arroyo Charcones fluyendo. Todos estos arroyos son torrenciales, con pendientes entre el 20 y el 30%. Se reúnen en el lugar denominado el Llano de la Casa, río La Larcia, y pierden su aspecto torrencial, su situación topográfica se ve en la figura 1.2. en la página 37.

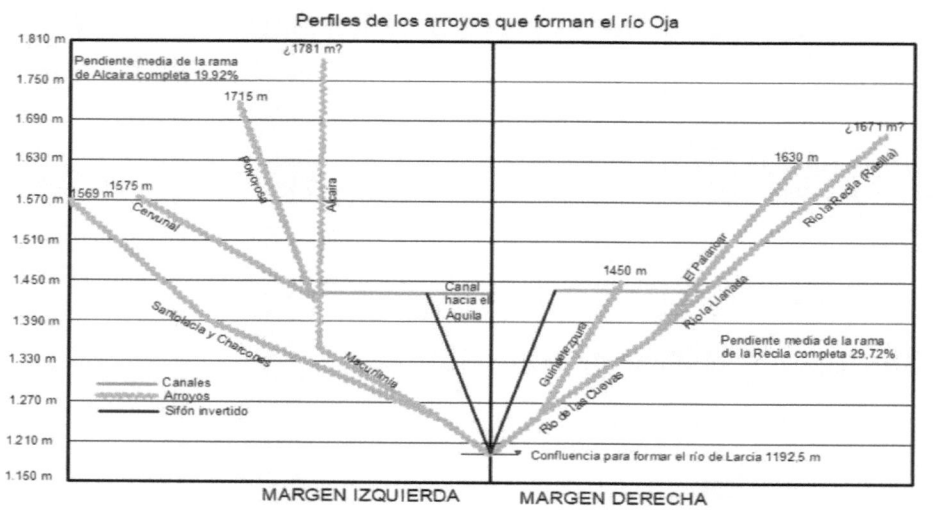

Figura 1.1. Arroyos que constituyen el nacimiento del río Oja. El esquema está a escala en altitudes. En desarrollo longitudinal no.

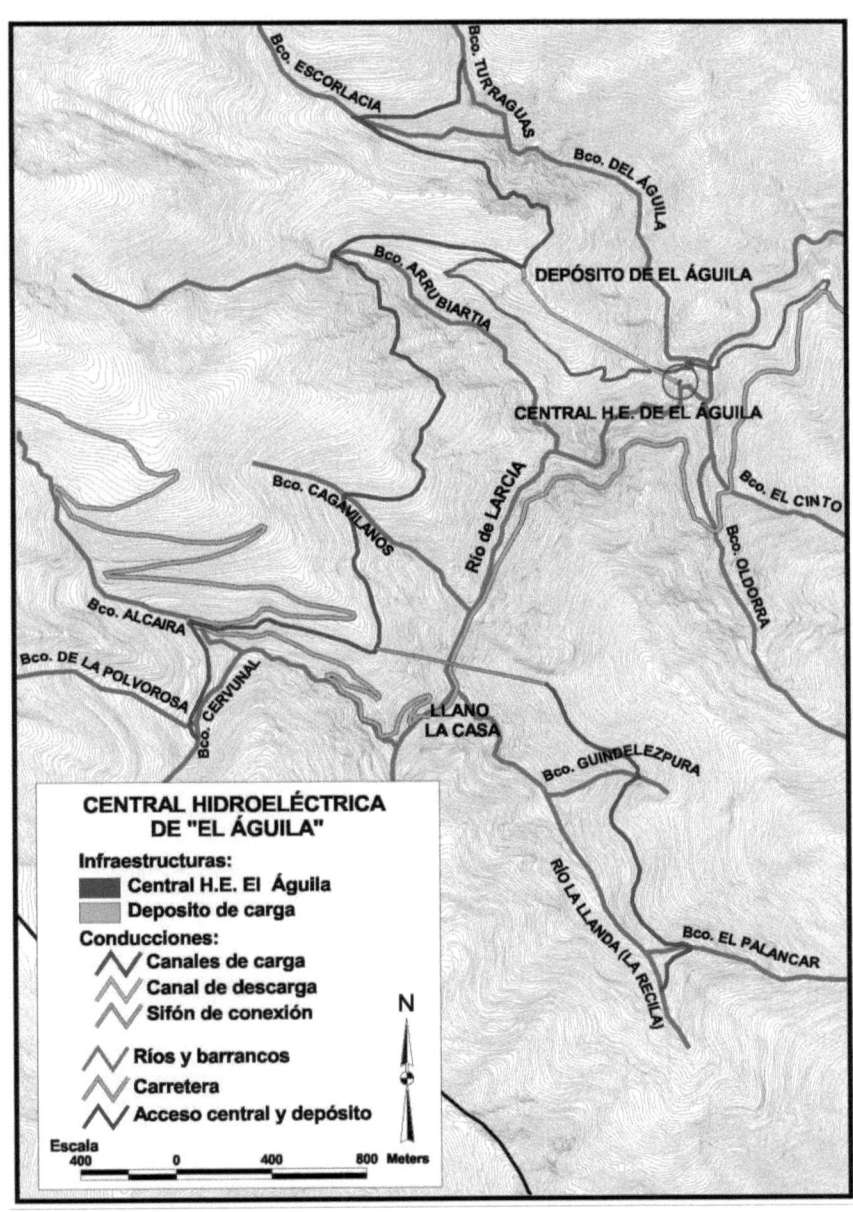

Figura 1.2. Arroyos afluentes del nacimiento del río Oja. Cedida por Jorge Matey

Hay que destacar que, en la toponimia, que se ha ido citando, no aparece el nombre de río Oja, se le llamará así a partir de Posadas. Antes ha ido adoptando los nombres de distintos ríos y barrancos.

Como se observa en las figuras 1.1. y 1.2., en esta parte del nacimiento del río existen obras hidráulicas, hoy abandonadas y desmanteladas, que estuvieron en servicio hasta 2007, y son:

- Canal por la margen derecha recogiendo aguas de los arroyos de Guindelezpura, Palancar y la Recila, hasta el inicio de un sifón invertido que las transvasa a la margen izquierda.
- Sifón de transvase entre margen derecha e izquierda.
- Canal por la margen izquierda que colecta las aguas de los arroyos Cervunal, Polvorosa y Alcaira. Estas aguas se juntan con las que provienen del ramal margen izquierda del sifón invertido y todas reunidas se dirigen a otros arroyos propios del siguiente tramo del río hasta el depósito de carga de la central del Águila,

En cada arroyo se dispone un pequeño azud de captación que es de gravedad y hormigón en masa con altura de 2 m sobre cimientos. Los canales que aún subsisten tienen un impacto de visual muy pequeño, como lo puede apreciar un excursionista que se acerque a esos parajes.

1.1.3. Tramo 2. Río entre el Llano de la Casa y la confluencia con el Ortigal.

El perfil del río en este tramo se ve en la figura 1.3., además se han representado todos sus barrancos afluentes por la derecha y la izquierda. Se muestran asimismo las obras hidráulicas del salto del Águila. El río La Larcia tras salir del entorno del Llano de la Casa tiene en su margen derecha la carretera. Este tramo del río es el que va más encajado en su valle de todo el río Oja, incluso en alguna de sus partes hay que emplear técnicas de barranquismo, esto sucede tras avistar la entrada del barranco de Cagamilanos afluente por la izquierda. A partir de este lugar el barranco es muy angosto, y el río recoge por su izquierda otro arroyo denominado Arrubiartia. A los pocos metros se llega al lugar denominado Pozo Onzumbra y desciende 10 metros en una distancia de unos 20 m. La diferencia de nivel entre la carretera y el río es de unos 80 a 90 metros.

Poco después el barranco se ensancha en el paraje del Cinto. Aquí hay un puente sobre el río construido en 1943 y está la central hidroeléctrica del Águila. El puente del Cinto sirve para comunicar las dos riberas del río, acceder a la central, y al camino que trepa hasta el depósito de carga de la central.

A una corta distancia antes del puente del Cinto se incorpora el arroyo de Oldorra que ha recibido las aguas del Bizcarra. Unos pocos metros aguas debajo de este puente el arroyo del Águila confluye por la izquierda, está formado por los de Escorlacia y Turraguas.

Este tramo acaba cuando recibe al arroyo Ortigal por su derecha. Este es el de más recorrido, superficie de cuenca y además tiene caudal apreciable, en términos relativos, y permanente todo el año, Posee unos valores paisajísticos importantes y en su parte inferior junto a la carretera que va al Llano de la Casa hay una zona de esparcimiento que se ha hecho con estética natural adecuada. Como resumen estos dos primeros tramos el Alto Oja se ve han tenido aprovechamientos hidráulicos desde la cota 1.400 hasta las cumbres algunos más en la margen izquierda que en la derecha, y que estuvieron en servicio entre los años de 1951 y 2007. Las aportaciones de los arroyos por debajo de 1.400 hasta unos 1.000 m snm nunca han estado captadas para hidroelectricidad. Se verá, en el Anexo Documental A-49 fichero A-49.pdf, que hubo proyectos, que no fructificaron, entre el final del S XIX a la primera decena del S XX.

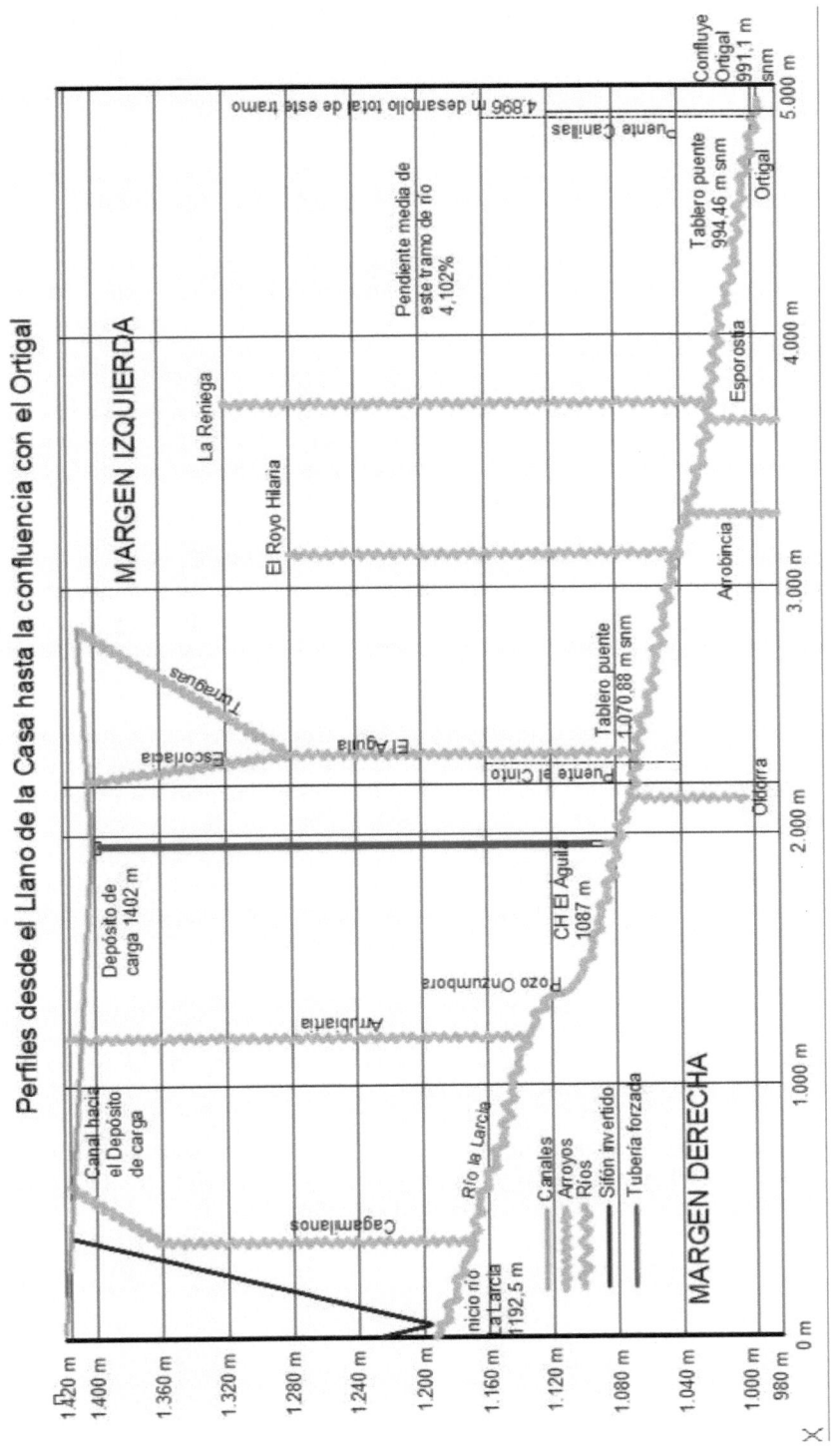

Figura 1.3. Perfil del Alto río Oja desde el Llano de la Casa a la confluencia con el Ortigal

1.1.4. Tramo 3. Desde la confluencia con el Ortigal hasta el arroyo Rogaldia en la aldea de San Antón.

El perfil de este tramo se verá en la figura 1.4. en la página 42. En su primera parte el río discurre relativamente encajonado, en la parte inferior del valle del río se explota una estrecha banda de prados que están muy bien cuidados y que disfrutan del riego superficial ya que las aguas no escasean ni en los largos estiajes. Enseguida aparece el azud, véase figura 1.17., de la toma de la Central hidroeléctrica de Posadas actualmente en servicio tras experimentar modernizaciones a lo largo de su historia. Además de estos prados hay lugar para la carretera que va hasta la Cruz de la Demanda. En la otra margen coexiste en el fondo del valle la antigua pista forestal que hasta mediados los años 60 del siglo XX hacía el papel de la actual carretera.

Todas las obras hidráulicas, e incluso la Central de Posadas, están en la margen derecha del río. Tras su compuerta de toma arranca un canal cuya longitud es de 1 km., y está excavado en el terreno atravesando algunos tramos de roca. En las cercanías de la central hay paramentos de mampostería antigua con parches de reparación de hormigón.

El canal termina en el depósito de extremidad de la Central citada, véase la figura 1. 18.. Este también recoge las derivadas del arroyo Altuzarra afluente relativamente importante por la derecha. Las aguas, ya recogidas y con la presión que da el desnivel entre depósito y Central, accionarán la maquinaria hidráulica que las aprovecha. Para acceder a la Central hay que atravesar el puente de la Herrería.

Después del puente de la Herrería entra el arroyo Altuzarra afluente por la derecha. Este arroyo en su confluencia aporta agua de forma permanente incluso en estiajes. El arroyo Altuzarra tiene un azud con su correspondiente canal que da una aportación suplementaria al depósito de carga de la central de Posadas.

El arroyo Altuzarra presenta un vestigio de aprovechamiento de energía hidráulica de su corriente, que es el molino de la aldea. Tanto la aldea como el molino se encuentran muy abandonados por el paso de los años, sus últimos habitantes se fueron en el año de 1975.

El siguiente afluente es el arroyo Ayabarrena, esta vez por la izquierda del río Oja. Su confluencia tiene lugar a unos 300 m. aguas abajo de la del Altuzarra y a la entrada a la aldea de Posadas viniendo de Ezcaray. Este arroyo recibe, en su curso alto, el nombre de arroyo de las Cenáticas y también aporta agua al Oja en los meses de estiaje.

En el momento de revisar este capítulo, enero de 2024, tiene dos habitantes permanentes, aunque pasó unos años de despoblamiento total y a mediados de los 80 del siglo XX retornaron unos pocos moradores. En la figura 1.5., se ve el arroyo pasando por aldea.

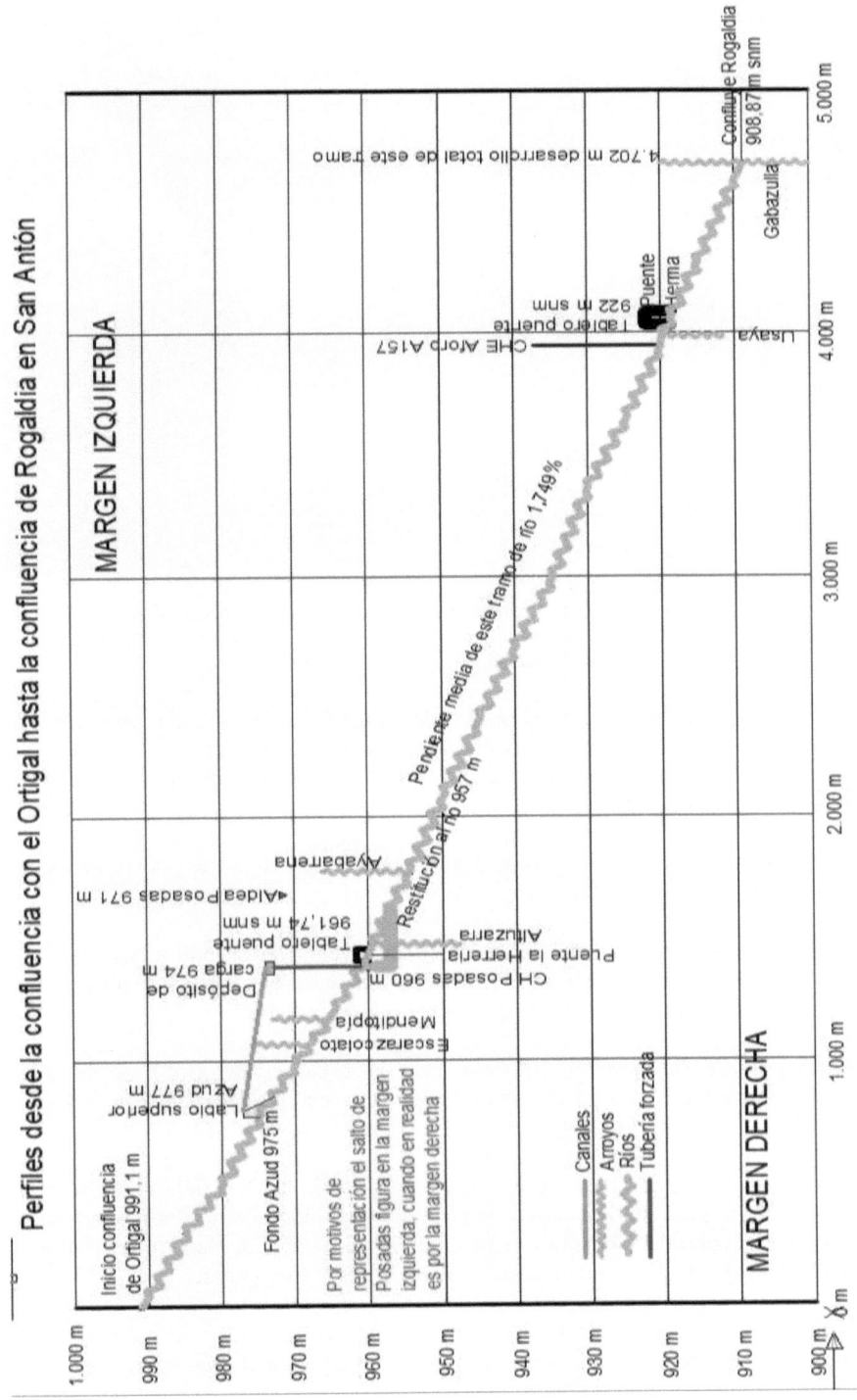

Figura 1.4. Perfil del Alto río Oja desde la confluencia con el Ortigal a la confluencia del Arroyo Rogaldia en la aldea de San Antón

Figura 1.5. Arroyo de las Cenáticas a su paso por la aldea de Ayabarrena. Marcado con flecha se ve un apoyo de madera del tendido eléctrico monofásico en baja tensión procedente de la central de Posadas. Fotografía de 1971

Seguidamente el valle, al acercarse a los prados de Peña Orilla, se ensancha bastante más de modo que aparecen estos a uno y otro lado de la carretera, mientras la ruta sigue por la orilla izquierda del Oja. El cauce es bastante ancho sobrepasando los 10 metros, incluso durante los períodos de estiaje en los que siempre circula el agua.

En la cota de 920 m snm afluye el arroyo Usaya, por la derecha, que aporta aguas permanentes durante todo el año.

Este arroyo Usaya también tiene un desarrollo notable con varios barrancos que le dan caudal permanente. Tiene valores paisajísticos interesantes con pasarelas rústicas sobre el cauce. Se ha difundido en diversos medios la denominada "Ruta de los 7 puentes".

A continuación, sobre la margen izquierda está la estación de aforo de la Confederación Hidrográfica del Ebro (CHE) designada como A157. Se ve en el vídeo VID-3.mp4 del CD "Anexos Documentales"

Muy cerca de este lugar la carretera de Ezcaray a la Cruz de la Demanda cruza sobre el río en el puente de Herma y ya queda en la margen derecha del Oja, lado que no abandonará hasta el puente de la Estación de Ezcaray. Poco después viene el puente a la aldea de San Antón y en el vídeo VID-4.mp4 del CD "Anexos Documentales" se ve el río Oja desde este puente.

Existen los indicios del canal de la vieja ferrería de Azarrulla [1]. Hay un canal que sale desde el puente Herma y que cruza por debajo de la carretera y actualmente da servicio de riego a los prados.

---

[1] Según comunicación verbal de Jorge Matey en 17 de enero de 2018

Aunque el Tramo 4, según lo que se explicó al inicio del capítulo, no se describe, con el detalle de aquellos que tuvieron aprovechamientos hidroeléctricos, se menciona ya que tiene entidad y se conoce como arroyo de Urdanta o de Reoyo.

1.1.5. Tramo 5. Desde cota 855 en el Estribo hasta el puente Canto en Ezcaray.

La pendiente media de este tramo es del 1,4% y sus características paisajísticas son similares, aunque más antropizadas por la cercanía a Ezcaray. En estiaje sus aguas dejan de ser superficiales y recargan los acuíferos subterráneos del río, como se describirá en el apartado 1.2. Hubo antiguos aprovechamientos hidroeléctricos, con vestigios aparentes, en su margen izquierda. Un afluente mediano es el arroyo de Cilbarrena por la derecha. La extracción de agua para los aprovechamientos, y el actual regadío, se hace mediante una cava en el Estribo. Su perfil está en la figura 1.6.

En el lugar conocido como El Estribo, el cauce natural cascajoso del Glera se acerca a la ladera del monte, cuyo topónimo más conocido es El Hombre, también queda cerca y paralelo al camino de herradura que por la margen izquierda lleva hasta Ezcaray. En este lugar se situó la toma del cauce que lleva el agua a los establecimientos fabriles que, desde final del siglo XIX, estuvieron en servicio en Ezcaray para producir energía hidráulica y uno de ellos electricidad. Este lugar debió de tener un azud del que hoy no se ven indicios y luego se sustituyó por una cava diagonal en el cauce más unas obras poco invasivas. En la actualidad sirve para captar el agua que, convenientemente potabilizada, suministra a Ezcaray.

Los indicios del cauce son aparentes pero su aspecto y conservación son muy deficientes, se emplea como mucho para llevar pequeños caudales, en época de aguas superficiales, a los predios ribereños que son atravesados por el mismo. Por las apariencias que quedan tenía una longitud de unos 2,5 km., era de sección importante para conducir un caudal, que llegó a ser de 1 m^3/s. Este canal, en su comienzo, recoge las aguas del barranco de las Olmas que es otro de los pequeños afluentes que vienen por la ladera izquierda.

El primer establecimiento que aprovecha las aguas derivadas es la fábrica La Gloria, que fue la más importante de todas, y cuya descripción se da en el apartado 4.2. del capítulo 4. Tras esta primera fábrica el cauce está mejor conservado hasta que se acerca al antiguo molino de San Miguel, en el arranque del ya citado camino de herradura a Posadas, en el lugar de la fuente del Perico. Este molino es el que conserva menos vestigios, solamente un muro de sillarejo junto al camino, que hace de lienzo de la tapia del predio en el que en su día estuvo situado. Desde este punto arranca el Paseo de los Molinos directo al puente Canto sobre el río Oja. También arranca hacia la majada de San Quílez una senda relativamente cómoda para pasear hasta la ermita de Santa Bárbara. El cauce muestra claros vestigios de instalación de compuertas para derivar las aguas hacia el molino de San Miguel y los otros dos establecimientos que en su día fueron accionados por las aguas. Persiste también una sangradera o ladrón para derivar las aguas sobrantes hacia el cauce del Oja.

El siguiente aprovechamiento tras un largo cauce dentro de una finca privada corresponde a la actual fábrica de Mantas Ezcaray Hijos de Cecilio Valgañón S.L., anteriormente fábrica de Santa Bárbara. Se estima que el salto útil, que se conserva, es de 4 m. En la figura 1.7., se ve la toma a la cámara de la turbina con la reja y la compuerta manual.

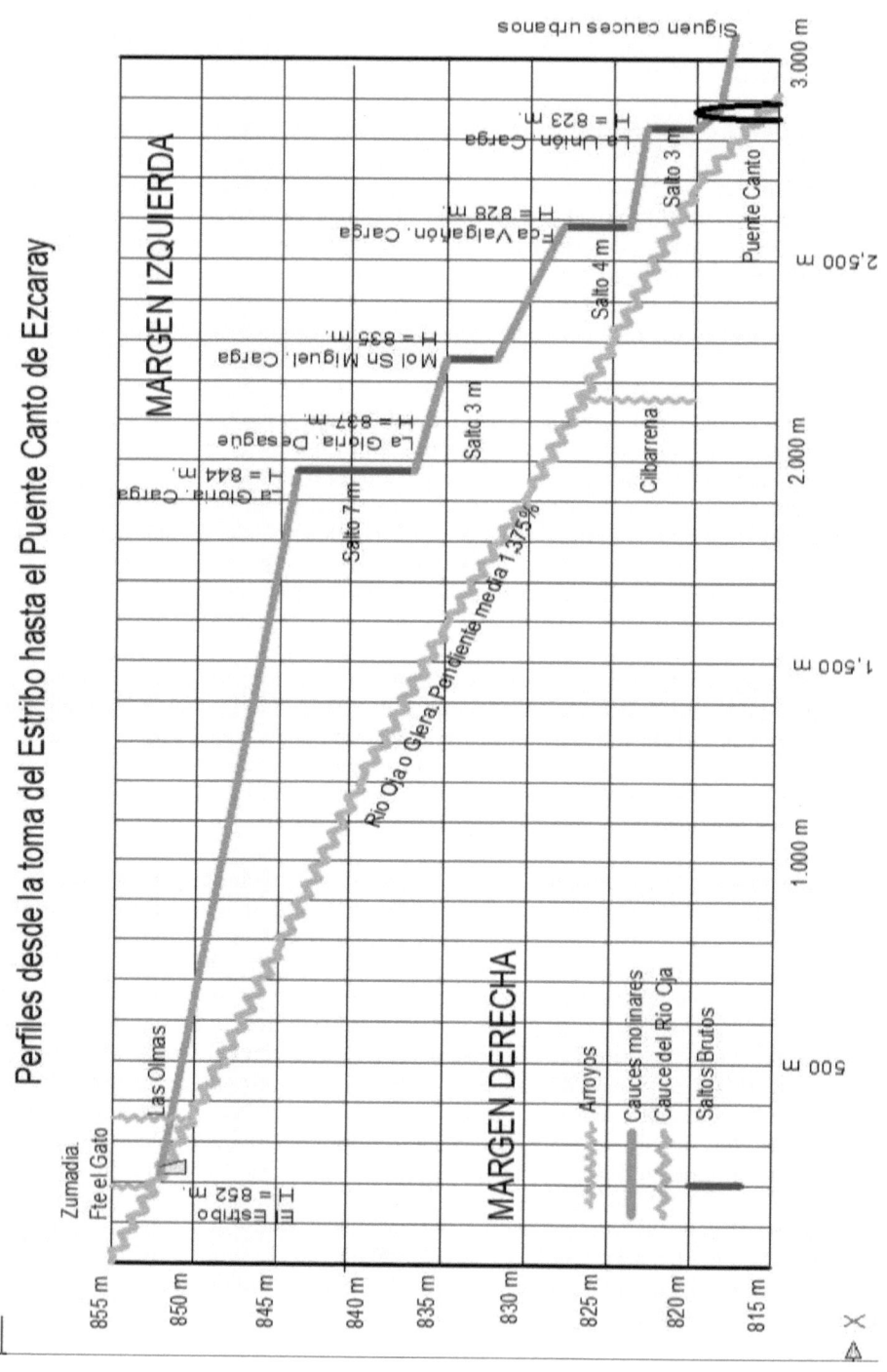

Figura 1.6. Perfil del Alto río Oja desde la cota 855 m cerca del Estribo hasta el puente Canto de Ezcaray

Figura 1.7. Rejilla y compuerta de entrada a la cámara de la turbina en la fábrica de Santa Bárbara actual de Mantas Ezcaray SL. Obtenida con el permiso de Juan Luis Valgañón.

El último salto hidráulico es el que sirvió para dar fuerza motriz al Establecimiento La Unión. El mismo ha desaparecido pero el canal y su cámara de carga están integrados en el suministro de agua a la Villa de Ezcaray.

Tras este punto los cauces se dividen en dos, el principal restituye las aguas a la Glera poco antes del puente Canto y el de menor caudal circula por una red de cauces urbanos, actualmente subterráneos bajo las calles del pueblo. Proporcionaron fuerza motriz más modesta, que la de las cuatro fábricas que acabamos de citar, para talleres artesanos.

Por la margen derecha, y frente al molino de San Miguel, desemboca el arroyo de Cilbarrena. Este arroyo está formado por la unión en Y de dos barrancos llamados Zalaya a su derecha y por su izquierda Surdia. Las aportaciones de estos arroyos son modestas y se reducen o casi se anulan en el estiaje.

El final del tramo es en el puente Canto, de magnífica sillería de cuatro arcos soportados por tajamares, arranque del otrora llamado Camino de las Aldeas, véanse la figura que sigue y también el vídeo VID-5.mp4 de "Anexos Documentales".

Figura 1.8. Puente Canto de Ezcaray.

1.1.6. Tramo 6. Desde el puente Canto en Ezcaray hasta el puente Nuevo de Ojacastro.

En esta sección del río Glera se siguen dando unas características muy parecidas al tramo anterior, en lo que se refiere a morfología y a la existencia de aprovechamientos de fuerza hidráulica que sirvieron para la electrificación de los pueblos de la comarca. Se hacen patentes las relaciones hidrológicas entre las aguas superficiales del río y las masas subterráneas bajo su superficie. Existen los vertidos tratados de las aguas residuales de Ezcaray que, con su población fija más la estacional de los períodos vacacionales, conllevan una entrada discontinua en el sistema hidráulico. Los afluentes son modestos salvo la excepción del río Ciloría que procede del valle de Valgañón y de Zorraquín. En este Ciloria hubo la instalación y funcionamiento, durante unas décadas, de una central hidroeléctrica pequeña que sirvió para la electrificación del pueblo de Valgañón. Por estos motivos se le dará el tratamiento de tramo separado desde su nacimiento al pie del pico de Torocuervo hasta su confluencia con el Oja al norte de Ezcaray. Al considerar la aportación de agua superficial de los diferentes afluentes y barrancos que confluyen en este tramo se verá que la misma es inferior que la vista para tramos anteriores. Sin establecer comparaciones cuantitativas, la misma es debida a que la pluviosidad en esta zona, con montañas de menor altitud, es inferior. El perfil de este tramo se ve en la figura 1.9. siguiente.

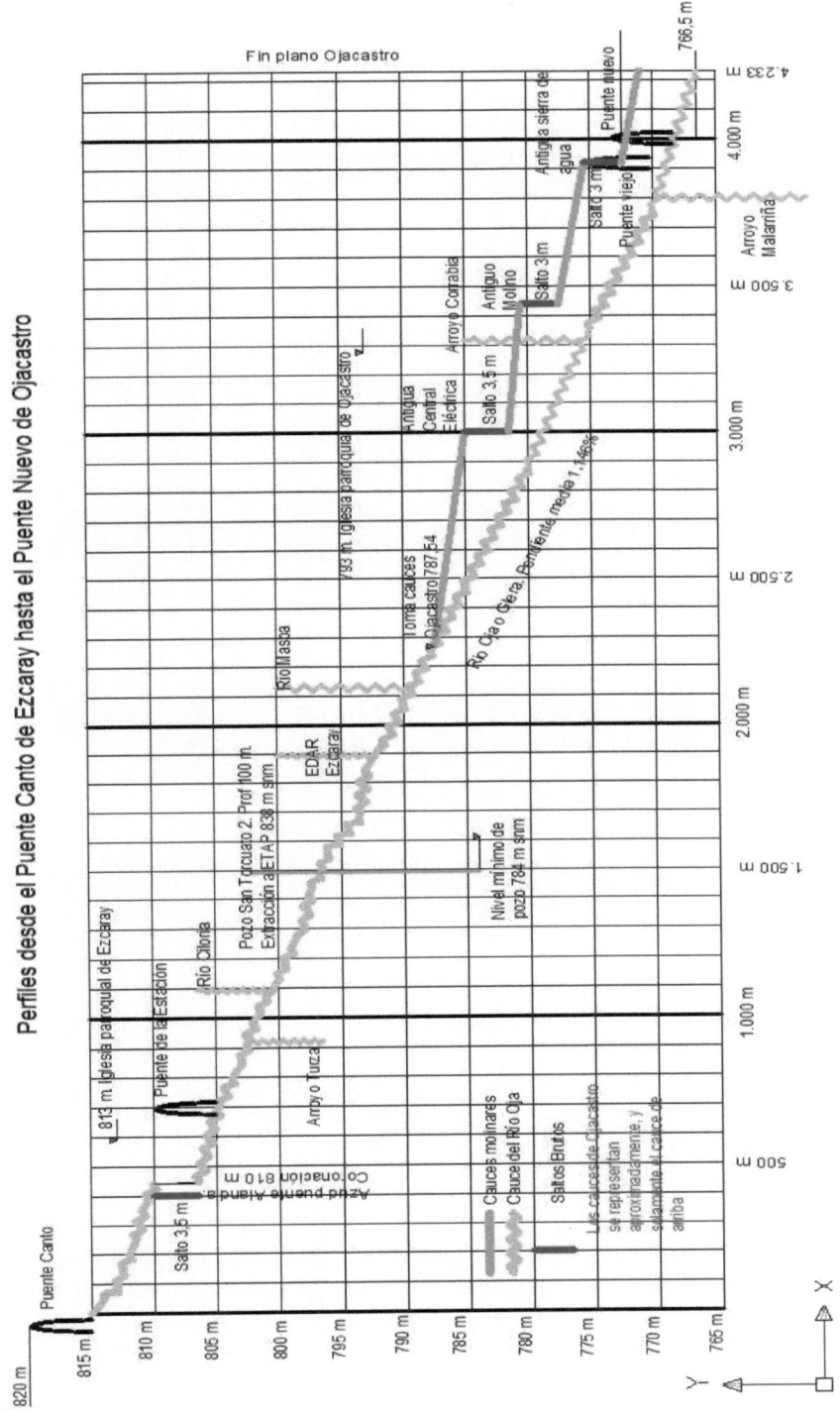

Figura 1.9. Perfil del Alto río Oja desde el puente Canto de Ezcaray hasta el puente Nuevo de Ojacastro

En este tramo aparecen usos del agua no energéticos ligados al consumo y la salubridad humanas. Esto indica lo mucho que ha cambiado la vida social en los 125 años transcurridos entre los primeros eventos que se van a recoger en esta historia y el momento en que se escribe. La primera parte del tramo es de unos 400 m., hasta el puente de Alandia cuya mitad se llevó una riada en el año de 1913 según explica Merino Urrutia en su página 171. El puente, cuya ruina se conserva, quedó inservible. En la margen izquierda existe un fuerte muro de sillería para defender al pueblo de las crecidas. En el lugar de la mitad desparecida del puente, se construyó en torno a 1955, un azud de unos 3,5 m. de altura con la única finalidad de estabilizar el cauce del río y controlar los arrastres de cantos rodados en las crecidas, el mismo no tuvo aprovechamiento de fuerza hidráulica. En la figura siguiente se ven el azud vertiendo, restos del puente de Alandia, y una escala de peces integrada para favorecer las migraciones de la fauna piscícola. En el vídeo VID-6.mp4 de "Anexos Documentales" se ve la recuperación del río tras el estiaje.

Figura 1.10. Azud, escala de peces, y restos del puente de Alandia en Ezcaray.

Tras otro tramo parecido sigue el río su curso y es cruzado por el puente de la Estación construido para acceder a la que fue terminal del ferrocarril de vía estrecha Haro – Ezcaray que fue inaugurado en 1916, descrito por Agustín Tello.

Unos 200 m aguas abajo desemboca el arroyo Turza, afluente por la derecha, que viene del valle en el cual se asienta la aldea de igual nombre. No llegan a otros 200 m cuando, esta vez en la margen izquierda, desemboca el río Ciloria procedente del valle de Valgañón, con tratamiento de tramo separado más adelante.

En esta zona bajo el lecho del río está el aluvial cascajoso del río Oja que se describirá en el apartado "1.2. Las masas de agua subterráneas del río Oja", y que se extiende longitudinalmente con el cauce, y con mayor anchura, hasta el afloramiento de Villalobar de Rioja a unos 20 km de este lugar. El aluvial cabalga sobre el acuífero carbonatado jurásico Pradoluengo – Anguiano cuyo desarrollo es transversal al aluvial, en esta zona y en unos centenares de metros aluvial por encima y acuífero debajo coinciden.

Unos 400 m. aguas abajo, esta vez sobre la margen izquierda del Glera, está la Estación de Depuración de Aguas Residuales EDAR que sirve para tratar y devolver al cauce las aguas que emite Ezcaray y que son recogidas por sus sistemas de alcantarillado urbano. Esta planta funciona con regímenes de vertidos muy variables propios de la estacionalidad de la población de la Villa, que fuera de las temporadas turísticas es de unos 2.000 habitantes.

En las proximidades de la EDAR y al otro lado de la carretera LR 111 está un viejo caserón la llamada Fábrica de los Trapos, su nombre denota que estuvo dedicado a la actividad textil, importante en Ezcaray hasta mitad del pasado siglo. Tras las obras de ampliación de la carretera y construcción de la EDAR su canal de toma desde el río fue cegado, pero aún subsisten con claridad el depósito de carga y el canal de desagüe y restitución al Oja. Tuvo que aprovechar la energía hidráulica para el bataneado o accionamiento de telares, pero no consta su dedicación a la producción eléctrica. Si se trae su ejemplo junto a la EDAR es para hacer patente el cambio de los usos del agua en la última centuria.

Enseguida confluye, por la izquierda, el río Masoa. Poco después de este punto, en el paraje de las Peñitas en la margen izquierda, está la toma que, desde tiempo inmemorial, se hizo para los cauces molinares de Ojacastro. Es una cava diagonal en el cauce del río y tiene la suficiente profundidad para captar incluso en períodos en los que las aguas superficiales desaparecen, así se toma el agua que discurre por la capa aluvial de la Glera en este lugar. Un poco más adelante, tras cruzar bajo la carretera, las aguas se subdividen en dos cauces denominados "de arriba" y "de abajo" y así atraviesan el casco urbano. En el perfil del río en este tramo, figura 1.9., solo se ha figurado el cauce "de arriba" ya que su nivel es algo superior al del otro, y además porque sobre él estuvo situada la fábrica de luz de Ojacastro. En el cauce "de abajo" también hubo establecimientos fabriles.

En el cauce "de arriba", aguas abajo de la fábrica de luz, estuvo el molino de Gregorio Martínez el cual conserva indicios claros de cauce y maquinaria. En este mismo cauce y en el barrio del Pisón hay también vestigios de una sierra hidráulica.

El cauce "de abajo" tuvo en primer lugar el molino de Montoya que funcionó como molino harinero hasta el primer tercio del siglo XX, más adelante sus aguas pasan la carretera y accionaron al molino que fue de Sinforiano Gill de la Cuesta y que funcionó moliendo piensos hasta la 6ª década del pasado siglo. A continuación, está situado el de Agapito Ortiz, hoy propiedad del "Pago de las Ánimas". La historia detallada de los saltos de agua de Ojacastro se verá en el apartado 4.4., del capítulo 4.

Al igual que en la margen izquierda del Oja en Ezcaray, en el pueblo de Ojacastro también se hizo una vanguardia para defender el pueblo de las crecidas, demasiado frecuentes, del río. Ambas son de parecida traza y están formadas por grandes sillares bien trabados, está documentado que su construcción se hizo en el siglo XVI. A la de Ojacastro sus naturales la denominan "menguardia" topónimo que se mantiene hoy en día. Un ejemplo del cauce del Oja en estiaje se tiene en el vídeo VID-9.mp4 de "Anexos Documentales" de su paso por Ojacastro.

Ahora se detiene la vista a la margen derecha para contemplar la entrada del arroyo Malarriña. Es más corto y tiene un pequeño barranco denominado arroyo de San Pelayo, recogen pocas aguas superficiales y en estiaje se secan.

Este tramo acaba con el cruce de la Glera bajo los dos puentes muy cercanos entre sí. Una pequeña reseña sobre los mismos se encuentra en el artículo de Jose Mari Merino, en ella se añade el puente sobre el Malarriña acabado de describir.

Asimismo, del "Tramo 8. Puente de Santurde al puente de Santo Domingo", cuya descripción completa no se aborda, se cita el único indicio que se ha encontrado el del posible aprovechamiento en el molino de "Traganiños" que aprovechaba el salto de un canal de derivación aguas abajo del lugar de la intervención de "Patagallina" en el acuífero. Por el nivel del este canal y las del de desagüe del molino se puede inferir que el salto pudo ser de unos 3 m., aproximadamente y que el caudal máximo se acercaría a los 1.000 l/s., pero en el Oja, en la zona de toma, se acusaban mucho los bajos caudales propios de los estiajes. La descripción del tramo en estudio del Oja se cierra con el vídeo VID-10.mp4 de "Anexos Documentales" con el río transcurriendo bajo uno de los ojos del gran puente de Santo Domingo de la Calzada.

1.1.7. Tramo 9. Río Ciloria desde su nacimiento al Oja en Ezcaray.

El perfil de altitudes de este pequeño río Ciloria se verá en la figura 1.11., y nace en la cara Norte del pico Torocuervo en la denominada Fuente Milano a una altitud de unos 1.600 m. El desarrollo de su primera parte es muy pendiente y sus barrancos afluentes son de escasa entidad por lo que se ha optado por dibujar su perfil a partir de la cota 1.000 m snm. Aun así, en todo su recorrido su pendiente es alta 2,718% en el tramo representado. Desde su nacedero hasta con su confluencia con el arroyo de La Dehesa – Fuente Reca en Valgañón se le llama comúnmente Iguareña, a partir de ese punto hasta su entrada en el Oja su nombre es de Ciloria [2].

En su valle se asientan los pueblos de Valgañón al final y Zorraquín al comienzo y más cercano a Ezcaray. Al fondo están las alturas que lo limitan del valle del río Tirón en la provincia de Burgos. Estas alturas son franqueadas por la carretera LR 111 en el alto de Pradilla. La orientación del valle es básicamente Este – Oeste por lo que sus laderas acusan claramente la diferencia solana en la margen izquierda y umbría en la derecha. Este valle a pesar de la modestia de su río y sus pequeños caudales fue asiento de una fábrica de electricidad en Valgañón que funcionó durante el primer tercio del siglo XX. Ello fue posible gracias a las pendientes del río que en la parte de este pueblo fueron suficientes para encontrar un salto de la altura suficiente y que no requiriera un caudal que el río no tenía. Esto contrasta con las fábricas de luz de Ezcaray y Ojacastro sin saltos grandes por las menores pendientes del lecho del Oja en esos tramos.

El pequeño río al entrar en Valgañón ya recibe el nombre de Ciloria, tras haber confluido con el arroyo de la Dehesa – Fuente de la Reca, y siempre lleva agua. El arroyo Roñadero descarga su aportación tras atravesar la carretera mediante una alcantarilla, proviene de la margen derecha y bordea Valgañón por su lado Este. A un kilómetro más abajo también llega el arroyo San Sebastián con aguas muy escasas y el río Ciloria pasa bajo la carretera en el término de la Mojonera. Desde este punto se aleja del pueblo de Zorraquín que queda a la derecha de la carretera en sentido de descenso hasta repasar a la izquierda de nuevo en el puente de Usarena bajo la urbanización del mismo nombre. Acercándose a Ezcaray riega huertas y pequeños prados.

---

[2] Comunicación escrita de Jose Luis Agustín Tello de 11 de marzo de 2018. "Sobre los ríos y arroyos de Valgañón: La gente de Valgañón tiene un monumental enfado con el hecho de que se denomine Ciloria a lo que debe ser Iguareña (o Iguabaña, que también se llamaba así en el siglo XVII, a tenor de los documentos que poseo). Ciloria es una fuente que existe en Zorraquín. El río Bañadero (que figura en los mapas), aquí se denomina Roñadero (aunque en el siglo XVII tenía las dos denominaciones, según el documento que consultases). Por otra parte, el llamado arroyo de La Dehesa, es más conocido como arroyo de La Reca (que también me aparece con tal nombre en documentos fechados en el siglo XVII)"

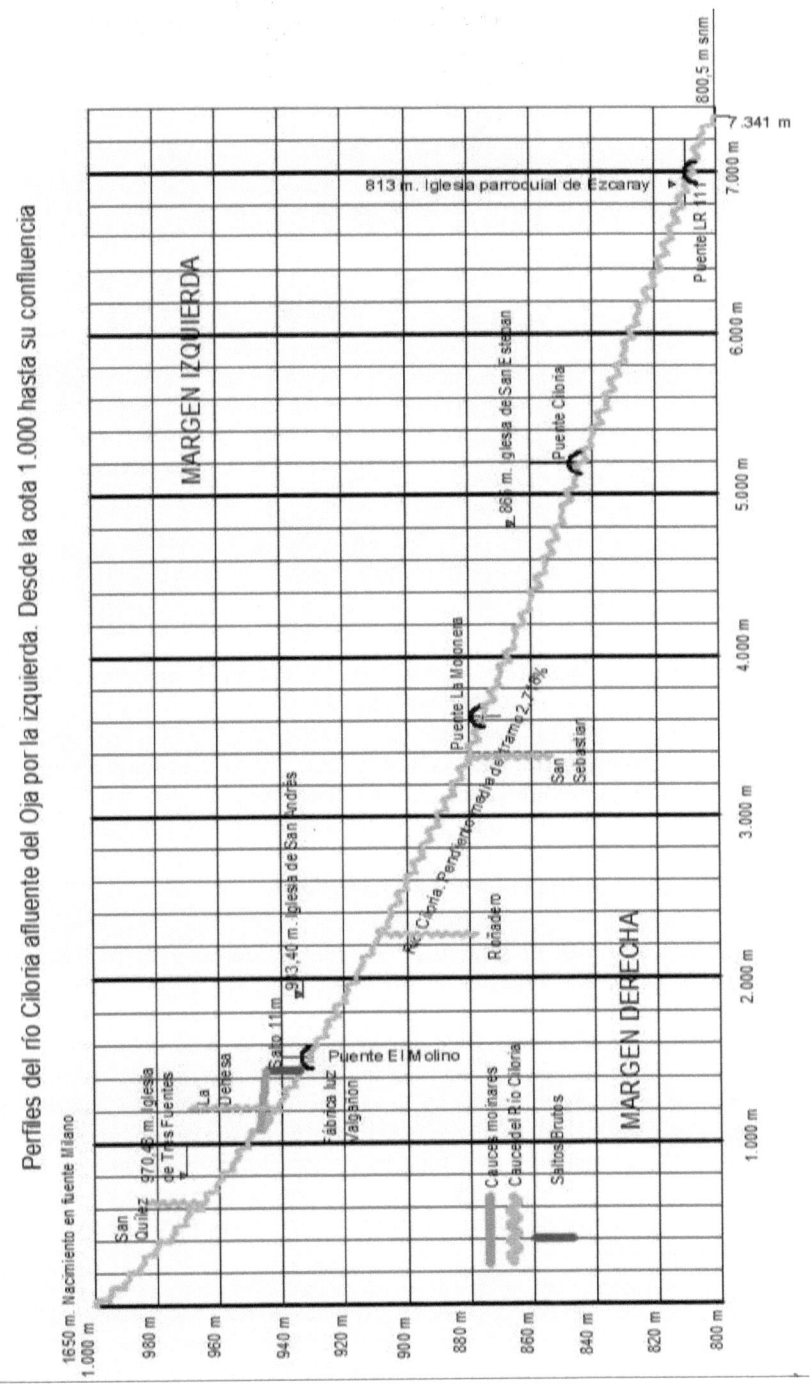

Figura 1.11. Perfil del río Ciloria desde su nacimiento al Oja en Ezcaray

Próximo al cementerio de Ezcaray, que queda a su izquierda, se ven las obras de consolidación y rectificación de orillas realizadas en el año de 2015. Atraviesa de nuevo la carretera LR 111 y en unos 300 m entra la Glera a la cota de 800,5 m snm. Las obras de orillas y puente de la carretera se ven en la figura que sigue.

Figura 1.12. El río Ciloria a su paso por el puente de la LR 111 en el cementerio de Ezcaray. Cedida por Jose Luis Agustín Tello.

Se indica que hay más detalles en el "Anexo Documental A-1. Localización topográfica de los ríos, arroyos, obras e instalaciones descritas en este libro. fichero A-1.pdf".

1.2 Las masas de agua subterráneas del río Oja.

En la dinámica hidrológica de todo río y también del Oja, son importantes las relaciones que existen entre sus aguas superficiales y las subterráneas próximas.

En el subsuelo hay formaciones porosas, bien gravas y arenas o rocas fisuradas, como las calizas y otras muchas que en ocasiones tienen oquedades e importantes cuevas. Estas formaciones reciben el agua infiltrada, por diversos mecanismos, y la almacenan durante un período de tiempo, y finalmente la drenan al exterior. El agua circula dentro de la masa subterránea con velocidades, diferentes en sus distintos puntos, que son función de la naturaleza del medio. La recarga de las masas subterráneas procede del agua de la lluvia que va infiltrándose desde la superficie, también de las corrientes de los ríos, se les llama aguas superficiales, que fluyen por encima, y de la escorrentía sobrante de los riegos agrícolas.

Estas masas de agua se comportan como inmensas esponjas de naturaleza física variable, las mismas también se saturan, es decir en los períodos de recarga llega un momento en el que no admiten más agua. Las masas de agua cumplen el papel de embalses de agua, con la diferencia que, por su naturaleza oculta, son más difíciles de medir y controlar.

A las masas de agua se les denomina en general acuíferos, palabra de clara etimología latina que significa "que contiene agua". Un acuífero, que se da en el Oja, es el aluvial. El aluvial es un terreno poroso poco compacto que está formado por gravas, arenas y cantos que en muchos casos ha sido producido por la acumulación de las rocas fraccionadas, trituradas y erosionadas por al corriente del río. Acuíferos y aluviales pueden alcanzar profundidades importantes, hasta centenares de metros. A la profundidad de un acuífero se le llama potencia. Los acuíferos, aunque no se vean, tienen gran importancia.

El retorno del agua a la superficie es el drenaje constituido por los manantiales, fuentes o surgencias concentradas o difusas que se observan en muchos lugares. El Oja está relacionado con el acuífero de rocas carbonatadas del Jurásico de Pradoluengo – Anguiano, el cual tiene una dirección aproximada Oeste – Este. Cabalgando sobre este acuífero se encuentra el aluvial del Oja formado por cantos, gravas y arenas silíceas con dirección Sur – Norte y que se extiende entre Zaldierna y Villalobar de Rioja. En la figura siguiente, se ve un esquema de la relación entre ambos.

Figura 2.7: Masas de agua subterránea y principales manantiales de la cuenca del rio Tirón

Figura 1.13. Situación relativa entre el acuífero Pradoluengo – Anguiano y el aluvial del Oja. Tomado de CHE página 18 del Documento 458026_diagnosis_cuenca_oja_tiron_7_106_p1_o.pdf

En la zona bajo la Peña de San Torcuato, entre Ezcaray y Ojacastro, aluvial y acuífero están muy relacionados entre sí y con el cauce ya que están superpuestos y dan lugar a intercambios función de la época del año. Para terminar el apartado se resalta que los aprovechamientos hidroeléctricos que, desde el final del S XIX hasta el primer tercio del S XX funcionaron en Ezcaray y Ojacastro, estuvieron sobre cauces molinares en los que, durante los períodos de estiaje, las aguas estaban parcialmente aportadas por captaciones del aluvial del Oja. Se trataba de captaciones superficiales destinadas a producir un salto de agua apreciable, pues los bombeos no hubieran tenido sentido energético.

1.3.   Hidrología del Alto Oja.

La hidrología trata del estudio de las corrientes subterráneas y superficiales de agua en la naturaleza. A la misma se destina el "Anexo Documental A-2 Hidrología del Alto Oja, fichero A-2.pdf" en su relación con el río Oja. Solamente se traen aquí los caudales superficiales medidos durante unos años en la estación de aforos A157 de Azárrulla, véase la figura que sigue.

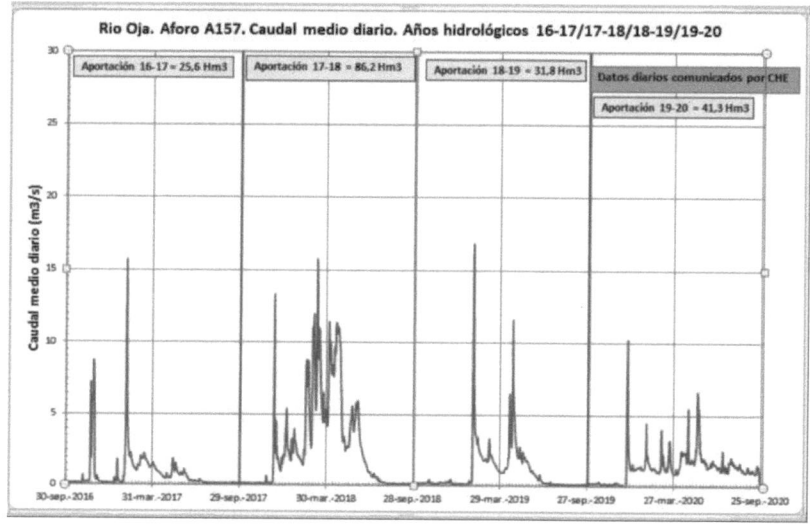

Figura 1.14. Caudal medio diario en m³/s en la estación de aforo de Azarrulla. Para los años hidráulicos de 2016/17, 2017/18, 2018/19 y 2019/20. Datos CHE

Se observa la irregularidad de los caudales diarios a lo largo de 4 años hidráulicos sucesivos. Además, se ha de considerar que la estación de aforo está situada en un punto en el cual todavía no ha aparecido el fenómeno de infiltración al aluvial del río. Esto quiere decir que esta falta de regularidad se hará más acusada la aparición de los temidos estiajes que serán uno de los principales condicionantes para la producción de energía hidroeléctrica en las centrales que se fueron estableciendo.

1.4.   Los caminos y puentes cercanos al río Oja.

Las riberas de todo río, por modesto que sea, han sido y siguen siendo lugar adecuado para asentamientos humanos desde los albores de cualquier civilización. El Oja también lo ha experimentado de forma importante y lo sigue haciendo. En esta historia se hace una descripción de los aprovechamientos hidroeléctricos que se asentaron en su corriente. Para este tipo de obras es necesario contar con caminos y carreteras para el transporte y acceso de los trabajadores, y de la maquinaria que fue precisa para su establecimiento. Las carreteras, caminos y puentes han tenido una evolución importante en los últimos 60 años y el autor ha podido rescatar ciertas fotografías pertenecientes a esa época.

Se ha considerado pasar los detalles al "Anexo Documental A-3, Evolución en los caminos, carreteras y puentes desde 1968 hasta la fecha. Fichero A-3.pdf" ya que los mismos pueden interesar a aquellos lectores que deseen profundizar.

1.5.   La fuerza del agua para obtener energía mecánica.

Se va a aprovechar la fuerza difusa de las corrientes de agua, de origen solar pues tiene su foco caliente el sol que al evaporar el agua de los mares la eleva a las nubes en la atmósfera. La lluvia al descender por las montañas y los valles llega a los ríos y por estos hasta la mar. Los ríos proporcionan un recurso natural, renovable, muy irregular en el tiempo, con crecidas y estiajes. Para observar los efectos de una corriente natural no aprovechada es bueno situarse junto a un pequeño río en su curso alto de montaña. En la figura siguiente se ve al Oja en el paraje denominado el Llano de la Casa. El agua salta y choca entre peñas, guijarros, y forma pequeñas pozas, moviendo las hojas en otoño y desplazando las arenillas e incluso las piedras pequeñas. Si uno se mete en la corriente, de escasa profundidad, nota en sus piernas la fuerza del agua. Es una fuerza no concentrada, y un niño puede fabricar un pequeño molinete de juguete que girará arrastrado por el agua. Sin advertirlo el molinete está aprovechando la fuerza del agua.

Figura 1.15. El río Oja cerca de su nacimiento en el Llano de la casa. Explicación de la fuerza difusa del agua.

La fuerza de la corriente es debida a que desciende por un tramo de río con pendiente. Las aguas estancadas no tienen fuerza. Para que esta fuerza difusa sea aprovechable se ha de concentrar. Esto se logra con obras como pequeños azudes de toma; canales de paredes lisas por una de las laderas que desciendan menos que el río para que se produzca un salto entre el final del canal y el río; depósitos o embalses y tuberías que lleven el agua a las máquinas que aprovechan la fuerza ya concentrada. La figura siguiente, es un esquema en el que se ven los dos tipos de saltos hidráulicos posibles, el de la izquierda el llamado **de derivación** y el situado aguas abajo el **de pie de presa**, este exige que exista una presa importante que inunda el río y a su pie se instala la central para aprovechar su fuerza.

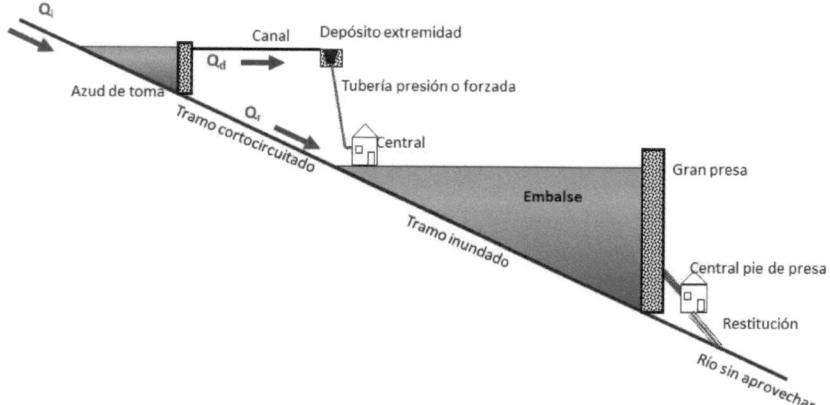

Figura 1.16. Esquema de dos saltos de agua en un río. A la izquierda una central de derivación y a la derecha una de pie de presa bajo un embalse

En el Oja no hay embalses y todos sus saltos a lo largo de la historia son y han sido de derivación. Las centrales de derivación constan de un azud de toma en el río, según se ve en el vídeo VID-2.mp4 de "Anexos Documentales". Otra vista de este se ve en la figura que sigue.

Figura 1.17. Azud de toma sobre el río Oja en Posadas. A la izquierda comienza el canal de aportación al salto hidráulico. 4 febrero 2020. Caudal 4 m³/s aprox. Cedida por Gonzalo Del Río Merino.

El canal, según se ha visto en la figura 1.16., termina en un depósito de extremidad de capacidad adecuada para contener el volumen de agua para el funcionamiento correcto de la maquinaria hidráulica. En la figura siguiente hay una fotografía del depósito de extremidad de la central de Posadas.

Figura 1.18. Depósito de extremidad de la central de Posadas. Al fondo se ve la reja con el dispositivo limpia - rejas para separar la hojarasca y ramas que lleva la corriente de agua.

Del depósito de extremidad arranca la tubería de presión o forzada que conduce el agua a presión a las máquinas hidráulicas, que la convierten en energía mecánica. Si la central es de salto pequeño, no hace falta tubería forzada y las máquinas hidráulicas se conectan directamente al depósito de extremidad. En la figura siguiente, se ve la tubería forzada del salto del Águila.

Figura 1.19. Salto del Águila. Sobre de la central se ve el tramo final de la tubería forzada

La existencia de aprovechamientos hidroeléctricos rentables viene condicionada por la naturaleza. Corresponde a la tecnología extraer los mayores rendimientos. El agua, al ser un bien escaso y tener otras utilidades ligadas al bienestar de los seres vivos, ha de ser empleada teniendo en cuenta estos intereses que, casi siempre, son contrapuestos. Es evidente que un aprovechamiento de esta naturaleza supone una alteración del río, de la vida y asentamientos humanos en su cercanía, de su hábitat vegetal y animal, del paisaje, de los caminos y carreteras…. Las consideraciones acabadas de hacer se hacen en el siglo XXI y se ha de tener en cuenta que los proyectos que, más adelante se describirán, los hicieron personas que vivieron hace 100 y 125 años en contextos sociales y económicos muy diferentes.

A explicar las relaciones fundamentales de los saltos de agua se dedica el "Anexo Documental A-4, fichero A-4.pdf".

1.6. Máquinas hidráulicas. Ruedas verticales y horizontales.

Bonnin, explica claramente que las ruedas y otros dispositivos estaban extendidas en el mundo romano y en las culturas antiguas de Oriente. Sin embargo, el contexto energético, al existir la esclavitud y el tiro animal, era muy diferente al que empezó a aparecer en Europa medieval por sus crisis de población. En consecuencia, se aplicaron máquinas diversas, como las conocidas norias, que aplicando fuerza de esclavos o animales elevaban el agua desde pozos y ríos para ser utilizada para el consumo humano y el riego. El cambio fundamental en la edad media se da cuando se introduce la máquina hidráulica motriz para obtener fuerza de las corrientes de agua y así aligerar el trabajo de esclavos y animales. Estas máquinas se describirán el "Anexo Documental A-5, fichero A-5.pdf", ya que son las antecesoras a la electrificación a partir de la energía hidráulica.

La historia se inicia con las ruedas hidráulicas verticales de las que no quedan vestigios claros en la zona. Posteriormente aparecieron las ruedas horizontales y ambas fueron empleadas para accionar industrias, que se tenían que ubicar al lado de ríos, tales como:

- Ferrerías. Los ventiladores del horno y los martinetes para la forja.
- Molinos de piensos y harinas.
- Batanes y otras máquinas textiles.
- Fábricas de papel.
- Otras muy variadas

1.7. Máquinas hidráulicas. Turbinas.

Los mayores problemas de las ruedas hidráulicas, sobre todo las verticales, eran su pésimo rendimiento, su velocidad muy baja, y el no aprovechamiento de todo el salto disponible, y su gran diámetro. Sin embargo, para la incipiente industrialización de comienzos del siglo XIX bastaban, ya que empezaban a apreciarse las ventajas de la energía procedente de la naturaleza. La búsqueda de mejoras fue promovida por físicos e ingenieros - Euler, Bernoulli, y otros más, que, desde el siglo anterior, conocían el potencial teórico de las corrientes de agua y que a la tecnología de máquinas hidráulicas le quedaba mucho camino para aplicar mejoras. Aparecieron incipientes turbinas que funcionaban por encima de 200 rpm y se vislumbraba que los aprovechamientos de saltos elevados iban a ser posibles. Esta etapa estuvo animada por muchos inventores hasta que el ingeniero estadounidense Lester A. Pelton, en 1880 patentó, la llamada turbina Pelton que se sigue empleando muy mejorada. Seguidamente vinieron las turbinas Francis, Hélice y la Kaplan en 1918. Ha habido algunos otros desarrollos, pero se ha empleado mucho menos, y en el río Oja solamente se hicieron instalaciones de turbinas Pelton, Francis y Hélice.

La selección del tipo más apropiado de turbina para cada salto hidráulico concreto lo realizan ingenieros especialistas y de forma elemental se indica, a continuación, sus campos de aplicación:

- Turbinas Pelton para saltos de poco caudal y elevada altura.
- Turbinas Francis para saltos de mayor caudal y de altura media.
- Turbinas Hélice para saltos de caudal importante y altura pequeñas

En el "Anexo Documental A-6, fichero A-6.pdf", se amplía la descripción de las turbinas hidráulicas.

Con los tres apartados anteriores se ha explicado la forma de captar la energía de una corriente de agua y convertirla en energía mecánica adecuada para accionar generadores eléctricos.

1.8.   Motores térmicos complementarios para salvar los estiajes.

Cuando se vea el desarrollo de esta historia, por las distintas empresas que se sucedieron, se notará que una de las mayores dificultades, para servir a los abonados, fue la falta de aportaciones de agua en el río Oja agravada en los meses del verano e incluso otoño. Estas situaciones no aparecieron de forma generalizada hasta los años de 1914 – 1920 pues los recursos hidráulicos eran todavía suficientes y el consumo de alumbrado era el predominante y en verano las horas de luz solar son mayores. Sin embargo, cuando se desarrolle la historia de la fábrica de luz de Ojacastro a partir de 1909 se verá que su propietario compró en 1912 el molino de Montoya situado en el cauce inferior, hay documentos que prueban que pensó que su nueva adquisición le podría valer para dedicarse al negocio de la molienda, y complementarlo con el de fabricación de luz para añadir el agua del cauce inferior a la del superior y así mejorar el servicio durante los estiajes. Aun así, todas las soluciones aplicadas se basaron en motores térmicos de acuerdo con los indicios documentales encontrados. Se coloca este apartado al final del capítulo dedicado a describir el río Oja y su energía hidráulica ya que estas soluciones eran para paliar los severos déficits hidráulicos

1.8.1.   Máquinas de vapor estacionarias.

Fueron varios los tipos de máquinas de vapor estacionarias que sirvieron para accionar a los generadores que, en épocas de aguas altas, eran arrastrados por las turbinas hidráulicas que existían en las centrales eléctricas. Según los documentos consultados, no muy detallados, hubo **máquinas de vapor monocilíndricas horizontales del tipo Corliss** en Santo Domingo y Posadas. Este tipo Corliss fue muy empleado y debido a su mejor rendimiento. Se ha encontrado una máquina de este tipo instalada como museo y se ve en la figura siguiente.

Figura 1.20. Máquina de vapor Corliss. Cedida e instalada como museo en la Escuela Técnica Superior de Ingeniería de la Universidad de Sevilla. Marcada en primer plano. En el plano del fondo se ve el generador. Facilitada por Cristina Torrecillas Lozano profesora.

La máquina instalada en Logroño en 1892, según se ha visto en el apartado 1 de la INTRODUCCIÓN, fue de 100 CV mucho más pequeña que ésta expuesta en Sevilla. En Santo Domingo, en 1895 se instaló un vapor [3] de 26 CV para los estiajes, no ha quedado claro si fue una Corliss o locomóvil como se verá más abajo. En la Central de Posadas se instalaron dos máquinas de vapor para sostener el suministro eléctrico durante los estiajes, tal como se verá en el capítulo 5.

Las posibles Corliss de Logroño, Santo Domingo y Posadas tuvieron que ser mucho más pequeñas, entre ½ y ⅓ de la máquina de Sevilla. Además, en el lugar del generador que esta tiene acoplado, aquellas tuvieron una gran rueda sobre la que se montaba la correa de accionamiento al generador que era el mismo que el arrastrado por la turbina hidráulica.

Hay otra evidencia de que hubo máquinas de vapor en Posadas porque Agustín Merino compró en 1917 a la Mancomunidad Electra Posadas dos partidas de chatarra procedentes de las máquinas de vapor pequeña, y grande que se acababan de desguazar.

1.8.2. Máquinas de vapor transportables o locomóviles [4].

Mientras que el vapor como fuente de energía fue rápidamente aplicado a la industria o al transporte, su uso como motor de maquinaria agrícola no se generalizó hasta la segunda mitad del s. XIX. El desarrollo de la técnica y los nuevos materiales permitió la fabricación de máquinas de

---

[3] "Un vapor" designaba a la máquina de vapor

vapor de reducido tamaño y peso, con la finalidad de que fueran trasladables. El resultado fueron estas máquinas de vapor que al acoplarlas un chasis con ruedas podían ser arrastradas por medio de caballerías o yuntas de bueyes. La máquina de vapor locomóvil es una forma de poder llevar una fuente de energía o movimiento, al lugar donde se desee. En principio fue diseñada para labores agrícolas, fundamentalmente para el movimiento de trilladoras y con modificaciones para arar. El propietario de la fábrica de luz de Ojacastro adquirió una de estas máquinas. Se sabe que la locomóvil para Ojacastro se llegó a instalar, pero tuvo vida efímera y llena de problemas como se verá en el apartado 4.4.7., del capítulo 4. Hay una locomóvil que se exhibe en un prado de Padrones de Bureba, figura siguiente, y se instaló en 1941.

Figura 1.21. Locomóvil de Padrones de Bureba (Burgos). El autor en su visita a la misma en agosto de 2018.

La otra evidencia de motor térmico es del año 1923 en la instalación de un **motor de explosión diésel** en Santo Domingo de la Calzada por la Mancomunidad Electra Posadas. Fue de 84 HP y su generador de 60 kW y se podían acoplar en paralelo con los generadores de la central de Posadas. Para ello se construyó una Sub Central en esa ciudad para alojar motor, generador, sus equipos asociados y el transformador de acoplamiento a la red. En la figura que sigue, se inserta una fotografía de una instalación semejante, al no quedar documentos gráficos de aquel de 1923.

[4] Pablo Neruda en su autobiografía "Confieso que he vivido", en el apartado el "Arte de la lluvia" cita a Don Horacio Pacheco que "*llevaba por las colinas y los caminos intransitables su locomóvil y su trilladora*". Se refiere al sur de Chile en torno a 1919 – 1920.

Figura 1.22. Motor diésel de explosión de 4 Tiempos con su generador. Tamaño algo mayor (125 CV) que el que estuvo en Santo Domingo de la Calzada (84 CV). Motor de barco fabricado por Maquinista Terrestre y Marítima (MTM). Cedida por el Excmo. Ayuntamiento de Cercedilla (Madrid), Fábrica de la Luz, Santiago Morán.

CAPÍTULO 2.
LEYES, NORMAS Y TARIFAS EN AQUELLOS AÑOS.

Se sale del objeto de este libro realizar un estudio detallado de la normativa relevante para centrales, instalaciones eléctricas, y venta de electricidad durante los años en los que transcurre esta historia. Sin embargo, son necesarias unas ideas simples para comprender el entorno en el que vivieron aquellas personas al desarrollar sus actividades. Durante los 70 años del periodo analizado hubo una evolución importante pues se pasó de un régimen liberal propio de la restauración española, a un incipiente desarrollismo autárquico con dirigismo propio del franquismo. Hubo pasos intermedios con la dictadura de Primo de Rivera, y la II República Española. Además, los antecedentes obtenidos no han sido homogéneos, ni completos. Por ello se ha optado por ordenar, temáticamente y cronológicamente, la información lograda y realizar comentarios desde la óptica del autor a principios del siglo XXI. En la historia del desarrollo de la electricidad en España, las normas y disposiciones legislativas han estado presentes desde sus comienzos, y sin pretender una relación exhaustiva, las principales se han sacado de Domínguez Marmolejo.

- Ley de aguas de 13 de junio de 1879.
- Instrucción del 14 de junio de 1883.
- Real Decreto de 28 de mayo de 1896, sobre la contribución industrial.
- Ley de presupuestos de 28 de junio de 1898, que creó el impuesto sobre el consumo de energía eléctrica.
- Ley de 23 de marzo de 1900, que definió la servidumbre forzosa de paso de las corrientes eléctricas. Fue desarrollada por los reglamentos de:
    - 15 de junio de 1901.
    - 30 de enero de 1903.
    - 7 de octubre de 1904, todos ellos sobre inspecciones.
    - Real Decreto de 26 de abril de 1901.
    - Real Decreto de 7 de octubre de 1904.
    - Real Decreto de 8 de junio de 1906, todos ellos sobre verificación de contadores.
    - El Real Decreto de 7 de enero de 1927 y su artículo 19, apartado C). se emplearon para la justificación del salto de Ozumbra margen derecha reformado, véase capítulo 10 apartado 10.2.

Llama sin embargo la atención que no haya o no se han encontrado normas referidas al contrato de suministro de electricidad, que variaban entre zonas y suministradores. En principio las Administraciones, provincial en este caso, exigían una notificación. De cada central, línea, o instalación eléctrica se extractarán, ordenadamente, los permisos que se han localizado. Para completar esta visión general de la evolución de los aspectos normativos en España se recomienda acudir a Cayón. También se ha añadido, a este capítulo, lo referido al precio de la electricidad generalmente bajo forma de tarifas, de estructura muy sencilla.

2.1. La concesión de uso de las aguas y ocupación del dominio público.

Cuando se hicieron las primeras instalaciones, que se describirán en el capítulo 4, regía la Ley de aguas de 13 de junio de 1879. Esta ley no se actualizó hasta 1985 es decir pasó más de un siglo entre ambas.

2.1.1. Fábrica de Luz "La Gloria" de Benito Gandasegui en Ezcaray.

Sus documentos principales son:

- Comunicación del Ayuntamiento de Ezcaray fechada en 20 de Julio de 1903. Don Benito Gandasegui Marín, lograba la autorización para un aprovechamiento hidráulico destinado a producir energía eléctrica en el lugar denominado "Cuesta de Bazaiza" en el río Molinar. Firmaba el alcalde Celedonio Altuzarra. Trasladaba una RO de 24 de junio del mismo año.
- 2 de agosto de 1906 en el BOPL[1] aparecía la autorización para derivar 1.000 l/s del río Molinar.
- El 10 de enero de 1910 por la publicación en el BOPL se ve que Benito Gandasegui, realizó reformas en la concesión del 30 de julio de 1906 y consiguió el permiso. El expediente se tramitó de acuerdo con la Instrucción de 14 de junio de 1883 y tuvo informes favorables.

La competencia de la autorización correspondía al Gobernador Civil de la Provincia y el industrial tenía que ser dueño del terreno donde pretendía construir el aprovechamiento de energía, "*artefacto*" en la jerga de aquella época.

2.1.2. Central de Posadas de Dionisio Segura

- Fecha de concesión del salto de Posadas 23 de julio de 1903. No ha aparecido esta disposición y la fecha se ha obtenido de la carta [2] [3]como referencia solamente.
- En el BOPL de 30 de julio de 1906 nº 165, páginas 605 y 606 de 28 julio de 1906 en la "Sección de Obras públicas – AGUAS" venía la AUTORIZACIÓN para derivar 1.200 l/s de agua del Río Mayor y 600 l/s del Río Altuzarra. Véase transcrita en "Anexo Documental A – 7. Autorización conseguida por Dionisio Segura para la instalación de la Central de Posadas." Fichero A-7.pdf

2.1.3. Fábrica de Luz "La Máquina" de Valgañón

- El día 19 de septiembre de 1910, el Gobernador Civil de Logroño firmó la correspondiente autorización administrativa "*para establecer una Instalación eléctrica en la Villa de Valgañón*". Véase "Anexo documental A-8. Fábrica de luz de Valgañón. Oficio 231 del

---

[1] BOPL Boletín Oficial de la Provincia de Logroño.
[2] Carta de Gonzalo Merino a Agustín Merino de 8 de mayo de 1929.
[3] A partir de la nota anterior, en la que aparecen estos nombres completos, se designarán como G. Merino y A. Merino

Gobierno Civil de la Provincia de Logroño, Obras Públicas, Negociado Electricidad. 11 setiembre de 1910. Fichero A-8.pdf

2.1.4. Fábrica de Luz "San Jose" de Ojacastro.

Esta fábrica de luz contaba con el derecho al uso del agua para fines industriales con carácter perpetuo, dimanante de sus anteriores usos industriales de molino harinero y batán, y así consta en un documento que su propietario, Agustín Merino, presentó en torno a 1913 – 14 para cumplir los requisitos que prescribió el real Decreto de 12 de abril de 1901, con el fin de que sean inscritos en el registro General de aprovechamiento de aguas todos los establecimientos industriales. Esto puede explicar que solamente se ha encontrado el documento que se cita. Seguidamente pide autorización para instalar la central productora de electricidad y las líneas de distribución que de la misma parten.

- Boletín Oficial de la Provincia de Logroño BOPL miércoles, 11 de marzo de 1908, número 57, páginas 211 – 212. GOBIERNO CIVIL. Sección de Obras públicas. Servidumbres eléctricas. 591. Está en "Anexo Documental A-9. Fábrica de luz de Ojacastro. "Boletín Oficial de la Provincia de Logroño" miércoles, 11 de marzo de 1908, número 57, páginas 211 – 212". Fichero A-9.pdf

También se citaba el art. 13 del Reglamento de 7 de octubre de 1904, para instalaciones eléctricas, que se verá más adelante en este capítulo.

2.1.5. Aprovechamiento integral del Alto Oja de Electra Posadas SA en Ezcaray

- La autorización se salía de la competencia del Gobierno Civil de Logroño como había sido en las obras de años anteriores vistas hasta ahora y la da la Dirección General de Obras Hidráulicas inserta en la página 1192 del BOE nº 44 de 13 de febrero 1946. Se ha llevado a "Anexo Documental A-10. Proyecto de aprovechamiento integral del alto Oja.". Fichero A-10.pdf. La citada disposición encargaba a la Confederación Hidrográfica del Ebro para realizar toda la tramitación del Proyecto. Se ve pues que las entidades encargadas de las autorizaciones y concesiones eran diferentes a las de los proyectos anteriores.

2.2. Las autorizaciones para el tendido de líneas eléctricas.

Las instalaciones de las líneas de Ojacastro y de Valgañón tuvieron unas autorizaciones que se sujetaron al "Reglamento reformado para instalaciones eléctricas" de 7 de octubre de 1904, el cual desarrollaba la Ley de 23 de marzo de 1900. La misma incluía las verificaciones de los contadores de electricidad y de gas. Se publicó, en la Revista de Obras Públicas.

De la Fábrica de la Gloria, cuya instalación se realizó antes de 1901, no se ha encontrado referencia a esta Ley de 1900, ni a los dos Reglamentos que la desarrollaron, aunque es plausible que se sujetara a uno anterior.

2.2.1. Fábrica de luz de Ojacastro.

La Fábrica de Luz de Ojacastro fue autorizada en el BOPL del miércoles 11 de marzo de 1908, número 57, páginas 211 – 212. La autorización se hizo en virtud del Reglamento de 7 de octubre de 1904, para instalaciones eléctricas.

2.2.2.   Fábrica de luz de Valgañón.

La Fábrica de Luz de Valgañón fue autorizada en 19 de setiembre de 1910, la Autorización, iba dirigida a Don Teodoro Calvo, vecino de Valgañón La autorización se hizo también en virtud del Reglamento de 7 de octubre de 1904, para instalaciones eléctricas.

En "A-8 Fábrica de luz de Valgañón. Oficio 231 del Gobierno Civil de la Provincia de Logroño, Obras Públicas, Negociado Electricidad. 11 setiembre de 1910. Fichero A-8.pdf" se inserta la transcripción realizada por Jose Luis Agustín Tello.

2.3.   Tarifas eléctricas.

Las tarifas eléctricas fueron impuestas a los consumidores de electricidad y por ello se incluyen en la Normativa. Los usuarios tuvieron poca fuerza para negociar los precios a lo largo de esta historia. Al principio fueron establecidos por los propietarios de las fábricas de luz posteriormente, en vista de la importancia de la electricidad, fueron establecidos bien por las administraciones local o provincial y al final de esta historia por El Ministerio de Industria dependiente Del Gobierno central. Los datos se van a presentar de forma temporal.

2.3.1.   Contratos a tanto alzado.

Estos fueron los que se dieron en los albores de la electrificación de la zona. Los mismos regían para el alumbrado en sus variantes público, contratado por los Ayuntamientos, y privado o doméstico. También los industriales que querían instalar motores para mecanizar ciertas fases de sus procesos se acogieron a los contratos de fuerza motriz. En los contratos de alumbrado o luz se consideraba su suministro durante las horas nocturnas y, de forma complementaria, los contratos de fuerza motriz eran diurnos. De esta forma los servicios de luz y fuerza motriz no interferían en el tiempo, y en principio esto hacía que la utilización técnica de la fábrica, para ambos servicios, fuera mejor. En los contratos a tanto alzado, al comienzo, la empresa suministradora se fiaba de que la instalación de las lámparas fuera exactamente la que se había contratado y, además, en los primeros tiempos y con las pequeñas empresas de la zona, el maquinista de la fábrica de luz, cuyo trabajo era nocturno hacía de día las labores de instalador. Sin embargo, con el tiempo apareció el fraude y para evitarlo se instalaron limitadores de corriente en las acometidas de cada abonado. Se propusieron e instalaron de diversos tipos. Se indica que la función del limitador era en esencia semejante a la de los actuales interruptores automáticos que están instalados en todos los abonados domésticos, aunque el entorno económico, energético y de confort es, en la actualidad, muy diferente. También en los contratos a tanto alzado la fiabilidad de suministro era baja, y se deducían del recibo mensual los días en que la luz fallaba.

2.3.2.   El suministro de bombillas a los abonados.

Al comienzo de la electrificación y antes de 1920 era difícil que los abonados de los pueblos tuvieran cercana una tienda para comprar lámparas, que eran de vida limitada y que con frecuencia se fundían. Así se han encontrado registros en la Fábrica de luz de Ojacastro en los que la reposición de las bombillas la hacía la Fábrica por cuenta de los abonados. Sin embargo, en contratos de alumbrado público, y el de Santo Domingo es un ejemplo, la reposición de las bombillas corría por cuenta de la empresa suministradora, si bien se había la excepción a las roturas *por mano airada*.

2.3.3. La introducción del limitador y el contador.

Se acaba de citar el papel del limitador, desde muy pronto, en los suministros a tanto alzado. También se vio la necesidad de adoptar contadores de energía que totalizaban el consumo en kWh, su lectura y la preparación de los datos para establecer la factura, llamada normalmente recibo de la luz, era función de los empleados locales que tenían las empresas en los pueblos. A estos empleados se les asignaba la misión de la recaudación que siempre fue mensual. A estas personas se les llamaba cariñosamente "*el lucero*" o "*fulano el de la luz*". Los contadores y limitadores eran, casi en la mayoría, propiedad de la compañía que los alquilaba por un canon mensual a los abonados. Los contadores y limitadores figuraron en los activos de las Compañías como una partida más del inmovilizado. En el caso de Electra Posadas, a partir del año de 1944, su valor osciló entre el 2% y 3,5% del total de la cuenta de inmovilizado. Existen datos escasos sobre el número total de abonados y su distribución en tanto alzado y contador. De entre ellos destaca un total de abonados en 1962 de Electra Posadas de 5.664 según el Sindicato Nacional del ramo. En la figura siguiente se ve un contador monofásico de los años 1930 – 40. También se instalaban trifásicos para los contratos de fuerza motriz. En la foto se ve la etiqueta de verificación por la Delegación de Industria de Logroño que era preceptiva. Se ha visto que en 4 de enero de 1924 el General Gobernador de Logroño nombrado por la Dictadura de Primo de Rivera exigía la verificación de los contadores eléctricos.

Figura 2.1. Contador monofásico de los años 1930 -40. Cedida por Jose Luis Agustín Tello

En el año de 1959 Electra Posadas tenía instalados 3.813 contadores y sus abonados a tanto alzado eran 1.702. La dirección de la Empresa había preparado un plan para instalar contadores y en algunas memorias de los ejercicios se felicitaba por los buenos resultados de esta política.

2.3.4. El fraude.

El fraude fue un condicionante en los resultados de las empresas que operaron en esta historia. Sobre el mismo aparecen manifestaciones en la correspondencia entre sus gestores, sin poder cuantificar su efecto real.

Una solución al fraude aplicada al comienzo en los contratos a tanto alzado aparece en la Revista Minera y explica *"Las instalaciones de las lámparas son completas, y las lámparas de 5, 10, 16 y 25 bujías tienen todas diferentes diámetros, con lo cual el abonado no puede utilizar más que la lámpara por la que se abona"*.

Por ejemplo, la Fábrica de luz de Ojacastro consultó a Miralles un limitador, ya que quería evitar el fraude. La Mancomunidad Electra Posadas acordó en 1918, véase carta [4] *"estudiar el empleo de limitadores y contadores para evitar fraude y así economizar energía lo que favorecerá a combatir el estiaje"* y en mayo de 1923 en circular anunció inspecciones antifraude. En marzo de 1936, véase carta [5] se informa sobre un fraude en Castañares, un abonado por contador tenía una acometida por otra ventana, el otro fraude era del alcalde cuyo limitador tenía un puente y varias luces intensivas. La carta manifiesta que *"El fraude es algo alarmante y nos obligará a desembolsos y reformas de tendidos"*.

En [6] viene un párrafo interesante sobre *"Verificación. Con motivo de esta labor se está haciendo un trabajo utilísimo, que nos motivará gastos, pero hace que rápidamente consigamos se reinstalen en las condiciones debidas .... Se ha encontrado un contador taladrado. Muchos enlazados con flexible en medio de la casa, el del Círculo Jaimista en Santo Domingo instaladas dos luces antes del contador sin dar de alta. Las modificaciones para dejar debidamente colocados los tableros durarán más de 1 semana y tengo 2 instaladores con Mariano (San Millán) y un albañil, pero resulta por demás provechosa. A continuación, mandaré continuar con los limitadores para lograr que la carga se reduzca. He pedido 100 m de hilo concéntrico[7] rojo a Siemens ... con esto y con la colocación de precintos invulnerables mejorará enormemente este servicio"*

2.3.5. Las tarifas que se aplicaron.

En el "Anexo Documental A-11. Recopilación de tarifas eléctricas. Fichero A-11.pdf" se da la "Recopilación de tarifas eléctricas" para alumbrado doméstico y para fuerza motriz en los años que se han podido lograr para los pueblos en estudio y de algunas otras localidades obtenidas de referencias bibliográficas. Los contratos con los Ayuntamientos eran diferentes y se llevarán al apartado oportuno. En la mayor parte de los casos eran de duración en torno a los 5 años, para un número y tipo de lámparas fijadas en el contrato, incorporaban las sustituciones y el precio era fijo para cada año. Además, fijaban los pagos parciales y los meses en que se liquidarían. En esta historia se refleja que algunos Ayuntamientos debían cantidades importantes, se han obtenido

---

[4] Carta de G. Merino a A. Merino de 13 de marzo 1918
[5] Carta de G. Merino a A. Merino de 2 de marzo 1936
[6] Carta de G. Merino a A. Merino de 2 de febrero 1936
[7] Este es un hilo eléctrico bipolar para instalaciones monofásicas en el cual la disposición de polo interior, aislamiento, y polo al exterior hace más difícil el fraude, aunque no imposible.

informaciones de que Santo Domingo y Ezcaray fueron deudores. Los gestores de la Sociedad encargaban a los consejeros locales que hicieran buenos oficios en los Ayuntamientos para aliviar la deuda, ya que el alumbrado público no se cortó jamás.

Para captarlas de un vistazo se establece la comparación gráfica en la figura que sigue.

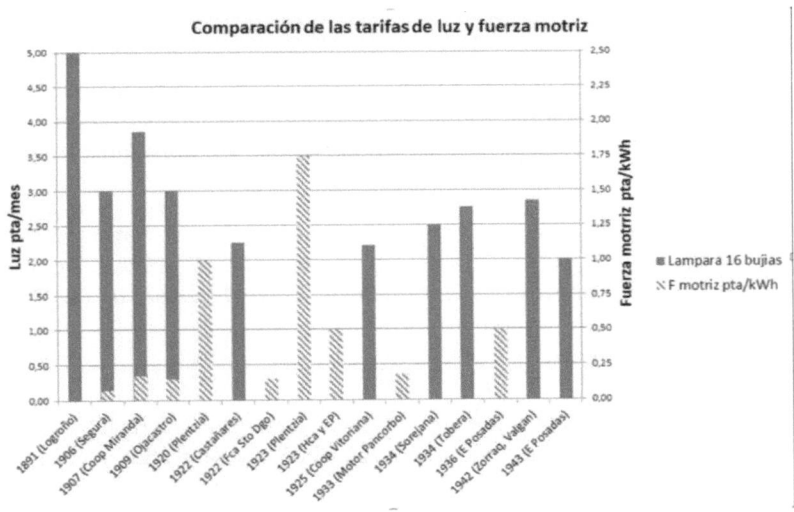

Figura 2.2. Comparación entre las diversas tarifas de luz y fuerza

2.3.6. Ejemplos de tarifas para alumbrado público.

En 1943 el Ayuntamiento de Santo Domingo estaba contratando con medición de energía en kWh y se hizo un reparto de suministro al 50% con la "*eterna*" competidora en esa ciudad Hidroeléctrica de Nájera, se trae lo que se citaba en la memoria del ejercicio "*El gerente de Hidroeléctrica de Nájera solicito entrevista, para hacer una propuesta de acuerdo, pues habían recibido otro oficio igual. Se celebró la misma en Logroño e indicó que el precio de esta sociedad era de 0,30 pta./kWh. En consecuencia, la contestación de Posadas al Ayuntamiento fue que se daría el servicio completo a 0,40 pta./kWh y de 0,50 por la mitad de la población, pero siempre que las lámparas se distribuyeran alternativamente con la otra Empresa. El Ayuntamiento aceptó la fórmula que era ventajosa.*".

2.3.7. Las tarifas en los últimos años del período estudiado.

Durante la autarquía del franquismo las tarifas estuvieron prácticamente congeladas. Al leer las memorias de Electra Posadas en esos años aparecen bastantes alegatos sobre la necesidad urgente de actualizarlas. Desde 1953 aparecieron las Tarifas Tope Unificadas TTU que constituyeron un cambio importante en el sistema, aunque por falta de datos no se puede juzgar, si hubo mejora para las pequeñas empresas productoras y distribuidoras de electricidad como Electra Posadas. Según lo indicado en [8] estas tarifas fueron poco decisivas para las pequeñas empresas rurales y "*se puso claramente de manifiesto la ventaja que suponía contar con una red interconectada para atender instantáneamente a una demanda creciente, lo que permitió aumentar sustancialmente la garantía de suministro a los clientes y aprovechar al máximo la potencia total disponible, logrando un*

---

[8] http://www.energiaysociedad.es/manenergia/1-2-historia-de-la-electricidad-en-espana/

abaratamiento de las tarifas". Con referencia a la congelación de tarifas durante ese período autárquico se trae el comentario de la Introducción de Bartolomé Rodríguez que dice al comparar el caso español con el de Europa y América del Norte *"En España y durante el franquismo, se emularon esas políticas, subvencionando la construcción de diques y congelando las tarifas. Incluso el propio Estado entró en competencia como productor"*, se refiere a la intervención del Instituto Nacional de Industria (INI) y a la creación de empresas como ENDESA.

También se dieron protestas sobre las tarifas por parte de usuarios como esta VOZ DE ALERTA de los industriales de Santo Domingo de 12 diciembre de 1931. Era una octavilla que se distribuyó y de la que se reproduce lo más significativo: *"VOZ DE ALERTA. Al público en general y en particular a los Industriales de esta Ciudad. ... viene a consultar o preguntarme a mis talleres, otro industrial de esta localidad sobre la cuestión de los excesivos precios que nos vienen cobrando las Empresas de Electricidad en el suministro de la fuerza motriz para nuestros motores. .... Este pequeño industrial os da la VOZ DE ALERTA, y creo, que mis palabras tendrán eco en gran parte o en todos los industriales aun cuando haya algunos que pretendan disimularlo. ¡COMPAÑEROS: ¡MANOS A LA OBRA! Os saluda un pequeño industrial. Santo Domingo, 12 de diciembre de 1931"*

2.3.8. Los recibos de suministro.

Como parte final de este apartado cabe traer algunos ejemplos de recibos que las Empresas Eléctricas, que operaban en la zona, giraban a sus abonados por meses vencidos, no se han encontrado evidencia de otros períodos de facturación. También se repite que, en las primeras épocas, con suministro muy poco fiable y supeditado a los estiajes, las Empresas solo cargaban los días en los que se prestaba el mismo. Se trae un ejemplo de recibo de alumbrado a tanto alzado.

Figura 2.3. Recibo girado por Electra Posadas en 1963. A tanto alzado. Cedido por Rafael Torres Sancho.

2.3.9. El coste del consumo de luz.

Para tener una visión adecuada de los precios, para las personas de la primera parte del siglo XXI, hay que considerar a la vez, los muy diferentes niveles de confort entre ambas épocas con unos consumos energéticos muy diferentes, y también los salarios.

Hace unos 110 años los salarios rozaban la miseria y el confort en las casas era muy bajo. Antes en 1851, el coste del aceite para un candil era el 4% de un jornal. Afortunadamente nos cuesta entenderlo a los que vivimos actualmente. No todos podían pagar una sola bombilla, cuya iluminación era muy reducida. Dionisio Segura tenía en 1906 una tarifa de 3 pesetas, a tanto alzado, al mes por una lámpara de 16 bujías, es decir solamente daba servicio por las noches. Un jornalero ganaba aquel mismo año 2 pesetas al día es decir que necesitaba trabajar 1 ½ días de cada mes para pagar tener una sola bombilla de 16 bujías.

En 1943 Electra Posadas cobraba 2 pesetas al mes por la misma lámpara a tanto alzado. Un jornal de labores de campo podía ser de unas 8 pesetas diarias. Las condiciones habían mejorado en términos relativos y para pagar una bombilla a tanto alzado al mes bastaba trabajar ¼ de día. Aun así, ese año las condiciones económicas eran muy precarias y el confort en las casas bajo todavía.

2.4.   Las relaciones laborales.

Sobre las relaciones laborales de los empleados de las muchas pequeñas empresas eléctricas, que aparecieron a lo largo de esta historia hasta el advenimiento de la II República Española, no existió sindicación y las relaciones, condiciones, horarios de trabajo, y salarios eran establecidos, unilateralmente, por los patronos. Los de mayor cualificación, tales como los maquinistas de las fábricas de luz, eran obreros que tenían cierta experiencia de haber trabajado antes en las pequeñas industrias en trabajos ligados con máquinas. Las fábricas textiles de Ezcaray fueron el "vivero" de donde procedían en su mayor parte. Por los pocos datos que se han podido lograr los salarios eran ligeramente más altos. Las condiciones de trabajo eran de presencia constante en la central mientras durara el servicio, al comienzo solamente por la noche, sin embargo, era un trabajo algo más suave que no precisaba gran esfuerzo físico. En los casos de las empresas más pequeñas, Valgañón y Ojacastro, se requería además la cobranza de recibos, la sustitución de bombillas de los abonados, el mantenimiento de los cauces tras las crecidas o los estiajes, las pequeñas reparaciones de tendido y máquina. Desde el punto de vista de cualificación, era necesario saber leer, escribir y el conocimiento de las cuatro reglas aritméticas, aunque se dieron algunos casos de personas iletradas. Frecuentemente el aprendizaje era mediante la experiencia o el trabajo junto a compañeros de mayores conocimientos prácticos. Se valoraban mucho las recomendaciones de trabajos anteriores y las relaciones familiares, se verá más adelante que hubo grupos de empleados ligados por estos vínculos directos, padres e hijos. Se dieron casos de empleados muy jóvenes que iniciaron el trabajo de adolescentes de la mano de sus padres. En lo que se refiere a accidentes laborales, hubo unos cuantos fallecimientos por las líneas de alta tensión pues en esencia las normas de seguridad eran muy rudimentarias y no estaban escritas. No existían equipos de protección personales y solamente para el accionamiento de seccionadores de AT había pértigas aislantes. Para hablar por el teléfono interno, soportado en los mismos postes que los de la línea de AT, el operario se separaba del suelo con una plataforma de madera apoyada en 4 aisladores, al igual que para el accionamiento de los interruptores de BT de gran amperaje. Como caso notable se cita que en las obras del Salto del Águila no hubo ni un solo fallecimiento a pesar de la dureza del trabajo, del terreno, y de sus 8 años de duración. Los accidentes del personal de las empresas eran atendidos en primer momento por los médicos locales y posteriormente por el rudimentario sistema sanitario de aquellos tiempos tan diferente al actual del siglo XXI. En el funcionamiento de la serrería asociada a la fábrica de luz de Ojacastro está descrito un accidente, atendido con la intervención del médico de Ezcaray, en el capítulo 4 apartado 4.4.5.

Cuando tras las elecciones de abril de 1931 advino la II República Española, la situación empezó a mejorar. Sobre este período de la historia más reciente existe abundante literatura, son clásicas las obras de Bevor y Jackson. Las condiciones cambiaron rápidamente y los trabajadores se afiliaron a los sindicatos de clase que ya existían pero que en la zona del valle del Oja no se habían extendido, para escribir este libro no se ha investigado sobre ello, se estima que la mayor afiliación se daría en la zona de Haro por tener más personal obrero concentrado en sus bodegas. Se verán referencias a la afiliación principalmente a la Unión General de Trabajadores UGT. A los patronos y a los gestores de las pequeñas empresas eléctricas de la zona no les gustó que su personal se afiliara, pero lo toleraron. Lo más significativo fue el establecimiento de los Jurados Mixtos.

También el derecho a la huelga se vio reconocido por la legislación de II República, pero no se ha visto documentación de que afectaran a Electra Posadas que era la empresa que había concentrado la actividad de producción y distribución de electricidad en la mayor parte del valle del Oja. Al igual que en la actualidad, con este derecho plenamente reconocido legal y socialmente, el mismo se ejercita con menos frecuencia en las empresas que tienen su personal distribuido en muchos centros de trabajo.

Hay que observar, cuando se lean las numerosas citas a actividades de determinados trabajadores, o bien en las fichas biográficas que se verán en el capítulo 11, que el trabajo se practicó con movilidad de personas entre diferentes puestos ya que las empresas cubrían zonas extensas. Lo anterior es relativo si se tiene en cuenta los medios de transporte personal que iban desde la locomoción a pie, hasta escasos ejemplos de uso de vehículos de tracción mecánica. Existió una categoría de trabajadores, en Electra Posadas, llamados autónomos destinados a pueblos con pequeño vecindario tales como Villalobar, Valgañón, otros, y muchas aldeas en los que el trabajo no justificaba una jornada completa, y la empresa les abonaba un salario muy pequeño más las cuotas de "Subsidio familiar" y "Seguro de enfermedad"[9].

En la documentación manejada, de las diversas fuentes a disposición, no se han encontrado registros sistemáticos ni de empleados ni de salarios. Sin embargo, se han visto citados bastantes nombres de empleados que se han recogido en el apartado 11.1., del capítulo 11. Sobre salarios se han obtenido valores dispersos que se han transcrito en su lugar correspondiente. Las cargas sociales sobre salarios aparecen en algunas cuentas de pérdidas y ganancias y fueron cambiando de designación con el tiempo. En las cuentas de Electra Posadas de 1940 apareció por primera vez el "Subsidio familiar" y la "Participación en beneficios" que siguieron en 1941, 42, 43, 44 y desde este año apareció además el "Seguro de enfermedad" y estas tres partidas continuaron hasta 1948 inclusive. A partir de 1949 las partidas "Subsidio familiar" y "Seguro de enfermedad" se englobaban en "Seguros sociales" junto con la de "Participación en beneficios" que siguieron así hasta 1958 y ambas partidas ese año suman 100.895,35 pta. o 10,9% del beneficio de explotación y un 20,3% sobre la masa total estimada. Desde 1959 hasta 1963, último año con cuentas, desaparecen de las cuentas. Sin duda los conceptos existieron englobados en otras partidas.

Un aspecto relacionado con el marco laboral fue el de las autorizaciones que requerían los empleados que, por motivos de su trabajo, tenían que desplazarse fuera de su zona habitual. En estos casos la Guardia Civil expedía el llamado salvoconducto del cual se trae un ejemplo en la figura que sigue.

---

[9] Según testimonio del hijo del empleado Juan Pablo Crespo Valgañón recogido por Jose Luis Agustín Tello.

Figura 2.4. Salvoconducto expedido por el comandante del puesto de Ezcaray en 1946, para permitir los desplazamientos del empleado Emilio Marín. Cedido por Juan Luis Pérez a través de Rafael Torres.

Según el libro de Chávarri Pérez para Saltos del Sil en Galicia entre los años de 1946 y 1950 los jornales oscilaban entre las 7,50 pesetas de los pinches y las 15,50 de los oficiales primeros. Se dan estos datos como información que se debe de tomar con precauciones por la diferencia del tipo de obras ya que en el Sil se estaban construyendo grandes presas y por la distancia social y laboral entre las aldeas de la cuenca del Oja y las de las provincias de Lugo y Orense por las que pasa el Sil

En el Anexo Documental A-12. Datos adicionales sobre relaciones laborales. Fichero A-12.pdf se facilitan informaciones complementarias sobre Inspecciones de trabajo en 1912. También las condiciones laborales en ese mismo año en la Fábrica de luz de Ojacastro; finalmente sobre los cambios, muy importantes, con la llegada del franquismo.

2.5.   Normativa técnica para la explotación de las instalaciones.

Dentro de este capítulo se traen también las condiciones de funcionamiento técnico de aquellos pequeños sistemas eléctricos. El funcionamiento de un sistema eléctrico, incluso en aquellos años, revestía una complejidad que se sale claramente de los propósitos de este libro de carácter histórico. Sin embargo, se ha decidido abordar, de la forma más sencilla posible, la alusión a algunos de ellos ya que condicionaron el devenir de esta historia.

2.5.1. Imposibilidad de interconexión a una gran red.

La conexión en paralelo de los generadores de dos centrales eléctricas diferentes, sean o no del mismo propietario no aparece en la primera parte de esta historia, ya que las centrales o fábricas de luz eran entidades únicas para suministrar a una población o varias. Incluso este es el caso de la Empresa de Dionisio Segura o de su sucesora Hidroeléctrica del Oja que llegó a alimentar hasta Santo Domingo de la Calzada con el único recurso energético de la central de Posadas. Hasta la campaña de 1923 no se acoplaron en paralelo, el nuevo grupo motor diesel – generador montado en la Subcentral de Santo Domingo con el generador hidráulico de la central de Posadas. Esto lo realizó la Mancomunidad Electra Posadas sucesora de Hidroeléctrica del Oja. Mediante este tipo de acoplamiento estas dos centrales funcionaban para alimentar a la red como si fueran una sola y las variaciones de demanda eléctrica de todos sus consumidores se cubrían automáticamente. No han llegado datos, pero lo lógico es que los gestores técnicos de la Mancomunidad trataran de optimizar los costes y por lo tanto el gasto en combustible que necesitaba el Diesel de la Subcentral. Para ello este generador, de forma automática, suministraría la parte de potencia que la central de Posadas no podía dar por falta de agua en sus turbinas hidráulicas. Aunque los generadores síncronos realizan esta regulación de forma automática, los maquinistas de Posadas y de Santo Domingo se comunicaban, por la línea interna de teléfono, para hacer las maniobras más suaves y coordinadas.

Como se acaba de explicar el acoplamiento Posadas – Subcentral es el único que se dio, cuando era necesario, hasta el año de 1930 en el que Electra Posadas pone en servicio la conexión con Hidroeléctrica Ibérica en San Felices. Cuando Posadas empezó las negociaciones con la Hidroeléctrica Ibérica planteó la posibilidad de un acoplamiento en paralelo con esa Compañía que era mucho más potente que la Electra. Así en carta [10], cuando se estaban negociando las bases de un acuerdo para la conexión en San Felices se pensaba que el acoplamiento fuera consentido por la Hidro. Este fue un deseo constante de Electra Posadas que no pudo lograr, ni con Hidroeléctrica Ibérica, ni su sucesora Iberduero.

Sin embargo, la nueva línea San Felices – Santo Domingo, que tenía conexión en Haro con Electra Vasco Alavesa EVA, si sirvió para acoplar la Central de Posadas e incluso la Subcentral de Santo Domingo, en ciertos casos de crecida en el río Ebro que ponía fuera de servicio, por aguas altas, a las centrales de Labastida y de San Vicente de la Sonsierra propiedad de EVA. De este modo lograban no tomar energía de la Hidro cuando había exceso de caudal en Posadas. 90 años más tarde hay que reconocer la pericia técnica de los maquinistas de EVA y de EP para acoplar sus centrales situadas a casi 50 km de distancia.

Vista desde hoy se puede entender la negativa de una gran compañía como la Hidro de aceptar el acoplamiento de una pequeña empresa como Posadas, pues vender la energía por bloques siempre es más rentable. Además, podía temer que Posadas generara fallos eléctricos en el sistema de una compañía más potente. En aquellos años ya existían interruptores automáticos y relés para su actuación, y consta que Posadas los instaló en San Felices pero el poder del grande frente al pequeño acabó con la posibilidad.

Ante esta situación EP y EVA, que compartían la toma de energía en San Felices desarrollaron una estrategia alternativa consistente en fraccionar, mediante seccionadores en muchos lugares, sus redes y mantener en todo momento a los clientes de estas dos pequeñas Empresas conectados, parte al suministro procedente de Hidro y el resto suministrado por sus generadores. Esto exigía una atención continuada de los operarios de EP y EVA para conectar y desconectar secciones de sus redes, afortunadamente contaban con redes telefónicas propias y con la lectura de los voltímetros instalados en los diferentes puntos. La contrapartida fue que EVA y EP no podían maximizar la colocación entre sus abonados de toda la energía que daban sus aprovechamientos hidroeléctricos. A partir de 1951, puesta en servicio del primer grupo del Águila que contaba con un depósito de carga con una capacidad de acumulación de unos 1.800 kWh, mejoró la gestión del sistema.

---

[10] Carta de G. Merino a A. Merino de 30 de marzo 1929

El autor recuerda que en torno a 1960, poco antes del final de esta historia, a la caída de las noches de verano, situado en Ojacastro llegaba la hora del cambio ya que, época de estiaje, el caudal de las centrales no podía sostener el alumbrado público y el doméstico que empezaban a ser importantes. Las centrales de Cuzcurrita y Tirgo funcionaban acopladas para mantener los consumos de los pueblos de los alrededores, y el Águila paraba para acumular agua en su depósito hasta la mañana siguiente. Las conmutaciones entre las redes de EP y de Iberduero pasaban por un breve apagón, que todo el mundo esperaba y conocía, ya que no podían acoplarse en paralelo.

Este fue, a juicio del autor, uno de los mayores inconvenientes de tipo técnico que la Electra tuvo que soportar en su explotación. En la actualidad la calidad de servicio que se exige para el suministro eléctrico no lo hubiera tolerado. Posteriormente al período estudiado las cosas cambiaron con la Ley 82 de 1980 sobre conservación de energía, véase BOE Ley 82-1980 que en su artículo 8º indica: *"En sus relaciones con las compañías eléctricas suministradoras, los autogeneradores y, en su caso, los titulares de concesiones hidroeléctricas no distribuidores gozarán de los siguientes derechos: a) Conectar en paralelo su grupo o grupos generadores a la red de la compañía eléctrica suministradora. ..... "*

2.5.2.   Calidad del suministro eléctrico.

En los años de esta historia también se dieron normas incipientes sobre la calidad del suministro eléctrico y a la misma se refirió La Rioja en 27 de diciembre de 1923 [11]. Esta disposición se trasladó al BOPL de 6 de enero de 1924. La misma glosa Real Decreto aparecido en La Gaceta [12] del 23 de diciembre de 1923, se traen sus temas más importantes que dan una idea de las disposiciones que se introducían en lo que se refiere a la calidad del suministro eléctrico. Las mismas se transcriben en "Anexo Documental A-13. Calidad de suministro eléctrico. Fichero A-13.pdf".

Estas disposiciones fueron muy adelantadas y se duda se aplicarán, ya que los órganos de la Administración competentes, es plausible no contaran con medios humanos y materiales para llevarlas a la práctica. Desde el punto de vista técnico los aparatos registradores no eran disponibles con facilidad. De todas ellas la tensión eléctrica se verificó en ocasiones. En el Anexo Documental A-13, acabado de citar se dan más detalles

Hay otro aspecto interesante que fue la forma práctica de regular la tensión sin considerar la regulación de frecuencia, dado que en aquellas épocas pretéritas la constancia de la frecuencia, en su valor nominal de 50 Hz., no era muy necesaria, aunque se exigiera en las normas. Para el lector interesado se ha llevado su explicación al "Anexo Documental A-14. Fichero A-14.pdf".

---

[11] Facilitada por Jose Luis Agustín Tello
[12] Gaceta de Madrid, antecesora del Boletín Oficial del Estado BOE

CAPÍTULO 3.
LOS CONSUMOS E INSTALACIONES ELÉCTRICAS

Los consumos eléctricos comenzaron únicamente con la luz eléctrica, en la mayor parte de los casos pública, y el servicio se daba de noche. De día las fábricas de luz accionaban mecánicamente otras industrias que eran anejas y de las cuales derivaron las fábricas de luz. La Gloria y El Águila se concibieron exclusivamente como fábricas de luz, y no tuvieron establecimiento anexo para accionamiento mecánico de actividades industriales.

En las documentaciones de las empresas que estuvieron activas en la historia que se describe no se desglosaron los conceptos de luz y fuerza. Lo que sí se sabe es que al comienzo toda la recaudación era por luz y que al final fue apareciendo la participación de la fuerza motriz teniendo en cuenta que solamente hay datos de Electra Posadas y que recogen pocos años de los 40 que estuvo en activo. La zona servida fue de poca actividad industrial. Solamente para esta Sociedad se han encontrado datos de 1962, casi al final, procedentes del Sindicato N. de agua, gas y electricidad (1962) y se traen en la tabla siguiente:

	Número de abonados	Energía consumida (kWh)
Alumbrado público	26	322.000
Alumbrado independiente de viviendas	463	200.000
Alumbrado por contador en viviendas	69	38.000
Alumbrado a tanto alzado en viviendas	1.372	299.000
Total alumbrado	**1.930**	**859.000**
Alumbrado y usos domésticos con 1 y 2 circuitos	3.517	722.000
Usos industriales	217	595.000
Energía facturada Total	**5.664**	**2.176.000**
Consumos propios		34.000
Alumbrado y usos domésticos a energía facturada		72,7%
Usos industriales a energía facturada		27,3%
Habitantes estimados en 1962		22.214
Energía facturada por habitante		98

Los datos que se acaban de presentar, para 1962, corroboran la impresión de que el alumbrado predominaba, en la zona rural servida, y las empresas industriales eran pocas. Según el cuadro 1.1., de Bartolomé Rodríguez, en 1937 la producción española, no el consumo como se acaba de ver para la cuenca del Oja, fue de 103 kWh/año, pero los datos vistos se refieren a 1962 es decir 25 años más tarde.

En este capítulo se va a ver la evolución de los consumos de luz y fuerza motriz. Se terminará con una descripción breve de las instalaciones.

3.1. El alumbrado público.

Antes de la llegada de la luz eléctrica a las localidades de la cuenca del Oja los ayuntamientos que contaban con sistemas públicos de alumbrado eran solamente Haro, Santo Domingo y Ezcaray y utilizaban aceite o petróleo. Como se ha indicado en el apartado 2 de la Introducción, el alumbrado público eléctrico no se aplicó en la capital Logroño por la competencia del sistema basado en el gas de hulla. Al contrario, el alumbrado eléctrico a cargo de los ayuntamientos si fue pionero en los de los tres núcleos urbanos de la cuenca del Oja acabados de citar. Se dará una descripción detallada de la ciudad de Santo Domingo en 4.1., al tratar de esta localidad. Para el resto de las poblaciones más pequeñas es simple intuir que no habría alumbrado público de clase alguna y que al caer la noche la localidad quedaba sumida en la oscuridad y los pocos habitantes que se aventuraban a salir de casa llevaban su propio farol de mecha empapada en aceite o para proteger una simple vela de cera y que el viento no la apagara.

3.2. El alumbrado doméstico. La luz entra en las casas.

Hay muchos testimonios sobre la emoción a la llegada de la luz frente a lo antiguo. Pero, por lo que ya se ha indicado sobre el alumbrado público de la ciudad de Logroño la fábrica de luz, basada en la fuerza del vapor, iba a dedicar su producción a los consumidores privados o industriales. En principio se ha de considerar que las comodidades en los hogares estaban muy lejos respecto de las actuales. Antes de la llegada de la electricidad a las poblaciones de la cuenca del Oja, sus habitantes pasaban las horas de noche reunidos, hasta el momento de acostarse, en la cocina en la que la luz más importante y a veces única era la del fuego bajo que además proporcionaba calor. Para acostarse se llevaban una vela, en una sencilla palmatoria, al dormitorio y se apagaba en cuanto se entraba a la cama. El fuego bajo no se apagaba y las brasas quedaban toda la noche con los tiros del hogar cerrados. Los rescoldos daban una claridad pequeña, pero como estaban acostumbrados, suficiente. Esto era común en las casas de campesinos y de obreros. Como sumo disponían de uno o más candiles de aceite con su mecha, los mismos eran fijos y se colgaban del techo o de la pared. Algunos se podían descolgar y llevar a otras habitaciones de la casa. En las casas de personas más acomodadas, algo más frecuentes en los núcleos de Ezcaray y Santo Domingo, se empleaba más el quinqué que también era alimentado por aceite y en la figura 3.1., se muestra uno de pared.

Los quinqués, por su principio de funcionamiento, daban una luz más intensa y no oscilante. Existían también modelos de mesa con un soporte adecuado. Como se instalaban en casas más acomodadas las mismas tenían varios instalados y además permanecían encendidos más tiempo.

En la página 111 de Lacalzada de Mateo se da un dato sobre el consumo de aquellos primitivos candiles en el hogar de un jornalero, está referido al año de 1851, 40 años antes de la llegada de la luz eléctrica a la ciudad de Haro, aunque no especifica el número de candiles a los que se podría referir, ni a las horas que estaban encendidos, cuando dice *"45 libras, 10 onzas de aceite a razón de 2 onzas diarias[1] que se necesitan para la luz, a 2 reales libra, considerado en su precio mínimo .... 91,16 Rs"* Pero lo que se indica, para lograr una idea sobre su impacto en la economía del asalariado, es que representaba el 4% de sus humildes gastos anuales, con el poco confort que este gasto proporcionaba.

---

[1] Son 730 onzas castellanas al año que equivalen 20,992 kg.

Figura 3.1. Quinqué de aceite usado para iluminación doméstica. Modelo de pared. Cedido por Jose Luis Agustín Tello.

Se va a incluir en este apartado una fuente luminosa autónoma que se empleó de forma ocasional en lugares abiertos sin alumbrado público, es la luz que produce la combustión del acetileno. Este gas se obtiene por la reacción del carburo de calcio con el agua. Existe un dispositivo sencillo y de fácil manejo tal como se ve en la figura que sigue, tiene dos recintos separados el inferior que contiene el carburo, y el superior para el agua. Simplificadamente al dispositivo se le llama lámpara de carburo. En la actualidad la siguen empleando los espeleólogos, y en la cuenca del Oja la usaban en los años 1950's los feriantes y vendedores ambulantes.

Figura 3.2. Lámpara portátil de acetileno. Cedida por Jose Luis Agustín Tello.

El apartado titulado "El fuego, el aceite, el gas y el petróleo" de De León Molina, da una descripción muy detallada de los primeros pasos de la civilización humana hasta los finales del siglo XIX y el lector interesado encontrará información en ella. Las lámparas para el alumbrado eléctrico fueron casi todas de incandescencia y filamento metálico. Las de filamento de carbón casi no se emplearon, ya que el metálico llegó cuando la zona se comenzó a electrificar. Su flujo luminoso era muy pequeño comparado con el de las actuales. Las lámparas que más se empleaban al comienzo de esta historia eran incandescentes de 10 o 16 bujías. La bujía era una unidad, que los más mayores recuerdan, derivada de la vela o bujía de cera.

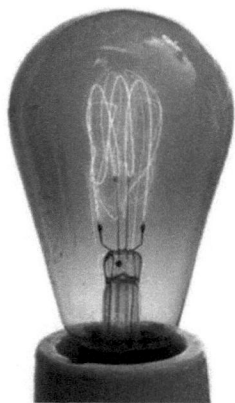

Figura 3.3. Lámpara incandescente antigua. Tomada de Wikipedia. GNU Free Documentation License. Autor Ulf Bastel

Estás lámparas tenían un rendimiento energético muy malo, es decir consumían una potencia en vatios (W) importante para producir un flujo luminoso (bujías) determinado. Las fábricas de luz ofrecían a sus abonados lámparas de unas bujías determinadas y los precios se estimaban por los vatios que consumían. El consumo energético de las lámparas fue disminuyendo a medida que las mejoras técnicas fueron apareciendo. Esto viene dado por la figura que sigue. Comenzó con las lámparas de Edison en 1878 y termina por las LED en la actualidad.

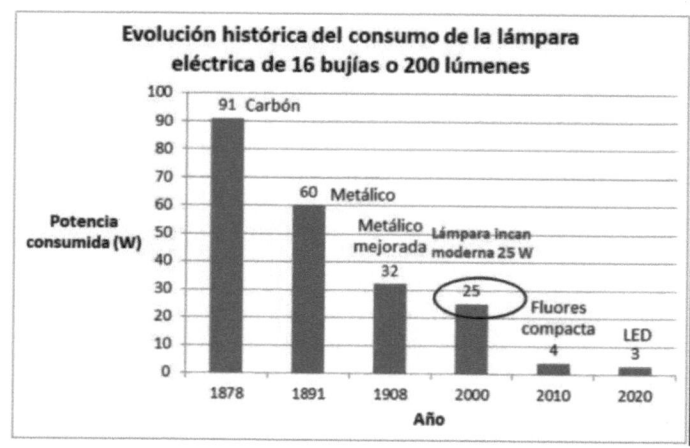

Figura 3.4. Evolución del consumo de una lámpara de 16 bujías equivale a 200 lúmenes

Durante la mayor parte de la historia en la comarca considerada el consumo, de una lámpara de filamento metálico, fue de 2 W/bujía, es decir para una de 16 bujías 32 vatios. Entonces se empezaron a designar a las lámparas por su consumo en vatios, costumbre que todavía sigue arraigada. Hasta la difusión masiva de las lámparas fluorescentes compactas, que empezó en el año 2000 aproximadamente, la lámpara de filamento metálico perfeccionada con atmósfera de gas inerte tenía un consumo de 25 W y así se la designaba. Posteriormente las mejoras fueron drásticas llegándose en 2020, a las bombillas LED en las que la de 200 lúmenes, designación actual, consumen unos 3 W de potencia. En resumen, hasta hace unos 60 años era corriente pedir en la tienda las lámparas por la designación en bujías y poco a poco se pasó a la de vatios y se debe evolucionar a solicitarlas en lúmenes. En la figura se 3.3., se ha visto una lámpara de incandescencia antigua.

Los datos de suministro de lámparas referidos a Valgañón indican que, al principio, en 1909, la oferta de lámparas era de los tipos corrientes, de marca nacional, de 5 a 16 bujías, a razón de 0,42 pta./unidad; las de marca "Philips", de más renombre, se cotizaban a 0,65 pta./unidad. La mayor parte de las lámparas instaladas en los domicilios particulares de ese pueblo en ese año fueron de 5 bujías, es decir, lo mínimo.

En diciembre de 1909, los distribuidores proponían las *"modernas lámparas de filamento, como consecuencia de los minuciosos estudios que estaba desarrollando en aquellos años la casa PHILIPS, ya que incluso las lámparas eran probadas durante 24 horas seguidas"*. La publicidad, de la referida Empresa indicaba una producción de hasta 50.000 bombillas diarias. El precio, era superior al de las lámparas de más empleo en aquellos tiempos. 2,75 pta./unidad para las bombillas de 16 bujías, y hasta las 6 pta. para las de 100 bujías. Al principio, y debido a su alto coste, no tuvieron éxito en Valgañón las referidas lámparas de filamento. Comenzaron a comercializarse a partir del año 1910, y en escasísimo número. Era muy curioso el dato relativo al voltaje de aquellas lámparas. Nada menos que admitían una banda que fluctuaba entre 90 y 130 voltios, aunque con la tensión más baja el flujo luminoso empeoraba. Más tarde, se comercializarían otras de 150 V., lo que permitía soportar mejor los cambios de tensión, frecuentes en aquella época, evitándose así que las bombillas se fundieran antes de lo debido.

3.3.   Otros consumos eléctricos domésticos.

Entre los otros consumos de electricidad en las casas se encontraban:

3.3.1.   Calor para cocinar.

En las primeras etapas se empleó el hogar con su campana, chimenea al exterior y fuego bajo. Este hogar era alimentado con leña que, en la zona, eminentemente rural, del valle del Oja la conseguía, cada vecino, en los aprovechamientos comunales de los pueblos. La cocina económica, alimentada por leña, se instaló en las viviendas de pisos que eran frecuentes en los núcleos de Ezcaray, Santo Domingo y Haro. A partir de los años 1920's se introdujeron hornillos eléctricos de resistencias montadas sobre una placa cerámica y potencias modestas que nunca sobrepasaron los 500 W. Eran baratos, aunque de consumo caro para los precios relativos de la electricidad, y además no se podían instalar con contratos "a tanto alzado" tan corrientes en la zona. Con su empleo, restringido a los meses calurosos de fin de primavera y verano, se evitaba encender la cocina económica y el fuego bajo al mediodía y se hacían comidas sencillas. En la figura 3.5., se ve una cocina económica.

La cosa cambió bastante con el advenimiento y popularización del gas butano en bombonas distribuidas en camioneta por los pueblos. Desde el punto de vista energético y económico para el usuario el butano era mucho más barato que la electricidad, y la autonomía que proporcionaba una bombona de butano superaba la semana. Los hornillos de butano de sobremesa se podían usar para cocinar en los meses cálidos y desaparecía el engorro de encender el fuego bajo o la cocina económica y dieron al traste a los hornillos eléctricos. Además, aligeró las tareas de limpieza, evacuación de la ceniza, etc. que conllevaban los fuegos con leña. En invierno se volvía al fuego bajo o a la cocina económica pues daba además calor y agua caliente en un caldero colgado siempre en permanencia o en su paila.

Figura 3.5. Cocina económica. Comienzo de los años 50 del pasado siglo. Cedida por Inés Merino Sáenz de Santa María.

3.3.2.   El confort térmico de la casa o vivienda y otros usos.

Las necesidades de calor eran solamente en invierno ya que el clima de la zona estudiada es muy agradable desde mayo a octubre, sin embargo, los inviernos son muy fríos e incluso con frecuentes nevadas y heladas y más acusadamente desde Santo Domingo hacia Ezcaray. Como ya se ha dicho la vida giraba en torno a la cocina en las casas, e incluso en las viviendas de pisos. En estas últimas y en el caso de las de gente más acomodada existía calefacción por caldera de agua individual alimentada por leña, casos de Ezcaray, Santo Domingo y Haro. Es posible que, en Haro, en algunas viviendas se emplease el carbón ya que disponía de estación de los FFCC del Norte. Existe el testimonio escrito del consejero delegado de Electra Posadas cuando, en 1931, se trasladó a vivir a Haro y alquiló vivienda en la calle de la Vega que disponía de esta comodidad.

Se empleaba también la mesa camilla que albergaba debajo de sus faldas un brasero de cisco. En torno a él se agrupaban los miembros de la familia. La camilla con el brasero de cisco en muchos casos coexistía con las soluciones indicadas arriba. Más adelante los braseros de cisco se reconvirtieron en braseros eléctricos. Este brasero presentaba el problema de que por una mala combustión emanaba monóxido de carbono gas letal inodoro, incluso se produjeron muertes por envenenamiento con este gas.

También hay que indicar que, en las casas rurales, la cocina se situaba en el primer piso con la cuadra debajo con dos ventajas, el calor que despedían los animales se transmitía parcialmente al piso superior, y en los contratos "a tanto alzado de una única lámpara" en algunas casas había un agujero en el suelo de la cocina por el que se bajaba la bombilla a la cuadra cuando hacía falta.

Simultáneamente con la adopción y distribución, de forma regular, del gas butano embotellado aparecieron por toda la región las estufas de gas butano. Tenían ruedecillas lo que permitía trasladarlas a la habitación que se quería calentar. El autor recuerda que, en una estancia, en diciembre de 1962, en el Hotel Inés de Ezcaray le pasaron una estufa de butano a la habitación antes de acostarse. Pero en resumidas cuentas la electricidad no se usó para la calefacción de las viviendas por la razón de su coste relativo mayor.

La refrigeración para conservar ciertos alimentos fue un lujo que no se extendió, salvo excepciones entre las que se podrían citar las de los bares con la instalación de cámaras de frío al principio de los 60 del siglo XX. A pesar de ello el autor recuerda que, unos 10 años antes, en la villa de Bilbao había bastantes bares que obtenían su frío a partir de barras prismáticas de hielo distribuidas diariamente por la fábrica de hielo de la Cervecera del Norte. En los pueblos del valle del Oja persistió durante bastantes años la tradicional "fresquera" aneja a la cocina, orientada al norte, y en sombra, que bastaba para las modestas necesidades de frio en las casas. Los pueblos tenían "neveras" pozos en los que se almacenaba la nieve invernal prensada y alternada con capas de paja. Esta nieve era para usos especiales entre las que destacaban las prescripciones médicas. Está documentado que durante la enfermedad que sufrió el consejero delegado de Electra Posadas en febrero de 1931, el maquinista de Posadas recogía los carámbanos de hielo para él y los bajaba en caballo a Ezcaray.

Se dejan para el final las planchas eléctricas por la comodidad frente a las primitivas de acumulación de calor, calentadas en la chapa o las que almacenaban brasas de carbón en su interior. La plancha eléctrica apareció pronto y su potencia era modesta, unos 500 W frente a los casi 2.000 que tienen las modernas. En la figura se pueden ver una de acumulación de brasas antigua y su sustituta eléctrica temprana de la década de 1920 - 30 que tuvo bastante éxito. En el año 1910, según consta en referencias documentales, se vendió una plancha eléctrica a un vecino de Valgañón. Fue suministrada por AEG - THOMSON, al precio de 20 pta. Sin embargo, hubo serios problemas con ella, ya que se quemó completamente la instalación por sobrecarga, por la escasa sección de los cables. Hay que tener en cuenta que hoy en día, se exigen conductores de entre 1,5 y 2,5 mm^2 de sección, en instalaciones domésticas, para una tensión de 220 voltios. Es decir, para una tensión inferior, antes era de 125 voltios, la sección tendría que ser superior, y, sin embargo, utilizaban cables de 0,8 mm^2. Lo normal es que ocurriera un incendio, al faltar además los elementos de protección, interruptores automáticos magnetotérmicos, actuales. ¡Qué tiempos heroicos aquellos!

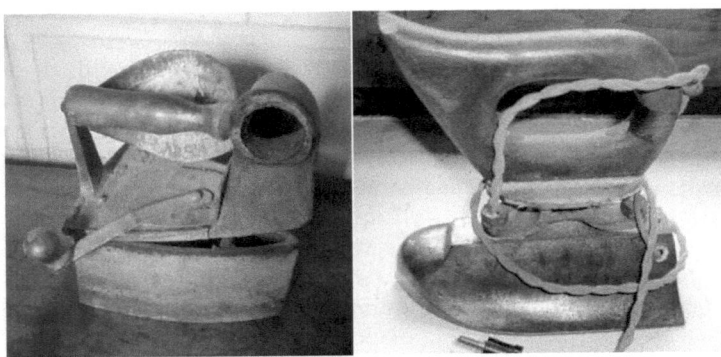

Figura 3.6. Planchas domésticas. A la izquierda por acumulación de brasas. A la derecha primitiva plancha eléctrica. Cedida por Jose Luis Agustín Tello.

Al final del período considerado aparecieron y se extendieron, por algunos hogares acomodados de los núcleos más urbanos de la comarca del Oja, aplicaciones que estaban basadas en el empleo de la fuerza motriz de pequeñas potencias tales como las primeras versiones del frigorífico y lavadora. Esta última que distaba mucho de ser automática, tal como hoy se conoce, pero hizo posible que la tarea del lavado de la ropa abandonara los antiguos lavaderos en cauces, al aire libre defendidos por simples tejavanas y en los que el agua en invierno pasaba a temperaturas muy poco superiores a la de congelación.

También hay que citar entre los métodos antiguos de lavado el que se empleaba para las sábanas blancas. Estaba basada en el poder detergente de la ceniza de madera y la inmersión de las sábanas junto con agua y esta ceniza en las tinajas lavadoras y dejarla en maceración algún tiempo. No es precisa mucha imaginación para darse cuenta del mucho esfuerzo que requería este método primitivo.

Para la implementación de lavadoras era forzoso que se llevara la distribución de agua a las casas de los núcleos rurales, así en Ojacastro esto no ocurrió hasta 1947, y en aquellos años el único grifo de las casas era el de la fregadera que estaba en la cocina. Los servicios higiénicos de inodoros y un simple lavabo tardaron algo más. Esto no cuenta para las viviendas situadas en zonas urbanas que tenían agua en los pisos bastante antes.

Finalmente, desde el punto de vista del empleo de la electricidad en el hogar, los desarrollos para una electrificación completa, con diseños que distan mucho de los actuales, ya existían. Sin embargo, se duda que estuvieran aplicados incluso en las casas más acomodadas en los núcleos urbanos del Valle del Oja (Ezcaray, Santo Domingo y Haro). Los mismos se describen en el artículo de Revista Alrededor del Mundo [2]

Para terminar este apartado otra anécdota: En 1912 se vende la primera linterna, o acumulador de bolsillo como también decían entonces, a un vecino de Valgañón. No debió funcionar demasiado bien, ya que protestaron enérgicamente a la Empresa que se la había vendido, AEG. Al decir de esta Empresa, la causa de su anómalo funcionamiento estaba en el poco cuidado que habían tenido para cargar dicha linterna. [3]

3.4.   La fuerza motriz eléctrica en la industria.

En Ojeda San Miguel se obtiene una información sobre el uso de motores que corrobora la observación, que las primeras centrales eléctrica suministraban fuerza motriz de día y luz de noche en la mayor parte de los años de esta historia *"en el caso hispano, el ritmo de instalación de motores fue más bien modesto en las primeras décadas del siglo XX. A este respecto se puede señalar, como dato esclarecedor, que en el año 1901 el número total de motores eléctricos registrados en las estadísticas oficiales era de tan solo 2.063 en todo el Estado (potencia media de 11,5 CV), y de 3.293 en 1905 (potencia media 7,7 CV.). Hacia el año 1910 solamente el 20% de las centrales proporcionaban energía para motores, lo que significaba que la industria eléctrica era todavía mayoritariamente una industria de alumbrado"*. Así en los inicios la central de Posadas suministraba, en la cuenca del Oja, energía testimonial a unos pocos motores. La fuerza motriz, a partir de la electricidad, alimentando a motores eléctricos fue, junto al alumbrado, la aplicación casi única en los 70 años de esta historia en el valle del Oja. Con datos detallados del año 1962, estos dos empleos absorbían casi la totalidad de la electricidad distribuida, aunque la consumida en la industria era en menor proporción, muy diferente a la media española en la que los usos industriales eran ya prioritarios.

---

[2] Número de 23 de agosto de 1900.
[3] Aportada por Jose Luis Agustín Tello.

La electricidad, por su naturaleza física, es una forma energética intermedia muy apropiada para desencadenar procesos que sin ella no son posibles. Los primeros que se aplicaron fueron la luz eléctrica y la fuerza motriz. De los demás en la industria española y mundial, en la decena de 1930 eran aplicados otros como la electrolisis, el calentamiento por inducción, los hornos de arco eléctrico, el calentamiento por infrarrojos y algunos más, pero no se dieron en la zona considerada, por su carácter rural.

La fuerza motriz distribuye y descentraliza la fuerza de los ríos y la lleva al taller o a la fábrica del usuario con la potencia y durante el tiempo que la necesita. El ejemplo más claro fue la antigua ferrería de Posadas en funcionamiento en el siglo XVIII. De esta ferrería no han quedado testimonios por el paso del tiempo ya que fue convertida en central hidroeléctrica en 1906. Así se ha buscado un ejemplo cercano de esta conversión. En efecto en el Parque Natural de Pagoeta (Guipuzkoa) existe la ferrería de "Agorregi" que toma fuerza hidráulica, ha sido rehabilitada y convertida en museo, y a las horas de su apertura se la ve en funcionamiento. Lo que "Agorregi" muestra podría ser lo que fue Posadas en tiempos pretéritos.

Las fábricas de luz de Valgañón y Ojacastro procedían de antiguos establecimientos textiles, y la primera de ellas siguió alimentando durante el día al establecimiento textil, y la segunda convirtió su uso textil en serrería en horas diurnas. Las otras dos centrales de Electra Posadas sobre el Tirón, Cuzcurrita y Tirgo, procedían de antiguos molinos. Sin embargo "La Gloria" y "El Águila" fueron siempre centrales hidroeléctricas. Es interesante ver el video de Monesma pues resume cinco aplicaciones de la energía hidráulica de un pequeño arroyo. Las mismas son: molino de grano; afilado de herramientas; batán textil, fábrica de luz y martinete con soplante de la fragua para forjar el hierro.

La energía eléctrica transportada mediante la red de AT y BT, a través de líneas y transformadores, llegaba a las fábricas y algunos lugares más de empleo de fuerza motriz en los que existían uno o varios motores asíncronos trifásicos, como el de la figura.

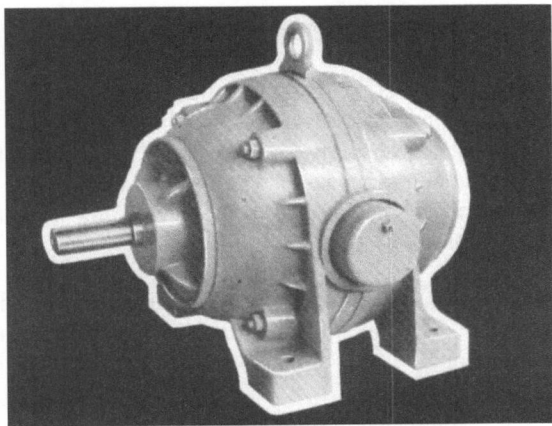

Figura 3.7. Motor asíncrono trifásico marca GEAL de General Eléctrica Española.

El motor asíncrono trifásico, cuyo principio fue establecido por el italiano Ferraris, sustituyó en la mayor parte de las aplicaciones al motor de corriente continua por su sencillez de funcionamiento, baratura y bajos costes de funcionamiento. Su aparición junto con la de los transformadores hizo que las redes de corriente alterna se afianzaran rápidamente. Cuando empezó la electrificación en los pueblos del Oja ya estaba consolidada y, salvo la excepción de Ojacastro que tuvo una red de corriente continua, la aplicaron todas las empresas que surgieron. Solo hubo la excepción en la red que tenía la Central de Cuzcurrita, en el momento de su compra, que era de corriente alterna, pero monofásica. Esta circunstancia impedía la adopción de motores asíncronos trifásicos en su red, ya que estos tenían que ser necesariamente que ser alimentados por este tipo de redes. En aquellos años la necesidad básica era llevar la fuerza motriz a las industrias, esto lo vieron los gestores de Electra Posadas que, tras la compra de Cuzcurrita, acometieron inmediatamente la conversión a trifásica.

En los años considerados el accionamiento a una fábrica completa se basaba en un solo motor eléctrico y su transmisión era mecánica a las diversas máquinas. Esta distribución constaba de un sistema complejo de soportes con cojinetes, ejes y poleas de diferentes diámetros instalado en el techo del taller. Sobre cada máquina existía su correspondiente polea, con diámetro adecuado a la velocidad de la máquina. Todo el sistema estaba enlazado por las correspondientes correas planas. Su explotación era engorrosa pues a veces las correas enganchaban, en un descuido, a los operarios en su ropa y sucedían lamentables accidentes; también las correas se salían de sus poleas. La eficiencia del sistema completo era baja. En la figura se ve este sistema en el taller mecánico del museo de la antigua fábrica de boinas "La Encartada" de Balmaseda (Bizkaia).

Figura 3.8. Taller mecánico general, del museo de boinas "La Encartada".

Posteriormente con la comercialización de motores asíncronos cada vez más baratos apareció el accionamiento individual de máquinas, cada una con su propio motor, lo cual tardó años en introducirse y no existe documentación que avale cuales fueron los sistemas que imperaron en las fábricas del valle del Oja.

En la industria de la madera hubo una serrería asociada a la fábrica de luz de Ojacastro que funcionó entre 1911 y 1925, fue accionada directamente con la turbina. Sobre la misma se trata en el capítulo 4 apartado 4.4.5. En esta fábrica hubo instalada una sierra de cinta y otra de disco.

Ezcaray, como es sabido, fue y sigue siendo un pueblo con actividades ligadas a la madera de sus montes. Comenzó por las serrerías que fueron enseguida complementadas por fábricas de muebles. Esta es una parte de la historia industrial del pueblo en la que no se va a ahondar.

Los molinos estuvieron en muchos casos asociados a la electrificación, aunque en las centrales del Tirón esto solamente se dio en los molinos de Cuzcurrita y Tirgo. En Ojacastro y en la actual casa llamada "El Pago de las Ánimas" junto a la carretera existen unos vestigios bien conservados de la rueda horizontal de accionamiento del Molino que en torno a 1908 era propiedad de Agapito Ortiz.

Hay una referencia clara a la instalación desde la fábrica "La Gloria" a la mina "La Lealtad" en Urdanta y se va a describir con detalle en el Capítulo 4 apartado 4.2. De hecho "La Gloria" amplió sus instalaciones para servir a esta mina, pero todo se fue al traste en muy pocos años tal como se explica en Agustín Tello "Las minas de Ezcaray" ya que como bien indica su título de esta referencia la minería en Ezcaray fue una decepción.

Otra actividad fue la tejería. Comenzó por la de Telmo Poves en Santo Domingo de la Calzada, que sin embargo duró poco tiempo, en el apartado 7.6., del capítulo 7 se explica el cese de los negocios personales de este consejero de Electra Posadas. No han quedado datos que puedan dar una idea de la alimentación a esta tejería en fuerza motriz por Electra Posadas SA, la chimenea explica que la fábrica tenía procesos térmicos alimentados por carbón o leña.

Hubo otra importante tejería en Pancorbo (Burgos) en la que al final de esta historia estuvo instalado el motor de más potencia de la red, se desconoce si como accionamiento individual de una máquina o como suministrador centralizado para accionar a todas las de la fábrica. Por estimaciones a partir de la estadística del año 1962 se puede inferir que sería un motor de unos 75 CV (55 kW). También se recuerda que los maquinistas de Electra Posadas encargados de las maniobras de la central del Águila notaban el arranque de este motor en los aparatos del cuadro.

Finalmente, durante las investigaciones para este Proyecto se ha visto que E. Posadas alimentó a una fábrica de traviesas de madera de Burt Boulton en San Felices (Haro). Esta empresa consumía electricidad, presumiblemente para fuerza motriz, en la misma toma que Posadas tenía de Hidroeléctrica Ibérica en San Felices. Pues bien, Burt Boulton cesó sus operaciones en España y se ha visto que es uno de los grupos de madera tratada con sede en el Reino Unido, cuya actividad se inició en 1848, que subsiste en la actualidad controlado por el grupo finlandés Ivari Mononen Group.

Respecto a la ventaja de disponer del trabajo proporcionado por motores frente al manual se traen las siguientes reflexiones finales:
- Ponía a disposición la cantidad justa de fuerza motriz y en el momento necesario. Se ha visto el ejemplo de la ferrería del Agorregi, hoy museo.
- Si se supone se transportaba a un pequeño taller de carpintería con una sierra de 3 CV, que en 1943 pagaba la tarifa de Electra Posadas de 0,35 pta./kWh. Si funcionaba a plena potencia la mitad de la jornada laboral de 8 horas su gasto de electricidad sería 6 pta. diarias. Para un jornal de un obrero ese mismo año de 8 pta. supondría los ¾ del jornal diario. Pero la labor que sacaba esta máquina era muchísimo mayor que la que se podía obtener manualmente sin la máquina arrastrada por motor eléctrico.

3.5.   La fuerza motriz eléctrica en la agricultura.

El consumo de fuerza motriz para la agricultura no era muy apetecible para las eléctricas por ser estacional y durante el estiaje, aunque la actividad agrícola en la zona fuera la más importante. Además, salvo la zona entre Santo Domingo y Haro, el resto de la comarca aplicaba métodos muy anticuados difíciles de mecanizar. La instalación de la línea de San Felices a Santo Domingo, para conectar con la Hidroeléctrica Ibérica en 1930, dio libertad respecto del estiaje y entonces los gestores abrieron la mano a nuevos contratos. Se impuso el contrato por temporada tanto en vigencia, como en precios de energía fija en función de la potencia del motor que accionaba a la máquina.

Las aplicaciones fueron las trilladoras, y el bombeo y hubo una instalación importante de bombeo en los pozos de Víctor Azcarraga, situada en la actual "Finca La Emperatriz"[4] entre Castañares y Villalobar, que tomó el fluido eléctrico con línea de AT y transformador propios desde la caseta de Castañares.

Como la nueva línea de San Felices a Santo Domingo pasaba por las inmediaciones de la Granja Antonia, esta tomó fuerza motriz para sus consumos de iluminación y de ventilación. Esta actividad no era estacional, como las puramente agrícolas citadas arriba.

3.6. Las instalaciones y la red de Alta Tensión.

Las instalaciones de Alta Tensión comenzaban en el interior de todas las centrales hidroeléctricas, descritas en este libro, salvo la excepción de las fábricas de luz de Valgañón y Ojacastro que distribuían a las pequeñas redes de sus pueblos respectivos a la tensión del generador, que además en el caso de Ojacastro fue corriente continua. Los generadores de todas las fábricas incluso las últimas de Electra Posadas generaban en Baja Tensión y en aquellos de los que se tienen datos esta era de 220/125 V [5] estas tensiones se obtenían por la conexión trifásica estrella / triángulo (Y/Δ). Desde "La Gloria" se supone que transportó, en alta tensión de 3.000 V., al alumbrado y a las fábricas de Ezcaray, pues desde la central a los edificios del Fuerte, extremo opuesto del pueblo, hay una distancia algo inferior a los 2 km. Lo que sí se sabe es que, durante el poco tiempo que envió energía a la mina de "La Lealtad" de Urdanta, lo hizo con la tensión de 3.000 V. Finalmente Dionisio Segura de Posadas adoptó la tensión de transporte 10.000 V. entre fases, esta tensión perduró para transportar energía durante toda historia.

El interruptor de grupo era manual de cuchillas y trifásico. El maquinista de la central lo maniobraba, según las indicaciones del sincronoscopio subido en una banqueta de madera cuyas patas eran cuatro aisladores. Este cuadro fue concebido y realizado por personal de E Posadas ya que en las notas anexas a la memoria de 1951 se indica "*por el jefe de servicios Justo Díez, que demostró con la ayuda del Contramaestre Marcelino Díez gran competencia en el montaje del cuadro y línea de enlace entre el alternador y el transformador elevador ya que ellos solos llevaron la instalación completa sin requerir la venida del montador de la casa. Además, el trabajo lo realizaron con plena satisfacción y depurado gusto*". El cuadro se hizo en dos placas, una por grupo, de mármol y sus aparatos eran, además del interruptor, voltímetros y amperímetros analógicos de aguja.

En la torre de salida y amarre de la central, y a continuación de los autoválvulas empezaba la línea de alta tensión propiamente dicha. La misma se soportaba en postes, que en el caso de las empresas que dieron servicio a la zona su distancia o vano entre ellos fue casi siempre de 40 m., que con alguna excepción llegó a los 50 m. Hubo casos de vanos mayores como travesías del río Oja en su zona más ancha aguas abajo de Santo Domingo, y el vano salida de la central del Águila en el que se emplearon apoyos metálicos de perfiles de acero soldados fabricados por los herreros de la zona. También se emplearon postes metálicos para los cruces de carreteras o del FFCC Haro – Ezcaray. El tipo más empleado de postes fue los de madera tratada con el procedimiento de kyanizado y se

---

[4] Véase https://www.bodegaslaemperatriz.com/
[5] Los valores nominales exactos eran 220/127 pero se tomaban estos valores. Más adelante fue 380/220 y en la actualidad 400/230

compraron grandes partidas a la firma Himmelsbach de Alemania, como se referirá más adelante en esta historia, hasta que en años anteriores al estallido de la II guerra mundial hubo que suspender esta compra. Todavía se ven en las redes de distribución de BT explotadas en la actualidad por Iberdrola algunos apoyos kyanizados aprovechados de las redes de AT. Se adjunta en la figura que sigue un ejemplo de esta utilización actual.

Figura 3.9. Poste de pino kyanizado empleado en la red de BT del pueblo de Ojacastro. El detalle es el del anclaje en el suelo, ya que es un substrato de tierra de prado y para alargar la aparición de la podredumbre, a pesar de su tratamiento, se hace mediante un bloque de hormigón en masa con un soporte de hierro.

También se emplearon postes sacados de las arboledas propiedad de EP junto a las centrales de Cuzcurrita y Posadas. Al mencionar la madera propia se indica que con ella se fabricaron los encofrados para las obras del salto del Águila.

Además E. Posadas fabricó, en las dependencias de la central de Cuzcurrita postes tubulares de forma ligeramente troncocónica en cemento armado. Su inconveniente es que eran más pesados que los anteriores, pero resultaron muy duraderos. Los mismos se fabricaban bajo la dirección técnica del jefe de servicios en horas de parada de los operarios de la central. En la figura 7.3., del capítulo 7, se ven las dimensiones del caso de la línea de general de AT Haro – Santo Domingo. Los conductores de AT se soportaban, mediante aisladores, en una cruceta metálica en la parte superior, y a distancia conveniente hacia abajo estaba el soporte de los aisladores de la línea telefónica. En el Anexo Documental A-77 y en su figura A-77.3. aparece un poste de cemento armado.

Electra Posadas fue muy activa en el mantenimiento de sus líneas y tras los inviernos y épocas de vendavales realizaba muchas sustituciones. En la breve y azarosa historia de Hidroeléctrica del Oja no se tuvo este cuidado y tras su disolución las líneas de encontraban en estado lamentable.

Los conductores se soportaban con aisladores de porcelana (jícaras en la jerga popular de la zona), y también los de la línea de teléfono. Se representa uno de tres campanas adecuado para líneas de alta tensión empleado, hasta hace poco, en la red de distribución de baja tensión.

Figura 3.10. Aislador de alta tensión empleado en una red de baja tensión. Cedido por Ricardo Aransay Calvo.

Los conductores para las redes de alta tensión e incluso para las de baja fueron de cobre electrolítico recocido cuyo diámetro máximo en las que transportaban mayores potencias fue de 4 mm (12,56 mm^2 de sección) no trenzados; como excepción en la primitiva red de Ojacastro se empleó de bronce fosforoso de mejor resistencia mecánica y algo peor conductividad eléctrica. En los últimos años de su vida independiente E Posadas empleó cable trenzado de aluminio con alma de acero ACSR[6]. Este cable de mayor diámetro externo que su equivalente de cobre era de menor precio y peso por metro. Entonces, al igual que ahora, el cobre era un material estratégico con una gran volatilidad de precio. La adquisición de cobre era seguida con gran atención por los gestores de las pequeñas empresas de la zona, de lo cual han quedado muchos testimonios en la documentación.

En los tiempos de Electra Posadas se prestó mucha atención a la mejora de redes por aumento de su sección pues se buscaba siempre la reducción de sus pérdidas energéticas. Los conductores desmontados de una línea se guardaban celosamente para ser reutilizados en otras de menor potencia. También hay ejemplos de compra de conductor de segunda mano, pues el cobre no pierde

---

[6] Acrónimo de Aluminum Conductor Steel Reinforced

sus prestaciones cuando envejece. Finalmente hay que citar el gran esfuerzo que realizó para modificar las redes que había heredado de la central de Cuzcurrita pues estas eran monofásicas (a 2 hilos) y a 3.000 V.

Quedan para el final las casetas para la ubicación de los transformadores de distribución, cada pueblo tenía la suya, Ezcaray y Santo Domingo por tener población mayor y ser más extendidas tuvieron varias. Las casetas contenían al transformador reductor desde los 10.000 a los 220/125 V. Los transformadores y demás aparellaje para maniobra de la época no permitían instalarlos a la intemperie sobre poste como se hace hoy. Unas cuantas de ellas eran además para seccionamiento de la red en las cuales se hacían frecuentes maniobras para control de las cargas de potencia, como se ve en el apartado 2.5.1., del capítulo 2. Algunas casetas servían además de amarre para la línea. Todas eran de mampostería cubiertas con un tejado cuyo alero protegía de la lluvia, la entrada de la línea de alta tensión, todas fueron construidas por albañiles locales y su planta era muy justa para albergar al transformador, sin embargo, su altura era grande condicionada por la de la línea de alta tensión. Las casetas tuvieron en su configuración uno o dos seccionadores de AT con sus fusibles, pértigas para accionar a los mismos con seguridad, transformador reductor, cuadro de baja con su interruptor de cuchillas, y fusibles en las diversas salidas de baja. Sigue la figura con una caseta que se conserva, aunque sin sus aparatos.

Figura 3.11. Antigua caseta de distribución y amarre de línea a la entrada de la aldea de Santa Asensio de los Cantos, aldea de Ojacastro. Tiene además su interés por que en el primer plano se ve el montaje actual del transformador a la intemperie con la misma función.

3.7. La red de distribución de Baja Tensión.

La red de distribución de baja tensión lleva el fluido eléctrico desde las casetas de transformación hasta las fábricas o domicilios de los consumidores. Su diferencia principal es que, por la menor tensión de las líneas de 220/125 V., se permite uso de aisladores de una sola campana montados sobre palomillas de hierro empotradas en las paredes de las casas bajo los aleros. La red es de 4 conductores, 3 fases y neutro, de los cuales van entrando en la vivienda de cada abonado las fases, una a una, más el neutro, para lograr la tensión de 125 V., en cada acometida. Se ve un ejemplo en la figura 3.12.

Los conductores fueron normalmente de cobre. En ocasiones la concesión para poder anclar palomillas causó litigios. También los ayuntamientos, en particular el de Ezcaray, cobraban sus impuestos sobre la servidumbre de las palomillas y de las líneas de baja tensión en el casco urbano del municipio. En los núcleos más rurales, en los que la densidad de casas era discontinua se empleaban apoyos con postes de madera, en muchos casos eran los retirados de las líneas de AT los cuales, al no ser necesario fueran de gran altura, se serraban en su parte inferior que era la que se pudría antes.

Figura 3.12. Palomilla en una red de baja tensión, vestigio en el casco urbano de Ezcaray, al estar fuera de servicio se ve claramente que falta el aislador del 4º conductor. Cedida por Ricardo Aransay Calvo.

3.8.   Las instalaciones domésticas.

Los cambios tecnológicos en los materiales y dispositivos eléctricos han sido muy importantes en los últimos decenios de modo que, desde el final de esta historia, en 1964, hasta la actualidad las instalaciones domésticas son muy diferentes. Además, desde el punto de vista normativo no es posible una instalación de aquellos años. Los materiales eran algodón y goma para aislar los conductores internos denominados cordones. Porcelana, madera, o baquelita para el aislamiento de los aparatos eléctricos, no se conocía ni el PVC ni los plásticos técnicos actuales

Si se comenzaba por la acometida de la compañía eléctrica, tras el contador o limitador existían unos fusibles en una caja de porcelana. Los fusibles de protección normalmente eran de hilo de plomo, la jerga popular adoptó la frase "se han fundido los plomos" por el fallo de los fusibles y la frase aún subsiste. La sustitución del hilo de un fusible fundido la hacía el propio abonado. Era una protección que solo actuaba ante las sobrecargas de los receptores de duración mayor que unos pocos minutos. La protección ante cortocircuitos y fallos de aislamiento a tierra no se podía lograr mediante fusibles, proporcionaban una protección de muy poca seguridad que en más de una ocasión ocasionó incendios que a veces conllevaron a situaciones serias.

Asimismo, los conductores eran poco seguros por su sensibilidad al agua y a la humedad prolongada, también resistían mal la abrasión producida por el roce de un elemento exterior y sobre todo si este era metálico.

Los conductores, en la mayor parte de los casos, se montaban por encima del enlucido de las paredes de la casa, e iban sujetos por unos pequeños aisladores de porcelana que se clavaban en la pared. Los conductores tendían a montarse en las partes altas de la habitación, las excepciones eran los que alimentaban a las lámparas colgadas del centro del techo y los que descendían hasta las llaves de conexión de las lámparas o los enchufes de conexión de aparatos. Las llaves de conexión de lámparas se atornillaban en una jamba del marco de las puertas a una altura accesible para un adulto. Los enchufes más bajos a unos 20 a 30 cm del suelo. Para que el lector se haga una idea se presenta primero un muestrario amplio montado en plan museo de diversos aparatos y dispositivos.

Figura 3.13. Panel tipo museo de dispositivos eléctricos para instalaciones domésticas antiguas. Cedida por Jose Luis Agustín Tello.

También en la figura que sigue se ven unos trozos del cordón usado.

Figura 3.14. Trozo de cordón trenzado aislado con goma algodón propio de los años 1920's en las instalaciones domésticas de baja tensión. Cedido por Jose Luis Agustín Tello.

DESARROLLO DE LA HISTORIA

El desarrollo de esta historia se explica en los siete capítulos siguientes que constituyen el núcleo del libro. Están dedicados a las primeras fábricas de luz aisladas; posteriormente hay un capítulo para describir la central de Posadas; sigue con la constitución y vida de la mancomunidad de Electra Posadas; los cuatro últimos capítulos este grupo están dedicados a la vida empresarial de Electra Posadas S. A. en sus cuarenta años de vida independiente.

CAPÍTULO 4.
HISTORIA Y DESCRIPCIÓN DE LAS FÁBRICAS DE LUZ AISLADAS

Los comienzos de esta historia, en la parte de la cuenca del Alto Oja, entre Santo Domingo y Ezcaray surgieron, poco a poco, y se consolidaron soluciones para alumbrado público. A partir de eso, los vecinos más desahogados económicamente solicitaron la luz para sus casas. En los alumbrados público y doméstico, el servicio se daba solamente a las horas nocturnas y era facturado a "tanto alzado", es decir con un precio fijo mensual por cada lámpara instalada. El servicio comprendía la instalación y reposición de las lámparas fundidas. Se ampliaba este horario en los días festivos y ferias locales. Comenzaba con el crepúsculo, y en casi en todos los pueblos las luces se apagaban a medianoche.

Las instalaciones tomaban la fuerza de molinos harineros, que durante el día seguían con su actividad normal de molienda de granos y piensos. Fue pues una ampliación del negocio, aunque dada la falta de automatismo de generadores y de sus arrastres había que prever que un molinero hiciera turno de noche hasta, ya reconvertido a maquinista de la fábrica de luz, medianoche que paraba la máquina y se acostaba como el resto de los vecinos.

Los comienzos fueron muy modestos, las potencias instaladas podrían dar una imagen muy aproximada del grado de penetración. La población total de los dos núcleos electrificados en 1897, Santo Domingo y Ezcaray, era 5.827 habitantes. La potencia instalada en las dos pequeñas centrales que los servían era de unos 56 kW. Esto da un valor medio algo inferior a 10 vatios (W) por habitante. La capacidad total de generación en España en 1900 era de 71.000 kW, según Bartolomé Rodríguez, que referida a una población total de 18,5 millones de habitantes véase Zoido Naranjo arroja un valor promedio de 3,83 W por habitante. Dadas las incertidumbres de estos datos y lo incipiente de la electrificación, lo más aconsejable es no especular con ellos. Solo queda su diferencia y que además el primer valor de 10 W/hab. era para dos poblaciones relativamente avanzadas pues no se tenían en cuenta los demás pueblos del Alto Oja que entonces no estaban electrificados. España, en aquellos años, era un país atrasado y con muchas desigualdades económicas y sociales.

Si el análisis anterior se hace en 1910 la electrificación se ha extendido a todos los núcleos del Alto Oja, salvo algunas aldeas, con población total de 8.954 personas, y la potencia total de los generadores instalados era de 215 kW lo que da el valor de 24 W/hab. No se han localizado datos de España sino para 1913 con población de 20,36 millones de habitantes cuando la potencia de generación instalada era 213.000 kW, dando pues un valor promedio de 10,46 W/hab. Para que el lector se haga una idea de estos números respecto a la situación actual (2024) este valor promedio se sitúa en torno a los 2.000 W/hab.

La evolución temporal de las sucesivas fábricas de luz que operaron en esta zona del Alto Oja, entre Ezcaray y Santo Domingo estuvo basada en que cada fábrica solamente servía a su propio pueblo con una red poco extensa y aislada, ya que la tecnología, la poca potencia del salto y las inversiones no hacían posible, ni rentable suministrar a otros pueblos. Esta forma de electrificación incipiente excluía casi siempre la fuerza motriz para motores y la electrificación doméstica más allá del alumbrado. Santo Domingo de la Calzada y Ezcaray lo inician, antes de que acabe el siglo XIX, con fábricas de luz de poca potencia y dedicadas al suministro de luz a sus núcleos urbanos. Ambas fábricas, Santo Domingo y Ezcaray, coincidieron en 1896 en su inicio y estuvieron así una década hasta que, en 1906 Dionisio Segura, con su central de Posadas, extiende su pequeña red a distancia, como se explicará en el próximo capítulo 5.

Fueron excepción los pueblos de Valgañón y Ojacastro, con sus dos pequeñas centrales, inauguradas en 1909, que no se integraron en redes más extensas hasta los años 30 del siglo XX.

Las redes más amplias se dieron, a partir de 1906, con la línea de alta tensión desde la central de Posadas de Dionisio Segura, que llegó a Santo Domingo que así pudo contar con mayor potencia y ampliar las aplicaciones de la electricidad. En esta ciudad, un poco antes en 1900, había llegado Hidroeléctrica de Nájera. Casi a la vez la fábrica "La Gloria" de Gandasegui tiende una línea de 3.000 V para alimentar de fuerza a la mina de Urdanta, pero este cliente duró poco por el fracaso generalizado de la minería en el Alto río Oja, véase Agustín Tello sobre las minas de Ezcaray. Como la red desde Posadas pasaba muy cerca de las aldeas de Ezcaray estas, a pesar de su pequeñez, tuvieron la luz eléctrica entre 1906 y 1907. Lo mismo sucedió con la electrificación el año de 1909 de los pueblos de Santurde y Santurdejo, ya que en sus molinos no se instalaron fábricas de luz.

Este capítulo se va a destinar a la descripción de las centrales eléctricas aisladas que sirvieron a sus núcleos urbanos y que fueron por orden cronológico de entrada en servicio, el "Molino de Traganiños", muy posiblemente, en Santo Domingo de la Calzada, "La Gloria" de Ezcaray, la Sociedad "La Máquina" de Valgañón, y la Fábrica de luz "San José" de Ojacastro.

Las demás empresas con su descripción y su historia serán tratadas en capítulos posteriores. Se seguirá la secuencia cronológica.

4.1. Santo Domingo de la Calzada

4.1.1. Algunas consideraciones sobre las posibilidades hidroeléctricas del Oja a su paso por Santo Domingo.

En este apartado se van a realizar consideraciones que se engloban dentro la Ingeniería histórica. Se explicará el escaso éxito de la generación hidroeléctrica en la ciudad del Santo. Según se ha visto en el capítulo 1, apartado 1.5., las condiciones para desarrollar potencia hidráulica son el salto y el caudal de la corriente superficial de agua en el río mantenida, razonablemente, a lo largo del tiempo. En Madoz se dice sobre Santo Domingo *"INDUSTRIA: La agrícola, 8 molinos harineros impulsados 6 por el r. Molinar, a los cuales falta agua durante el estío y 2 movidos por el r. de las Abejas: a principios de este siglo había 4 fab de paños .... en 1838 se cerraron todas, a causa de que no pudieron competir con sus productos con los de las fábricas de Ezcaray y otros puntos por la falta de aguas que tanto economizan la locomoción ... ".* Para las reflexiones que siguen de los 6 molinos alimentados por canales de la margen derecha del Oja no se considera el Molino de Floren en el barrio de Margubete en la parte Norte de la ciudad [1]. Se supone que los 5 restantes estaban

---

[1] Hoy es un hostal con este nombre y tiene conservados la rueda horizontal y pequeño molino. Conversación del 14 junio de 2021 con Maria Cruz empleada del Hostal

sobre los cauces molinares al Sur de la ciudad y serían alimentados por canales que arrancaban de la toma a 661 m. del río y que terminaban en la cota de 641 m., en el inicio del paseo de los Molinos[2] dentro del actual casco urbano. Es decir que existía un salto total de 20 m., para los 5 molinos de esta zona, y resulta un desnivel medio de 4 m., para cada uno. En estos 4 m. se cuentan el salto del molino, 3 m., y 1 m. para desnivel total de sus canales de entrada y salida.

La seguridad de caudales regulares a lo largo del año que proporciona el Oja en Santo Domingo es muy baja y no asegura una producción hidroeléctrica continua que en el caso de un año húmedo no es posible pase de los 6 meses. Esto podría ser aceptable para la molinería, pero no para la fabricación de luz. También sería posible que, a mediados del siglo XIX, los cinco molinos estuviesen equipados con ruedas verticales gravitatorias de potencia muy escasa pero suficiente para arrastrar un molino. Cuando Olazábal en 1896, véase 4.1.2., se acercó al Ayuntamiento de la ciudad se inclinó por una fábrica hidráulica y puso sus ojos en alguno de los 5 molinos. Se especula que fue el llamado "Traganiños" situado a poco más de 1 km. del centro urbano y porque además se han encontrado indicios claros, sobre todo de la cámara de carga idónea para montar una turbina Francis abierta. Este tipo se estaba montando en Ezcaray en "La Gloria", véase 4.2.1. más adelante, con esta turbina de un 75% de rendimiento, bastante mayor al de las ruedas, podría dar 26 CV (19,1 kW) si el caudal era de 850 l/s. Este caudal se puede esperar del Oja en los meses húmedos, pero en estiaje bajaría de forma importante hasta desaparecer. Aunque la fábrica de luz que se ha supuesto es "Traganiños" también podría haber sido cualquiera de las otras cuatro de este tramo, pero ésta es la que tiene más indicios en la actualidad.

Como se verá en 4.2.1., para Ezcaray, y en 4.4.7., para Ojacastro, la instalación de máquinas de vapor para los estiajes fue una solución muy corriente. En principio consistía en añadir una caldera y una máquina de vapor, salvo en los casos de la locomóvil que unía ambos equipos en la misma máquina. De esta forma se seguían empleando el generador y los equipos eléctricos. El cambio consistía en desmontar las correas de arrastre entre turbina hidráulica y alternador, y disponer otras entre máquina de vapor y alternador. Es por ello que el vapor de Olazábal, véase 4.1.5., se instaló en la misma ubicación y su sucesor Pinaquy, véase 4.1.6., se presume con fundamento, que la mantuvo. Cuando Dionisio Segura, desde Posadas, empezó a alimentar de fluido la ciudad del Santo, se especificará en la documentación de autorización, véase 5.5.1., que llegó a las instalaciones de Pinaquy. Se inserta a continuación, en la figura 4.1., el plano de la posible ubicación de esta primera fábrica de luz. A partir de este punto en el relato empiezan a citarse otras empresas eléctricas que constituyeron el marco empresarial en el cual ocurrió esta historia. A todas ellas se ha destinado el Anexo Documental A-15, "Entorno empresarial de las empresas de esta historia". A la Empresa Pinaquy se le dedica el apartado A-15.1.

---

[2] Este nombre ya aparece en el mapa de Francisco Coello de 1851.

Figura 4.1. Posible ubicación de la fábrica de luz. Se ve asimismo la cámara de carga para una turbina Francis abierta. Sobre una toma de Google earth.

Todas estas especulaciones sobre la ubicación de esta primera fábrica de luz se refrendarán o corregirán si se consiguen planos históricos, entre 1896 – 1906, de Santo Domingo con el nombre de la fábrica de luz, esto hasta el otoño de 2024, no ha sido posible.

4.1.2. Primeras fábricas de luz en la ciudad del Santo.

Se ha visto que sus primeros medios de producción de electricidad fueron con generadores instalados en molinos existentes, y también mediante motores térmicos para paliar los estiajes. Sobre el desarrollo del alumbrado público en Santo Domingo, se trae el documento inédito de Díez Morrás.

La potencia de generación no pasaría de 20 kW., y además en los estiajes este valor no superaría los 10 kW valores muy justos para el modesto alumbrado público de la ciudad. En las noticias, que se dan más adelante, sobre el contrato de alumbrado público de Julián Olazábal parece que la primera instalación de generación (entre 1894 y 1985) este empresario tuvo la responsabilidad de la generación hidroeléctrica e incluso la máquina de vapor para el estiaje del verano de 1895.

Más adelante se verá que, desde 1896 tras la rescisión del contrato por Olazábal, ya estaba suministrando el fluido eléctrico la sociedad Pinaquy de Pamplona, Lo que se desconoce es que tipo de generación, hidráulica o de vapor tuvo, y desde que fecha. Se establece la hipótesis, que esta empresa de Pamplona tuvo la generación hidráulica en Traganiños y el vapor también, pues se hizo cargo de las instalaciones de Olazábal.

4.1.3. Antecedentes del alumbrado público eléctrico.

A diferencia de lo que se ha visto en el apartado 2 de la INTRODUCIÓN Santo Domingo, pequeña ciudad, nunca tuvo soluciones como las de la capital Logroño, basadas en el gas de hulla producido localmente y distribuido por cañerías. A principios del siglo XIX las calles principales de Santo Domingo de la Calzada estaban iluminadas con faroles de algodón empapado en aceite. En 1816 había colocados treinta, generalmente en las esquinas de las calles principales, aunque en años posteriores fueron aumentando en número de acuerdo con las demandas de los habitantes [3]. Durante las décadas de 1820 y 1830 el encargado de su mantenimiento era Juan Roquest, por cuya labor se le pagaba dos reales diarios [4]. El ayuntamiento se mostró siempre muy interesado en el mantenimiento y buena conservación de los mismos al ser un elemento que favorecía la seguridad de sus habitantes. En 1839 se renovó el alumbrado, colocándose nuevos faroles de reverbero, los cuales recibían su nombre por la superficie bruñida que hacía reflejar mejor la luz. Décadas después las calles de la ciudad se iluminaron con la combustión de gas y petróleo. El empresario logroñés Felipe Jesús Muro se encargó en 1878 de cambiar los 47 faroles del alumbrado público por otros preparados para que diesen la que denominaban *"luz victori"* [5]. Pero estas soluciones anteriores a la electricidad no requirieron infraestructuras importantes que conllevaran contratos como el de gas de hulla de Logroño, que a la postre condicionó la tardía electrificación completa del alumbrado público, a este caso se dedica el libro de Negueruela. La instalación de Logroño se dio en muchas ciudades cuyo tamaño, en número de habitantes, había hecho posible que se implementaran sistemas basados en el gas de hulla distribuido por tuberías.

4.1.4. Primeros tanteos para implementar el alumbrado público eléctrico.

El gran cambio en la iluminación de las calles se produjo con la llegada de la electricidad. El interés del ayuntamiento por la instalación de un nuevo sistema de alumbrado público mediante luz eléctrica fue muy temprano. En la junta municipal de 14 de abril de 1889 se informó de que el ingeniero Armando Lahore iba a visitar próximamente la ciudad para tratar sobre su posible instalación. Días después se acordó hablar con el perito Lacort para ver el coste de la obra de un salto de agua [6]. Las gestiones no llevaron a su instalación, pues en febrero del año siguiente los concejales Valgañón y Marín eran comisionados para que arreglasen los depósitos de los faroles, y en junio de 1891 se seguía comprando petróleo para los mismos [7].

4.1.5. Primer contrato de alumbrado público eléctrico.

Hubo acercamiento previo al empresario navarro Cipriano Salvatierra según noticia de 26 de abril de 1894 [8] que se transcribe *"En la pintoresca ciudad de Santo Domingo de la Calzada se va a instalar el alumbrado eléctrico público y particular, para lo cual se ha formalizado la escritura, encargándose de esta instalación el conocido electricista señor Salvatierra"*

---

[3] Archivo Municipal de Santo Domingo de la Calzada (AMSDC), Libro de actas de 1816, sesión de 23 de diciembre.
[4] AMSDC, Libro de actas de 1823 y 1831, sesiones de 8 de octubre y 15 de noviembre.
[5] AMSDC, Libro de actas de 1878, sesión de 15 de noviembre.
[6] AMSDC, Libro de actas de 1889, sesión de 28 de abril.
[7] AMSDC, Libros de actas de 1890 y 1891, sesiones de 16 de febrero y 19 de junio.
[8] La Rioja 26 de abril de 1894. Cedida por Jose Luis Agustín Tello

Pero las negociaciones se encarrilaron con Julián Olazábal. Fue en el mes de octubre de 1894 cuando se le contrató el servicio de abastecimiento de luz eléctrica para el alumbrado público. Pero hasta llegar a esa firma discurrieron varios meses de arduas negociaciones que retrasaron la puesta en marcha del servicio. Había sido en junio de 1894 cuando Olazábal había propuesto al ayuntamiento la instalación y abastecimiento de luz eléctrica. Su oferta consistía en la colocación de como mínimo 90 lámparas de 16 bujías con un coste de diez céntimos por lámpara y día. Los gastos provocados por el establecimiento del servicio, así como la reposición de lámparas inutilizadas por el uso, serían por cuenta del contratista, no así las rotas *"de mano airada"*. El alumbrado se iniciaría media hora antes de anochecer, apagándose a medianoche, hubiese o no luna. El ayuntamiento designaría los lugares donde debían colocarse las lámparas y las palomillas para el cableado. Si hubiese algún problema y no se pudiese abastecer de luz eléctrica, se alumbraría con petróleo, que era el sistema habitual de iluminación de las calles de la ciudad, y con los faroles existentes. El pago sería por meses vencidos y en plata. La duración del contrato sería de veinte años. La oferta presentada se estudió con detenimiento, pues el ayuntamiento estimó que el asunto era de gran importancia. Se comisionó al procurador síndico y a los concejales Caballero e Hidalgo para que emitiesen un informe que se sometería a la aprobación municipal. Se les propuso que se informasen en las localidades donde ya se había colocado este nuevo tipo de iluminación, siendo entonces la más cercana la de Haro. En líneas generales el ayuntamiento estaba de acuerdo con las condiciones planteadas por el señor Olazábal. Únicamente acordaron indicarle que, durante seis días en las ferias de diciembre, cuatro en las fiestas del Santo, dos en Gracias y tres en carnaval, tendría que ofrecer la luz durante toda la noche. También que posteriormente se instalarían otras diez lámparas con el mismo precio, que el pago sería *"la mitad en plata o papel y la otra mitad en calderilla"* y que la duración del contrato sería de diez o quince años [9].

El 13 de junio de 1894 se aprobó conceder a Julián Olazábal el abastecimiento. El día anterior los comisionados habían preparado un borrador para el concesionario con el fin de que hiciese las puntualizaciones que estimare. Se mantuvieron en gran medida las condiciones ofertadas, si bien se hicieron algunas modificaciones y añadidos. En concreto que el contrato sería por diez años y se entendía prorrogado por años si las partes no lo denunciaban con dos meses de antelación. Se acordaron las horas de encendido señaladas anteriormente por el ayuntamiento, añadiéndose la noche de Navidad y si hubiese incendios. Cuando se encendiesen los faroles de petróleo por avería, el ayuntamiento pagaría a Olazábal diez céntimos por cada farol encendido, el cual arreglaría las roturas. Se acordó abonar por el servicio la cantidad de 3.285 pesetas anuales, haciéndose los pagos mensualmente. Terminado el contrato, debía devolver los faroles en buenas condiciones. Si la empresa contratista dejaba de ofrecer el servicio por su culpa o negligencia, debía abonar treinta pesetas a descontar del importe mensual. Si el ayuntamiento solicitase extraordinariamente el encendido de los faroles, pagaría cinco pesetas por cada dos horas o fracción. Si acordase que fuesen apagados, se descontaría el importe. El ayuntamiento podía resolver el contrato si el alumbrado no tenía la fuerza suficiente. Finalmente se indicaba que, si la empresa no quisiera seguir prestando el servicio, el consistorio se quedaría con las instalaciones [10].

Olazábal no se mostró conforme con el condicionado propuesto y se mantuvo firme, accediendo únicamente a la elevación a escritura pública del contrato [11]. El asunto se demoró, pero finalmente el 26 de octubre de 1894, en sesión municipal extraordinaria, tras nuevas modificaciones, se entiende propuestas por el concesionario, se aprobó por unanimidad contratarle para el abastecimiento [12].

---

[9] AMSDC, Libro de actas de 1894, sesión de 6 de junio.
[10] AMSDC, Libro de actas de 1894, sesión de 13 de junio.
[11] AMSDC, Libro de actas de 1894, sesión de 22 de junio.
[12] AMSDC, Libro de actas de 1894, sesión de 26 de octubre.

Todo esto quedó recogido en prensa ya que el 3 noviembre de 1894 [13] viene una noticia que transcrita parcialmente dice "*Se acordó por unanimidad contratarlo bajo las principales bases que se expresan a continuación: El contratista D. Julián Olazábal, se compromete a dar lámparas de 16 bujías, a diez céntimos de peseta cada lámpara, no bajando del número de noventa. El contrato se hace por cinco años, a partir desde el día de la inauguración oficial. ...*" El resto de la noticia de prensa resume las demás condiciones del contrato.

En noviembre de 1894 se estaba instalando la línea, y tuvo el concesionario algún problema, pues el vecino Ángel Riaño se negaba a que pasase el cableado por su heredad [14]. La prensa también recoge la noticia el 27 de este mes [15] que en extracto dice "*Dada también cuenta de otra instancia de don Julián Olazábal contratista del alumbrado público eléctrico, manifestando que es un perjuicio para la instalación del alumbrado el sacar la línea de postes en líneas tan irregulares como lo están por haberse negado Ángel Riaño a que se pusieran en su heredad originando esto algún perjuicio para el citado alumbrado público eléctrico, por lo que suplica que el Ayuntamiento lo tome en consideración y determine lo que crea procedente en justicia; antes de resolver se acordó que el abogado asesor señor Alonso emita su ilustrado informe jurídico*". En enero solicitaban varios vecinos de Margubete la colocación de un farol enfrente del cementerio. A su vez el ayuntamiento acordaba rescindir el contrato de abastecimiento de petróleo para el alumbrado que tenía firmado con Norberto Castro al ser inminente la inauguración del nuevo servicio eléctrico [16].

Finalmente, el nuevo alumbrado público eléctrico se puso en marcha en la ciudad el 20 de febrero de 1895 [17]. El periódico La Rioja de 23 de febrero de 1895 [18], a los tres días de la inauguración, informa que la excesiva cantidad de agua en el río causa problemas como se ve en el extracto siguiente "*Dada cuenta de un escrito de don Julián Olazábal, empresario de la luz eléctrica, manifestando que desde hoy, 20, puede dar la luz con 100 lámparas y como no está limpio el cauce del río y esto pudiera causar perjuicios por la excesiva cantidad de agua que se echa al dar la luz, en lo cual está conforme el señor Olazábal; a fin de evitarlo y puesto el servicio de que se trata es obligatorio para el Municipio, se acordó autorizar al referido señor Olazábal para que proceda a la limpieza del río, abonando el Ayuntamiento el importe de la mitad de los peones que se empleen, y tan pronto como esté todo arreglado, se acordó que comience a regir el contrato del alumbrado eléctrico que tiene el Ayuntamiento ya convenido con el señor Olazábal*". Se está ante una evidencia que esta primera fábrica de luz era hidráulica. La potencia necesaria para alimentar a 100 lámparas de 16 bujías no debería de pasar de los 9 kW aun asumiendo una eficiencia en la generación y la distribución eléctrica en torno al 50% y que las bombillas serían de incandescentes de filamento metálico primitivas. Desde el punto de vista contractual en "La Rioja" de 31 de marzo de 1895 [19] se relataba una sesión municipal como sigue "*El excelentísimo Ayuntamiento quedó enterado de la manifestación hecha por el secretario de haber empezado a regir el 24 de febrero último el contrato del alumbrado público eléctrico, ya convenido con don Julián Olazábal, en sesión de 26 de octubre anterior.*" Que Olazábal estaba explotando una central hidráulica se confirmaba en la noticia de 16 de junio de 1895 [20] que decía " *... un buen número de vecinos se lamentan de los perjuicios que se les ocasiona por la empresa del alumbrado público eléctrico por el exceso de agua que llevan los cauces al dar el alumbrado y por la mala dirección de las mismas aguas, se accedió a lo solicitado*

---

[13] La Rioja 3 de noviembre de 1894. Cedida por Jose Luis Agustín Tello
[14] AMSDC, Libro de actas de 1894, sesión de 21 de noviembre.
[15] La Rioja 27 de noviembre de 1894. Cedida por Jose Luis Agustín Tello
[16] AMSDC, Libro de actas de 1895, sesión de 2 de enero.
[17] AMSDC, Libro de actas de 1895, sesión de 20 de febrero.
[18] La Rioja 23 febrero de 1895. Cedida por Jose Luis Agustín Tello
[19] La Rioja 31 de marzo de 1895,
[20] La Rioja 16 de junio de 1895.

y en su virtud se acordó requerir al empresario don Julián Olazábal para que a la mayor brevedad haga las obras necesarias para garantizar el libre uso de las propiedades de los denunciantes, poniendo un ladrón en puente de piedra para que no pase más agua que la de costumbre; otra piedra o ladrón en la conclusión del arrabal de San Francisco, y que el resto de las aguas vaya por el cauce y desagüe, profundizándolo todo lo posible."

Sigue en junio de 1895 [21] con la cita *"En breve comenzarán en la fábrica de luz eléctrica los trabajos para la colocación del vapor de 26 caballos de fuerza (CV) (19,13 kW)* [22] *que ha de reemplazar al motor de agua. Tan importante reforma es considerada en general ventajosa para los empresarios señores Olazábal y Fernández a los que felicito y les deseo tanta suerte en lo futuro como desgracia han tenido en lo pasado".* Evidencia de que los estiajes venían pronto. Por su potencia podría ser una máquina de vapor Corliss y no una locomóvil, véase a este respecto apartado 1.8. del capítulo 1. Por otro lado, y de acuerdo con lo acostumbrado en otras fábricas de luz de la zona, Posadas y Ojacastro, lo probable es que la máquina de vapor se instalara al lado de la turbina hidráulica y así evitar el resto de la instalación a partir del generador eléctrico. Solamente dos días más tarde el mismo medio [23] decía *"Para conocimiento de los autores de la inscripción No la lleváis estampada al frente de la caldera que con destino a la fábrica de luz eléctrica llegó el viernes, he de consignar que dicha caldera se vio colocada en las inmediaciones de su destino antes de la hora que los mismos mozos calceatenses pensaban contra la opinión de los harenses que presenciaron el cargue, y que creían preciso el empleo de mucho más tiempo y fuerzas para el traslado de tan terrible mole".* Sin duda prueba clara de la expectación despertada por el proyecto, también que el destino de la caldera era la fábrica de luz eléctrica solución de la época para emplear el mismo generador e instalación eléctrica.

Y a finales de julio se indicaba en la prensa [24] *"Adelantan rápidamente las obras de la fábrica de luz eléctrica quedando en breve instalado el vapor que para mayor ventaja de los abonados ha traído la empresa".* A pesar de la exploración realizada en hemeroteca de "La Rioja" no se ha encontrado la fecha en la que "el vapor" empezó prestar servicio. Si esta hubiera tardado la situación hubiera sido insostenible y quedaría reflejada en las Actas municipales y también en la prensa. Se han obtenido más noticias de la hemeroteca de "La Rioja" según referencias [25] [26] [27] [28] [29] en las que se citaban frases tales como *"estacada del río Oja por la parte del molino titulado de la Pasiega"* *"trabajos de defensa de la estacada de nuestro río Oja y en el arreglo del río Molinar"* *"Se acordó limpiar el río Molinar todo lo que sea necesario desde la huerta de don Manuel Angulo hasta el final de la del señor Campuzano, y desde el Barrio Viejo a los cuatro caminos"* *"... cauce del de las Parras y del de las Regaderas ..."* *"... que se limpie el cauce del río Molinar, en una extensión que comprende desde el titulado Molino de Ríos, de esta jurisdicción, hasta la travesía del inmediato pueblo de Santurde ..."* respectivamente.

Se verá, enseguida, que el señor Olazábal rescinde el contrato en 30 de marzo de 1896, pero aparece tres meses largos más tarde [30] la noticia siguiente *"A propuesta del señor presidente se comisiona a los de obras en unión del señor Mendi para que inspeccionen el curso de las aguas que se han de*

---

[21] La Rioja 22 de junio de 1895. Cedida por Jose Luis Agustín Tello

[22] A partir de este lugar se citarán las unidades de potencia como vengan en el documento de donde se traen, bien CV, HP o kW. como estas últimas son las vigentes del Sistema Internacional SI se pondrán a continuación entre paréntesis.

[23] La Rioja 24 de junio de 1895.

[24] La Rioja 27 de julio de 1895.

[25] La Rioja 11 de setiembre de 1895.

[26] La Rioja 29 de enero de 1896.

[27] La Rioja 9 de febrero de 1896.

[28] La Rioja 10 de marzo de 1896.

[29] La Rioja 12 de abril de 1896.

[30] La Rioja 10 de julio de 1896.

dirigir a las huertas de la calleja y prosigan lo que proceda en vista de los antecedentes obrantes en secretaría respecto a la concesión que se hizo a don Julián Olazábal cuando acudió al ayuntamiento solicitando permiso para un salto de agua con destino a instalación de la luz eléctrica". Esta confirmaba de nuevo que, al menos en sus comienzos, la instalación generadora fue hidráulica.

4.1.6. Julián Olazábal rescinde el contrato en 1896 y se transfiere a Sucesores de Pinaquy.

Ya durante la vigencia del contrato del ayuntamiento con Olazábal hay una noticia de 7 de mayo de 1895 [31] *"Examinando el sábado algunos desperfectos en la maquinaria de la luz eléctrica el empleado de la casa Pinaqui, señor Quintanilla, (traído exclusivamente para este objeto) y al pasar por debajo de uno de los correones, tuvo la desgracia de medir mal la altura, rozándole la cabeza, en la que le causó dos heridas por las que arrojaba abundante sangre, pero que afortunadamente no ofrecen gravedad".* Se ve que entonces la firma Pinaquy ya asesoraba técnicamente a Olazábal y explica que luego le sucedió como contratista del alumbrado público.

Poco más de un año después de iniciado el servicio, en 30 de marzo de 1896, el concesionario Olazábal remitió al ayuntamiento un escrito por el cual rescindía unilateralmente el contrato de abastecimiento al no poder garantizar el suministro [32]. La rescisión se convirtió en un grave problema, pues no concurrió ningún empresario dispuesto a seguir con el servicio, por lo que se llegó a plantear la recuperación del sistema de alumbrado mediante petróleo [33]. En 29 de abril de 1896 hay una noticia [34] que prueba el acercamiento entre el Ayuntamiento y Pinaquy y Compañía *"El Ayuntamiento ha adquirido de la casa Pinaquy y Compañía, de Pamplona, dos magníficos arcos voltaicos de 500 bujías que se colocarán en los días del Santo, probablemente en el paseo del Espolón".*

Se optó por establecer un nuevo contrato en 29 de mayo de 1896 según [35] que dice *"Hasta fin de junio próximo se prorroga la autorización que se le tiene conferida al señor Presidente para el servicio del alumbrado público eléctrico, con las mismas condiciones que vienen rigiendo en esta época de interinidad, y se autoriza a los comisionados señores Caballero y Mendi, para que dentro del interregno de esta nueva prórroga vean de concertar un contrato definitivo con quien corresponda, sometiendo a la aprobación del Ayuntamiento"*

En 27 de junio de 1896 Romualdo Quintanilla, administrador de la mercantil pamplonesa Sucesores de Pinaquy y Compañía, empresa encargada de la máquina que proporcionaba la luz eléctrica de la ciudad, mostró interés por continuar con el suministro eléctrico [36]. Esta última manifestación deja claro que Pinaquy ya estaba generando fluido eléctrico en la Ciudad del Santo. En la prensa [37] vino la noticia que se transcribe *"Por don Romualdo Quintanilla, en concepto de administrador de la instalación eléctrica que los Sucesores de Pinaquiy y Compañía, de Pamplona, poseen en esta ciudad, se ha dirigido una instancia al Ayuntamiento, manifestando que el día 30 del corriente mes concluye el término de la prórroga que con carácter provisional se convino para el servicio de alumbrado eléctrico, y que desea continuar suministrándolo por tres o cuatro meses más con las mismas obligaciones y derechos que lo hizo el anterior contratista, dejando hasta que concluya el contrato para garantizar su cumplimiento el importe de las mensualidades que deban satisfacerse.*

---

[31] La Rioja 7 de mayo de 1895.
[32] AMSDC, Libro de actas de 1896, sesión de 30 de marzo.
[33] AMSDC, Libro de actas de 1896, sesión de 17 de junio.
[34] La Rioja 29 de abril de 1896.
[35] La Rioja 29 de mayo de 1896.
[36] AMSDC, Libro de actas de 1896, sesión de 27 de junio.
[37] La Rioja 29 de junio de 1896.

En ese plazo, sigue diciendo el señor Quintanilla, puede llegarse a concertar un contrato definitivo, bien con la casa Pinaquy o con otra sociedad explotadora de dicho alumbrado eléctrico y de ese modo no se verá privada la población de tan excelente servicio. Además, indica el recurrente que si los señores Sucesores de Pinaquiy enagenasen (sic) la instalación durante el término del contrato, quedarán obligados a que por parte del adquirente se cumplan las condiciones que contraen caso de ser admitida esta petición, dejando como garantía lo que devengue la instalación hasta el término del contrato. Reunido el Ayuntamiento en sesión extraordinaria, se acordó acceder a lo solicitado por el señor Quintanilla, y sacar a concurso el alumbrado público eléctrico, designando a los comisionados don Matías Mendi y don Julián Caballero, para que en unión del síndico señor Palacio, estudien y propongan las bases oportunas"

Finalmente se volvió a sacar a concurso el abastecimiento en julio, al que optó mencionada empresa [38] es decir Pinaquy. En La Rioja de 4 de julio de 1896 se indicaba *"Asimismo se enteró la Corporación del resultado negativo que ofreció la subasta del alumbrado público por petróleo"* y también se hablaba de que se iba a sacar a concurso. Se transcribe la noticia que daba detalles económicos [39], *"La comisión dio cuenta de las bases y condiciones para el concurso del alumbrado público eléctrico, y leídas las que rigieron en el contrato anterior, se acordó aprobarlas en todo lo que sean ahora aplicables con las modificaciones siguientes: la luz será por toda la noche; el precio 4.000 pesetas anuales por las 113 lámparas eléctricas de 16 bujías que hoy existen; el contrato durará 19 años .... El concurso se verificará a pliego cerrado el día 31 del corriente mes a las 11 de la mañana y el contrato comenzará a regir desde el 1º de noviembre próximo ... "*. Y se recoge un acuerdo municipal [40] que dice *"El Ayuntamiento quedó enterado 1º de haber resultado desierto por falta de licitadores el concurso de alumbrado público – eléctrico anunciado para el día 31 de julio próximo pasado. "*

Se le concedió el suministro por un año, entre el 1º de noviembre de 1896 y el 31 de octubre de 1897 [41]. La prensa lo relata [42] cómo sigue *"Después de un nuevo concierto entre la casa Sucesores de Pinaqui y este Ayuntamiento, Lacalzada tendrá luz eléctrica hasta 31 de octubre de 1897."*

4.1.7. Santo Domingo recibe suministro eléctrico del exterior.

Por su importancia como mercado que, aunque pequeño, para la época ya era considerable desde el punto de vista relativo, el suministro eléctrico vino muy pronto desde la Central de Arenzana propiedad de Juan de Oñate, antecesora de Hidroeléctrica de Nájera, véase apartado A-15.2. del Anexo Documental A-15. Las primeras noticias aparecieron en[43] epígrafe de Santo Domingo de La Calzada bajo los subtítulos *"De alumbrado"* y *"Remate"*, en los mismos se ve que fueron Pinaquiy y la Hidro Eléctrica de Nájera. La confirmación se dio en La Rioja [44] que lo aclara y se transcribe *"Una vez terminada la instalación de alumbrado eléctrico de la nueva sociedad la "Hidroelectra", y normalizada la marcha de dicha de dicha sociedad, han sido repartidas al público las circulares contrato, ofreciendo el alumbrado por dicho fluido desde media hora antes de anochecer hasta media hora después de amanecido, a los precios siguientes: Lámparas de 10 bujías 1,50 pesetas al mes; de 16 a 2,25, de 20 a 3,50; y de 25 a 4,50; siendo las instalaciones de lámparas fijas de cuenta de la sociedad y las conmutadas de cuenta del abonado, que pagará 11 pesetas por cada conmutación .... Asimismo la sociedad Pinaquy de Pamplona, ha pasado aviso a sus abonados,*

---

[38] AMSDC, Libro de actas de 1896, sesiones de 1 de julio y 21 de octubre.
[39] La Rioja 4 de julio de 1896. Cedida por Jose Luis Agustín Tello
[40] La Rioja 15 de agosto de 1896.
[41] AMSDC, Libro de actas de 1896, sesión de 28 de octubre.
[42] La Rioja 13 de noviembre de 1896.
[43] La Rioja. 24 de junio de 1899
[44] La Rioja 4 de enero de 1900. Cedida por Jose Luis Agustín Tello

ofreciendo la luz al mismo precio y condiciones que la "Hidro Electra", o sea por la mitad de lo que hasta ahora costaba, quedando, pues establecida la anunciada competencia entre ambas sociedades ....". De esta noticia se sacan dos datos importantes y son que el alumbrado particular ya está establecido en Santo Domingo; y el otro es que Pinaquy abusó de su posición de monopolio entre 1896 y 1900, con unos precios dobles a los que le forzó la competencia de "Hidroelectra" a partir de 1900.

Pronto comenzó la "Hidroelectra" a sufrir sabotajes ya que hay dos reportajes de 30 de enero [45] y de 7 de febrero de 1900 [46] que informan de un corte de línea *"a mano airada"* en las inmediaciones del río de Cordovín. La primera resumida dice *"A las 7 de la mañana del miércoles se apagó despúes de algunas oscilaciones el alumbrado público que suministra la Hidro-Electra de Nájera, en esta ciudad .... las pruebas que en la central se practicaron acusaban tierra en el galvanómetro. Mandado el guarda de dicha compañía a recorrer la línea, se encontró con el cable cortado en el río Cordovín. Aunque no salimos garantes de ello, hemos oído asegurar que el día anterior recibió la compañía una carta confidencial en Nájera, en la que le participaba que en uno de los pueblos por que atravesaba la red se trataba de cortar esta, si no se les daba alumbrado. ¡Parece mentira que nos encontremos en el siglo de las luces!".* La ampliación de esta última en 7 de febrero que se extracta *"... al recorrer el guarda la línea se encontró con que el hilo estaba descolgado de los aisladores en un tramo de 200 metros próximamente y cortado, según las señales que en el mismo se encontraron, a golpe de azadón o cosa parecida, contra las piedras. El caso se comprende que fue bastante meditado; pues además de las indicadas señales que en el hilo aparecieron, se encontraron con que los postes tenían algunos hachazos además de estar completamente rodeados de zarzas y otras materias de combustión ....".* Más adelante, el 11 de diciembre de 1900, se publicaba la noticia que sigue en la Rioja, en la que se denunciaba el vandalismo que ha sufrido la Hidroeléctrica de Nájera. No se sabe si es un nuevo acto de violencia o si se trata de la detención de los autores de la agresión de enero de ese mismo año. Se transcribe a continuación *"La guardia civil de Alesanco ha detenido a Manuel Benito y Paulino Armas como presuntos autores de desperfectos causados en los aisladores de la luz eléctrica de don Juan Oñate y Compañia que lleva el alumbrado desde el puente de Arenzana a Santo Domingo de la Calzada"* [47].

Unos años más tarde desde la Central de Posadas, propiedad de Dionisio Segura, se inauguró el suministro a Santo Domingo 26 de noviembre de 1906, y de acuerdo con lo indicado en "Anexo Documental A-16. Autorización de la línea de transporte y las de distribución a Dionisio Segura. Fichero A-16.pdf" y de ella se toma la información siguiente *"En Santo Domingo se aprovechará la red de distribución que alimentó la fábrica que fue de los señores Pinaque, de Pamplona, restaurándola en la forma debida".* El fluido traído desde el exterior gracias a las incipientes redes de AT terminó con los estrangulamientos productivos e hizo posible el avance de la electrificación en la ciudad. La competencia inicial entre Hidroeléctrica de Nájera y Dionisio Segura siguió con sus sucesoras Saltos Eléctricos del Najerilla y Electra Posadas hasta el final de esta historia.

---

[45] La Rioja 30 de enero de 1900. Cedida por Jose Luis Agustín Tello
[46] La Rioja 7 de febrero de 1900. Cedida por Jose Luis Agustín Tello
[47] Cedida por Jose Luis Agustín Tello.

4.2. Fábrica "La Gloria" de Ezcaray propiedad de Benito Gandasegui.

4.2.1. Autorizaciones y devenir de su servicio.

Entró en servicio 10 años antes que la Central de Posadas ya que su puesta en funcionamiento fue en 1896. En la referencia de García de San Lorenzo en su página 197, se dice que al final del siglo XVIII existía un *"canal que, tomando las aguas del Oja en "el Estribo", a poco más de un km del pueblo por el sur, corre bordeando la cuesta de santa Bárbara, atraviesa la población suministrando energía hidráulica a una serie de fábricas y termina, a otro km de la Villa por el Norte"* y en la misma referencia un poco más adelante, página 203, se indica *"Por este tiempo se trazó el segundo canal"*. Obviamente la energía que los saltos de estos canales suministraban era mecánica para accionar, batanes, telares, y sierras ya que faltaba aún un siglo para la era de la electricidad,

Esta fábrica de luz fue un negocio personal del industrial y emprendedor Benito Gandasegui Marín, y al contrario de otros proyectos pioneros no se instaló sobre una fábrica existente, sino que se implementó sobre un edificio dedicado a la nueva actividad. Esto se deduce de indicios verbales transmitidos entre generaciones, de la lejanía al pueblo de Ezcaray que, aunque no grande, si la alejaba de los muchos establecimientos fabriles de final del S XIX, y de un análisis de la estructura de las ruinas actuales del edificio que presenta en el lado de entrada del agua un depósito de carga (al final del canal de llegada) de una altura equivalente a la del salto (8 m) con fuertes espesores para contener la fuerza de la presión hidráulica. En la figura que sigue se puede adivinar este extremo, el arco de la derecha es el desagüe que pertenece a la casa de máquinas y el de la izquierda a la cámara de carga.

Figura 4.2. Fotografía del año 2017 de las ruinas de la cámara de carga y casa de máquinas de la Fábrica de la Gloria.

Al llegar a este punto hay que indicar que gran parte de las informaciones, que vienen a continuación, proceden de AGUSTÍN TELLO "LA INDUSTRIA ELÉCTRICA EN EL VALLE DEL OJA trabajo de investigación inédito puesto desinteresadamente a disposición por su autor.

La historia de esta fábrica de luz se inicia en 9 de mayo de 1894, con el anuncio inserto en el BOPL. El anuncio decía así: *"El Ayuntamiento de Ezcaray tiene acordado instalar la luz eléctrica y pagar de fondos municipales el suministro de 60 focos de 16 bujías en el radio de la población, quedando en libertad el empresario de contratar con los particulares*". Además, se daba un plazo hasta el 15 de julio para presentar al alcalde de Ezcaray la propuesta.

Un año y medio más tarde en 10 de noviembre de 1895 el periódico "La Rioja" daba información sobre el avance de los trabajos en crónica del corresponsal en Santo Domingo de la Calzada. "*Se llevan con gran actividad los trabajos para la instalación del alumbrado eléctrico en Ezcaray, esperándose de un momento a otro las turbinas y otros materiales que consolidarán la arriesgada empresa seguida por nuestro amigo don Benito Gandasegui.*", y sobre la terminación de la obra se lee en 9 de enero de 1896, en "La Rioja" sobre la inauguración de la luz eléctrica en Ezcaray. "*Con fabuloso éxito se ha inaugurado en la noche del 6 del corriente, la instalación de la luz eléctrica en Ezcaray, ejecutada por la casa de los señores Evaristo y Compañía, de San Sebastián, cuyo representante ha sido felicitado con sincero entusiasmo por una persona perita e inteligente en asuntos eléctricos, que ha reconocido la instalación a instancia del propietario.*

El 28 de Julio de 1896 y "La Rioja" informaba de la inauguración del alumbrado eléctrico en el Parque de Tenorio, con la crónica que sigue: "*Con una temperatura sumamente deliciosa se inauguró la noche del 25 el alumbrado eléctrico en el espacioso Campo de Tenorio amenizando la inauguración la brillante banda municipal con una colección de bailables. ...*"

El extenso reportaje terminaba diciendo "*Con objeto de ayudar a la rueda hidráulica durante el tiempo de escasez de aguas para surtirnos de luz eléctrica, ha instalado en su fábrica Don Benito Gandasegui un vapor con fuerza de 12 caballos.*", se ve que los estiajes eran importantes y presumiblemente, por su tamaño, ese vapor posiblemente era una locomóvil, véase capítulo 1 apartado 1.8.2.

En la revista profesional "Anuario de Electricidad" del año de 1900, figuraba la inscripción de los siguientes generadores eléctricos en Ezcaray. Al ser un anuario es plausible que sus noticias fueran atrasadas, pero se trae la información sobre las máquinas que estaban instaladas en "La Gloria". Cita al director técnico José María Garrido. El motor era de 30 CV, la potencia, de 17 kW, potencial de distribución 110 V, número de lámparas 250. Y en las observaciones decía: "Dinamo Oerlikon". Se interpreta esto como que la turbina era de 30 CV (22 kW), y el generador de corriente alterna, aunque dinamo se reservaba a corriente continua, de 17 kW.

El BOPL de 28 de octubre de 1901 da detalles sobre el alumbrado público de Ezcaray al indicar que en el próximo día 8 de enero finalizaba el contrato y en consecuencia "*se anunciaba para los que deseen contratar con este Ayuntamiento 82 luces con fuerza de 16 bujías cada una por 1.750 pesetas anuales y tiempo de cuatro años, que serán satisfechas del presupuesto municipal por mensualidades vencidas*". Simultáneamente, se permitía contratar con usuarios particulares el suministro de la energía que precisasen. El alcalde de Ezcaray era Don Pedro Hernáiz.

Por una Resolución de la Dirección General de Obras Públicas de 21 de marzo de 1901, se acordó que, dada la magnitud de las modificaciones que habría que hacer sobre el proyecto reformado presentado, era mejor que se tramitase como una nueva petición. El asunto se dilata hasta el año 1903, según lo que sigue.

Por una Comunicación del ayuntamiento de Ezcaray fechada en 20 de Julio de 1903. Don Benito Gandasegui Marín, logra la autorización para un aprovechamiento hidráulico destinado a producir energía eléctrica en el lugar denominado "Cuesta de Bazaiza" en el río Molinar. La autorización que se ha localizado viene tarde, pero por otros casos de la época se ha visto que esta podría ser una situación normal tolerada por las autoridades competentes. La denominación cuesta de Bazaiza corresponde con los lugares por los que discurre el aprovechamiento de "La Gloria" según Matey.

Esta comunicación nº 188 del Ayuntamiento de Ezcaray la firmaba su alcalde de Don Celedonio Altuzarra, y en ella se trasladaba a Don Benito Gandasegui el comunicado del Ingeniero jefe de Montes de Logroño de fecha 10 de julio con la autorización, la misma se transcribe en "Anexo documental A-17. Comunicación nº 188 del Ayuntamiento de Ezcaray. Fichero A-17.pdf":

Una descripción técnica sencilla de esta central de "La Gloria" con fecha de 1908 se toma de AGUSTÍN TELLO "LA INDUSTRIA ELÉCTRICA EN EL VALLE DEL OJA y se resume a continuación. Eran dos grupos de corriente alterna trifásica que se transformaba a 3.000 V. Además de la distribución a Ezcaray partía una línea hacia la mina de "La Lealtad" de Urdanta. Uno de los alternadores era de 25 kW a 750 rpm. El otro grupo era de 45 kW a la misma velocidad y su voltaje de línea también de 3.000 V. Cada generador llevaba en su eje una excitatriz de corriente continua. Los generadores, tuvieron salida de baja tensión, y hubo un o dos transformadores hasta la tensión de línea de 3.000 V. Había un cuadro de distribución y los generadores se podían acoplar en paralelo si las necesidades de servicio lo exigían. La línea de transporte a "La Lealtad" era aérea sobre postes de madera con aisladores de porcelana y cables de cobre. La línea cruzaba el cauce del Oja, el camino de Ezcaray a Posadas, y la línea de alta tensión de la fábrica de Posadas, propiedad de Dionisio Segura, véase el capítulo 5. En Merino Urrutia se dedica un corto párrafo al final de su página 58. "*A principios de este siglo una Sociedad francesa hizo trabajos de mayor intensidad que duraron varios años, y mejoró el salto de agua, llamado La Gloria, debajo del lugar conocido por el Estribo en Ezcaray, con el fin de beneficiar el cobre que se extrajo de una mina sita en las cercanías de la aldea de Urdanta, hasta donde se tendió una línea eléctrica*"

En 2 de agosto de 1906 en el BOPL se dio la autorización véase "Anexo Documental A-18. Autorización a Benito Gandasegui de 2 de agosto de 1906 en el BOPL. Fichero A-18.pdf".

En 27 de mayo de 1908 el BOPL, publica el anuncio de la contratación del suministro de alumbrado público eléctrico en la villa de Ezcaray. Era un anuncio del Ayuntamiento de Ezcaray de fecha 22 de mayo de 1908 a instancias de su alcalde, Don Pedro Echaurren, en el que se hacía constar que el referido Ayuntamiento había acordado contratar el suministro de alumbrado público eléctrico de la villa, con sujeción al Pliego de Condiciones que se hallaba de manifiesto en la secretaría del mismo. Concedían un plazo de 30 días para la presentación de ofertas. De la lectura de la transcripción del Proyecto de 10 de enero de 1910, en "Anexo Documental AD-19. Transcripción de la publicación en el BOPL 10 de enero de 1910 a favor de Benito Gandasegui. Fichero A-19.pdf" se deduce que hubo corrimientos en ladera que bien pudieron comprometer el funcionamiento de la Central y el tránsito seguro por el camino paralelo al canal.

4.2.2. Descripción de los vestigios de "La Gloria".

En una visita realizada en 2017 se vieron indicios importantes de ruinas en pie, ocultas por la maleza, lo cual predice que en su estado actual ha de ir desapareciendo poco a poco. En consecuencia, es interesante recoger el estado de estos vestigios antes que desaparezcan. Atravesando la Glera se vislumbran las ruinas tras las choperas y arbustos ribereños. El otro acceso es desde el camino de herradura a las aldeas que discurre por la margen izquierda del Oja. El canal de descarga, al pie de las ruinas, sigue aguas arriba y se puede recorrer muy poco ya que está lleno de maleza, a pesar de su estado aparenta tener una sección suficiente para llevar el caudal de 1.000 l/s. de la concesión. El salto de este aprovechamiento puede estar entre los 7 y 8 metros. En Matey se da un salto de 8 m. En La Energía Eléctrica, se da para la fábrica de "La Gloria" 8,40 m. En los estudios realizados para escribir el capítulo se han estimado 7 m. ya que se han considerado las pendientes de unos canales realizados en tierra en su mayor parte. Con este valor y con los de caudal concesional de 500 y 1.000 l/s se han realizado los cálculos que siguen a continuación:

Fábrica de la Gloria. Estimación de potencias

Salto neto (m)	7,0	
Caudal (l/s)	500	1.000
Potencia teórica (kW)	34,34	68,67
Eficiencia turbina	78%	78%
Potencia eje turbina (kW)	26,78	53,56
Potencia eje turbina (CV)	36,44	72,87
Eficiencia del generador	90%	90%
Potencia en terminales del generador (kW)	32,79	65,59

Estos valores de la tabla anterior se comparan con los datos, dados más arriba en este apartado, de las potencias de los dos generadores de la central de 25 y 45 kW respectivamente, que sumados hacen los 70 kW, y se ve que están cercanos.

4.2.3. Circuito hidráulico de "La Gloria".

La fábrica de luz "La Gloria" se encontraba sobre el cauce molinar principal que partiendo de "El Estribo" llegaba hasta las inmediaciones del puente Canto en donde confluía con el cauce denominado río Tenorio que arrancaba de este puente. Se ha citado esta confluencia en pasado pues en la actualidad debido a las obras de consolidación de las riberas del río en esta zona y de la intensa urbanización que ha experimentado la villa de Ezcaray sus vestigios no se ven. Quedan cauces urbanos sin cubrir en algunos lugares y que hasta hace unos 70 años daban energía mecánica a los numerosos establecimientos textiles y alguna sierra que existían en el casco urbano. Tras inspeccionar los vestigios actuales, viendo la ubicación de las dos salidas de agua, y con un ejercicio de Ingeniería histórica se da una descripción figurada de cómo pudo ser esta central con sus dos turbinas Francis de cámara abierta y de cámara espiral en la figura que sigue.

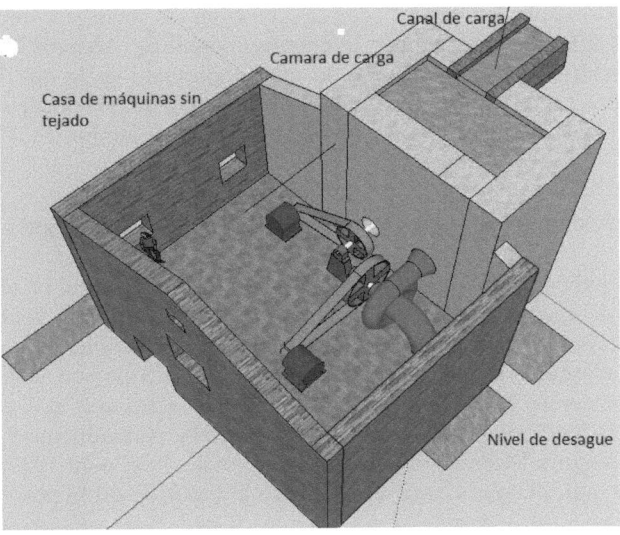

Figura 4.3. Posible ubicación de los equipos generadores completos de la fábrica "La Gloria". El tejado se ha quitado de la representación.

Sobre el cauce molinar principal se dispusieron los aprovechamientos de más potencia, y sus vestigios son claros, y está extramuros del casco urbano de la villa. En el capítulo 1 y figura 1.6., se describe con suficiente detalle. "La Gloria" junto con la fábrica de Santa Bárbara, inicialmente de la familia Gandasegui, fueron los únicos que generaron electricidad. En la figura que sigue se ve la turbina Francis de cámara abierta de la Santa Bárbara, semejante a la instalada en la fábrica de luz de Ojacastro.

Figura 4.4. Turbina Francis de cámara abierta cuyos vestigios se ven en la antigua fábrica de Santa Bárbara actual de Mantas Ezcaray SL. Obtenida con el permiso de Juan Luis Valgañón, de Mantas Ezcaray SL.

Hay más indicios informativos en 1913 [48] con la Contribución industrial que pagaban ese año los industriales que, en Ezcaray, aprovechaban la energía hidráulica. Aparece Benito Gandasegui con seis partidas que suman 195,77 pta., de ella la más importante es la que indica 13,333 kW de electricidad por 108 pts. La ubicación es calle Paz. El dato de potencia puede ser un valor fiscal y se observa que su valor es la tercera parte de 40 kW. Además, el suministro a la mina "La Lealtad" cesó hacía unos años.

4.2.4. Final de la actividad del negocio eléctrico de la familia Gandasegui en Ezcaray.

La terminación de la actividad de "La Gloria" y de la familia Gandasegui en el negocio se infiere en un documento de 23 de enero de 1939, por el que los hermanos Merino, venden la Fábrica de Luz de Ojacastro a Electra Posadas, En este documento aparece un dato que indica que Electra Posadas compró a Arturo Gandasegui su red parcial de Ezcaray. Se verá que en la constitución de Electra Posadas de 12 de noviembre de 1923 esta sociedad destinó a Ezcaray dos transformadores de 15 kVA cada uno, lo cual confirma que Gandasegui suministraba parcialmente a este pueblo. La fecha de la venta de Gandasegui a Electra Posadas fue a finales de 1938 o en 1939 ya que el documento de venta de Ojacastro indicaba que Gandasegui obtuvo ingresos de 4.136 pta. en el año de 1938.

---

[48] BOPL del 6 de mayo de 1913. Cedido por Jose Luis Agustín Tello.

Historia de la Electricidad en la cuenca del Oja

Hay otra evidencia en fechas cercanas a la venta de la actividad a Electra Posadas y es el recibo que sigue firmado por Arturo Gandasegui y emitido por Electra Santa Bárbara de marzo de 1936.

Figura 4.5. Recibo de suministro eléctrico de 1936. Cedido por José Luis Soto Sáenz.

4.3. Sociedad "La Máquina" de Valgañón.

Para la redacción de este apartado se ha contado con los trabajos de investigación inéditos de sobre la electricidad en el Valle del Oja y en Valgañón de Agustín Tello, su autor ha puesto desinteresadamente a disposición todo el trabajo con autorización de reproducción de sus figuras y transcripciones, sin esta aportación la descripción de los orígenes de la electricidad en este pueblo hubiera sido muy pobre. La sociedad que se organizó para llevar adelante esta iniciativa en los años 1906 y 1907 estuvo formada un grupo de industriales y vecinos de Valgañón, la agrupación que formaron podría ser cercana a lo que hoy se denomina cooperativa. En este grupo hubo algunos particulares que destacaron en aspectos tales como la gestión y en las aportaciones mayores de dinero, y entre ellos dos Daniel Agustín y Teodoro Calvo. El fluido producido tenía como primer fin electrificar la Fábrica de hilados que estaba a la salida del pueblo en dirección a Tres Fuentes, y de paso, por las noches, la iluminación del pueblo, pública y privada. Se inserta una fotografía de la fábrica de hilados.

Figura 4.6. La Fábrica de hilados de Valgañón. Camino de acceso a la misma desde la carretera. En torno a 1920. Cedida por Rafael Torres Sancho.

4.3.1. Implantación de la central en el río Ciloria.

La fuerza motriz, la dio el río Ciloria que se ha descrito en el Tramo 9 del capítulo 1. La toma está situada aproximadamente en la cota 947 m poco antes de la confluencia del Ciloria con el arroyo de la Dehesa, discurre por un corto canal de derivación, y la lámina de agua de un pequeño depósito de extremidad está a la cota aproximada de 945 m. De aquí parte una corta tubería de carga hasta la turbina, teniendo la restitución al río en el nivel de 934 m, un poco aguas arriba del Puente del Molino. Por tanto, el salto bruto es de 11 m. A continuación, se facilita un dibujo topográfico con la implantación de esta central. Se ve su relación con la carretera LR-111 y con el pueblo de Valgañón.

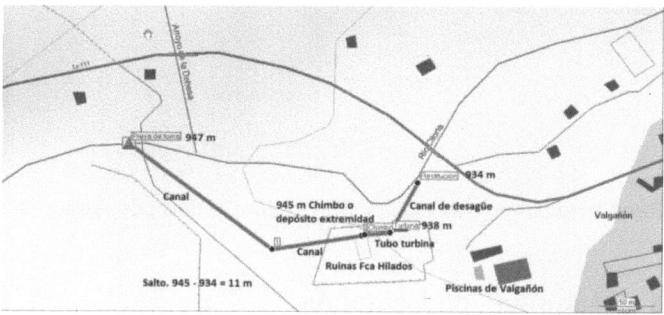

Figura 4.7. Implantación de la central hidroeléctrica de Valgañón.

El circuito hidráulico se inicia con una obra de toma muy sencilla sobre el río Ciloria, ya que el caudal a captar es muy pequeño. Llama la atención lo bien ejecutada que está la obra en piedra sillería. Obsérvese la figura que sigue.

Figura 4.8. Obra de toma en el río Ciloria para la central de Valgañón. Cedida por Rafael Torres Sancho.

El canal de derivación realizado con una pendiente pequeña para no perder nivel está más elevado que el terreno que lo circunda por lo que está soportado por una estructura notable de piedra de muy buena ejecución. El canal es de sección generosa y en la mayor parte de su recorrido su anchura se acerca al metro. Está formado por piedra sillería en su mayor parte, en su recorrido se ven reparaciones con revoco de mortero de cal hidráulica o cemento. El canal entra en el depósito de extremidad, se ha recogido para este depósito el curioso nombre de "*chimbo*" y el mismo se va a mantener. Del depósito de extremidad parte la tubería de carga. Como se verá más adelante el fabricante de turbina suministró un tubo de 400 mm diámetro en longitud 20 m y una válvula tipo compuerta. La turbina, que más adelante se va a describir, estuvo ubicada en la cota 938 m en la antigua fábrica de hilados del pago Chirivila, cercano a las actuales piscinas de Valgañón.

Figura 4.9. Vista actual de los vestigios de la central hidroeléctrica de Valgañón. Cedida por Jose Luis Agustín Tello

Una vez descrito este sencillo circuito hidráulico que, gracias a la pendiente del Ciloria produce un salto de 11 m. en muy poco recorrido de río, se describirá la turbina hidráulica que se instaló. Su tubo de entrada se ve a continuación.

Figura 4.10. Tubo de entrada a la turbina en Valgañón. Cedida por Jose Luis Agustín Tello

Una vez constituida la sociedad acometieron las obras de la captación y la conducción de aguas del salto hasta el lugar en el que iban a localizar la turbina. No se han encontrado datos sobre estos trabajos y es posible que se tratara de obras que se realizaron con anterioridad para dar energía mecánica a la fábrica de hilados con una rueda hidráulica.

4.3.2. Descripción de las máquinas y aparatos de la central de Valgañón.

Lo primero que hicieron los socios, fue solicitar presupuestos a las empresas que por entonces se dedicaban a la construcción de turbinas. Se tienen los datos que facilitó "MARTIN YDIGORAS E HIJOS", de Zumárraga (Guipúzcoa). En 24 de mayo de 1907 este fabricante les somete el siguiente presupuesto de turbina:

"Una turbina de eje horizontal, de reacción radial, de aspiración tipo "Universal", modelo B, para un salto de 11 a 12 metros aproximadamente, con su correspondiente tubo de aspiración, de 12 CV de fuerza y con una cantidad de 110 litros de agua, con un rendimiento garantizado sobre el eje de la turbina del 76% Una llave de sistema compuerta, tipo "Universal", de cierre hermético, con su correspondiente volante de cierre.
12 metros, aproximadamente, de tubería de 400 mm. de diámetro con baño de Galipot en el interior y pintada de minio por el exterior, para su buena conservación, construida con chapa de acero "Bessemer" y bridas angulares con sus correspondientes tornillos y juntas de cáñamo impregnado 18 a 20 metros de transmisión de acero "Bessemer", de 45 y 50 mm. de grueso 6 sillas colgantes con templadores y cojinetes automáticos de engrase a dos anillos Mangones tipo "Universal", para empalmar las transmisiones 9 Poleas de madera, de construcción moderna, y diferentes dimensiones.
Precio total de la turbina y de los aparatos indicados ... 3.500 Ptas."[49]

En principio, la central, se destinaba al suministro eléctrico de la Fábrica de Hilados de "Chirivila". Por ello se celebró una primera reunión, el día 29 de mayo de 1907, de la Sociedad que se había constituido para electrificar Valgañón, el acta transcrita decía:

"En la Villa de Valgañón, a veintiocho de Mayo de mil novecientos siete, previamente avisados por el Sr. Mayordomo de la Fábrica de Hilados de esta Villa, los socios que abajo firmamos, expuesto el objeto de la reunión, que no es otro que leer el Presupuesto de las obras, proyectadas a fin de dar mayor impulso al movimiento de la maquinaria, sustituyendo la hidráulica por una turbina, así como la unión de los dos saltos en uno solo, la Junta, viendo la disponibilidad y eficacia de la obra, visto el Presupuesto y condiciones, considerándose los reunidos con las representaciones que ostentan, como mayoría de socios, acordaron unánimemente llevar a efecto las mencionadas obras, y como medio más hábil para arbitrar recursos con qué verificarlo, en la imposibilidad de hacer el reparto proporcional entre todos los socios, sacar un empréstito, cuyo tipo de interés se fijará por la Junta, así como la cantidad, autorizando al Mayordomo don Baldomero Cámara para que en nombre de esta Junta convoque a los socios no asistentes, haciéndoles saber esta resolución a los efectos consiguientes. Y no habiendo más asuntos que tratar, se levanta la sesión, cuya Acta firmamos todos los asistentes a ella: Firmado: Pedro Martínez, Marceliano González, Martiniano Pérez Ortiz, Rufino Corral, Julián Corral, Calixto Agustín, José Calvo, Nicolás Urizarna, Celestino Martínez, Juan Peña, Teodoro Calvo, Julián Gonzalo, Angel Urizarna, Lorenzo López, Daniel A. Apéstegui,"[50]

Los datos de la turbina se han resumido en la tabla que sigue:

---

[49] Transcripción de Jose Luis Agustín Tello
[50] Transcripción de Jose Luis Agustín Tello

Turbina para salto de	10 – 12 m
Potencia	12 HP (8,95 kW)
Caudal	110 l/s
Rendimiento	76%

Sin embargo, no se ha visto la velocidad de la turbina en la documentación existente. Esta máquina que se denominaba en la oferta de Ydigoras como de aspiración tipo "Universal" era, probablemente, una Francis. Se han comparado sus datos con los de máquinas semejantes y la velocidad podría ser de 1350 rpm igual que la de la dinamo. Desde el punto de vista de implementación del contrato los portes de la turbina desde Zumárraga hasta Valgañón ascendieron a 125,55 Ptas. La factura definitiva, se emitió el día 1 de diciembre de 1907, y ascendió a 3.890,30 ptas., pues a las 3.500 ptas. del coste de la maquinaria y equipo, había que añadir los gastos de transporte y montaje.

4.3.3. Distribución de la corriente producida por la central de Valgañón.

Por los antecedentes encontrados parece que, una vez instalada la turbina, se vio que era posible suministrar energía eléctrica desde la Fábrica, para el alumbrado del pueblo. Con la turbina se suministraría fuerza motriz para la fábrica de hilados y la distribución de luz eléctrica sería una actividad nocturna. Por lo tanto, el 2 de marzo de 1908, MARTIN YDIGORAS E HIJOS, enviaba el "Presupuesto de instalación de luz eléctrica para alumbrado", comprendiendo:

- *Una dinamo E.F (Sic) de 4.000 a 4.800 W de capacidad, girando a 1.350 vueltas, aproximadamente, con su carro tensor, cuadro de regulación y medición, con pararrayos (La dinamo es bipolar)*
- *3.200 metros de cable electrolítico, de la mayor conductividad del 98% y de 3 a 4 mm. de grueso*
- *Colocación de 22 luces de alumbrado público[51]*

Este presupuesto ascendió a pesetas 4.500. Se incluía además dentro del Contrato la instalación de la dinamo y del alumbrado público, con una garantía de 6 meses, y la formación en el manejo de las máquinas de un empleado. Como se ve la dinamo era de potencia inferior a la turbina sin duda porque preveían que la necesidad de alumbrado, público y privado, no iban a ser muy grande. La capacidad elegida para la dinamo era netamente superior a la necesaria para alimentar a las 22 lámparas de alumbrado público y permitía las ampliaciones de este alumbrado público y la instalación de alumbrado doméstico modesto. El hilo de cobre fue suministrado a MARTIN YDIGORAS, por la firma donostiarra "ALEGRE Y DIAZ, S. En C.". Hasta 1910 continuaron las instalaciones de luz en Valgañón, aparece como suministrador Juan Wenzel y Cía. que también suministró a la Fábrica de luz de Ojacastro. Su lista de precios se ha llevado a "Anexo Documental A-20. Lista de precios de Juan Wenzel y Cía. del año de 1910. Fichero A-20.pdf".

4.3.4. Experiencia de la explotación de la central de Valgañón.

Para la inauguración del alumbrado de Valgañón tuvo lugar un banquete del cual ha quedado la nota de gastos del "Anexo Documental A-21. Cuenta de Gastos el día de la inauguración de la luz, con los Socios de la Máquina y Ayuntamiento. Año de 1910. Fichero A-21.pdf". Asistieron los socios

---

[51] Transcripción de Jose Luis Agustín Tello.

de "La Máquina" y miembros del Ayuntamiento. El gasto total fue de 186 pta. y el Ayuntamiento pagó la tercera parte.

4.3.5. El Proyecto y las obras de construcción de la central de Valgañón

Después de terminada la instalación, se redactó el Proyecto técnico de las instalaciones, con el fin de proceder a su autorización administrativa. Esta era una práctica alegal que se daba con bastante frecuencia, pues el Proyecto ha de ser previo a las obras. Con ese motivo, el Ingeniero encargado de la redacción de dicho Proyecto, don Eduardo Garbayo, facilitó el PRESUPUESTO que fechó el 14 de junio de 1910, y ascendió a 105 pta. Su detalle está en "Anexo Documental A-22. Solicitud a Obras Públicas de Logroño, el PRESUPUESTO de gastos que ocasionaría el preceptivo Informe sobre las obras de la central de Valgañón, facilitado el 14 de junio de 1910. Fichero A-22.pdf".

Los Honorarios que percibió el Ingeniero Industrial don Eduardo Garbayo por la redacción del Proyecto, fueron de 200,- Pta., percibidas el 27 de octubre de 1910, a través de "HIJOS DE SALUSTIANO MARRODAN".

También se recoge en "Anexo Documental A-23. Autorización administrativa para establecer una Instalación eléctrica en la Villa de Valgañón. Fichero A-23.pdf" la autorización administrativa de 19 de septiembre de 1910, que iba dirigida a Don Teodoro Calvo, vecino de Valgañón.

También hay un escrito muy significativo y es el que dirigió la Empresa HIJOS DE SALUSTIANO MARRODAN a uno de los promotores de la Empresa concesionaria del alumbrado eléctrico de Valgañón, ante la preocupación que estos mostraban respecto al cumplimiento de los trámites administrativos. Decía así la respuesta:

"En lo que afecta a si la instalación llena o no las condiciones en que está dicha concesión, no se preocupen pues son pocas las que cumplen todos los requisitos legales y en lo que concierne a si se ha de avisar o no a la Jefatura cuando empiezan y terminan los trabajos, pueden también prescindir de ello toda vez que esto constituye una fórmula para las obras a realizar, siendo así que Vds. tienen ya todo terminado". Esto trasladado a la instalación de la Ferrería de Posadas puede explicar algunas cosas de las razones que hubo para el inicio del contencioso entre Benito Gandasegui y Dionisio Segura. Véase al respecto el capítulo 5, apartado 5. 5..

Para aseverarlo se ve que las primeras listas de cobro por suministro de energía eléctrica en Valgañón se fecharon en el mes de Julio de 1909, es decir, catorce meses antes de la autorización administrativa otorgada por el Gobierno Civil de Logroño.

4.3.6. La gestión económica de la central de Valgañón.

Al igual que otros establecimientos de la época se llevaba una cuenta de caja con sumo detalle. Se han rescatado ciertos documentos que, por su interés, se transcriben a continuación.

4.3.6.1. El coste de la instalación.

Tiene interés ver la factura de la instalación de la casa de Calixto Agustín de 15 de julio de 1908, la misma figura en "Anexo Documental A-24. Factura de la instalación de la casa de Calixto Agustín de Valgañón fechada en 15 de julio de 1908. Fichero A-24.pdf".

También se tiene una relación detallada de los gastos iniciales que tuvo la Sociedad de La Fábrica con motivo de la instalación de la luz en Valgañón, y la misma se lleva a "Anexo Documental A-25. Relación de los gastos iniciales que tuvo la Sociedad de La Fábrica con motivo de la instalación de la luz en Valgañón. Fichero A-25.pdf" y se ve sumaba 6.441,00 pta. A estos GASTOS, habría que añadir la dinamo (4.500 ptas.) más los gastos de instalación de las líneas de acometida, Gastos de Proyectos, permisos, etc. En total, se evalúa el coste de la instalación de la luz de Valgañón en unas 16.000 ptas. de entonces, que con el factor de conversión que utiliza el Banco de España, equivaldrían a unos 6 millones de ptas., véase apartado 12.1., del capítulo 12.

4.3.6.2. Los contratos de suministro

La "Sociedad de la Fábrica", informó a los vecinos sobre las ventajas de la energía eléctrica en el municipio. Y así dirigió una circular informativa, que se recoge en Anexo Documental A-26. Circular informativa a los vecinos de Valgañón ante la llegada de la luz eléctrica. Fichero A-26.pdf

4.3.6.3. Facturación mensual

Se han conseguido varias listas de cobro del suministro de electricidad, únicamente para servicio de alumbrado, a los vecinos de Valgañón. Dichas listas manuscritas, son desde Julio de 1909 hasta enero de 1912. En la primera lista, de Julio de 1909, hay un total de 53 abonados, de los que 52 corresponden a domicilios particulares y el último, se refiere al Ayuntamiento, alumbrado de calles y dependencias públicas.

En la lista citada, el total recaudado fue 113,05 pta., para 91 bombillas instaladas en total, de las que 20 eran del Ayuntamiento. Del total de 52 abonados particulares, 37 disponían de una única bombilla de 5 bujías para toda la casa (es decir, el 71% del total), lo que da una idea de las dificultades económicas de la época, y más concretamente en Valgañón. Téngase en cuenta que una vivienda, con una sola bombilla de 5 bujías, tenía un gasto mensual de 1,55 pta., en un mes de 31 días, y suponiendo que durante todos los días hubiera suministro, lo que era optimista. Había tres "privilegiados" que tenían la escandalosa cantidad de 3 bombillas en su domicilio, con 15 bujías instaladas en total.

Es preciso insistir en el hecho de que la energía eléctrica dependía fundamentalmente del caudal del río (Iguareña o Ciloria) que movía, la turbina de la Fábrica. Es decir, en épocas de estiaje o de bajo caudal en los ríos, el rendimiento era muy bajo o nulo, y fallaba lógicamente el suministro de luz. Así, por ejemplo, en el año 1909, en los meses de verano e incluso posteriores, los días de suministro fueron únicamente los de la tabla que sigue:

Julio 1909	21
Agosto 1909	17
Setiembre 1909	Entre 14 y 16
Octubre y noviembre 1909	35

Las bombillas se fundían con facilidad, y eran suministradas obligatoriamente por la Empresa concesionaria. Su coste era de 1,- Pta. (para las de 5 bujías), y figuraba en las listas de cobro mensual. Una de las listas de cobros que ha llegado hasta hoy es la de abril de 1910, los vecinos que aparecen no son todos los habitantes de la Villa, ni lejanamente. Se lleva a "Anexo Documental A-27. Lista de cobros del mes de abril de 1910. Fichero A-27.pdf". La recaudación total fue de 178,25 pta. y 54,00 pta. correspondían al Ayuntamiento. También en "Anexo Documental A-28. Recaudación total de algunos meses. Fichero A-28.pdf" se tiene la recaudación total de esos meses.

Que los resultados eran modestos y apenas cubrían los costes de mantenimiento de la instalación, evaluada en 16.000 pta. de la época, se ha visto un poco más arriba. No se han obtenido los costes del personal que atendía al servicio de la máquina, su mantenimiento y pequeñas reparaciones, el mantenimiento de la red, extender y cobrar los recibos a los abonados, etc. Todo esto lleva a la especulación de que la vida de este esperanzador proyecto fuese efímera como se explicará más adelante.

Se ha rescatado el "PRESUPUESTO PARA EL ALUMBRADO" que hizo Daniel Agustín Apéstegui, que figura en "Anexo Documental A-29. PRESUPUESTO PARA EL ALUMBRADO realizado por Daniel Agustín Apéstegui. Fichero A-29.pdf". En resumen, arrojaba una pérdida de 103 pta. Se ve que Daniel Agustín Apéstegui, no se fiaba mucho de poder cobrar el alumbrado público y se colocaba en una posición más cauta respecto del resultado global del negocio.

4.3.6.4. Compañías suministradoras de material.

Hubo diversos proveedores de material, lámparas, cordón flexible, hilo de cobre, timbres, pulsadores, etc. Los proveedores suministraban a la "Sociedad de la Fábrica", la cual facturaba el coste del material a los abonados, con un recargo por intermediación. El usuario no podía, por Contrato, comprar directamente a las Empresas distribuidoras de material. Los principales proveedores, fueron los siguientes:

- JUAN WENZEL Y CIA., de Bilbao, calle Luchana nº 2.
- AEG THOMSON HOUSTON IBERICA, S.A., de Bilbao.
- PABLO MARTINEZ Y COMPAÑÍA, de Bilbao. Estaba formada por ex empleados de la firma JUAN WENZEL.

Estos suministradores también lo fueron de otras fábricas de luz coetáneas.

4.3.8. Final de la "Sociedad la Fábrica" de Valgañón.

Se han localizado pocos datos documentales y lo que se sabe es de fuentes indirectas y luego están los testimonios de algunas personas, de edad avanzada, que aún recuerdan algunos hechos importantes, aunque sin precisión de fechas. La "Sociedad de la Fábrica" tuvo una vida no excesivamente larga. En el apartado, que viene más adelante en este capítulo, 4.4.8., se ve que la turbina de Valgañón se vendió al molino Montoya sito en Ojacastro. El trato se hace entre Teodoro Calvo como vendedor y Gonzalo Merino como comprador por 475 pta. en 22 de mayo de 1915. Hay una referencia epistolar en la que se indica que el 10 de octubre del mismo año la turbina que fue de Valgañón está ya montada en el molino Montoya.

La memoria de los mayores, en el año 2000 que es cuando se escribieron las notas que sirven de fundamento a esta historia[52], decía que, al principio de los años 20, la energía eléctrica de Valgañón pasó a ser suministrada por "El Molino", y la antigua Fábrica se dedicó exclusivamente a la fabricación de sillas, al haber fracasado en la actividad de bayetas e hilados. "*La turbina allí se quedó, y todavía – según me manifiestan – permanecen sus restos bajo las ruinas del edificio*". Pero a la vista de los datos que indican sobre su venta al molino Montoya de Ojacastro, está claro que el hecho de que "El Molino" de Valgañón pasó a dar la luz al pueblo tuvo que ser en 1915, pues no

---

[52] Por Jose Luis Agustín Tello.

parece posible que los habitantes del pueblo se acostumbraran a pasar más de 5 años sin este adelanto que, a pesar de su baja calidad para las personas del siglo actual, era ya esencial.

"El Molino", como recuerdan muchos vecinos y amigos de Valgañón, era el sitio donde se fabricaba el pan, y entre varios tipos de piezas, aquellas magníficas hogazas, de unos 3 kilos de peso. El edificio estaba situado, y sigue en ruinas, junto al Cementerio Municipal, al otro lado del pueblo respecto a la carretera. En la figura que sigue se ven restos de los ejes y poleas que posiblemente transmitían el giro de la turbina al generador eléctrico, aunque los vestigios de 2007 son bien pobres.

Figura 4.11. Vestigios de maquinaria en el molino de Valgañón en 2007. Cedida por Rafael Torres Sancho.

Pues bien, dado que era posible abastecer también a los vecinos, decidieron acometer dicho suministro, y así siguieron hasta principio de los años 30. Cuentan la anécdota curiosa, que a veces disminuía bruscamente la intensidad de la luz en las casas, por causas no estrictamente imputables al caudal de agua del río o a la fuerza de la turbina. Entonces los vecinos solían decir: "*Ya debe estar metiendo la yegua en la cuadra el molinero...*". ¿Y por qué decían esto? Pues, al parecer, porque dado el gran tamaño que tenía dicha yegua, para poder introducirla en la cuadra, era preciso desmontar una de las poleas que constituían la base del sistema de transmisión de energía mecánica al generador, es decir, desconectarlo, y en ese breve intervalo de tiempo bajaba ostensiblemente la tensión que proporcionaba el generador. Y los vecinos se quejaban.

4.3.8. Transición a la nueva red de Electra Posadas.

Posteriormente, en los años 30, se implantó en la zona, casi como único suministrador, la Compañía ELECTRA de POSADAS, S.A. Se verá en el capítulo 7, apartado 7.9.1, que el suministro de Electra Posadas a Valgañón comenzó el 17 de mayo de 1929.

4.4. Fábrica de luz de Ojacastro.

Esta Fábrica de Luz la promovió Agustín Merino como negocio personal, la gestión fue comenzada por él con la colaboración de sus hijos Jose Juan Bautista y Gonzalo, para acabar siendo dirigida por Gonzalo. Suministró luz eléctrica y algo de fuerza motriz exclusivamente a Ojacastro entre 1º de enero de 1909 y 31 de diciembre de 1938. Su energía de entrada fue exclusivamente hidráulica accionando una dinamo de 12 kW, y estaba asentada sobre uno de los cauces molinares que se derivan de la Glera y que atraviesan el pueblo. Funcionó en corriente continua de baja tensión y su valor desde el generador hasta la lámpara más alejada, iba disminuyendo con las inevitables caídas de tensión en las líneas. Entre los años 1911 y 1925 tuvo asociada una serrería, a partir de la fuerza de la turbina, en las horas diurnas. El mismo propietario explotaba al lado de esta fábrica de luz un molino situado en un predio inmediato, que sirvió para barajar alternativas con las que paliar los estiajes. A partir de este negocio personal, su propietario, se introdujo en actividades eléctricas de más calado en la cuenca del Oja. En algún documento se ha visto que la Fábrica de luz asociada a la serrería fue bautizada con el nombre de San José, sin embargo, no se empleó mucho esta denominación incluso por el propietario.

4.4.1. Aprovechamientos anteriores a la Fábrica de Luz.

Hay antecedentes que, incluso en el siglo XVIII, existían los cauces molinares de Ojacastro que, con sus ruedas hidráulicas primitivas, daban fuerza a molinos y batanes. En este pueblo hay vestigios importantes de unos cuantos y la actividad del último molino se mantuvo hasta 1960 aproximadamente. En el caso concreto de la Fábrica de Luz, existe una escritura de 28 de octubre de 1802 otorgada ante el escribano de Ojacastro Francisco Javier Rodrigo. En ella una serie de personas de Ojacastro y Alesanco, que no se detallan aquí, vendieron, por 8.600 reales, a Félix Salces y su mujer María Merino y Zorraquín, varias propiedades entre la que destaca una casa con su Molino harinero de dos piedras y demás enseres. Poco después el 27 de abril de 1806, ante el mismo escribano los anteriores compradores venden a Manuel Fernández y a su mujer Dorotea Vázquez el molino, casa, y huerta que se deslindan de igual manera que en el documento anterior. Tienen la obligación de limpieza del cauce. El precio ha subido a 10.800 reales. En 11 junio 1833, ante el Escribano Santiago Manuel González Herreros de la villa de Ezcaray los propietarios constituidos por los consortes Dorotea Vázquez y Agapito Montoya, vecinos de Ojacastro; Manuela Fernández y Mariano Medrano de Belorado; así como Domingo Fernández; venden a Carlos Sáenz y Dª Eusebia Mendivelzua, el molino, casa y huerta citados. Siguen los documentos en los que se ve que la familia Sáenz – Mendivelzua vecinos de Ezcaray, industriales textiles oriundos de Béjar (Salamanca), transforman el molino convirtiéndolo en batán y añaden construcciones para un Establecimiento textil que deja de funcionar en torno a 1875 y la propiedad se divide entre varios herederos, pero ya sin actividad y con abandono de cauces y ruedas motrices. El salto hidráulico aún perdura y por su ubicación se infiere que la rueda sería gravitatoria de admisión superior, con unos 3 metros de diámetro y su potencia con pleno caudal de agua no superaría los 3 CV (2,2 kW). La figura siguiente es una fotografía que se hizo en el momento de la compra del establecimiento textil año de 1906. Su nuevo propietario tenía el proyecto de reconvertirlo a fábrica de luz. Agustín Merino tenía el propósito de explotar de forma moderna las propiedades que su mujer Josefa de Urrutia había heredado en Ojacastro en 1896, y estaba convencido, por sus experiencias profesionales como abogado asesor en Bilbao, que disponer de energía eléctrica iba a ser estratégico para lograrlo. Por ello compró, ante Cándido Gómez Ibáñez notario de Santo Domingo de la Calzada en 16 de marzo de 1906, el establecimiento completo con el batán y todos sus pertenecidos.

Sobre la inscripción de los dos aprovechamientos hidráulicos de Agustín Merino en Ojacastro existe un documento que se transcribe en "Anexo Documental A-30. Inscripción de los dos aprovechamientos hidráulicos de Agustín Merino en Ojacastro. Fichero A-30.pdf".

Figura 4.12. Establecimientos fabriles de Ojacastro en 1906. Antes de su transformación en Fábrica de Luz

4.4.2.   Implantación de la Fábrica de Luz en el cauce molinar.

A finales de 1906 Agustín Merino decidió acometer el proyecto de la fábrica de luz y, como se verá más adelante, entró en negociaciones con Gracia y Cía. de Bilbao para la adquisición de la turbina hidráulica. Encargó el proyecto oficial a los ingenieros de caminos de Bilbao Emiliano Azarola y Fernando Alonso Urquijo que estaban asociados, proyecto que terminaron en 24 enero de 1908. Los honorarios de estos profesionales fueron 750 pesetas y las liquidó totalmente en 16 de enero de 1909, según se ve en un recibo de esa fecha. Se implantará en los cauces molinares descritos en el apartado 1.1.6., del capítulo 1. La toma es bajo las Peñitas a la entrada del pueblo viniendo de Ezcaray. La acequia actualmente tiene su entrada regulada por compuertas el término de las Puertas. Además de servir a establecimientos de energía mecánica, estos cauces, siguen regando las fincas situadas a los lados de sus riberas en todo el casco urbano. Estos dos cauces molinares separados, atraviesan todo el pueblo. En épocas de estiaje sin agua suficiente para ambos, se juntan en uno u otro cauce en días alternos. Tradicionalmente en la fiesta de la Magdalena, 22 de julio, se iniciaba esta alternancia, regida por un aguatero pagado en función de la superficie de los predios. El cauce de abajo, que parte del mismo nivel que el de arriba desciende más para que el agua se acelere e incida a velocidad en su primer molino que tuvo una rueda de canal. Fue comprado por Agustín Merino en 1912, y se va a conservar, en este texto, el nombre de sus propietarios hasta 1912, molino Montoya. En la descripción que sigue se vuelve al cauce de arriba porque en él está la Fábrica de Luz. La figura siguiente da su trazado.

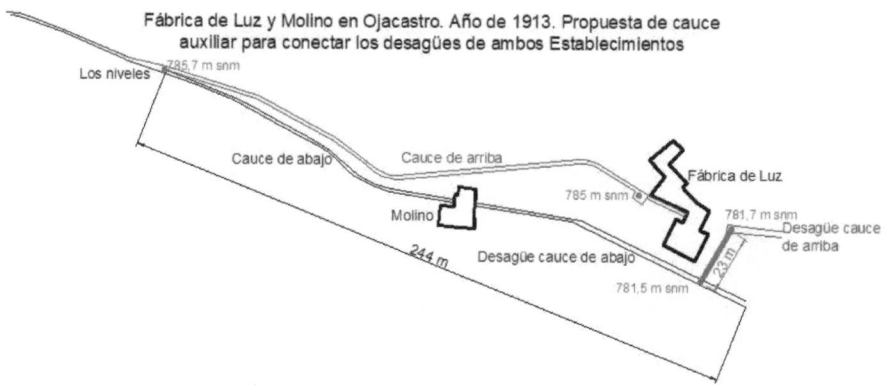

Figura 4.13. Plano con la situación de los cauces de Ojacastro a partir de los Niveles. Se dan las cotas respecto del nivel del mar.

Tras unos doscientos metros de recorrido, a partir de los Niveles por el cauce de arriba, se llega a un ensanchamiento de unos 20 m² que constituye la cámara de carga de la turbina de la Fábrica de luz, cuya entrada está a la izquierda. Véase la figura.

Figura 4.14. Cámara de carga de la Fábrica de Luz de Ojacastro.

En la figura anterior, a su derecha, se ve la compuerta que permite derivar el agua por la sangradera o ladrón cuando la turbina estaba sin funcionar. Es la misma que se instaló en 1908 y sigue en servicio. A la izquierda se ve la boca de entrada al corto canal que la conduce al pozo de turbina, en su día estuvo protegida por una reja hoy desmontada. Las características de ambos aprovechamientos son de 4 m. de salto bruto, entre los Niveles y la restitución aguas abajo. Para la fábrica de luz el salto se convierte en uno neto de 3,10 m. Cada canal es capaz de caudal de 500 l/s.

4.4.3. Descripción de las máquinas y aparatos de la Fábrica de Luz.

Una vez adquirido el Establecimiento de máquinas y todos sus pertenecidos en 1906, inició su proyecto, ya que en 18 de diciembre del mismo año la Empresa de Bilbao "Fundiciones y Construcción Mecánica del Nervión" o "Sres. Gracia y Cª (S.en C.)"[53] le envió el plano 2109 de tipo genérico pero adelanta las ideas de lo que podría ser la instalación de una "Turbina Francis de eje horizontal en pozo abierto para saltos de 2 a 10 m". Como se verá más adelante la turbina que se instaló por Gracia a finales de 1908 tuvo: Potencia 15 HP (11,2 kW), salto 3,10 m., caudal 500 l/s., y 250 rpm. Esto se ve en el plano 2904 de 20 de abril de 1907. Con estos datos el rendimiento de la turbina a plena carga resultaba del 73,60% normal para la época. Copias de este plano se ven en las figuras 4.15., y 4. 16.

---

[53] Para abreviar en todo este texto se la denominará Gracia

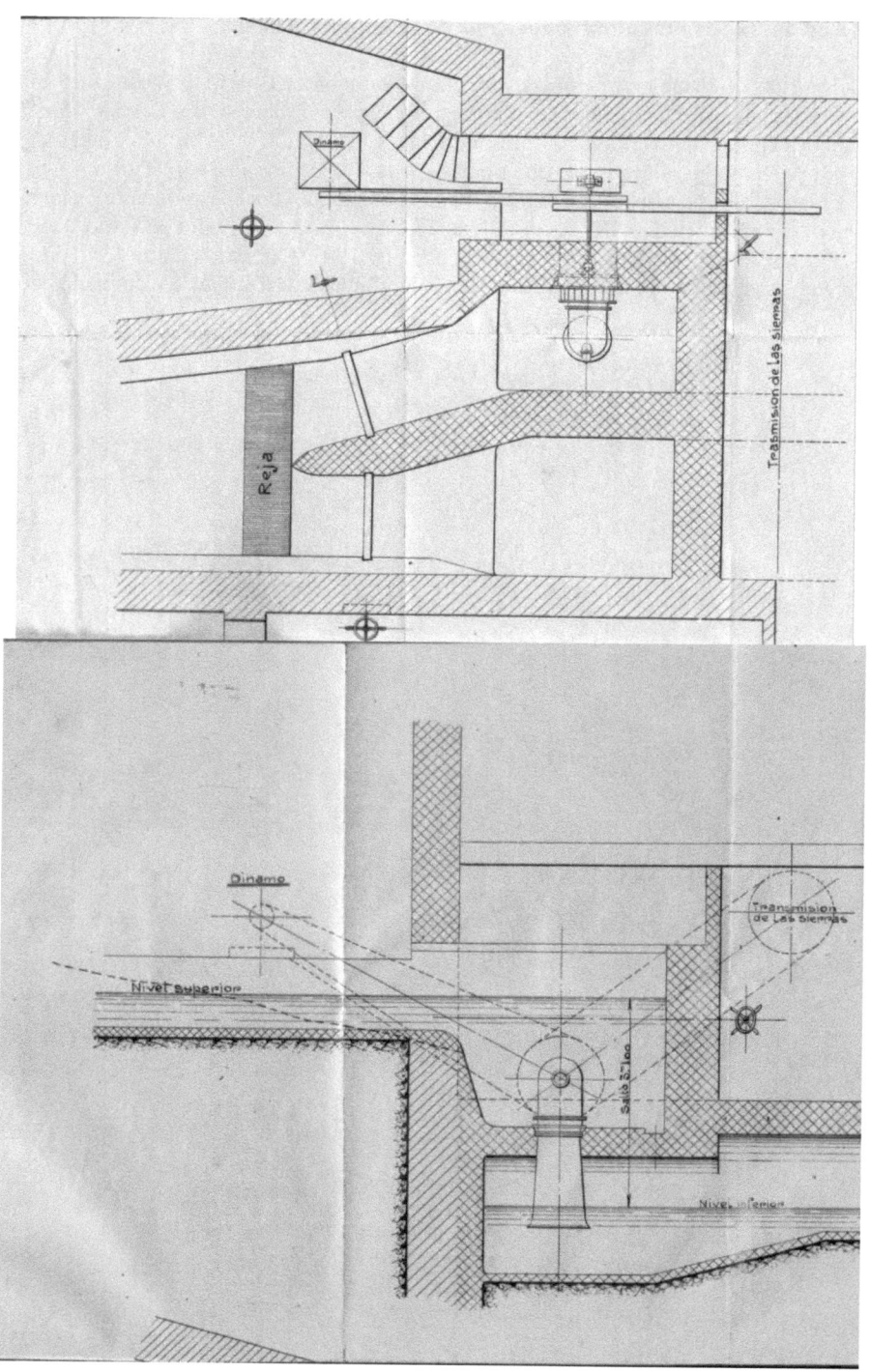

Figuras 4.15. y 4.16. Fábrica de Luz de Ojacastro. Planta y alzado del montaje de turbina y dinamo.
Plano 2904 de Gracia y Cía. (S. en C). Bilbao. 20 abril 1907

Historia de la Electricidad en la cuenca del Oja

La conexión mecánica entre turbina y dinamo se ve en la figura siguiente. Se ha hecho una representación idealizada en perspectiva, ya que las turbinas Francis en pozo no se ven una vez instaladas, al estar sumergidas. Por consiguiente, en la figura se han suprimido el pozo y los edificios que lo contienen, solo quedan las láminas de agua de entrada y desagüe como referencia.

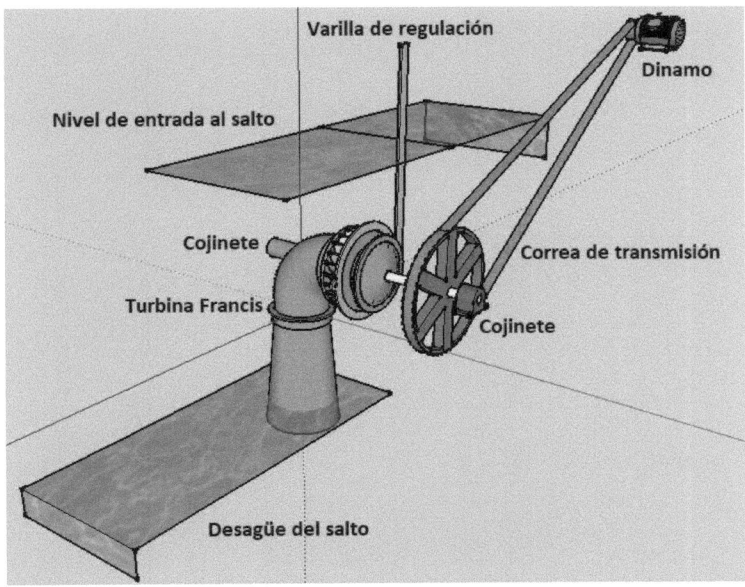

Figura 4.17. Turbina Francis en pozo y su conexión mecánica a la dinamo eléctrica

La turbina, según lo explicado, transmitía su potencia a una dinamo que era una máquina de corriente continua que se compró, para esta fábrica de luz, a la firma Siemens Schukert[54] con representación en Bilbao Tenía potencia de 9,5 kW, con velocidad de 1.460 rpm. Era para distribución a tres hilos con un terminal puesto a tierra de potencial nulo, otro terminal positivo (+) a + 160 Voltios, y el terminal negativo (-) a – 160 Voltios, de forma que el voltaje entre los terminales positivo y negativo era (+160) – (-160) = 320 Voltios. Para ser accionada a 1.460 rpm tenía una polea, para la correa de transmisión, de 230 mm, de diámetro. La potencia mecánica que necesitaba para ser accionada por la turbina era de 15 CV (11,2 kW). La excitación era la denominada en derivación (también llamada en paralelo o "*shunt*"). Su precio fue de 2.500 FF y por el pago inicial de 1/3 es decir 833 FF se abonaron 960 pta.

La fábrica de luz se completaba con un cuadro de distribución con sus aparatos para conocer el estado de funcionamiento de la dinamo, a la cual se conectaba. Se facilita, en la figura siguiente, el esquema de este cuadro. De este cuadro salía la línea eléctrica general, hacia la izquierda en el esquema, a tres hilos (neutro, positivo y negativo) hasta la caseta de distribución. Hacia la derecha del esquema sale la alimentación eléctrica a la Serrería aneja a la fábrica de luz. Se han indicado los nombres de todos los dispositivos y aparatos que hay en el esquema. Este cuadro de distribución estaba realizado con todos sus aparatos montados sobre una placa de mármol pulimentado anclado en la pared en inmediación de la dinamo. Gracias a sus indicaciones, el maquinista supervisaba la marcha de la dinamo y la global del suministro al pueblo y a la Serrería.

---

[54] Se abreviará y se designará por Siemens

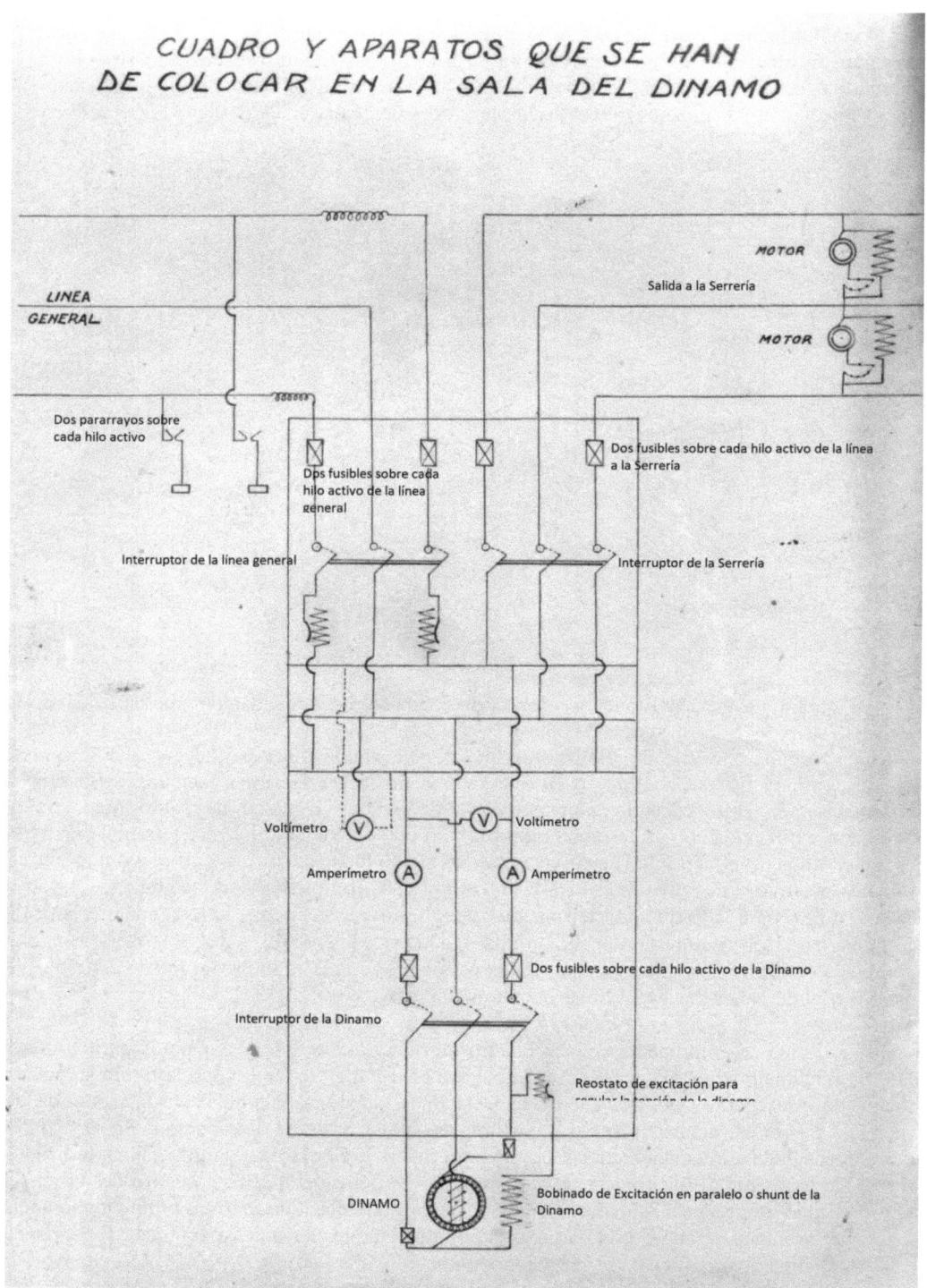

Figura 4.18. Cuadro de salida de la Fábrica de Luz.

4.4.4. Distribución de la Fábrica de Luz. Líneas y caseta.

De la Fábrica de Luz salía una sola línea eléctrica general hasta la caseta de distribución situada en "La Cerrada" [55]. Hay una especificación preliminar de materiales en "Anexo Documental A-31. Especificación preliminar de materiales para el tendido de las líneas de la fábrica de luz de Ojacastro. Fichero A-31.pdf" que fue realizada por Arturo Gandasegui que realizaba trabajos de ingeniería en la comarca. Esta línea general hasta la caseta está descrita, con sus cálculos y plano de implantación en el Proyecto de Emiliano Azarola. Se diseñó según el Reglamento de 7 de octubre de 1904. Volaba sobre terreno comunal y algunas propiedades particulares hasta llegar a la casilla o caseta [56] de distribución situada en la finca "La Cerrada". La solicitud era de fecha de 9 de marzo de 1908 y venía firmada por el Gobernador Civil de Logroño en el Boletín Oficial de la Provincia n° 57 del 11 de marzo de 1908.

Respecto a la caseta de distribución, por la correspondencia durante el Proyecto, se ha visto que su promotor se esmeró en el Proyecto y ejecución de las obras y no se terminó hasta fin de 1909 casi un año más tarde que el comienzo del suministro el 1° de enero de ese año. De hecho, en el Proyecto de Azarola figura un diseño más funcional y modesto. Su aspecto se podría juzgar como elegante y con cierto toque "modernista", de acuerdo con los gustos de la época, y se ve en la figura que sigue. Una vez cesada su función, hace 80 años, se desmontaron sus cuerpos superiores, y solamente quedó el inferior como un sólido vestigio de su construcción original.

Figuras 4.19. y 4.20. A la izquierda caseta de distribución en 1929, desde dentro de la finca. Cedida por Rafael Merino Murga. A la derecha aspecto actual del cuerpo inferior que permanece.

La caseta se ubicó dentro de la propiedad "La Cerrada" en una de sus esquinas, y solicitó una permuta de terreno con el municipio para que la misma se inscribiera bien dentro de su propiedad. En el escrito de solicitud de 1 de mayo de 1909 expone los motivos, funcionales y estéticos. Da mucha importancia a los estéticos cuando dice "*esta obra podría fácilmente quedar ejecutada con el establecimiento de una garita de tabla elevada a suficiente altura, sobre cuatro postes semejantes a los del tendido de la línea aérea, representando poco gasto para el suscrito; pero el sitio resultaría más afeado de lo que ya está en la actualidad*". Además continuaba explicando su idea para construir la caseta indicando "*Para evitar esto, y buscando, más bien el medio de hermosear cuanto sea posible un punto tan inmediato a la casa de Dios y a la del pueblo, como lo es el indicado, el*

---

[55] Nombre de la casa y finca de la esposa del promotor.
[56] Casilla se emplea en los documentos de la época. Se va a usar también caseta que es término más actual.

suscrito propone aun a costa de mucho mayor gasto, construir un pequeños torreón de sillería, ladrillo y mosaico que, en lugar de afear sea de algún ornato en el mencionado ángulo de la finca citada, y que, en su cuerpo más elevado sirva a la vez para instalar el cuadro de distribución para las diferentes líneas secundarias de la red eléctrica del pueblo". El Ayuntamiento, presidido por Manuel Crespo, autorizó la permuta en sesión de 13 de junio de 1909 y se le comunicó al peticionario en el Oficio nº 55 de 30 del mismo mes y año. Las líneas de reparto, distribución o *"feeders"* se iniciaban en el cuadro del esquema, según figura que sigue, con salidas a:

- La casa y finca de "La Cerrada"
- Al barrio de arriba o de Nuza
- Al barrio de la Plaza
- Al barrio de abajo o del Pisón.

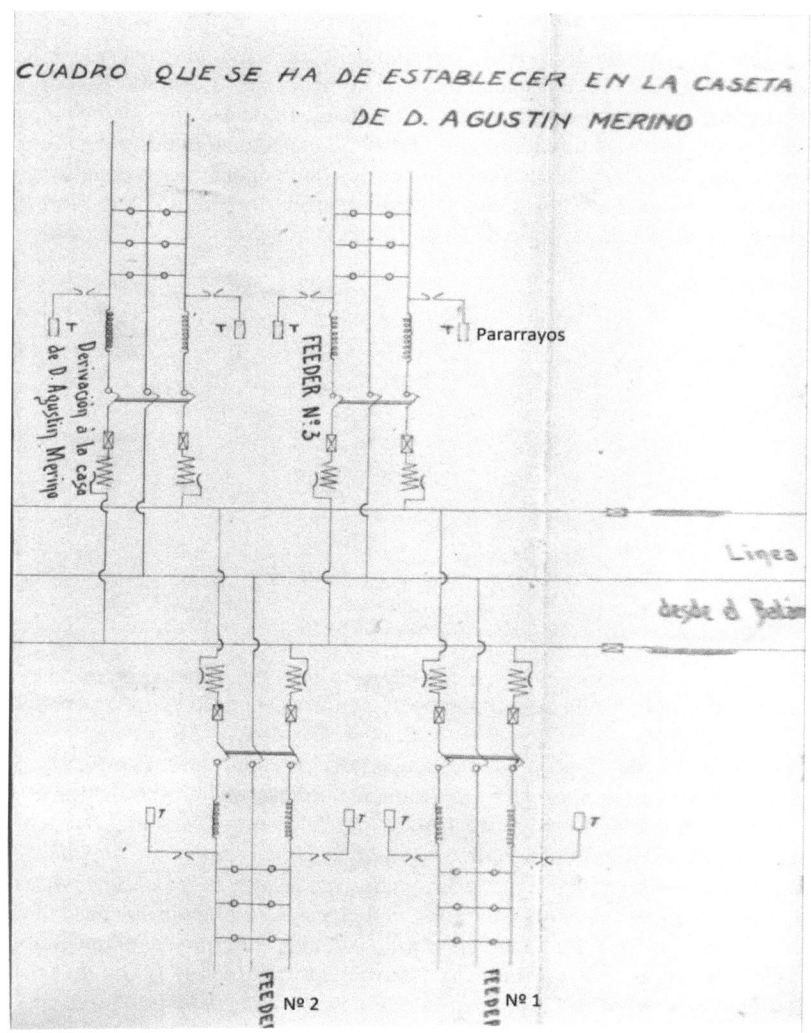

Figura 4.21. Esquema del cuadro de reparto en la caseta de distribución

Las líneas, general y de distribución tenían el recorrido que se muestra en la figura que sigue, se ha trazado sobre un mapa actual.

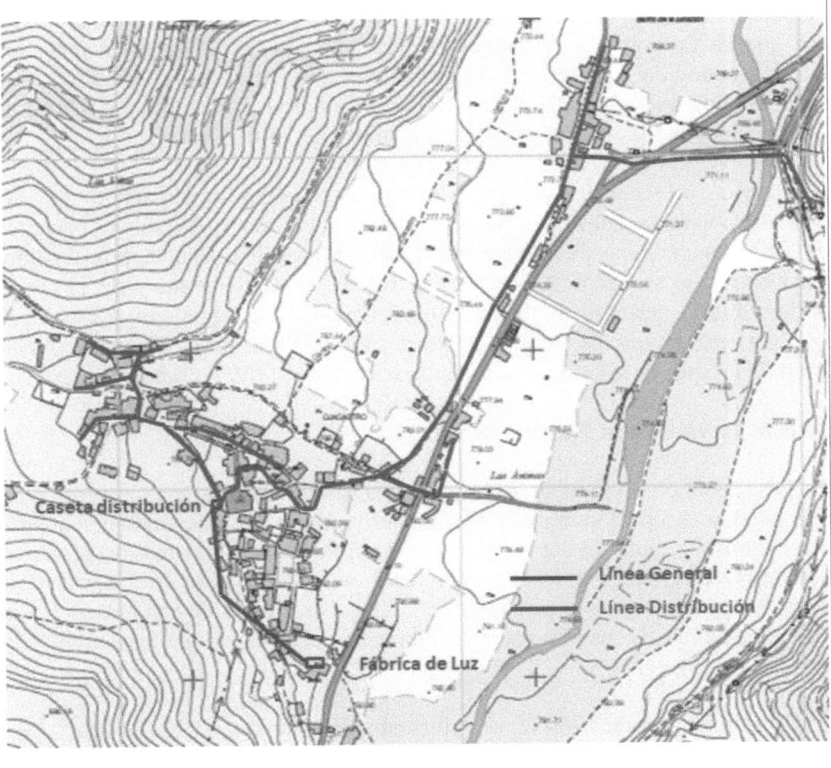

Figura 4.22. Plano de líneas, general y de distribución en el núcleo urbano de Ojacastro.

Cuando se inauguró en 1º de enero de 1909 la luz eléctrica en Ojacastro, se habían instalado las diversas líneas de distribución al pueblo. Ojacastro tenía entonces, como hoy, la gran mayoría de sus casas al lado derecho de la carretera en el sentido a Ezcaray. Quedaban unas pocas en el lado izquierdo en el lugar conocido como "Los Ventorros". Los apoyos fueron palomillas en las casas y edificios y postes de madera de pino. Estos se compraron a Melitón Peciña de San Millán de Valdegobia (Alava).

En 12 febrero 1909 había instaladas 58 lámparas sin contar con las de la casa del propietario y la fábrica. Y se indicaba que, en 2 de marzo de 1909, en la mañana del lunes se comenzó a dar luz por la mañana y gustó a todos la medida. Se informaba que el 2 de abril de 1909 que se dio el servicio toda la noche. En 10 de setiembre del mismo año había 138 lámparas.

Se realizó, como instalación complementaria para mejorar el servicio, un tendido de red telefónica privada en 1914, que constaba de tres terminales respectivamente en la fábrica de luz, en la caseta de distribución, y en la casa del propietario. Cuando cesó el servicio de esta fábrica de luz en 1939, la red telefónica se mantuvo y el autor la recuerda en funcionamiento hasta mediados de los años de 1950 para el servicio personal de los tres propietarios de las viviendas en las que se habían rehabilitado la fábrica de luz y sus pertenecidos. El Proyecto de Emilio Azarola se completa con diversos cuadros que se llevan a "Anexo Documental A-32. Datos complementarios de las líneas eléctricas de Ojacastro en el Proyecto de Emiliano Azarola. Fichero A-32.pdf".

En 10 de diciembre de 1908, con las obras del tendido prácticamente terminadas, se recibe el Oficio nº 3703 del Gobierno Civil de la Provincia de Logroño – Negociado de Instalaciones eléctricas. Este escrito indica que es favorable a la concesión, pero da unas condiciones a tener en cuenta, de acuerdo con el ya conocido Reglamento de instalaciones eléctricas de 7 de octubre de 1904, y se lleva a "Anexo Documental A-33. Oficio nº 3703 del Gobierno Civil de la Provincia de Logroño – Negociado de Instalaciones eléctricas de 10 de diciembre de 1908. Fichero A-33.pdf".

En 6 de diciembre de 1909, casi un año tras la puesta en servicio, hay un acta de reconocimiento de la línea aérea de corriente continua. Se reunieron en Ojacastro Teófilo Rodríguez Bascones, Ingeniero jefe de Obras públicas de la Provincia y Gonzalo Merino. El acta describe abreviadamente la instalación indica que se ajusta a Proyecto se refiere al Reglamento y da la conformidad. Ha transcurrido casi un año desde el inicio de la explotación, situaciones como esta se dieron varias veces en los primeros proyectos de esta historia. Véase "Anexo Documental A-34. ACTA de reconocimiento de la línea de Ojacastro de 6 de diciembre de 1909. Fichero A-34.pdf".

4.4.5. La serrería asociada a la Fábrica de Luz.

Tras terminar la instalación de la central eléctrica y la distribución de luz se siguió con el Proyecto de habilitar un local anexo para serrería. Agustín Merino tenía explotaciones de chopo en Ojacastro y cortaba lotes de forma regular. Además, pensaba comprar madera de otros propietarios. Razonaba, con fundamento, que era mejor vender la madera serrada en tablas para satisfacer la demanda de los industriales de carpintería. También serró olmos y otras especies autóctonas como fresno, propios y de otros paisanos. Además de madera aserrada fabricaron algunos conjuntos sencillos como se verá más adelante.

En carta de 12 de diciembre de 1909 [57], se informaba del montaje de la serrería:" *En esta semana deseo colocar el árbol general fijando los cojinetes de este en sus respectivas fundaciones…. El trozo de árbol de turbina utilizable para colocar la nueva polea es de 23 cm se puede pedir una de 20 cm de llanta…. una anchura que permite llevar la transmisión de Santiago de bálata que está en buenas condiciones para usarse y es lo suficiente gruesa y también larga…… con un diámetro de 0,75 para la polea a colocar en el árbol turbina tomará la transmisión general 500 revoluciones…"*.

A finales de 1910 ya estaban acopiando madera para serrar (de Sebastián Santos del término de Solapeña) y además de chopos propios, otros comprados. En 16 de diciembre de este año preparan una oferta de cajas para Rioja de Santo Domingo.

En la primera mitad de 1911 hay abundantes referencias epistolares en las que se ve que el montaje de máquinas y dispositivos en la Serrería progresaba. En 8 de junio de 1911 se instala una hoja de sierra de 1,10 m diámetro, habían aserrado trozos de 19" (0,48 m) de diámetro, y funciona muy bien. En 13 de septiembre de 1913 se descarga una sierra de cinta y una cepilladora.

Se acaba de ver que 1911 ya está trabajando la serrería y Gonzalo Merino, que la gestionaba sufrió un serio accidente en su mano izquierda en 10 de julio de este año; ha podido ser por imprudencia y por no parar las sierras mientras se hacían revisiones. Agustín Merino alude a que ha visto fumar a él y a los peones lo cual debe de estar absolutamente prohibido. En los intercambios de cartas

---

[57] De G. Merino a A. Merino.

durante estos días muestra su disgusto con la frase *"de buena gana cerraría y renunciaría a la Fábrica que tantos disgustos me está ocasionando antes de sentir la pena terrible de que mis ojos tengan que verte manco"*. La herida fue en la mano izquierda dedos pulgar e índice en su parte inferior de la falange en la unión con el metacarpiano. Inmediatamente después de la herida *"fui a la botica en donde el médico de esta me hizo la primera cura y limpieza de la herida, después llamamos a Eleuterio Azcárate y en casa con el médico del pueblo efectuaron la primera cura dando 5 puntos de sutura"*. Para el 24 de julio de 1911 la herida está en franca mejoría y Gonzalo Merino informa sobre ella lo que sigue *"hoy ha bajado Dn. Eleuterio ha examinado la marcha de la herida haciendo a la vez la cura y quedando satisfecho de su estado y de lo adelantada que va hacia la cicatrización, dentro un par de días hará otra visita; las curas las hacen uno de mis hermanos lavando con cuidado con agua sublimada todas las heridas, después secar con un trozo de algodón y hacer el vendaje"*.

En 20 de setiembre de 1917 se hizo una nota de la actividad comercial de la Serrería y está en "Anexo Documental A-35. Actividad comercial de la Serrería. Fichero <u>A-35.pdf</u>".

Esta investigación sobre la Serrería asociada a la producción de electricidad se podría haber continuado ya que se ha visto más documentación. Sin embargo, se interrumpe aquí porque se estima que queda claro que existió y que, además, en aquellos años, fue una asociación muy sinérgica. Serrar de día y dar luz de noche. Está también claro que el personal era diferente un maquinista por la noche para vigilar y controlar el grupo turbina – dinamo y operarios que manejaran las sierras de día procesando los árboles que entraban. Se inserta una fotografía, muy borrosa, en la que hay evidencias de esta actividad. Troncos para serrar a la izquierda, y a la derecha un castillete de tablas serradas secando y esperando ser expedidas.

Figura 4.23. Fábrica de Ojacastro. Parte de serrería, circa 1911.

En lo que se refiere a personas que trabajaron en la serrería la carta de 21 de mayo de 1911 citaba a Manuel Rubio, Basilio Canal y alguna tarde a Fructuoso Cilla para ayudar cuando las maderas son pesadas y afilar las hojas *"pues no puedo yo (Gonzalo Merino)"* en todos los momentos necesarios. Se ve que Gonzalo Merino se reservaba para si este trabajo delicado y de precisión, importante para mantener la productividad y la vida de las hojas de sierra.

La relación de suministradores para la obra de la fábrica de luz y de clientes de la serrería está en "Anexo Documental A-36. Relación, no exhaustiva, de proveedores y clientes de la fábrica de luz y serrería de Ojacastro. Fichero A-36.pdf"

4.4.6. Experiencia de explotación de la Fábrica de Luz.

Antes del inicio del servicio el promotor dirigió al pueblo el anuncio, que se ve en "Anexo Documental A-37. Anuncio "A los habitantes del pueblo de Ojacastro" de diciembre de 1908. Fichero A-37.pdf".

El alumbrado para la "La Cerrada" y de la propia fábrica de luz se dio por primera vez en la Nochebuena de 1908, para el matrimonio del promotor Agustín Merino, su esposa Josefa de Urrutia y sus tres hijos Jose Juan Bautista, Gonzalo, y Jose Luis, se informó sobre ello en una carta de 26 de diciembre.

El servicio al pueblo de Ojacastro, y de los domicilios que habían suscrito contrato se inició el 1º de enero de 1909. En carta de 20 de febrero de 1910 [58] se ve que no se ha iniciado este servicio de alumbrado público como se comprobará un poco más adelante.

Sobre el alumbrado público de Ojacastro se ha visto que en 10 de marzo de 1912 se instalaron lámparas en la Secretaría, en la sala común, en el Juzgado y el Fielato. En 8 de Julio de 1912, en proximidad de las fiestas de las Reliquias, se iluminan con lámparas de 10 bujías, como medida de reclamo, las calles principales (2 en la Plaza, 1 en la calle que sube del estanco a casa del maestro, otra en la palomilla de casa del maestro, 1 en el ventorrillo) todas hacen muy buen servicio. El comentario de la gente fue favorable a tan buena idea. Posteriormente, en 3 octubre de 1915, los vecinos tuvieron reunión en el Ayuntamiento para tratar sobre el alumbrado público y estaban muy animados y querían instalar 20 lámparas adicionales.

En lo que se refiere a las personas que estuvieron a cargo y la experiencia de explotación, entre 1909 y 1939, con los hechos que se han recogido se tiene que estas personas eran los maquinistas, cuyas funciones eran nocturnas de vigilancia y regulación manual de turbina y generador. Hay un detalle más extenso en el Anexo Documental A-38. Sobre los maquinistas de la Fábrica de Luz de Ojacastro. Fichero A-38.pdf

Siguen los detalles en Anexo Documental A-39. Carta de Agustín Merino a Mateo Díez en Ojacastro de 26 de enero de 1920. Fichero A-39.pdf

Para el maquinista había tareas adicionales diurnas entre las que se destacan recorrer los cauces y tapar las presas de tierra y ramajes para minimizar las fugas. También estaban las labores de temporada acordadas por la Comunidad de usuarios de todos los Establecimientos sobre los cauces de Ojacastro. También tenía que presentar y cobrar los recibos a los abonados. Era asimismo responsable del engrase y sustitución de las escobillas de la dinamo. Por supuesto se hacía cargo de las reparaciones simples de líneas y de acometidas de abonados. En los primeros tiempos hacía, si estos se lo solicitaban, las reparaciones en el interior de las viviendas. Finalmente, la fábrica de luz sustituía y cobraba las lámparas fundidas, y esta era también labor diurna del maquinista. En resumidas cuentas, estaba muy ocupado.

Los maquinistas de los cuales ha quedado registro temporal fueron:

---

[58] Carta de G. Merino a A. Merino.

- 1 de enero de 1909. Fructuoso Cilla.
- 2 noviembre 1909. Eduardo Calvo.
- 3 diciembre 1910. Se refiere a Esteban Marín como ayudante de Fructuoso Cilla.
- 17 octubre 1912. Carta [59]. "*Fructuoso Cilla se despide provisionalmente podrás arreglarte con Manuel Rubio*".
- 2 de noviembre de 1912 en carta [60]. "*Mateo Díez se presentó el viernes pasado, y empezó a hacer el servicio desde el sábado*
- 8 noviembre 1925. Carta a Gonzalo en Ezcaray. Entre los varios temas alude a que Esteban Marín tendrá muy adelantado el cobro de los recibos, luego es en esa fecha es el maquinista.

En 12 julio 1916. Se hace la instalación luz eléctrica en estación Ojacastro, el FFCC Haro a Ezcaray había sido inaugurado el día 9 de julio. Sobre este contrato al ferrocarril con la estación de Ojacastro hay más datos en "Anexo Documental A-40. El Contrato con la estación de Ojacastro del FFCC Haro – Ezcaray. Fichero A-40.pdf".

4.4.7. Cómo abordó la fábrica de luz el estiaje.

El promotor de esta fábrica sabía, desde el comienzo, que durante los estiajes el agua en ambos cauces, de arriba y de abajo, iba a escasear. En 17 mayo 1907, en carta a Sres. Gracia y Cía. Bilbao, antes de encargar la turbina les pregunta cómo va a ser su comportamiento para los casos en los que el caudal sea menor. La administración del agua por uno y otro cauce en verano se ha citado en el apartado 4.4.2., ya que estos extremos eran conocidos. De la escasez de agua ya se hablaba en carta del 3 septiembre 1909 por colisión con los que regaban prados, es decir cuando aún no ha llegado el otoño que es muy seco en el río Oja, en el primer año de explotación de la fábrica. El 10 del mismo mes se referían a las temidas pozadas y dada la fecha dicen que esto irá peor, el 23 se decidió rebajar la cuota a los abonados. Afortunadamente ese año el estiaje fue breve pues el 10 de octubre "*el agua volvió a correr por el cauce*".

Con los días que no se ha dado la luz por falta de agua en 1910, en 25 de enero de 1911, Gonzalo Merino realizó un informe que se lleva a "Anexo Documental A-41. Informe de 25 de enero de 1911 por Gonzalo Merino razonando sobre la instalación de un motor térmico para los estiajes". Fichero A-41.pdf" sobre un motor térmico.

Ante esto la primera idea fue comprar un motor térmico sin saber muy bien que tipo podría convenir y en 27 mayo 1910 consultaron a Badía y Mañé en Barcelona, antes de que el estiaje llegue, sobre un motor térmico, indicando que la localidad es pequeña y que no puede ser de gas. Da los datos de dinamo y estima un motor de 7 CV. Han debido de superar el estiaje de 1910 porque en 24 de noviembre en carta [61] se indica que "*El motor de gas pobre no le conviene ni por el elevado consumo ni por el precio tan exagerado*". El motor de gas pobre lo descartaron por completo.

Ante esto pasaron a considerar las locomóviles de vapor, véase 1.8.2., capítulo1, ya que en 6 mayo 1911 comentaba "*no quisiera pasar el verano próximo como el anterior. Que no lo deje de mano hasta encontrar solución favorable. Ahora me voy inclinando por las locomóviles de vapor, tiene que montarse en cámara separada y evita comprar combustible y el gasto de destruir el serrín de la*

---

[59] Carta de A. Merino a G. Merino.
[60] Carta de G. Merino a A. Merino.
[61] De A. Merino a G. Merino.

serrería, y aunque hubiera de comprar leña nada de esto costaría como la gasolina. La otra ventaja es que cuando no hiciera falta en la fábrica podría usarse en finca de La Cerrada para desfondar, trillar. Si la tuviéramos que vender tendría mejor salida que el motor de gasolina". Esta es la opción que eligieron y tomaron un camino que se les complicó, como se verá en lo que sigue, de comprar una locomóvil de segunda mano en Gijón. Se dirigieron a Eduardo de las Alas Pumariño de esta ciudad. La locomóvil se utilizaría para arrastras la dinamo y las sierras. En sus cartas de 24 de agosto y 2 de setiembre de 1911., Eduardo de las Alas Pumariño les ofreció una locomóvil de segunda mano de características siguientes.

Velocidad	150 rpm aproximadamente
Fuerza (Potencia) máxima	12 HP (8,95 kW)
Peso aproximado	3 ton
Con bomba de alimentación	
Anchura de la llanta del volante	145 a 150 mm
Diámetro del volante	1.520 mm
Fondo de hogar	460 mm
Boca de hogar	300 mm
Combustible	Madera
Precio	Inicialmente 2300 ÷ 2200 finalmente 2000 pta.

Por fin el 12 de abril de 1912 se hizo una inspección incompleta de la locomóvil de Pumariño en Gijón. El vapor llegó a 75 psi [62] y la velocidad se midió y habían conseguido que el precio fuese 2.000 pta., pero necesitaba reparaciones por sus defectos encontrados. En 19 de junio de 1912 [63], aceptó la oferta y dio el visto bueno a las reparaciones previstas por la Fábrica y Dique de Gijón de la Sociedad Española de Construcciones Metálicas que fue localizado por Pumariño para hacerlas. La locomóvil se la vendió Pumariño y el pago de 170 pta. por las reparaciones lo haría Agustín Merino a la Fábrica y Dique de Gijón.

Al llegar a este punto es importante recalcar que Agustín Merino, tuvo un exceso de confianza y contrató por separado, la compra de la locomóvil sin reparar a Pumariño por 2.000 pta., en este precio estaba comprendido el transporte de la locomóvil desde el Establecimiento de Pumariño al taller de la Fábrica y Dique de Gijón, y el transporte y carga sobre vagón, de la máquina reparada, a la estación de los FFCC del Norte en Gijón consignada a la estación de Haro de la misma Cía. de FFCC, los portes a costa del consignatario.

La historia de la reparación y envío de la locomóvil se complicó y en el Anexo Documental A-42 se da con más detalles.

En la figura, que sigue, se ve un croquis con el montaje de locomóvil para accionar la dinamo y las sierras.

---

[62] Unidad inglesa de presión muy empleada en la época, equivale a 5,2 bar. También equivale a 5,10 atmósferas que es una unidad más tradicional empleada por el gran público
[63] Carta a de A. Merino a Pumariño en Gijón.

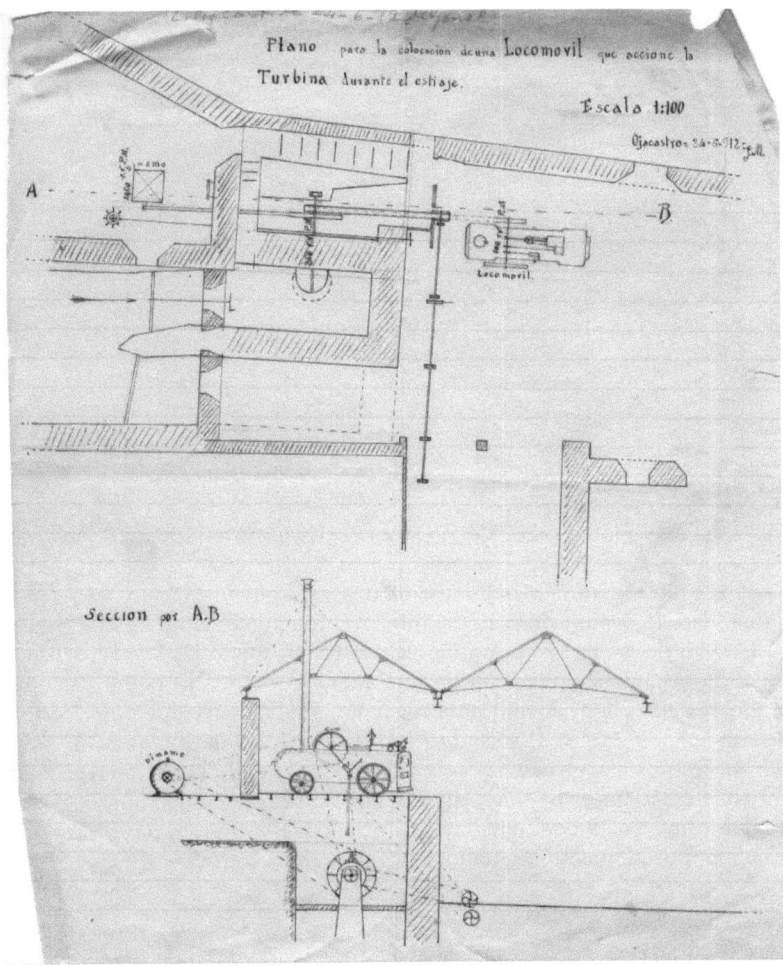

Figura 4.24. Plano de montaje de la locomóvil en la Fábrica de Luz.

4.4.8. El molino de Montoya.

La fábrica de luz de Ojacastro estaba en el cauce de arriba. En este pueblo hubo varios establecimientos hidráulicos más, cómo se ve en "Anexo Documental A-43. Establecimientos industriales que aprovechaban la fuerza hidráulica de ambos cauces molinares de Ojacastro". Fichero A-43.pdf. Destacaban, el molino Montoya y el molino Gill de la Cuesta, ambos en el cauce de abajo, por el papel que jugaron en esta historia.

El molino Montoya era el primer Establecimiento del cauce de abajo. Aunque no produjo luz eléctrica, de una manera autónoma, jugó un papel bastante interesante en esta historia. En la figura siguiente hay una vista, del mismo, en aquellos años.

Figura 4.25. Molino Montoya en torno a 1908.

Su propiedad estaba muy repartida y hay indicios de que Agustín Merino "*puso el ojo*" en el muy pronto, con la finalidad de comprarlo para completar el funcionamiento de la Fábrica de luz situada cercana sobre el cauce de arriba. Este molino se derribó al inicio de los 40 del pasado siglo y se convirtió en casa de vacaciones, pero su circuito hidráulico se dejó como estaba, y actualmente sigue discurriendo el agua como antaño para regar los predios servidos por el cauce de abajo. En carta de 29 de noviembre de 1912, seis días tras la escritura de compra, se incluía su circuito hidráulico, con un croquis en el que se veía era un molino de canal con el agua incidiendo a velocidad en su rodete. Además, hay descripción en "Anexo Documental A-44. Carta de Gonzalo Merino a Agustín Merino de 29 de noviembre de 1912". Fichero A-44.pdf". En la figura aparece el salto bruto de 3,65 m, posiblemente exagerado.

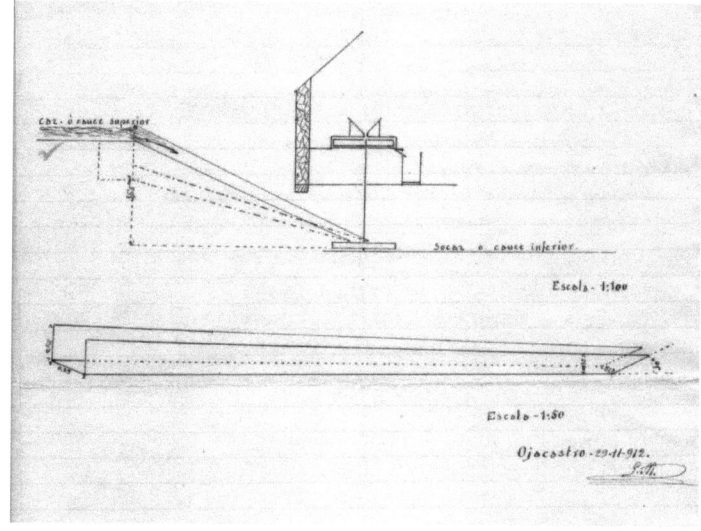

Figura 4.26. Circuito hidráulico del Molino Montoya.

El promotor explotó este molino como harinero y lo bautizó como Molino "San Agustín" en honor a su patrón el santo homónimo. Existe el libro titulado "Cuenta general del Molino san Agustín 1916 a 1921", en el se recoge la cuenta de explotación de la molinería. Se dio de baja de "Contribución Industrial y de Comercio" 4 de diciembre de 1924.

Se extractan los nombres de molineros o peones ayudantes, con sus fechas de actividad:
- Castor Rioja. Años de 1916, 1917, 1918, 1919 1920, 1921.
- Ambrosio Tecedor. Años de 1916, 1917.
- Esteban Marín año de 1918
- Servando Rubio año de 1918, 1919, 1920
- Juan Serrano sustituye a Castor Rioja durante su enfermedad de noviembre 1918

En una carta de 1º de marzo de 1915, se ve en que Agustín Merino no está animado en su arreglo ya que desde su compra Castor Rioja había estado en régimen de alquiler del molino. Posteriormente aparece en las cuentas ganando su jornal. Del libro de "Cuenta General" citado más arriba se trae que el consumo de luz en 1917 fue 54,30 pta. En 1920 fue 84,90 pta. En 1922 fue 80 pta.

De las hojas de contabilidad tituladas "Tasación y valoración del Molino". Se extractan sus asientos más relevantes que son: Adquisición del molino. En 23 de noviembre de 1912. Por el molino harinero antes perteneciente a la familia de los Montoya y sus pertenecidos según se describe y deslinda en la escritura de compra fueron 4.500 pta. En la misma fecha. Gastos de escritura y derechos reales ascendieron a 313,85 pta.

Otro asunto interesante fue el de la compra de la turbina de segunda mano que estuvo en Valgañón, e indicado en carta [64] de 10 de mayo de 1914. "*La turbina que hablamos que iba a quitar Teodoro (sin duda es Teodoro Calvo) en Valgañón la colocó nueva el año 1908 y toma esta determinación porque es de mucha capacidad para el agua de que dispone, es de cámara tomando el agua del depósito por intermedio de un tubo, desarrollará 12 HP pide 600 pta., si conviene se podría adquirir por menos*". Y en 11 de enero de 1915, estaba el asiento "*Por una turbina vertical completa a Teodoro Calvo 500 pta.*". Pero por lo que se verá más adelante el trato de compra a Valgañón no se hizo hasta 22 de mayo del mismo año y se debió obtener una rebaja hasta 475 pta.

De octubre de 1915 hay diversas partidas tales como: dos tubos y un codo para unir depósito con turbina; husillo y volante para levantar el ladrón; cimentada la turbina cogiendo las patas con hormigón.

Pero no todo iban a ser gastos en obras y equipos ya que en 18 de febrero de 1916 hay un asiento de 28,35 pta. por los gastos de una merienda de 13 personas. Están todos los citados arriba como molineros y ayudantes y algunos más que serían sin duda los que estarían trabajando en las obras. El plato fuerte fue el bacalao, cada uno se fumó su cigarro puro y tocó a más de dos cuartillos (1 litro) de vino por barba, además se bebieron dos botellas de anís. Eran las costumbres y lo que se merendaba en aquellos tiempos.

En 30 de marzo de 1916. Siemens Schuckert, sucursal de Bilbao, ofertó una dinamo de corriente continua, además para su servicio en motor ofrecieron el arrancador, el presupuesto nº 1952 se lleva a "Anexo Documental A-45. Oferta de Siemens Schuckert, sucursal de Bilbao, presupuesto nº 1952". Fichero A-45.pdf. El presupuesto citado fue desestimado y parece que optaron por la compra

---

[64] De G. Merino a A. Merino.

de una máquina de segunda mano a J. Ormazabal de 12 HP (8,95 kW) a 300 V. También en 22 de octubre de 1916 aparece una partida para la línea eléctrica y telefónica por 273 pta., y viene su desglose, sin duda esta línea serviría para unir la dinamo del molino Montoya con la de la fábrica de luz, y establecer también la comunicación telefónica entre ambos establecimientos.

No se han encontrado informaciones sobre si la turbina comprada a Valgañón y su generador de segunda mano entraron en servicio satisfactorio. Existe la sospecha de que no lo fue y que es posible que la turbina solamente sirvió para accionar al molino harinero. Esta sospecha está basada en la gran divergencia entre las características de la turbina de Valgañón principalmente sus 11 m de salto contra el salto de unos 3,5 m del molino Montoya. Sin embargo, en 30 de noviembre de 1917 [65] había noticias sobre los negocios eléctricos en general se decía lo siguiente. "*Horas extraordinarias. Con el fin de adelantar en el trabajo de la sierra, desde esta semana he tenido a las personas trabajando ¼ de día más hasta las 9 de la noche con lo cual se hace buena labor pues además del ¼ se gana 1 ½ hora que en este tiempo ya no se puede trabajar. Para esto he hecho una buena instalación de lámparas en la sierra y antes de anochecer pongo en el molino en marcha el motor como dinamo dando así alumbrado a la Fábrica y la casa con lo cual en la sierra trabajo con la turbina. Manuel, Bruno y Servando sierran en la grande y Mateo en la de cinta, le tengo preparando armazones de colchón, pasando listones cabeceros y largueros y recortando todo a la medida. El motor del molino marcha muy bien y con el regulador del molino que puse en la turbina sostiene bien la marcha, lo que tendré que hacer un cuartito donde está el motor pues con la obra de este año quedó todo abierto con el fin de que no haya un destrozo queriendo o sin querer y dejándole cerrado cuando no trabaje se evite*". Con esta información hay una evidencia de que, al menos parcialmente, el molino Montoya funcionó como generador posiblemente con este servicio de alumbrado para la serrería. Se observa en el texto transcrito que se la denomina motor a la máquina eléctrica que, como es sabido, es reversible, de lo cual se puede inferir que el molino Montoya funcionaba principalmente en modo eléctrico alimentado por la fábrica de luz. Por otro lado, la instalación eléctrica en ambos establecimientos de Agustín Merino, con la línea que los conectaba permitía estas combinaciones de funcionamiento al molino Montoya.

4.4.8.1. Relación de la Fábrica de Luz con el molino de Montoya adyacente.

Se ha visto que, en 23 de noviembre de 1912, Agustín Merino compró el molino de Montoya que se situaba en una finca adyacente a la de la Fábrica de Luz y del antiguo Establecimiento textil. En la figura 4.13., se ha visto la posición relativa y su ubicación en los cauces de ambas fábricas. Este molino iba a molturar grano.

Se acaba de ver que en el primer año de funcionamiento 1909, de la fábrica de luz, el estiaje era un problema para dar un servicio a los primeros abonados. El promotor vio que los desagües de la Fábrica y del Molino de Montoya estaban cercanos, unos 23 metros, y que el de la fábrica estaba 0,20 m. por encima del molino. En consecuencia, las aguas del molino Montoya, en días alternos que le tocaban, se podían pasar por el cauce de arriba y tras accionar la turbina de la fábrica de luz, ser conducidas por un nuevo canal al de abajo. En consecuencia, tenía que ser propietario del molino y realizar el canal de comunicación de los desagües con sus correspondientes compuertas. La obra podía tener un coste asumible y sería preciso obtener autorizaciones del Ayuntamiento y de los restantes propietarios de los molinos aguas abajo. Se ha visto que la solución con la locomóvil en el estiaje de 1912 no fue válida y que había que pensar otra para el de 1913. Respecto a las autorizaciones de los propietarios de establecimientos aguas abajo, visto 110 años más tarde de forma desapasionada, no se modificaba para nada el régimen de cauces de arriba y de abajo y el promotor tuvo que ser optimista y pensar que la lograría tras sencillas explicaciones. La idea de

---

[65] De G. Merino a A. Merino.

comunicación aguas abajo de ambos cauces se esboza en carta de 11 de abril de 1912, siete meses antes de comprar el molino Montoya. Encargó se hiciera un croquis detallado, con todas las propiedades cercanas a ambos cauces, para ver la magnitud del problema. Este croquis, de notable claridad, inserta los nombres de los propietarios y tiene designaciones toponímicas con antigüedad de 115 años, y aparece en la figura 4. 27..

En 30 de mayo de 1913, Agustín Merino envió una instancia al Ayuntamiento de Ojacastro solicitando cortar temporalmente el camino público para pasar una alcantarilla que lleve las aguas del cauce de arriba al de abajo, la alcantarilla quedaría cubierta para dar la misma resistencia frente a las cargas que pasaban por el camino antes de realizarla. También pidió autorización para pasar carriles, sin duda para la serrería, que comunicaran sus fincas [66] y dio seguridades de que ambas obras no estorbarían al uso público de este camino. No se ha encontrado la contestación del Ayuntamiento. En 4 de junio de 1913 estaba hecha parte de la obra del canal transversal salvo el cruce de la calle.

En 14 de junio de 1913 envió una carta a Sinforiano Gill de la Cuesta en Briones, era el propietario del molino inferior al de Montoya, y era el primero que debería de contestar al tema de la desviación parcial de cauces, aguas arriba. Le explicó que este Proyecto no afectaría al molino de su propiedad en el cauce de abajo.

---

[66] En aquel año Agustín Merino tenía un huerto y una cochera, hoy chalet, al otro lado de la calle de San Julián, hoy calle de La Iglesia.

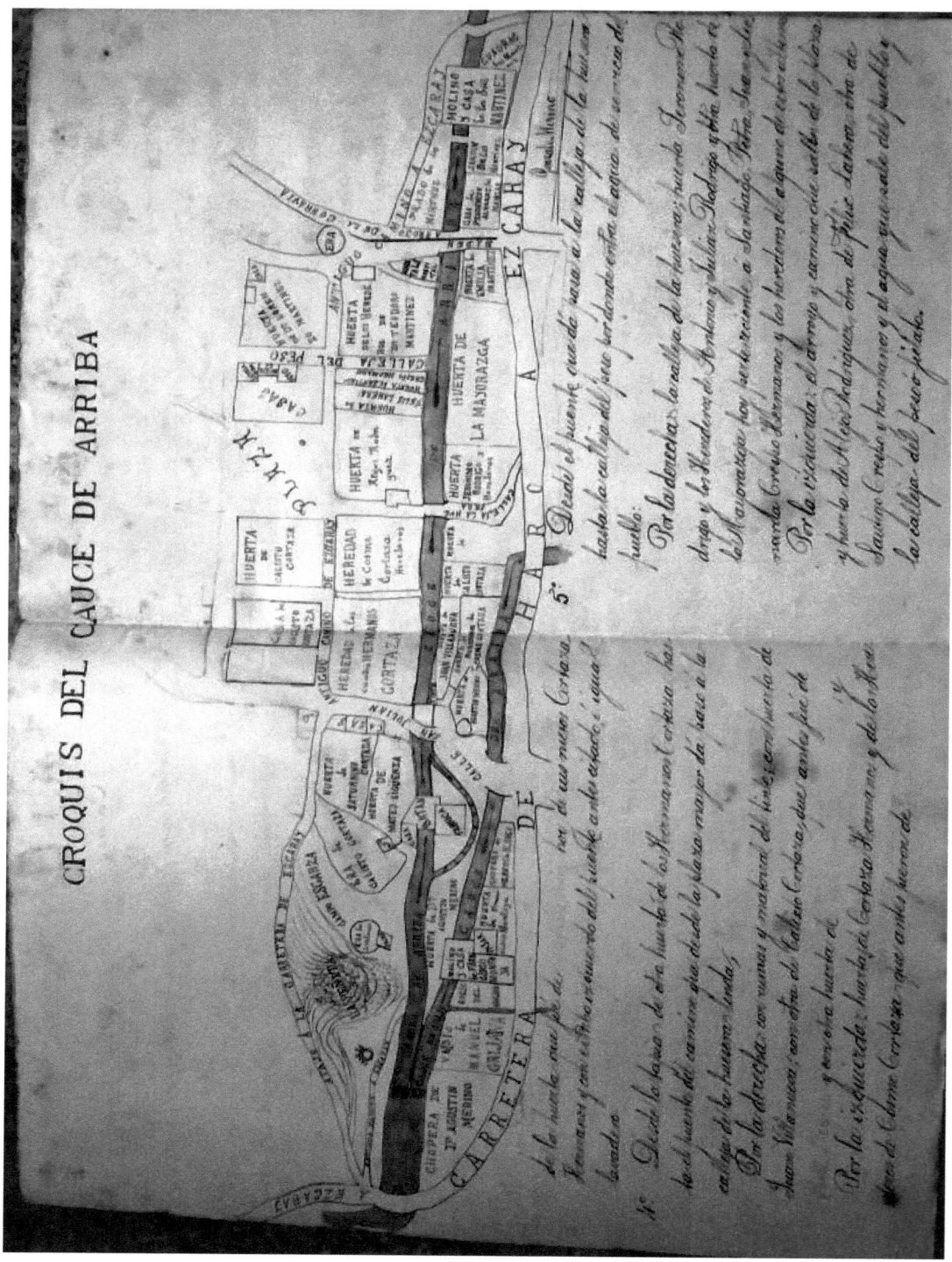

Figura 4.27. Croquis de los cauces molinares de Ojacastro con sus propiedades adyacentes. Realizado por Gonzalo Merino en 1906. Cedido por Mercedes del Río

Historia de la Electricidad en la cuenca del Oja

En la carta [67], en 19 de junio de 1913, Gill de la Cuesta le daba la negativa y además aducía ciertos derechos de propiedad sobre el molino Montoya ya que por ser avisado de forma inadecuada no pudo ejercitar el derecho de retracto, ya que justificaba que lo tenía. En la carta de 20 de junio de 1913 [68] se explicaba la exigencia de un concejal Ojacastro de que tuviera la conformidad de todos los establecimientos, era pesimista del éxito del proyecto *"Tengo ya por seguro que este año no vamos a poder usar el agua de este cauce en la Fábrica. Tienes que mirar si se vende alguna nueva locomóvil"*.

En el "Anexo Documental A-46. Conexión eléctrica entre la Fábrica y el molino Montoya. Fichero A-46.pdf " se inserta como se llevó a cabo esta conexión.

4.4.9. Transición de la Fábrica de Luz a la nueva red de Electra Posadas.

Los hitos de la transición fueron dos:

- En 1932, durante los estiajes la turbina de Gracia y la dinamo de Siemens cesan en su servicio, y la Fábrica de Luz comienza a distribuir en Ojacastro energía eléctrica de corriente alterna comprada a Electra Posadas.
- En 1º de enero de 1939 Electra Posadas unifica la red de Ojacastro con las suyas propias.

En 23 de enero de 1939, los hermanos Merino, como herederos de la fábrica de luz de Ojacastro [69], venden su negocio de suministro a Ojacastro, a la empresa Electra Posadas SA que estaba terminando su consolidación en el Alto Oja. Como los hermanos Merino también tenían intereses en Electra Posadas SA, esta fue representada por su vicepresidente Saturiano Robredo. Se ha consultado el contrato de compra – venta del que se extraen datos interesantes de la última fase histórica de la fábrica de luz.

Los vendedores indican explícitamente que la venta la hacen *"animados sin embargo por el deseo de ampliar la zona de influencia de Electra Posadas SA, en la que están interesados para unificar y mejorar los servicios eléctricos, han resuelto espontáneamente ceder el referido negocio a la nombrada Sociedad"*,

Lo primero que se ve es que el suministro interno de Ojacastro ya no se realizó en corriente continua, sino en corriente alterna trifásica. Existía una conexión de su propiedad de 1 km de longitud consistente en una línea de alta tensión compuesta de alambre de 3 mm. de hierro galvanizado [70], aisladores "Campeón" con sus soportes americanos que se apoyaba en 23 postes de pino kyanizado de 8 m. de altura. La tal línea es continuación del ramal de Electra Posadas que llegaba frente a la fábrica de lana regenerada de Félix Hernando en Ezcaray, o Fábrica de los Trapos. Esta línea se construyó en 1932, es por tanto que en este año la turbina y dinamo de la Fábrica dejaron de prestar su servicio en estiaje. Esta línea costó en 1932 la suma de 1.075 pta. Como las líneas a la caseta de distribución y desde ella eran de c/c a 3 hilos pasaban a 220/127 V sin problemas. Se tuvo que instalar un transformador de 10.000 / 220 V en la Fábrica de Luz, aunque no consta.

---

[67] De Sinforiano Gill de la Cuesta a A. Merino.
[68] De A. Merino a G. Merino.
[69] Por fallecimiento a final de 1937 de Agustín Merino.
[70] El hierro galvanizado es un mal conductor de la electricidad, frente al cobre, y al aluminio que se popularizó 25 – 30 años después. Pero primaba hacer una inversión poco costosa. No se olvide que para transportar 7 kW a 10.000 V trifásicos bastaban 0,4 A.

En carta [71] sobre este asunto se indicaba "*A la casa J Himmelsbach ya he pedido 30 postes para esta línea que con más que haya en el Almacén quedan suficiente. El coste de esta línea entiendo debe hacer Posadas o por lo menos hasta la fábrica de Trapos en que ha de hacerse consumos, y en último caso desde ésta a la Fábrica (de luz de Ojacastro) ese kilómetro costearemos nosotros, pero como no veo mucha contingencia de emplear mucha energía y nunca más de 7 kW pienso hacerlo en hierro que resultará más económico*". Aquí Gonzalo Merino distinguía entre la Sociedad Electra Posadas de la que era consejero delegado y la distribución de luz a Ojacastro que era un negocio personal de su padre Agustín Merino.

En [72] se comentaba la puesta en servicio de este ramal: "*El transformador que se bajó de Ojacastro mañana quedará instalado en su local para que así no falte servicio el día de la Magdalena [73]*".

Da otros datos muy interesantes y es el de la adquisición reciente del año anterior 1938, se había comprado el negocio muy similar, que Arturo Gandasegui explotaba en Ezcaray, esta explotación producía 4.138 pta. anuales y el precio que le pagó Electra Posadas fue de 27.000 pta. Con estas consideraciones se informa que los productos líquidos de Ojacastro fueron de 3.820 pta. para el mismo período. En consecuencia, como el precio de la cesión del negocio fue de 24.925 pta., Electra Posadas abonó 26.000 pta. por línea y cesión del negocio de Ojacastro. Con estos datos se deduce que la red de Gandasegui era parcial, y corroborados porque Electra Posadas SA tenía transformadores para el suministro a Ezcaray.

Como demostración de la situación de atonía económica en la que quedó el país tras los años de guerra civil, la dinamo Siemens se vendió, a la casa Bengoechea y Juste de Erandio, y seguramente fue muy una compra muy interesante.

4.4.10. El proyecto, montaje, puesta en servicio de la Fábrica de Luz.

De esta Fábrica de Luz se ha encontrado una documentación muy importante que no se ha visto para las demás fabricas descritas en este capítulo. Es muy plausible que ellas también tuvieran una documentación de los aspectos de gestión del proyecto, pero no se ha tenido la oportunidad de hallazgos semejantes. Se entiende que estas informaciones pueden ser excesivamente detalladas para muchos lectores, sin embargo, dado su interés para otros se ha optado por recogerlas en el "Anexo Documental A-47 "El proyecto, montaje, puesta en servicio de la Fábrica de Luz". Fichero A-47.pdf."

Como introducción a este apartado se indica, qué se ha estudiado la correspondencia que el promotor dedicó al Proyecto, construcción y explotación de la fábrica de Ojacastro, se tienen las cartas que él escribió casi completas. Para seguir el proyecto completo destacó, a partir de abril de 1907, en Ojacastro a su hijo Jose Juan Bautista y desde octubre de 1908 a su hijo Gonzalo, y poco después de esta fecha Gonzalo sustituye a Bautista y este va destinado a la gestión de otros intereses del promotor Agustín Merino. Además de dirigir epistolarmente todo el proceso, desde Bilbao, su lugar de residencia se dedicó a las compras de suministros que en su mayor parte procedían de la Villa del Nervión. Las cartas tardaban poco a pesar de que, hasta 1916 con la inauguración de ferrocarril Haro – Ezcaray, hacían el viaje Haro – Ojacastro en el coche de viajeros regular Haro – Ezcaray. En muy pocos casos urgentes se empleó el telégrafo que tenía servicio en Ezcaray, a 2 km

---

[71] Carta de G. Merino a A. Merino de 28 de enero de 1932.
[72] Carta de G. Merino a A. Merino de 19 de julio de 1933.
[73] 22 de julio de cada año. Era el día tradicional en el que se limpiaban los cauces de arriba y abajo y empezaban a llevar agua en días alternos. De esta forma la Fábrica de luz solo podía dar servicio los días que el cauce de arriba llevara agua.

de Ojacastro. Para desplazamientos locales Jose Juan Bautista y Gonzalo se servían de la bicicleta o del caballo.

La mano de obra fue local, además de peones que había en Ojacastro, y en Ezcaray oficiales cualificados de cantería, albañilería y carpintería principalmente.

Fue muy importante la intervención de Arturo Gandasegui, experto en electricidad, y con el que se tenía una buena relación personal. Además, como se ha visto en 4.2., los Gandasegui poseían la fábrica denominada "La Gloria", anterior en el tiempo y de más potencia. El promotor tenía conocimientos de derecho por su profesión de abogado, pero se nota el gran interés que tuvo por los aspectos técnicos entre los que se destacan los de las obras. Su hijo Gonzalo los fue absorbiendo y dominando, ya que cuando se hizo cargo de la gestión en Ojacastro no había cumplido los 21 años. En algunas de las cartas cruzadas sobre aspectos técnicos con Arturo Gandasegui tanto Agustín como Gonzalo reconocen que no habían estado correctos en sus apreciaciones iniciales y rectifican ¡Buena forma de aprender! Así en carta de 24 de diciembre de 1906 [74] les recomienda a la firma Riley para el Proyecto completo e indica que *"respecto a la clase o sistema de turbina que conviene; pero hay que huir del eje vertical"*

En hitos importantes de la obra, Agustín se desplazó a Ojacastro, para con su presencia asumir la responsabilidad.

4.4.11. Inversiones y rentabilidad.

Agustín Merino estuvo siempre preocupado por la rentabilidad de las inversiones que realizó en la Rioja y en particular en Ojacastro. Una parte importante de los beneficios que obtuvo como asesor de Compañías mineras en Bilbao los canalizó a la Rioja. En la correspondencia durante este proyecto de Ojacastro se han encontrado dos testimonios claros.

El 22 de mayo de 1907, en carta a Arturo Gandasegui [75] le daba las gracias por su ayuda y consejos. Indicaba que el precio de 4.600 pta. por la turbina Riley era muy caro, añadía que sobrepasaría las 15.000 pta. que se ha puesto como tope para toda la inversión alcanzando las 18 a 20.000 pta. y la rentabilidad de la inversión sería baja.

El 23 de mayo de 1907, en carta Teodoro ¿¿Gil Calleja ¿? [76] se ve que debía ser muy amigo, que le había aconsejado no siguiera adelante, y le reconocía experiencia. Indicaba que se daba cuenta que el negocio no iba a ser grande, pero continuaría para no dejar improductivo el capital invertido en la adquisición de la finca, y porque con los 12 - 15 CV podía dar luz al pueblo y rentabilizar con el 3% al capital invertido y accionar 2 o 3 sierras durante el día, e incluso la molinería pues existían 5 molinos en el pueblo ya antiguos.

4.4.12. Gestión económica de la fábrica de luz.

Se ha encontrado datos parciales de la gestión comenzando por un modelo de los recibos que se giraban en 1915 que se dan en la figura siguiente.

---

[74] De Arturo Gandasegui a A, Merino.
[75] De A, Merino a A. Gandasegui.
[76] De A. Merino a Teodoro ¿¿Gil Calleja?? (sin apellido ni dirección)

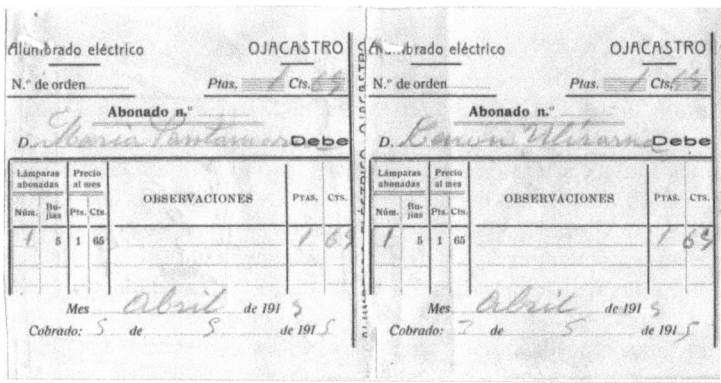

Figura 4.28. Recibos de alumbrado de la Fábrica de luz de Ojacastro.

Sobre morosidad se decía en 21 de mayo de 1911 [77]*"tengo buen cuidado la observación puesta al pie de los recibos de cortar la corriente a quien tenga dos recibos al descubierto"*

Hay datos económicos, muy parciales, que se llevan a "Anexo Documental A-48. Cuentas de la Fábrica de luz de Ojacastro", Fichero A-48.pdf"y son:

- Resumen de cobros de la Fábrica de Luz en 1909 que fue en total de 968,30 pta.
- Resumen de cobros de la Fábrica de Luz, años de 1931 y 1937, con recaudaciones anuales de 4.045,85 y 4.755,95 pta., respectivamente.

Se llevaban unas cuentas simples de explotación tales como las de caja. Se han rescatado los datos de los años 1931 y 1937 que se llevan a "Anexo Documental A-48. Cuentas de la Fábrica de luz de Ojacastro", Fichero A-48.pdf y cuyos totales de Ingresos y Pagos son:

- Ingresos y gastos del año de 1931: 4.045,85 pta., y 1.123,70 pta.
- Ingresos y gastos del año de 1937: 4.448,90 pta., y 2.194,70 pta.

También se han encontrado unas solicitudes de BAJA y ALTA de la "Contribución Industrial y del Comercio" fechadas en 6 de septiembre de 1917 y 1º de julio de 1918. Por las fechas separadas algo más de 9 meses se supone fue una suspensión parcial de actividad de la que no se ha encontrado explicación alguna.

4.4.13. Datos complementarios sobre la fábrica de luz de Ojacastro al final del siglo XX.

El autor de este libro, propietario actual de los vestigios de la fábrica de luz, se ha encontrado con los siguientes datos e incluso ha realizado alguna actuación pensando en su rehabilitación, pero las circunstancias económicas y de la concesión han hecho que lo desestime. Las mismas son las siguientes:

- Estadillo, sin fecha, en el que Agustín Merino informa sobre la situación concesional "desde tiempo inmemorial" de la Fábrica de Luz y del Molino Montoya.

---

[77] De G. Merino a A. Merino.

- Estadillo de cálculo de la producción de la fábrica de luz en 1936, de 14.620 kWh.
- Estadillo, con algunos errores, en el que se calculó la producción de la fábrica de luz en 1937 que ascendió a 17.067 kWh. Fue posible cálculo a efectos fiscales.
- 30 diciembre de 1938, es la fecha del documento de Baja de la fábrica de luz de Ojacastro de la Contribución Industrial y del Comercio.
- Se entró en el pozo de turbina en 1980, observando que el óxido lo cubría todo y que el distribuidor estaba completamente inútil, como se ve en la figura.

Figura 4.29. Turbina de Ojacastro en 1980.

- Se montó una nueva compuerta a la entrada del pozo de turbina. La antigua de madera estaba muy deteriorada, la nueva de chapa de acero se colocó en 24 de abril de 1989.
- Se dejó pasar el agua a la turbina el 30 de abril de 1989, y la vieja turbina giró con regularidad a pesar de estar muy oxidada y su distribuidor agarrotado en una posición. Alcanzó y mantuvo 120 rpm, recuérdese que su velocidad nominal era de 250. Lo hizo sin ruido y el cojinete externo de la turbina no se calentó en 25 minutos girando. El tapón de desagüe del pozo estuvo todo el rato levantado. Desaguaba bien en el canal de descarga. En 13 de mayo de 1989 giró a 84 rpm.
- En mayo de 2021 se consolidó, a expensas de la Comunidad de regantes de Ojacastro, la sangradera de la antigua fábrica de luz sita en el cauce de arriba dentro del proyecto de mejora del regadío del pueblo. Asimismo, en 2022 – 2023 se modificó el canal de carga. Se ve que los antiguos cauces molinares siguen teniendo su papel en los cultivos de los predios casi 120 años más tarde.

4.5. Zorraquin.

Por ahora no hay evidencias de que en este pueblo se implementaran soluciones aisladas. En 18 de agosto de 2018 se hicieron pesquisas con [78] que recordó conversaciones con su padre fallecido con buenas facultades y con más de 80 años. *"No ha habido molinos de agua que pudieran alimentar un pequeño generador por las noches. El grano siempre se llevó a moler a Ezcaray o a Valgañón como molinos más cercanos"*. La Fábrica de Valgañón por su poca potencia y por su distancia (3 km) es casi seguro que no diera la luz a este pequeño pueblo y es más posible que fuera alimentado

---

[78] Conversación con Policarpo Capellán Gonzalo vecino de Zorraquín.

desde Ezcaray (a 1,5 km) y con establecimientos algo más potentes. En la constitución de Electra Posadas, 12 de noviembre de 1923, no aparecía ni transformador, ni línea destinada al suministro de este pueblo y si los de las aldeas menores. Lo plausible es que tuvo distribución desde "La Gloria" que se quedó con parte de la red de Ezcaray y que fue vendida a Electra Posadas en 1938.

4.6. Santurde y Santurdejo.

En el Boletín Oficial de la provincia de Logroño de 1º de febrero de 1906, con la autorización de la línea, se citan las derivaciones a Santurde y a Santurdejo. La inauguración de Santo Domingo fue en diciembre de 1906 luego es plausible también llegara a Santurdejo y a Santurde. Dionisio Segura era nacido en Santurdejo y es muy posible que deseara que sus paisanos disfrutaran pronto de la luz.

En lo que se refiere a Santurde se ha consultado en la obra referencia Montoya Repes, en su capítulo dedicado a "Molinos", en el que se hace una extensa descripción de estos establecimientos que, obviamente podrían ser los candidatos, a finales del siglo XIX, para haber instalado una pequeña fábrica de luz parecida a las de Valgañón y Ojacastro. La relación comienza con un molino de 1392 y aparecen muchos más, pero naturalmente hay que buscar en fechas mucho más cercanas para conjeturar sobre la posibilidad que alguno de ellos se hubiera electrificado para dar luz por la noche. Sobre los que perduraron en el s. XX se ha recogido el testimonio del autor de la obra de referencia anterior [79] y ninguno de ellos se electrificó. El que hubiera sido candidato más posible para montaje de una turbina y generador es el molino de la familia Serrano, conocidos por el mote "Los Maquilas", el cual según la misma referencia funcionaba en 1915 y siguió haciéndolo hasta 1960 aproximadamente, está situado en el pago de Aliende de Santurde, a la derecha de la carretera hacia Ojacastro, antes de la cuesta de la "Caseta Puente" o "Cachucho".

Este molino conserva algún indicio de que se dedicó a las actividades de molienda, pero no a la de fábrica de luz.

Por otro lado, el río Oja, aguas abajo de Ojacastro, reduce acusadamente su caudal superficial hasta que desaparece, en las tomas de los molinos que tuvo Santurde, desde comienzo del verano y el estiaje dura hasta bien entrado el otoño. Las razones son los predios de regadío existentes aguas abajo de Ojacastro y que la Glera empieza a sumirse gradualmente por la infiltración al aluvial que está por debajo. Esta falta de caudales regulares en los cauces molinares de Santurde hacía imposible el establecimiento de fábricas de luz, por modestas que fuesen, para implantar una generación que tenía que funcionar todos los días del año.

Referidas a Santurde aparecen dos noticias concretas con sus fechas. La primera en el periódico La Rioja de 23 de enero de 1909,[80] en un reportaje del corresponsal de Santo Domingo que se transcribe *En Santurde se está tendiendo el cable que transmitirá el fluido eléctrico de Posadas, para el alumbrado público de dicha villa. Tanto este pueblo como el de Santurdejo están agradecidos a su paisano don Dionisio Segura que les trae tan importante mejora al vecindario*.

En consecuencia, a menos que se encuentre una fecha de inauguración, presumiblemente en 1909 se inició el alumbrado público a Santurde, coincidiendo con el inicio de la electrificación de Ojacastro y Valgañón. Sin embargo, un accidente mortal vino a empañar la alegría de los vecinos de este

---

[79] Alfredo Montoya Repes
[80] Facilitada por Alfredo Montoya Repes.

pueblo, es la que da la noticia [81] "*El día 26 por la noche, en el pueblo de Santurde, María Capellán Hidalgo, fue muerta por la corriente eléctrica, al tiempo que quiso arreglar la luz de su casa*".

La siguiente fecha, que se ha recogido, fue la instalación de la luz eléctrica en la parroquia de Santurde en el año de 1913 [82].

En lo que se refiere al pueblo vecino de Santurdejo se tiene según [83] que Pascual Sierra Cárdenas, el último molinero de Santurdejo, empezó a trabajar en 1955 en el molino de su padre, e indica que su abuelo lo construyó en torno a 1855. Con el salto de agua nunca se produjo electricidad, pensaron poner una turbina para generar electricidad para el propio molino, pero no lo llegaron a hacer, ya que el caudal del río era variable y había épocas de sequía que no llevaba agua, así que era inviable. Esto confirma que la luz les vino de la línea de derivación que tendió Dionisio Segura, luego continuada por Hidroeléctrica del Oja y por Electra Posadas.

Para complementar lo anterior, sobre estos dos pueblos, se trae de la escritura de constitución de Electra Posadas fechada en 12 de noviembre de 1923 "*SEIS MIL METROS (6.000 m)* [84] *de línea trifilar, de hilo de cobre desnudo para la derivación de los pueblos de Santurde y Santurdejo*" y además "*UNA CASETA para el transformador, en la que se halla instalado el material siguiente: UN TRANSFORMADOR de reducción para corriente alternativa bifásica, recibiendo la corriente en línea bifilar a 10.000 V y transformándola y reduciéndola a 110 V, 50 Hz; capacidad de 7 kVA; Dos pararrayos de antenas para alta tensión; Una placa de mármol con su interruptor tripolar para la baja tensión, y una instalación de una lámpara para alumbrado de la caseta; la Red de distribución para capacidad de 800 lámparas de 10 bujías, constituyéndola los postes, las palomillas, soportes, aisladores, cortacircuitos, hilo de cobre desnudo e instalaciones particulares*"

4.7.   Conclusiones de este capítulo

Se han presentado en este capítulo las historias de las cuatro fábricas de luz aisladas que se instalaron en el alto Oja entre 1896 y 1909, y que fueron Santo Domingo de la Calzada, Ezcaray, Valgañón, y Ojacastro. Durante este tiempo coincidieron a partir de 1906 con la central de Posadas que tuvo vocación de alimentar a varios núcleos a la vez mediante una modesta línea de Alta Tensión, esto se verá en el capítulo 5. La Cuenca del Oja vivió los cambios políticos e históricos de España desde la perdida de las colonias de Cuba y Filipinas además del inicio del desmoronamiento del sistema político propio de la restauración borbónica entre 1874 y 1931. Entre la documentación estudiada en este periodo no se han visto comentarios, de sus responsables, sobre los procesos sociales y políticos de este periodo, pero es indudable estarían muy atentos a ellos ya que se ha verificado que el diario local La Rioja dedicó un seguimiento detallado a los mismos. La historia de estas empresas, acabada de ver, la misma es muy diferente de unas a otras, pero todas tuvieron vida efímera condicionada en parte por la cortedad de los negocios que no pudieron suministrar a unas necesidades que empezaron a crecer desde la iluminación a la fuerza motriz, aunque de forma muy modesta. La documentación consultada ha sido muy distinta en calidad y en cantidad yendo desde Santo Domingo con solo archivos municipales y hemerotecas, hasta la más modesta de todas Ojacastro ya que el autor por haber heredado los archivos familiares de su promotor y primeros gestores tuvo la oportunidad de tenerlos muy completos y detallados.

---

[81] Periódico "La Rioja" de 28 de marzo de 1909, facilitado por Jose Luis Agustín Tello.

[82] Noticia comunicada por Alfredo Montoya Repes.

[83] Comunicación de Pilar Uruñuela Uyarra 2 de setiembre de 2018, procedente de su entrevista personal con Pascual Sierra Cárdenas último molinero de Santurdejo.

[84] Las derivaciones a ambos pueblos sumadas encajan muy bien en esta distancia.

LAS FÁBRICAS DE LUZ AISLADAS

También se ha visto al describir las cuatro fábricas de luz, con las que se inició la electrificación de la comarca, que tanto la industria textil como las explotaciones mineras no fueron las que la motivaron. La actividad industrial estaba limitada en su mayor parte a Ezcaray. Así en los años iniciales (1896 – 1906) la industria textil de Ezcaray tomaba su fuerza motriz directamente de las ruedas motrices para accionar batanes y telares principalmente, estas ruedas estaban en los cauces que atraviesan la villa. Solamente hubo una mina La Lealtad (Urdanta) que fue efímeramente (de 1907 a 1909) alimentada por la electricidad producida en La Gloria. En Valgañón el empuje vino dado por el alumbrado nocturno, público y privado, y durante el día se destinaba a la alimentación de las fábricas textiles, que tomaban directamente la energía mecánica de la turbina. En Santo Domingo de la Calzada, debido a la a la escasa capacidad hidráulica del río Oja en su zona, apenas pudo con el alumbrado público y urbano. En Ojacastro se comenzó con alumbrado privado que se fue extendiendo al público poco a poco y en horas diurnas alimentaba a una serrería directamente por la turbina. Queda claro que la motivación dominante, para la electrificación, fue el alumbrado en sus versiones de público y privado, de ahí su denominación como fábricas de luz de estos primeros establecimientos. Una vez visto qué la iluminación fue el factor determinante para el desarrollo de la electricidad se comprueba que los industriales que las implementaron fueron, respectivamente, Gandasegui en Ezcaray, Olazábal En Santo Domingo, Apéstegui en Valgañón, y Merino en Ojacastro. Estos pioneros viajaban y veían en ciudades importantes las ventajas de la luz eléctrica. Hay que recordar que en la transición entre los siglos XIX y XX la luz eléctrica era el paradigma de la modernización y había ganas d abandonar los tiempos oscuros. En lo que se refiere a Merino, es sabido que viajaba principalmente a Madrid, Vitoria y que tenía su residencia habitual en Bilbao en donde desarrolló su actividad profesional. Además, en 1905 visitó Londres por motivos profesionales. Por otro lado, entre 1888 y 1892 fue apoderado de la compañía Anglo American Brush Electric Ligth Corporation Limited de Londres que fue la que la que instaló el tranvía eléctrico entre Bilbao y Santurtzi. En estos viajes y actividades tuvo que ver las ventajas innegables de la luz eléctrica algunas de las cuales eran de tipo psicológico.

Los otros usos de la electricidad, energía mecánica suministrada por motores eléctricos y calor por estufas, hornillos y planchas eléctricas, como se acaba de ver en el capítulo 3, no fueron posibles. Ello estuvo condicionado por la escasa potencia de aquellas fábricas de luz que apenas podían con el alumbrado.

CAPÍTULO 5.
CENTRAL DE POSADAS PARA SERVIR UNA RED

La central de Posadas, situada en la aldea del mismo nombre y cerca del cauce del río Oja, fue la primera que se instaló para servir a una red extensa que llegaba hasta Santo Domingo de la Calzada, a unos 25 km de distancia. Además, fue el germen de la electrificación de la zona considerada y de la sociedad Electra Posadas SA, que fue con la que acabó esta historia en 1964. Hoy sigue funcionando, tras modernizaciones. Esto no es casualidad sino más bien que su emplazamiento y su diseño fueron acertados pues 115 años más tarde, en un entorno técnico y económico muy diferente, facilita su aportación energética a la red nacional. Este capítulo relatará desde sus albores como ferrería hasta la liquidación de Hidroeléctrica del Oja SA en 1915. Así se llamó al negocio tras su fase inicial de central eléctrica en la que su promotor y condueño fue Dionisio Segura Hidalgo. En la concesión publicada en el Boletín Oficial de la provincia de Logroño de 30 de julio de 1906 nº 165 solamente aparece el nombre de este señor, no se han encontrado los nombres de los otros propietarios de entonces, y Dionisio Segura actuaba con plenos poderes.

5.1. Antecedentes de la central. La ferrería de Posadas.

Merino Urrutia indica que en 1773 *"Pedro de la Torre y los Heros solicita licencia al Aytmo de Ezcaray para construir una ferrería en Posadas"*. La licencia se transcribe en García de San Lorenzo mártir, en su Apéndice V "Real Licencia para construir la Ferrería de Posadas", páginas 472 a 480. De esta licencia se trae el párrafo referente al uso del agua *"3º Que las aguas que use para el movimiento de la Ferrería, no las ha de estancar, sino dejarlas libre paso para el riego de los prados que hoy le disfrutan…"*.

Merino Urrutia dice también, un poco más adelante, que para el año de 1784 Pedro de la Torre ya ha construido la ferrería. La siguiente fecha de la referencia de Agustín Tello, "Las minas de Ezcaray", es bastante posterior, de 1871, e indica que la Sociedad Torre y Compañía arrienda la ferrería a la Sociedad Perujo e Hijos de Ezcaray.

Se exploraron ciertas posibilidades para generar electricidad, aguas arriba de la aldea de Posadas que buscaban mayores saltos que el de la ferrería. La primera fue la de Mariano Zuaznavar en 1899, pero no se llevó a cabo. A este y a otros proyectos se dedicará el Anexo Documental A-49 "Los Proyectos no realizados".

No se ha conseguido una fotografía histórica de esta ferrería, y el edificio que alberga la Central, que sigue en funcionamiento, visto desde el exterior, conserva el aspecto de la vieja ferrería, ya que las reformas siempre se realizaron en su interior.

Figura 5.1. Vista de la central de Posadas con su aspecto de ferrería antigua.

La primera noticia de su cambio de destino a la generación de energía eléctrica se trae de la referencia de AGUSTÍN TELLO, "LA INDUSTRIA ELÉCTRICA EN EL VALLE DEL OJA" que trae una noticia de "La Rioja" fechada en 4 de octubre de 1903 que dice: *"Se comenta como seguro y se cree ya un hecho, la construcción de un ferrocarril de vía ancha, de tracción eléctrica, desde ésta hasta Haro. Lo que hasta ahora se puede decir es que en la aldea de Ezcaray llamada Posadas, se está construyendo un magnífico salto de agua que se calcula su coste de 1.000.000 de reales[1] y que servirá como fuerza motriz para una fábrica de electricidad que dará luz a cinco o seis pueblos. Esto es lo que hoy podemos decir. Parece que una de las personas interesadas en esa Sociedad dijo a algunos amigos lo que expongo en mi primer párrafo, o sea que, teniendo gran cantidad de fuerza, su pensamiento era construir un ferrocarril de Santo Domingo a Haro. Como quiera que ese señor ha invertido gran capital en el Salto, es de suponer pide ayuda material y en darla debe estar este pueblo, concediéndosela con su capital y suscribiendo pedidos por el total de acciones, pues se sabe también será también una Sociedad Anónima".* El promotor era el industrial Dionisio Segura Hidalgo, que jugó un papel fundamental en los primeros años de esta historia. La noticia sobre el FFCC eléctrico la noticia de 10 de mayo de 1904 aparecida en la "Revista La Energía Eléctrica" de Madrid: *"Publicaba esta revista la noticia de que se iba a construir un ferrocarril de tracción eléctrica, monorraíl, entre las localidades de Haro y Ezcaray, con el cual se podría alcanzar una velocidad de 100 kilómetros por hora. Para ello – decía esta publicación – se aprovecharía la fuerza de un salto de agua de 17 m. de desnivel y 700 litros por segundo situado en el cauce del río Oja o Glera, cuyo dueño o representante era Don Dionisio Segura, vecino de Madrid"* Lo del ferrocarril eléctrico era una quimera, técnica, económica y empresarial, como el tiempo lo demostró.

5.2 Autorización a Dionisio Segura para la central de Posadas.

No se ha localizado la concesión, su fecha está en la carta [2], y tuvo lugar en 23 de julio de 1903. En el BOPL de 30 de julio de 1906 nº 165, páginas 605 y 606 está con fecha 28 julio de 1906 en la "Sección de Obras públicas – AGUAS" Con la autorización para derivar 1.200 l/s de agua del Río Mayor y 600 l/s del Río Altuzarra. Y con saltos de 17,73 y 20,53m., respectivamente para el edificio

---

[1] Que equivalía a 250.000 de las antiguas pesetas, moneda legal en aquel año, aunque se usaba el real todavía para impresionar con cifras grandes, o como unidad fraccionaria en el día a día.
[2] Carta de G. Merino a A. Merino de 8 de mayo de 1929.

ferrería de Posadas utilizables en producir energía eléctrica y mover sierras mecánicas. Transcrita en "Anexo Documental A-7. Autorización conseguida por Dionisio Segura para la instalación de la Central de Posadas". Fichero A-7.pdf. De este documento llama la atención la condición 6ª en lo que se refiere a la altura de las presas y la forma de comprobarla, se transcribe la misma a continuación. "*6ª. Las alturas de las presas serán las que actualmente tienen, pero se dejarán referidas a placas de hierro con las señales correspondientes que se empotrarán en puntos fijos del terreno, para que en todo tiempo sea fácil comprobar las alturas de las coronaciones que no deben alterarse en modo alguno al efectuar las reparaciones que fuesen necesarias en lo sucesivo.*" Dentro de este capítulo, en su apartado 5.5., se verán las polémicas y avatares de esta concesión, ya que parte de ellas fueron por la misma.

5.3.   Circuito hidráulico de la central de Posadas.

El circuito hidráulico de esta Central tenía dos tomas, la principal sobre el río Oja, llamado Mayor en este tramo, con un caudal de 1.200 l/s, y otra secundaria sobre el río Altuzarra de 600 l/s. Ambas confluían sobre un depósito de carga situado encima de la central. Esta central, modernizada funciona en la actualidad, mantiene los datos básicos del circuito hidráulico. El azud de toma sobre el río Mayor se vio en la figura 1.17., del capítulo 1. El canal de derivación al depósito de carga de la central parte del estribo derecho del azud, y la figura siguiente es una vista antigua con su arranque. Se observa una compuerta de aliviadero, además de las rejillas para evitar la entrada de hojas y ramajes en el canal. Este azud está situado en el pago "prados de Berrobarrena".

Figura 5.2. Azud de Posadas sobre el río Mayor, compuerta de aliviadero, rejillas de toma y comienzo del canal. Fotografía de 1963.

La vista del canal, de fecha en torno a 1920, se ve en la figura que sigue. Se aprecia, bastante bien, que estaba construido con la forma trapecial adecuada, aunque su revestimiento no presentaba la regularidad de un canal que llevaría pocos años en servicio, conforme al proyecto de Segura de conversión de la antigua ferrería en central eléctrica.

Figura 5.3. Canal de la Central de Posadas. Tomada a unos 240 m aguas arriba del depósito de carga[3]. Facilitada por Francisco Javier Díez Morrás. Con cesión puntual para reproducción y distribución de la FOTOTECA DEL PATRIMONIO HISTÓRICO Archivo del Conde de Polentinos. Son dos vistas adecuadas para visión estereográfica.

La otra aportación procedente del río Altuzarra se hacía con un azud muy sencillo, actualmente está cubierto por maleza, pero cumple su función. Es una pared, con compuerta sencilla para que pase caudal al río. De uno y otro azud partían, hacia el depósito de carga, los respectivos canales. En algunas partes eran sobre roca, y presentan, actualmente, reparaciones puntuales de mortero de cemento en masa, con un acabado muy rugoso. Ambos transcurren paralelos a caminos transitables, sobre todo el de Altuzarra que permite el paso de turismos. El depósito de carga, visto en la figura 1.18., del capítulo 1, está muy modernizado tras la remodelación de la central con su cerca de seguridad y limpia rejas automático. La restitución de los caudales turbinados se realiza con galería, bajo los prados aguas abajo de la central y de la confluencia del Altuzarra en el río Oja. Actualmente en el depósito de carga, al recibir el agua procedente del canal de Altuzarra, pierde aproximadamente 1,50 m. en su entrada. En la figura 1.4., del capítulo 1 se ve el perfil altimétrico del río en este tramo. En la tabla, que sigue, aparecen los datos de los niveles del circuito hidráulico.

	Río Mayor	Río Altuzarra
Cota del labio superior del azud (m)	977	
Cota fondo de azud (m)	975	978
Cota lámina agua depósito de carga (m)	974	
Cota restitución al río (m)	957	
Salto bruto (m)	17	
Salto bruto turbina grande actual (m)	16,70	
Cota tablero puente da la Herrería (m)	961,74	

5.4. Autorización para tender la línea a 10.000 V. hasta Santo Domingo de la Calzada. Su descripción y pueblos servidos.

Se sabe que, en febrero de 1905, Segura está tendiendo la línea desde la Central de Posadas hasta Santo Domingo en su paso por Ojacastro, ya que el 15 de ese mes Manuel Torija y Eleuterio

---

[3] Esta fotografía ha sido estudiada y su ubicación buscada en la actualidad por Jorge Matey Valderrama.

Azcarate, ambos en nombre de Segura, se excusaron a Agustín Merino ya que no habían contado con su permiso, para el tendido a su paso por las fincas de Merino en ese pueblo. El 25 del mismo mes Agustín Merino concede el permiso a Segura para paso de línea por dos de sus fincas afectadas en Ojacastro.

El periódico [4] dice sobre el tendido eléctrico a Santo Domingo de la Calzada desde Posadas. "*Ya vemos la línea de luz eléctrica que de Posadas ha de conducir fluido a esta ciudad. Los trabajos de colocación de los postes se hacen en nuestra jurisdicción; será fácil que terminen la semana que viene y que tengamos luz para mayo o junio, lo más tarde*". En 29 de enero de 1906, Dionisio Segura recibió autorización para tender la línea a 10.000 V entre Posadas y Santo Domingo con derivaciones a pueblos intermedios. Apareció en el BOPL de fecha 1º de febrero nº 25, páginas 93 y siguientes. Por su interés ya que facilita detalles se transcribe al "Anexo Documental A-16. Autorización de la línea de transporte y las de distribución a Dionisio Segura. Fichero A-16.pdf." Resumiendo, el apartado 5.2., y este 5.4., sobre autorizaciones se trae la noticia del periódico [5] que dice "*Por la Dirección general de Obras Públicas, se ha concedido autorización a don Dionisio Segura para instalar una central y líneas conductoras del fluido eléctrico en la villa de Ezcaray y para suministro a los pueblos del partido de Santo Domingo.*"

La noticia de [6] decía que en 25 de noviembre se había inaugurado la Central Eléctrica que, en Ezcaray (Logroño), había montado la A.E.G. THOMSON HOUSTON IBERICA, para Dionisio Segura, suministrando fluido eléctrico al citado pueblo, Santo Domingo y otros varios. Esta inauguración es el día anterior del suministro a la ciudad de Santo Domingo. En una carta de Benito Gandasegui a Agustín Merino se ve que el suministro parcial de luz a Ezcaray en la parte servida por Segura se inició el 16 de diciembre de 1906.

5.5. La polémica entre Segura y Gandasegui sobre el Proyecto e instalación de Posadas.

En el apartado 4.2., del capítulo 4, se han descrito los negocios eléctricos de Benito Gandasegui, para el suministro eléctrico del casco urbano de Ezcaray, iniciados unos años antes que los de Dionisio Segura con la central de Posadas. Entre estos dos promotores hubo una polémica que se publicó en el periódico de Logroño "La Rioja". Esta polémica se logrado traer, con mucho detalle, y precisamente por esto se ha llevado al "Anexo Documental A-50 con el título La polémica entre Segura y Gandasegui sobre el Proyecto e instalación de Posadas. Fichero A-50.pdf "

La misma toca los siguientes aspectos: Las autorizaciones con las que contaba cada fábrica; Desarrollo de la polémica; Comentarios a las afirmaciones de cada parte, y Puntos de vista del autor.

El desarrollo de la polémica se detalla en A-50.2. del referido Anexo Documental y se extendió entre 1º de octubre de 1905 y 30 de enero de 1907. Los escritos en "La Rioja" tuvieron más frecuencia en el primer mes decayendo poco a poco.

---

[4] La Rioja de 12 de marzo de 1905.
[5] La Rioja de 11 de octubre de 1906.
[6] La Rioja de 10 de diciembre de 1906.

5.6. Descripción de la central de Posadas y de su red.

En lo que se refiere a su aspecto externo no ha variado demasiado desde los años de Segura, incluso hasta actualmente con su rehabilitación, en 1989, por los Hermanos Campo Marín, sus actuales propietarios, e incluso bajo las propiedades anteriores de "Hidro – Eléctrica del Oja SA", "Comunidad Electra Posadas", "Electra Posadas SA" e "Iberduero SA".

La primera descripción detallada de las máquinas y aparatos instalados en esta central, y de su red de transporte y distribución procede de la Escritura de constitución de "Hidro – Eléctrica del Oja SA" de 25 de setiembre de 1912 que figura en "Anexo Documental A-51. Escritura de constitución de "Hidro – Eléctrica del Oja SA" de 25 de setiembre de 1912". Fichero A-51.pdf", y está dividida en partes que se resumen principalmente en:

- OBRAS HIDRÁULICAS. Comprendiendo: Tubería y turbinas, presas de derivación en los ríos Mayor y Altuzarra, canales de carga, depósito de carga, tubería forzada, turbina horizontal de 180 CV (132 kW) y 430 rpm, canal de desagüe en túnel.
- MATERIAL MECÁNICO Y ELÉCTRICO DE LA CENTRAL. Alternador trifásico de 145 kVA, con su excitatriz de corriente continua, transformador elevador de 150 kVA, una máquina de vapor horizontal de 30 CV (22 kW).
- Un cuadro de distribución con aparatos de medida, maniobra y protección.
- LÍNEAS DE ALTA TENSIÓN Y TELEFÓNICA. 26 km., de línea general de transporte a 10.000 V., desde la Central a Santo Domingo. Otras de derivación 26 km. de línea bifilar para el teléfono. Esta línea telefónica se disponía sobre los mismos postes y apoyos que la línea de transporte de alta tensión acabada de describir.
- REDES DE DISTRIBUCIÓN, PUESTOS DE TRANSFORMACIÓN E INSTALACIONES. En los núcleos de población servidos.
- MAQUINARIA CUYO MONTAJE SE ESTÁ PRACTICANDO. Dos calderas de vapor "de Naeyer" con potencia de 180 CV (132 kW) y una máquina de vapor "compound" de gran velocidad "Westinghouse" de 160 CV (118 kW).

5.7. El funcionamiento histórico de la central de Posadas.

Se han logrado pocas noticias sobre el funcionamiento del negocio de luz eléctrica de Dionisio Segura desde la central de Posadas a la zona de Santo Domingo.

Sobre el hecho de que la central tuvo, en el comienzo de la segunda década del s XX, accionamiento por vapor solo se han visto datos en la escritura de constitución de "Hidro Eléctrica del Oja". Lo que parece es que el servicio con vapor fue efímero. Podría ayudar alguna referencia sobre los combustibles, que podrían haber sido, leña de los montes cercanos, carbón vegetal producido localmente con esta leña, o bien carbón mineral transportado desde lejos. Sus poderes caloríficos son muy diferentes y crecientes en el orden de los tres combustibles citados. La leña y el carbón vegetal agravarían la deforestación de la sierra de la Demanda ya muy patente entonces. El carbón transportado desde lejos sería mucho más caro, cabe la posibilidad de que Dionisio Segura sindicara sus compras de carbón vegetal con algunos industriales de Ezcaray que empleaban máquinas de vapor, aunque tendría que pagar por transportarlos 11 km., hasta Posadas. Hay que consignar que, en el Balance de liquidación de la Sociedad, véase apartado 5.10., de este capítulo, aparece en el Activo una partida de "*Leñas y carbones de 200 pta.*"

Se ha recogido un comentario [7] sobre el uso del carbón en Ezcaray que es el que sigue: "*Había otras fábricas que tenían vapor por los estiajes hasta los años 60 del s XX, Nicolás García, Sillerías Segura , fábrica "La Mantequilla" de Jorqui ...,el combustible solía ser leña por comodidad, sin embargo en Ezcaray se hizo carbón vegetal desde tiempo inmemorial, se adjudicaban las solanas del monte para quemar las escobas y berozos [8] y en primavera se sacaban sus raíces para carbón, pero algunos inteligentes preferían mochar las hayas para hacer carbón que tiene más fuerza*".

Sobre la producción histórica de esta central, no se han encontrado datos del período 1906 – 1915 que es el cubierto en este capítulo. Sin embargo, para dar una idea se facilitan la de unos años en los que operaba integrada en la red de Electra Posadas SA.

- En 1962   138.505 kWh
- En 1963   248.839 kWh
- En 1965   113.000 kWh

5.8.   Constitución de Hidroeléctrica del Oja S.A. con la central de Posadas.

Poco tiempo duró la gestión de la central de Posadas bajo la propiedad de Dionisio Segura ya que pasó en 1912 a Sociedad Anónima. Hay una noticia [9] que decía "*Muy pronto se va a constituir una sociedad anónima para explotar la energía eléctrica que produce la fábrica de Posadas (Ezcaray) y acaso se dedique a otros fines. Esto lo dirán sus estatutos, más cuando se funde, lo haremos público con verdadera satisfacción, ya que es noticia importante.*" Es claro que la noticia anterior está relacionada con la futura Sociedad Anónima Hidroeléctrica de Oja que se constituyó por Dionisio Segura y otros en 25 de setiembre de 1912, como se acaba de mencionar. Se trae en la figura 5.4., la reproducción de una de sus acciones, que por su antigüedad no es muy legible.

El capital social escriturado era de 400.000 pta. Estaba formado por 400 acciones y 400 obligaciones hipotecarias todas de valor nominal de 500 pta. En el momento inicial las acciones que se desembolsaron fueron 275 y las obligaciones hipotecarias desembolsadas fueron también 275. No se ha obtenido la evolución temporal del número de títulos desembolsados. Se sabe que en la Junta de liquidación había 263 acciones desembolsadas, y es muy posible que la diferencia de 12 hubiese sido amortizada. Sobre las obligaciones más adelante, en 27 de enero de 1915, se acuerda poner en circulación 135 que había en cartera, que dan 410 en total número que es superior a las 400 que formaron el capital inicial en obligaciones. De los Estatutos se dan los comentarios que siguen:

- Hubo tres personas (Segura, Somovilla y Puchades) y parece que los dos primeros eran los propietarios de los edificios y las propiedades que los circundan en proporciones del 26% y el 74% respectivamente. Puchades parece que solamente aportó los puestos transformación y redes de distribución de Azarrulla – San Antón, Zaldierna y Ezcaray.

---

[7] Recibido de Jose María García Calvo
[8] Localismo para designar la planta de brezo.
[9] Periódico "La Rioja" 18 de junio de 1912. Transcrita por Jose Luis Agustín Tello.

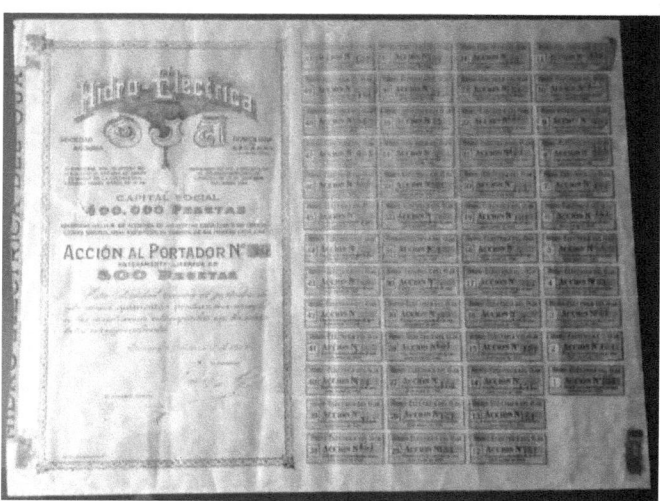

Figura 5.4. Acción de Hidroeléctrica del Oja SA. Cedida por Jose Antonio Uruñuela Sierra

- Somovilla había obtenido su aportación por compra a un grupo de diez personas pocos días antes de la fecha de esta escritura, en concreto el 21 de agosto de 1912.
- No está claramente expresado, pero parece que Segura aporta toda la maquinaria y redes.
- Pero a la hora de adjudicarse las acciones y obligaciones de la nueva Sociedad se le adjudicaron a Segura 250 acciones y 250 obligaciones, reservando 25 de cada clase al capital flotante, es decir que tanto las acciones como las obligaciones desembolsadas en circulación eran 275, y quedan por lo tanto en cartera 125 acciones y 125 obligaciones.
- El hecho de que las obligaciones fuesen hipotecarias causó muchos problemas en la liquidación de la Sociedad que, desgraciadamente, tuvo lugar tres años más tarde.
- Había unos pactos especiales que aparentaban ser favorables a Segura.
- Unos días más tarde en la "Escritura de aclaración sobre "Hidro – Eléctrica del Oja SA" de 8 de noviembre de 1912", véase en "Anexo Documental A-52. Escritura de aclaración sobre "Hidro – Eléctrica del Oja SA" de 8 de noviembre de 1912". Fichero A-52.pdf", lo que decía en uno de sus párrafos "*250.000 pesetas en acciones y obligaciones por mitad que se adjudican a Don Dionisio Segura, Don Alejandro Somovilla y Don Emilio Puchades como expresión de las aportaciones efectuadas y según sus respectivos créditos*" a juicio del autor, más de cien años más tarde, solo es una declaración de intenciones.
- Resumiendo, parece ser que la Sociedad que se constituyó fue excesivamente tutelada por Dionisio Segura.

A falta de datos la situación económica, en estos momentos de final de 1912, parecía muy apurada para Dionisio Segura ya que en 15 de diciembre se convocó una Junta de accionistas para el 26 del mismo mes. Se transcribe el anuncio de convocatoria [10]: "*Hidro – eléctrica del Oja. Sociedad anónima. Ezcaray. En cumplimiento de los dispuesto en el art. 28 y la primera de las disposiciones transitorias de los Estatutos de esta Sociedad, se convoca a Junta general para el día veinte y seis*

---

[10] Cedido por Jose Luis Agustín Tello.

del actual a las tres y media de su tarde, la cual tendrá lugar en esta villa en el domicilio social, Mayor, 18. Ezcaray, 15 de diciembre de 1912. – El presidente del Consejo provisional, Emilio Puchades."

Se ve que la sociedad todavía no tenía elegidos sus rectores ya que firma la convocatoria Emilio Puchades, como presidente del Consejo provisional. Poco más adelante el diario "El defensor de la Rioja" de Logroño publicaba, en 5 de enero de 1913, que ha sido elegido por aclamación el siguiente Consejo de Administración:

- Presidente, don Emilio Puchades. Teniente coronel retirado de la Guardia Civil.
- Vicepresidente, don Avelino Palacio. Abogado y Propietario.
- Director – gerente, don Francisco Aranjuelo. Industrial (Corresponsal del Banco de España).
- Secretario, don Telmo Poves. Banquero (Corresponsal del Banco de España).
- Vocales:
    o Don Alejandro Somovilla. Propietario.
    o Don Virgilio Oraá. Director del Banco Riojano.
    o Don Pedro Gancedo. Comerciante y propietario.
- Suplentes:
    o Don Ulises Escudero
    o Don Arcadio Alesanco.

La sociedad tenía problemas económicos y para disipar los probables rumores negativos en 30 de enero de 1913 publicaba un anuncio en el que informaba de la prosperidad que apuntaba el negocio en sus tres últimos meses del año de 1912, y destacaba:
- Capital emitido 400.00 pta., en circulación 275.000.
- Concesión hasta 350 HP (261 kW) (haciendo embalses adecuados) [11].
- La Sociedad se había hecho cargo de un negocio ya en marcha o montado, aunque deficientemente. Se palpaban mejoras inmediatas.
- Estaba haciendo mejoras que podrán pasar del servicio de alumbrado nocturno a ampliaciones del mismo y fuerza motriz. Se haría expansión a pueblos limítrofes. De la fuerza instalada solo se empleaba menos del 40% y solamente de noche.
- En los tres meses que está operando ha dado un beneficio del 5% para obligaciones y del 7,17% para acciones.
- El negocio era MUY BUENO, además las expectativas del ferrocarril en puertas y la explotación de un coto minero de gran importancia lo permiten asegurar.

Las expectativas del anuncio eran, por desgracia, muy optimistas como en poco tiempo se vio. De ellas sobre todo la cortedad del mercado solamente de alumbrado, que no generaba ingresos inmediatos, hizo que la sociedad no despegara. La expectativa del ferrocarril tardó 3 años en cuajar y además hubiera necesitado más potencia que la de Posadas. La minería ya se había convertido, para 1912, en un fracaso, véase el trabajo inédito de Agustín Tello sobre la misma.

---

[11] Está asumiendo una eficiencia global del 87% sobre el valor teórico obtenido de los datos concesionales. MUY OPTIMISTA. No indica donde se harían los embalses.

Había una información en [12]: "*Mejoras en el servicio eléctrico. Para mejorar el servicio de alumbrado, la Compañía de Electricidad del Río Oja [13], ha traído un ingeniero de AEG de Bilbao, que ya se encuentra en Posadas (Ezcaray). Se colocará un alternador nuevo y el vapor trabajará separadamente, cuando el agua no pueda servir como fuerza motriz*".

En el BOPL [14] se informaba de la Contribución industrial que pagaban ese año los industriales que en Ezcaray que aprovechaban la energía hidráulica. Aparece Dionisio Segura con dos partidas que suman 558,90 pta., indicando 60 kW de electricidad.

En "Anexo Documental A-53. Listas de obligacionistas de Hidroeléctrica del Oja. Fichero A-53.pdf" se dan las listas de obligacionistas en dos momentos de la vida de esta empresa.

5.9.   Funcionamiento de Hidroeléctrica del Oja S.A.

Pocas noticias y datos se han logrado del funcionamiento de esta Sociedad, solo las que siguen. En una carta [15], en pleno proceso de liquidación de la Sociedad, véase apartado 5.10., se extracta "*....exigiría el pago de intereses de pta. 8.337,50 que es aproximadamente la total recaudación anual ...*", por lo tanto, la recaudación anual se puede suponer en torno de las 10.000 pta., muy escasa y si se compara con el capital nominal desembolsado de 275.000 era solamente de un 3,6%, y eso sin tener en cuenta los gastos propios del negocio que ya en la escritura de Constitución 3 años antes se habían cifrado en 7.900 pta.

En [16] se informa: "*Fuertes nevadas en la Comarca del Oja. Informaba el corresponsal en Santo Domingo que, a causa de la dureza del clima, el coche correo que baja de Ezcaray a las 8 de la mañana, llegó ayer a las 12, y por la tarde el correo que vuelve de Haro a las 5, no pudo subir a la Sierra, teniendo que quedar la valija en la Administración de Correos. Todo ello debido a la enorme capa de nieve que ha caído desde Santurdejo a Ezcaray y más arriba. Asimismo, informaba que el Oja llevaba un grandísimo caudal de agua y que a causa del temporal la Hidro Electra de Posadas tenía sin luz a sus abonados de Santo Domingo.*"

5.10.   Avatares de Hidroeléctrica del Oja S.A. y su liquidación.

Los problemas económicos, que ya eran bastante claros, se manifiestan públicamente en el anuncio a Junta General extraordinaria convocada para el día 6 de agosto de 1913, es decir sin cumplirse el año de la vida de esta nueva sociedad, con el anuncio [17] que se transcribe a continuación:

"*Hidro – Electra del Oja. SOCIEDAD ANÓNIMA. EZCARAY. 1443. Con arreglo al artículo 30, apartado A, de los estatutos de esta Sociedad y por acuerdo de su Consejo de Administración, se convoca a junta general extraordinaria para el día 6 del próximo mes de Agosto y hora de las diez de su mañana en el domicilio social, calle Mayor, número 18, Ezcaray, para tratar de los asuntos siguientes: 1°. Manera de allegar fondos para atender a las obligaciones y atenciones de la Sociedad; y 2°. Procedimiento que debe seguirse para que ingrese en la Sociedad el material*

---

[12] Periódico "La Rioja" 1 de abril de 1913, Facilitada por Jose Luis Agustín Tello
[13] Es una forma no exacta de referirse a Hidroeléctrica del Oja
[14] Boletín Oficial de la provincia de Logroño del 6 de mayo de 1913.
[15] Carta de 13 de noviembre de 1915 de D. Segura a A. Merino.
[16] Periódico "La Rioja" 20 de diciembre de 1915. Transcripción de Jose Luis Agustín Tello.
[17] Cedido por Jose Luis Agustín Tello.

eléctrico que ya tiene satisfecho. Ezcaray, 21 de Julio de 1913. El Gerente interino, Pedro Gómez García. – VºBº: El presidente, Emilio Puchades."

Se extracta íntegramente una circular a los obligacionistas de 26 de enero de 1914, la Sociedad llevaba constituida 16 meses en la que claramente se manifiestan los problemas económicos por los que atraviesan

"A los Sres. obligacionistas de la Sociedad Anónima Hidro – Eléctrica del Oja, domiciliada en Ezcaray. Muy Sres. Míos: la Sociedad Anónima Hidro – Eléctrica del Oja, el día 22 de enero de 1914, celebró Junta General de accionistas, y en ella como asunto de capital importancia trató de pagar los cupones de las obligaciones contra dicha Sociedad, vencimiento 1º de julio de 1913 y 1º de enero de 1914, encontrándose los accionistas en la imposibilidad material de atender tan justas deudas.

Las causas de esa imposibilidad, obedecen a vicios de origen y constitución de dicha Sociedad, cuales son entre otros el haber sido constituida con un capital mitad en acciones y otra mitad en obligaciones, sin aportar dinero los accionistas y al solo objeto de cobrar créditos que tenían contra el dueño anterior de la fábrica; la necesidad de hacer adquisiciones de importancia para asegurar el servicio, entre ellas, la compra de un alternador, el montaje de una máquina de vapor, operación que resultó costosísima y que la Sociedad hubo de practicar en la forma iniciada, para salvar responsabilidades, que podrían exigir la casa vendedora y el anterior dueño de la fábrica de luz eléctrica y la necesidad de reforzar la línea de transporte de energía de 26 kilómetros, muy descuidada.

En un año de existencia esta Sociedad estaba incapacitada con los ingresos ordinarios de solventar esas dificultades que amenazaban con la muerte de la Sociedad, y además reunir los fondos precisos para pagar a los obligacionistas los cupones, pero esto no obsta, a que la sociedad se desenvuelva en espetación (sic) de pagar muy prono todas sus deudas, y atender como es justo a los tenedores de obligaciones, y tan lo cree el que suscribe, que ha dado su firma en unión del presidente D. Emilio Puchades para obtener a préstamo el dinero necesario a satisfacer las atenciones pagadas.

La Sociedad Anónima Hidro – Eléctrica del Oja, ya que no puede entregar como desea, a los obligacionistas el importe de los cupones vencidos, quiere ofrecer a aquellos una compensación razonable del perjuicio que les causa y así en dicha sesión, al acordar suspender el pago de dichos cupones en dinero, acordó también por unanimidad, dejar a los obligacionistas el derecho, o de cobrar sus cupones, en obligaciones, que la Sociedad guarda en cartera al tipo de emisión, o de cobrar el interés legal de los pagos aplazados a la fecha en que se satisfagan los cupones.

Y habiendo la Sociedad en Junta general de accionistas comenzada el día 22 de enero del año actual, de continuarla el día 10 de febrero en su domicilio social de Ezcaray, invita a los señores obligacionistas a que, si lo estiman, debidamente, documentados, puedan concurrir a dicha Junta en la cual verán los libros de la Sociedad y podrán hacer las observaciones que estimen conveniente al acuerdo transcrito

De los señores obligacionistas afcmo, s.s. q.b.s, m.

Por acuerdo de la Junta general de accionistas. El vicepresidente de la Sociedad Hidro – Eléctrica del Oja. Avelino Palacio

Ezcaray, 26 de enero de 1914."

Pero siguieron los apuros económicos porque el Vicepresidente Avelino Palacio, convocó en 30 de octubre de 1914 transcrita parcialmente: *"a los señores accionistas de dicha Sociedad a sesión general extraordinaria, que se celebrará el día 17 de noviembre próximo, en el domicilio social en Ezcaray, a las 11 de la mañana, para tratar el asunto siguiente: « Estado económico de la Sociedad Hidroeléctrica del Oja y medios para resolver las dificultades con que tropieza la Sociedad para cumplir sus obligaciones»"*

Se desconocen los acuerdos de la Junta de 17 de noviembre, pero según un anuncio aparecido en [18] se hablaba de otra Junta general de accionistas, celebrada en 27 de enero del mismo año, para poner en circulación Obligaciones como forma de recapitalizarla. Se extracta el cuerpo del anuncio: *"Junta general de accionistas, en su reunión de hoy, ha acordado poner en venta 135 obligaciones hipotecarias de la misma de 500 pesetas cada una y un interés anual de 5% que tiene en cartera. Los pedidos pueden hacerse hasta el 15 de febrero próximo y hora de las 6 de la tarde al banquero de Santo Domingo de la Calzada, don Telmo Poves, o directamente en las oficinas de la Sociedad, por el número de obligaciones que cada uno desee, no admitiéndose proposición que no cubra el 60% de su valor nominal. La adjudicación se hará a los mejores postores, y si el número de obligaciones solicitadas excediere de las 135 que se ponen en venta, se hará a prorrata de las pedidas. El pago se hará de una sola vez, a la entrega de los títulos. ... Por el Consejo de Administración ... El Gerente, Pedro Gómez García"*. Se ve en el anuncio que las obligaciones se pueden adquirir con una importante prima de 200 pta., sobre el nominal ¡Claro indicio de la necesidad perentoria de la Hidroeléctrica para hacer caja!

La oferta no se cubrió, pues se obtuvieron solamente 40.500 pta. (81 obligaciones), que no fueron suficientes y en reunión del Consejo directivo de 6 de julio de 2015 acuerdan poner en circulación otras 82 Obligaciones Hipotecarias de 500 pta., e interés del 5%.

La situación económica de Hidroeléctrica del Oja empeoró rápidamente, las 82 Obligaciones Hipotecarias, citadas anteriormente, no se pudieron colocar y por lo tanto la Sociedad estaba abocada a su disolución. La Junta General extraordinaria, en la que se acuerda la disolución, fue de 20 de agosto de 1915 y de esta reunión existe el Acta nº 24 que se ha recogida notarialmente en Escritura Autorizada por Don Antioco Saiz Martín, Abogado: Notario de Ezcaray, en 7 de septiembre de 1915. Se transcribe este documento en "Anexo Documental A-54. Autentificación Notarial del acta nº 24 de la Junta general extraordinaria de liquidación de "Hidroeléctrica del Oja" de 20 de agosto de 1915. Fichero A-54.pdf". Los primero que se comprueba es que los anteriores socios Administradores y Gestores han desaparecido, que asisten a la reunión tres socios únicamente propietarios de 180 acciones. Las acciones emitidas y en circulación eran 263, sus 2/3 para que la Junta fuera válida eran 176, por lo que la Junta se pudo constituir. Los tres socios propietarios eran, Telmo Poves, Alejandro Somovilla y Manuel Torija. Se ve que aparece también Jose Juan Bautista Merino, hijo de Agustín Merino, como secretario del Consejo y posteriormente Liquidador.

Dos días antes de la Junta de disolución hay una carta [19], que da algunos pormenores y se transcribe parcialmente *"Sobre Hidroeléctrica del Oja. ... Ya sabes tú, sin que se lo repita a Bautista, de que diferente condición son las acciones y obligaciones de la Sociedad, que no supieron distinguir los que constituyeron la citada y que parece siguen confundiendo como si fueran una sola cosa. La Sociedad en la Junta podrá declarar perdido todo el capital, que son pta. 200.000 y por ello disolverse y quedar en liquidación, pero no puede acordar cosa alguna que se oponga al pago de las Obligaciones y sus intereses, de lo cual responden todos sus bienes hipotecados. Ten pues mucho cuidado en lo que acordáis, o salva el voto pues el poseedor de una sola obligación puede poner en quiebra la Sociedad. Lo que yo creo que sobre esto podéis acordar solo, es citar a una reunión privada a todos los obligacionistas y demás acreedores que existan según balance que se presente para que, disuelta la Sociedad, por pérdida de Capital, digan si quieren hacerse cargo de todos los bienes existentes en pago de sus créditos. No cabe más que esto o que la Sociedad encuentre quien pague el importe de las acciones emitidas (en circulación) pta. 160.000, los*

---

[18] Periódico La Rioja 31 de enero de 1915.
[19] Carta de 18 de agosto de 1915 de Agustín Merino a Gonzalo Merino.

intereses debidos y demás débitos y así entregar la Fábrica, red etc. libre al comprador, cancelando la hipoteca. ...". El contenido de esta carta es de gran claridad y pone el punto de la deficiente estructuración, entre acciones y obligaciones, que es en opinión de su autor una causa importante de sus problemas. También lo fue de las dificultades y dilaciones que hubo en su proceso de liquidación.

El 13 de setiembre de 1915 se presentó la documentación para el pago de los derechos reales de la disolución de "Hidroeléctrica del Oja" según documento que se transcribe en "Anexo Documental A-55. Documentación para el pago de los derechos reales de la disolución de "Hidroeléctrica del Oja" de 13 de setiembre de 1915". Fichero <u>A-55.pdf</u>.

Un acreedor importante fue AEG [20] Thompson Houston Ibérica que suministró generadores y transformador.
Unos días después hubo una carta [21] que se extracta: *"Hidro Eléctrica del Oja. Aparece que hay falsificación de obligaciones existente. Aunque la falsificación exista vosotros no tenéis que meteros a denunciarla al Juez. .... Los dos primeros que estarán llamados a responder son los dos que las firmaron como presidente y consejero, que no debieron de firmar más que el número exacto emitido y en segundo lugar todos los del Consejo, incluso Telmo [22], si descuidaron salir de caja mayor número de títulos que el debido y no reclamaron de la imprenta el cliché de la tirada o por su negligencia dieron lugar a que se tirase mayor número de las emitidas por la Junta. ... Ante todo tenéis que hablar y enterar de vuestra sospecha a Puchades y a Somovilla para que puedan examinar si todas las firmas son suyas. Puede también haber responsabilidad para el gerente y para quien haya pagado los cupones duplicados, al menos por su negligencia. Ya sabes por tanto que no quiero denunciar cosas tan confusa y complicada".* Se ve que aparecen indicios de un tema delicado como la falsificación de obligaciones, prueba de lo mismo es la prudencia que la que Merino insta a proceder a sus dos hijos.

Hay una copia manuscrita, realizada en 2 de noviembre de 1915, de una carta circular a los accionistas, firmada, en nombre de los liquidadores, por Manuel Torija de la cual se trae seguidamente: *"Para hacer efectivas responsabilidades de esta Sociedad a favor del estado por tributos no satisfechos, se ha hecho traba por el Agente ejecutivo de este partido en bienes de esta Sociedad que siendo insuficientes para cubrir el débito, son además indispensables para la continuación de la explotación afectada, estos débitos a favor del Estado ascienden con las costas calculadas a una suma aproximada de 10.000 Pta.*
Independiente de este embargo la Sdad. AEG ha promovido dos juicios en los que ha recaído sentencia firme condenando a esta Sociedad Hidro-eléctrica al pago de unas 1.800 pta. Habiendo también trabado embargo en material de esta Central eléctrica que es de absoluta necesidad para su funcionamiento.
Para el próximo 6 de noviembre está señalada la subasta de los bienes embargados por el Estado y muy pronto también se señalará la de los embargados por la AEG.
Los liquidadores ven los gravísimos e irreparables perjuicios que a esta Sociedad han de irrogarse de la venta de los bienes y por otra parte carecen de medios en absoluto para hacer frente a estas urgentísimas obligaciones y habiendo consideración de que existe acuerdo cediendo a los obligacionistas el activo y pasivo de la Hidroeléctrica del Oja, a los Señores cesionarios poseedores de las obligaciones interesa principalmente la solución de este asunto.
Los liquidadores ven como único recurso gestionar una operación de crédito por cantidad de 12.000 pta., y al efecto entendiendo es V. obligacionista le rogamos nos manifieste a la brevedad

---

[20] Uno de los generadores que tienen los hermanos Campo Marín desmontados es marca AEG.
[21] Carta de A. Merino a JJB. Y G. Merino de 11 de octubre de 1915.
[22] Se refiere a Telmo Poves.

posible si está conforme con ello. Esperando inmediata y rápida contestación ...". Había una postdata que decía *"El próximo día 6 a las 10 de la mañana se celebrará reunión de obligacionistas en el domicilio social para proponerles lo apuntado y formalizar la cesión a los mismos del activo y del pasivo".*

La copia anteriormente descrita lleva anexa una lista titulada "Hidroeléctrica del Oja. Probable situación de las obligaciones y su numeración", es extensa y lleva detalles sobre su procedencia, se lleva la misma al "Anexo Documental A-56, fichero <u>A-56.pdf</u>".

De las informaciones de este Anexo A-56 se ve que no es chocante que tanto Benito Gandasegui como su hijo Arturo, no intervinieran en el proceso de Hidroeléctrica del Oja, por su posición de competidores del Sr. Segura y de todo en lo que devino su negocio de la central de Posadas.

Se resume el anuncio en prensa de subasta pública [23] : *"Subasta pública. Tendrá lugar en Ezcaray el día 6 de este me, a las once, de varios efectos de los eléctricos como son lámparas, conmutadores, cable de cobre, soporte con destrozos de hierro y otros efectos, y transformadores marca AEG, vendidos por virtud de expediente de apremio seguido contra la Sociedad eléctrica del Oja, a precios reducidos"*

De la carta de [24] se extrae: *"Hidroeléctrica del Oja. ... ... Más si acudiesen en mayoría, yo creo debe tenderse a que los Obligacionistas, nombren una comisión de ellos, que examine el verdadero estado de la Sociedad, y en una próxima reunión de todos, de cuenta y propongan si conviene o no hacerse cargo del Activo y Pasivo social nombrando, en caso afirmativo, nuevos administradores y otro personal, que gobierne y administre el negocio mejor que hasta ahora. Solo cabe esto, o acordar que salga a pública subasta todo el negocio. Tanto en uno como en otro caso procura en unirte a los que se traten de cargar con el negocio, y de llegar al 2º debe Telmo [25] tener preparados a todos aquellos que deseen tomar parte en la compra. Pero si no se cubre el valor del 80% de las obligaciones legítimas dudo que AEG consienta a la venta, ni tampoco a los demás nos tiene cuenta. Ya sabes a qué atenerte."*

En carta [26] se decía entre otras cosas: *"Hidro Eléctrica del Oja. Ninguna de las dos proposiciones que indicas en tu carta del día 7, se hallan lo suficiente desenvueltas para poder apreciar su bondad o conveniencia o su imposible ejecución. ... La 2ª proposición de venta total del negocio, es desde luego la más factible porque podría llegar mucho más a rebajarse el capital. Pero esto trae alguna mayor complicación y quizá más gastos. También podría ser más perjudicial a todos aquello obligacionistas que no se sindiquen... en este caso no recibirían ni el 30% o 40%. Y esto tampoco lo aceptará Thompson pues perderá casi los ¾ del capital. ... Si obráis como Liquidadores ¿Por qué vais a tratar con un solo obligacionista, aunque sea el mayor en capital? ¿porque no citáis a todos con la necesaria anticipación? Este es el camino derecho. Calderón creo me seguirá en todo. ... "*

La escritura definitiva de liquidación fue de 13 de setiembre de 1916 ante Don Cándido Gómez Notario de Santo Domingo y se lleva al "Anexo Documental A-57. Escritura de presentación del balance definitivo de la liquidación de la Sociedad Hidroeléctrica del Oja SA". Fichero <u>A-57.pdf</u>". Se traen aquí sus aspectos más importantes, así como el balance de liquidación. Los comparecientes fueron : *"Don Manuel Torija Igares, Don Francisco Aranjuelo Alonso, Don Telmo Poves del Solar*

---

[23] Periódico Diario La Rioja 3 de noviembre de 1915.
[24] Carta de A. Merino a JJB. y G. Merino de 4 noviembre 1915.
[25] Se refiere al consejero de Hidroeléctrica del Oja Telmo Poves.
[26] Carta de A. Merino a JJB. Merino de 13 noviembre 1915

y Don José Bautista Merino Urrutia" "*en concepto de Liquidadores (los tres primeros) de la Sociedad Anónima "Hidro Eléctrica del Oja""* y "*se hallan representadas 148 acciones y siendo 263 las puestas en circulación con lo que resulta rebasar la mitad más una que disponen los Estatutos, se declara bien constituida la junta nombrando de escrutadores a Don Francisco Aranjuelo y Don Guillermo Aransay.* _____

A continuación, se facilitan algunas informaciones sobre la venta en pública subasta de los activos de la Sociedad quebrada como un anuncio aparecido en [27] que se transcribe.

"*Anuncio para la venta en pública subasta de la central eléctrica de Posadas (Ezcaray)*
BUEN NEGOCIO
En virtud de expediente de apremio, se vende en pública subasta, que tendrá lugar en la villa de Ezcaray el 31 del actual, y hora de las 10, todo el negocio de la Sociedad Hidroeléctrica del Oja, compuesto de edificio central, cauces, salto de agua, maquinaria de turbinas, dinamos, línea general de transporte, de hilo de cobre, desde la aldea de Posadas a Santo Domingo de la Calzada (23 kilómetros), y la red de distribución de la villa de Ezcaray, sus aldeas y pueblos de Santurde, Santurdejo y Santo Domingo de la Calzada, a los que suministra el fluido eléctrico; bajo el precio y condiciones que señala el edicto fijado en la villa de Ezcaray y consta en el expediente de su referencia.- El agente"[28]

El periódico "La Rioja" publicaba, tras la fecha de la subasta el 4 de febrero de 1916, que había quedado desierta por falta de licitador.

Es por fin, en 4 de agosto de 1916, cuando los Señores Francisco de Asís Ferrer, Telmo Poves, Francisco Aranjuelo, y Agustín Merino compran a Don Saturnino Anguiano, como representante de "Hidroeléctrica del Oja SA" sus bienes. A partir de estas fechas comienzan las negociaciones y reuniones para constituir la "Mancomunidad de Electra Posadas" que será la antecesora de la Sociedad "Electra Posadas SA", de la primera se tratará en el próximo capítulo 6. Tras la fecha anterior no se han encontrado más informaciones.

5.11. Situación actual de la central de Posadas.

A pesar de los avatares descritos en el apartado anterior, parece que la central siguió funcionando, es de suponer con un servicio deficiente que estaría limitado a alumbrado en horas nocturnas, ya que es lógico pensar que en 1916 no se podía suprimir la luz eléctrica a Santo Domingo, Ezcaray y demás pueblos que ya gozaban de este servicio. Esta central de Posadas fue el único activo de generación que se integró en la Mancomunidad Electra Posadas SA., como se verá en el siguiente capítulo 6.

1965 fue el último año en el que la central funcionó bajo la propiedad de Electra de Logroño SA, subsidiaria al 100% de Iberduero SA., y en 1969 fue vendida a los hermanos Campo Marín de Ezcaray. Estos hermanos acometieron importantes mejoras en el equipamiento completo tanto en las turbinas y generadores como en los sistemas automáticos que las gobiernan y siguen en la actualidad, inicios de 2024, explotando la central.

Así la turbina grande tiene las características siguientes:

---

[27] Periódico "La Rioja" de 17 de enero de 1916.
[28] Transcrito por Jose Luis Agustín Tello.

- Potencia 287 kW.
- Caudal 2 m³/s.
- Salto 16,7 m.
- Velocidad nominal 600 rpm.
- Con estos datos la eficiencia calculada es del = 87,59%.

También se instaló una turbina pequeña más eficiente para la producción durante los estiajes. Se ve en la figura que sigue.

Figura 5.5. Turbina pequeña de la actual central de Posadas. Obtenida con la autorización de los hermanos Campo Marín

En lo que se refiere a automatización, las mejoras principales han sido: Limpia rejas automático en el depósito de carga que se ve en la figura 1.18., del capítulo 1; Cuadro de automatismos basado en ordenador; Equipo de aceite a presión para los actuadores de ambos grupos, y otras que no se citan.

5.12. Conclusiones de este capítulo.

Este capítulo ha descrito el nuevo concepto de la central hidroeléctrica que se instaló en el Valle del Oja hace casi 120 años para, a partir de los recursos de la cabecera del río, suministrar a los principales núcleos mediante una línea de alta tensión de 26 km.

Se ha basado en las fuentes documentales que guardaron algunos de sus protagonistas y se ha visto la organización empresarial que las llevó a cabo. Comenzó por el empeño del industrial Dionisio Segura, nacido en Santurdejo, y continuó con la empresa Hidroeléctrica de Oja S.A., a partir de los activos que les transmitió Segura.

El devenir empresarial bajo Segura y posteriormente con la Hidroeléctrica estuvo plagado de dificultades que abocaron en la quiebra de esta última sociedad tal como se relata en el capítulo. Los activos que se subastaron, central y red de transporte y distribución hasta Santo Domingo, constituyeron la base de la comunidad de Electra Posadas y esto se verá en el capítulo siguiente. Hay que destacar que, de las fábricas de luz y centrales que tejieron esta historia, Posadas es la única que subsiste tras estos largos años de historia. Para ello ha sido gestionada por diversas empresas y ha experimentado mejoras técnicas para sobrevivir en entornos tan diferentes cómo ha dado la impresionante evolución del sector eléctrico en el mundo.

CAPÍTULO 6.
LA MANCOMUNIDAD ELECTRA POSADAS.

Tras la liquidación efectiva de "Hidroeléctrica del Oja S.A." vista en el capítulo 5 anterior, apartado 5.10., y la venta de sus bienes en pública subasta, se ha obtenido solo el dato de una sesión de 31 de enero de 1916 que quedó desierta. Por fin en 4 de agosto de 1916 los Señores Francisco de Asís Ferrer, Telmo Poves del Solar, Francisco Aranjuelo Alonso, y Agustín Merino Morquecho compran a Saturnino Anguiano, como representante de "Hidroeléctrica del Oja SA" los bienes de esta Sociedad. Inmediatamente se constituyó una Mancomunidad que funcionó hasta 1923 y dio paso con continuidad a la Sociedad Anónima Electra Posadas constituida en 12 noviembre de este año. En este capítulo se va a tratar únicamente de la Mancomunidad, de sus avatares que no fueron excesivos, que logró el suministro eléctrico con la calidad razonable que exigía la época, y que incluso extendió su zona de influencia a algunos pueblos colindantes de Santo Domingo. Viendo los sucesos que sufrió la Central de Posadas casi desde su puesta en servicio hasta la liquidación de "Hidroeléctrica del Oja", con suministro de mala calidad se desconoce si las autoridades intervinieran para ayudar a la normalización. Esta reflexión se hace en pleno siglo XXI en una sociedad en la que la electricidad es su fluido fundamental, y que hace 110 años esto no era así, ya que se reducía a la luz por las noches y no para todos los ciudadanos, sino para los más afortunados, pues la mayor parte se iluminaban con candiles, velas, e incluso con el resplandor del fuego bajo de las cocinas.

Al ver los eventos de esta fase se ven noticias positivas si se comparan con las del período anterior. Los usos de la electricidad despegan con la fuerza motriz diurna, y es una fase de desarrollo económico de la región a la que llega la prosperidad dimanante del final de la Gran Guerra que en nuestro país se notó más por su no beligerancia. Además, la zona servida salió del entorno del Alto Oja al que había estado circunscrita los casi 20 años anteriores. Esta extensión fue modesta y están documentados el pueblo de Bañares y las aldeas de Urdanta y Cilbarrena que se habían quedado aparte de la red primitiva ya que se hallan, sobre todo la primera, a cierta distancia de la línea principal Posadas – Ezcaray y era necesario tender líneas de derivación de alta tensión.

También sus gestores abordaron y encontraron una solución al problema de los estiajes, y para ello estudiaron soluciones de fuerza hidráulica con nuevos saltos; la primera alternativa recogiendo los caudales de los ríos Mayor, Altuzarra y Ayabarrena inmediatamente aguas abajo de Posadas; la segunda buscando más desniveles en el barranco de Altuzarra con un salto nuevo que usaría la central de Posadas como casa de máquinas. Analizaron con más detalle la segunda, pero al final descartaron ambas. Las razones fueron la fuerte inversión relativa y el largo plazo de ejecución de la obra. Sin embargo, si concibieron, y llevaron a cabo el Proyecto de una Sub – Central en Santo Domingo de la Calzada, esta vez con un motor semi - diesel quemando derivados del petróleo. Con esta instalación el modesto sistema eléctrico de la Mancomunidad ganó en flexibilidad de operación para lo que se estilaba en la época.

Es posible que al haber logrado más documentación sobre este período se haya sacado la impresión de que los métodos de gestión fueron más modernos, y esta impresión está avalada por hechos tales como:

- El mero hecho de tener la correspondencia clasificada.
- Un gerente con criterios contables modernos, su dedicación fue y su otra actividad era su pequeña banca. Así se preocupaba de las previsiones de caja, de los balances periódicos, y de las reuniones del Consejo.
- Personas en plantilla con atribuciones técnicas exclusivas.
- Movimientos en la plantilla buscando más eficacia. Esto se verá en 6.4.

La familia Gandasegui, Arturo ya que Benito acababa de fallecer en 1915, no entró en esta aventura empresarial tras la desaparición de Segura, y con la fábrica La Gloria se quedaron con el suministro de parte de Ezcaray. Es posible estuvieran hartos del negocio.

6.1. Constitución de la Mancomunidad de Bienes Electra Posadas.

Sobre las posibilidades que tendría una Sociedad procedente de Hidroeléctrica del Oja, hubo sus dudas al comienzo y se ven en la carta [1] de la cual se extracta lo que sigue:

" *Es indispensable rebajar todos los créditos preferentes o no. Todos o ninguno   A mí también me ha formulado S Calderón su proyecto de reconstitución.*
De este modo se podría formar otra sociedad auxiliar, que es lo que te dije y no habéis iniciado de un modo concreto, entre los que pongan dinero, y el primer acto de esta nueva asociación o Sindicato estaba llamada e intervenir en la subasta del día 9, para comprar el material embargado. .... Yo no quisiera comprarlo solo, pero si unido a algún otro Obligacionista más. Ponte pues de acuerdo con ellos y poner el depósito necesario para tomar parte en la subasta, ofreciendo en ella como máximo el 50% ... De este modo asegurándote bien de que no voy a perder dinero se logrará que no se lleven otros lo que hace falta para la Sociedad. .... No me parece bien que los Liquidadores abandonéis el cargo, para que vaya a parar a malas manos, el manejo de la Sociedad ya a punto de extinguirse".

Previamente se establecieron, en 20 de mayo de 1916, unas Bases para la constitución de la Mancomunidad que, se llevan literalmente al Anexo Documental A-58 a continuación:

Se inserta la relación de partícipes en "Anexo Documental A-59. Mancomunidad Electra Posadas. Lista de las personas firmantes en 1916 con sus aportaciones. Los partícipes en la Mancomunidad a 31 de diciembre de 1921. Fichero A-59.pdf" que corresponde a dos momentos dados.

Cuando se constituyó esta Mancomunidad, sobre los activos rentables de Hidroeléctrica del Oja SA., su mercado era pequeño y cubría parte de Ezcaray, parte de Santo Domingo, Santurde y Santurdejo. Las partes no atendidas en Ezcaray lo eran por el negocio de Arturo Gandasegui, y en Santo Domingo por Hidroeléctrica de Nájera SA. No se han obtenido datos de mercado, facturación, ni de energía suministrada. Se ha realizado un estudio con las series históricas de población en esos cuatro núcleos y con estimaciones propias del mercado servido en Ezcaray y en Santo Domingo por las otras empresas citadas de él se ha visto que la posible población suministrada ascendía a unas

---

[1] Carta de A. Merino a JJB. Merino de 7 de diciembre de 1915

4.700 personas en 1916. Esta es una medida indirecta del mercado potencial ya que en aquella época el grado de electrificación era muy bajo, básicamente alumbrado urbano, algo de alumbrado doméstico de las clases más acomodadas y poco más. Como se verá a lo largo de los apartados de este capítulo la única extensión territorial de la red fue al pueblo de Bañares con lo que la posible población atendida pudo pasar a unas 4.900 personas. La Mancomunidad estuvo mucho más centrada en resolver el problema de los estiajes y es lógico que sus esfuerzos no se dedicaran a la extensión de mercado ya que fallaba lo principal que era la disponibilidad de electricidad en todas las épocas del año.

6.2.   Devenir de la Mancomunidad Electra Posadas.

La documentación obtenida es escasa y solamente hay referencias puntuales que se ordenarán cronológicamente. La actividad se basaba en la central de Posadas, pero se hicieron mejoras de importancia para reparar los defectos encontrados producidos en los años de "Hidroeléctrica del Oja SA" amén de nuevas instalaciones. La Mancomunidad empezó a generar rendimientos que superaron a los gastos de explotación.

Se resume la carta [2]: "... *la ultimación de los asuntos de Electra Posadas*[3] *pues el día 1°celebraremos la Junta General, estando estos días dedicados a la preparación, habiendo recogido los papeles y documentos a Pedro Gómez de la anterior Sociedad, que tenemos que archivar...* "

En [4] se hablaba de los nuevos proyectos para resolver el estiaje: "*debemos reunirnos lo antes posible... y ver lo que en definitiva se resuelve con relación al estiaje. .... Aranjuelo a quien creo conocedor de aquello se muestra partidario decidido de la renuncia a todo proyecto de aprovechamiento de nuevas aguas. Telmo (Poves) también es algo pesimista en este punto y en cuanto a mí ya sabéis soy el menos conocedor de cuanto se relaciona con este negocio. Yo solo tengo un proyecto y este lo llevaré adelante. Si el estiaje nos resulta como los anteriores, no soportaré la nueva plancha de tener a los abonados a oscuras y decididamente me iré a casa después de realizar la cantidad que tengo invertida.*".

En [5] se hablaba de la urgencia del salto de Altuzarra: "*.... Según la resolución que tomen emprender ahora los trabajos y nivelación del salto de Altuzarra, o dejarlo para más adelante que según parece Aranjuelo será mejor hacerlo en el mes de agosto o setiembre para a la vez hacer el aforo de las aguas y compáralo con el efectuado el año pasado, pues no es ya tan urgente este proyecto dado que no empezará tan pronto.*"

Se ve que la actividad en la central de Posadas, con sus nuevos gestores, acometiendo mejoras ya que se publicaba la siguiente información [6]: "*Han sido trasladados a la fábrica de luz eléctrica de Posadas varios tubos de 40 centímetros de diámetro construidos de cemento armado por el inteligente albañil don Raimundo Cámara, quien con su práctica y estudio ha conseguido implantar aquí una industria que le da nombre y provecho*". Sin duda estaban reparando el circuito de carga para evitar fugas e inundaciones en la zona de la turbina.

---

[2] Carta de JJB Merino a A. Merino de 31 de enero de 1917.
[3] En esta fase cuando hay referencias a Electra Posadas, son en realidad a la Mancomunidad
[4] Carta de F. Ferrer a G. Merino de 15 de mayo de 1917.
[5] Carta de G. Merino a A.Merino de 18 de junio de1917
[6] "La Rioja" 24 de julio de 1917. Transcrita por Jose Luis Agustín Tello

Aparecían datos de cómo se practicaban los aforos de caudales en una carta de Tomás Martínez [7], que se transcribe: "*el día 24 subí a Posadas a cumplir el encargo habiendo dado en el aforo un caudal de 115 mm., de altura a 1,50 m., aguas arriba del vertedero de 1,00 m., de ancho y aproximadamente en litros 74 (por segundo). En días sucesivos repetiré la operación mientras no aumente por la lluvia*". Se ve que se ha usado el método de vertedero[8]. Otra precaución razonable es que hicieron la medición al final de octubre cuando todavía el río estaba en régimen de estiaje. Por el contexto se ve que esto se hizo en el río Altuzarra.

En carta [9] se daban importantes noticias sobre los negocios eléctricos: "*…… el día 20 nos reunimos en Sto Dgo cambiando impresiones sobre el negocio principalmente liquidación de cuentas, cobro de créditos por fuerza motriz, e instalación de motores llamando a todos que lo han instalado para concertar el pago del año. Se trató del mal servicio de algunos empleados como el de Sto Dgo tratando de amonestarle y corregir faltas, al de Santurdejo que se le dará el cese. Se acordó solicitar la mitad del alumbrado público de Sto Dgo que este año cumple su contrato la Eléctrica Arenzana[10]. Como existen fondos en caja y hay bastante para cobrar que se realizará si es posible todo se supone quedará líquido para repartir proponiendo que en este caso se dé el interés correspondiente al dinero entregado para recogida de letras y lo restante a reparto entre los accionistas. …. También se ha hecho un inventario de efectos que tiene la Sociedad que pueden enajenar aprovechando las actuales circunstancias cuya nota se quedó Ferrer para sacar copias a máquina y pienso llevar a esa para gestionar su venta … Por esto y por las máquinas de vapor se pueden sacar unas buenas cantidades. También estamos gestionando la venta de la chatarra que hoy subirá a Posadas un comprador.*"

En una carta [11] se ve que Agustín Merino compró varios efectos metálicos a Electra Posadas con un peso de 11.000 kg., y por 5.274 pta., transportados a Ezcaray y posteriormente él los vendió por unas 7.400 pta. Lo interesante para la investigación presente es que hay dos partidas que se refieren a las dos máquinas de vapor que estuvieron instaladas, a saber 2.000 kg de la máquina de vapor grande por 600 pta. y 1.500 kg de la máquina de vapor pequeña por 1.500 pta. Véase el apartado 5.6., del capítulo 5.

Las noticias de [12] sobre la marcha económica son optimistas: "*Están todos muy bien impresionados de la marcha del negocio y de los beneficios obtenidos a pesar de los grandes gastos en reparaciones y mejoras, y a tal fin quieren dejar como parte del capital, lo último aportado en calidad de preferente, y en la proporción respectiva, me pregunta cómo piensa V. y cuál es su deseo*" El todos se refiere a los otros tres partícipes Poves, Ferrer y Aranjuelo. En la misma carta se habla de la situación de caja de tesorería y de la idea de repartir un dividendo del 5% a las acciones preferentes y 2% al resto. "*el empleo de fuerza motriz es cada vez mayor en Sto Dgo (Santo Domingo) y ahora se están otros dos motores y hay otros pedidos*" "*Se acordó estudiar el empleo de limitadores y contadores para evitar fraude y así economizar energía lo que favorecerá a combatir el estiaje*". En la misma carta siguen las noticias optimistas sobre el negocio cuando dice "*se acordó ver la posibilidad de arriendo salto de la ferrería de Azarrulla que daría de 25 a 30 HP, por ser fácil y económica su cesión pues va a quedar abandonado con lo cual aseguraba la escasez de agua por mal resultado de las minas*".

---

[7] T. Martínez a A. Merino de 27 de octubre de 1917
[8] Es uno de los métodos para realizar aforos en corrientes de agua.
[9] Carta de G. Merino a A. Merino de 30 de noviembre de 1917.
[10] Es un nombre anterior de Hidroeléctrica de Nájera. Véase capítulo 7. Apartado 7.2.
[11] Carta de A. Merino a G. Merino de 30 de noviembre de 1917.
[12] Carta de G. Merino a A. Merino de 13 de marzo de 1918.

En [13] siguen las buenas noticias: "... *a la vez llevar (a Bilbao) para que puedan examinar los estados y balances y reparto de beneficios e inventario general que ha preparado Ferrer demostrativos de la situación más halagüeña de este hasta hoy desdichado negocio ...* ". Se confirma que Francisco de Asis Ferrer era el gerente.

En 18 de enero de 1920 Don Francisco de Asís Ferrer compró para sí y para Telmo Poves, Francisco Aranjuelo, y Agustín Merino a Don Pedro Echaurren de Ezcaray ante el Notario Don Francisco Rodríguez Perea de Ezcaray, "*UNA CASA en Ezcaray donde llaman las "Teñas" o "Teña" en la calle del Plantío nº 17, compuesta de piso bajo, principal y desván. Mide de frente 15,25 m; linda al frente con subida al puente de Aliende, por la espalda casa que fue del vendedor hoy de Don Pedro Echaurren, derecha entrando con el río Glera e izquierda con la calle del Plantío*". Esta casa se destinó a sede social en Ezcaray hasta el final de esta historia (1964) en la figura se ve la misma.

Figura 6.1. Sede social en Ezcaray. Cedida por Carlos Marín Santamaría

En una carta [14] se informaba de la posible visita a Posadas de los Señores Sotomayor y Herrán (ingeniero encargado de aguas en el ayuntamiento de Bilbao) para ver las posibilidades de un nuevo salto en Posadas. Aunque no los nombra podía ser del río Mayor, Altuzarra y Ayabarrena, por lo que se ve más adelante en un cuestionario de 1º junio 1921 que Sotomayor y Herrán enviaron. Sobre este proyecto véase A-49.6., del Anexo Documental A-49.

En carta de [15] se trataba de la sustitución del técnico Tomás Martínez, que apareció citado en el tema de los aforos carta del 27 octubre de 1917. El candidato que le proponía es un cuñado, Julio Salvatierra, de Julio Orive, "*que arregló la avería del alternador hace pocos días y que ofrecería su colaboración gratuita como prueba*".

Hay un estadillo de 3 de junio de 1921, que se lleva completo al "Anexo Documental A-60. Estadillo de 3 de junio de 1921, con datos de la Mancomunidad Electra Posadas. Fichero A-60.pdf", se resumen sus datos más importantes: Total de lámparas de filamento metálico 57.000 bujías las cuales demandarían una potencia de 114 kW, según figura 3.4., del capítulo 3., suponiendo una

---

[13] Carta de G. Merino a A. Merino de 24 de marzo de 1918.
[14] Carta de A. Merino a T. Poves y F. Ferrer de 30 de noviembre de 1920.
[15] Carta de F. Ferrer a G. Merino de 4 de diciembre de 1920.

potencia de 2 W/bujía. Potencia total de motores en Santo Domingo y Ezcaray 80 kW. La central de Posadas daba potencias de 120 HP (88 kW) en invierno con la turbina Simplex, y de 50 HP (37 kW) en estiaje con la turbina Francis. A continuación, daban sus necesidades para atender al mercado como fuerza máxima en el rigor del estiaje 80 a 100 HP (59 a 74 kW) y fuerza máxima que pudiéramos colocar si el salto lo permitiese 200 HP (148 kW). Esto fue un pequeño análisis estratégico de mercado, se nota por fin que el negocio de la Comunidad se consolidaba y pensaban en el futuro.

El 21 de junio de 1921 el ingeniero Herrán presenta el presupuesto aproximado del salto de Altuzarra que se lleva al apartado A-49.7., del Anexo Documental A-49. Parece que la minuta de honorarios del ingeniero Herrán fue exagerada, como se indicaba en [16].

La calidad del servicio era deficiente porque en [17], de la que se extracta, se decía: "...*haber recibido la vista de una comisión de la Beneficencia de esta ciudad.... Uno de nuestros más antiguos y mejores abonados, me manifestaron que se daban de baja por no continuar así ni un día más ... prometiéndoles solemnemente que seguidamente adoptaríamos acuerdos conducentes a mejora del servicio y por lo que se refiere a los estiajes venideros ... tendríamos toda la fuerza necesaria para dar el voltaje normal. Quedaron en no darse de baja. .... También otros abonados importantes han desfilado con iguales resoluciones y se ha podido conseguir que lo aplacen ... Saseta me ha escrito una carta anunciando que tampoco puede continuar porque su negocio moriría por nuestra culpa .... pasemos el encargo del motor que mejor nos parezca. ...* ". Se ve que empiezan a pensar seriamente en que la solución del motor de explosión va a ser conveniente tanto por inversión, como por plazo corto.

En carta [18], que se resume seguidamente: "*Hace ya más de cuatro años, y sobre todo desde que se hizo el 1er estudio del salto de Altuzarra, por don Antonio Auría, he sostenido ante V. y demás consocios, en cuantas reuniones he tomado parte, ... la imposibilidad absoluta en que se halla el negocio "Electra Posadas" de permanecer un año más de los que van transcurridos, sin abordar de frente y cuanto antes el salvar la deficiencia de fuerza motriz durante el largo período de estiaje que anualmente se nos presenta en esa cuenca del río Oja. Por eso tuve interés de que aquel 1er proyecto se hubiera tratado de llevar a ejecución, y otro gallo nos cantara hoy ... convencido de que sin una obra hidráulica, de mayor o menor importancia, necesaria para obtener mayor salto que el actual, que supla en mayor parte la escasez de agua en los estiajes; nunca nos libraremos del mal servicio de fuerza y luz en las largas sequías otoñales ... mi decidida opinión de que no como solución definitiva, pero si como medida provisional y supletoria, ínterin se llega a ejecutar el proyecto de un mayor salto, es de toda necesidad e imprescindible que se trate de sustituir la falta de agua, y por consiguiente de fuerza, en lo estiajes, con la instalación de un motor de los modernos de explosión (Diesel o de otro sistema) ...*". En este escrito, acabado de resumir, se preconiza que hay que buscar saltos de mayor altura, que con menos caudal den la potencia necesaria. Esto no se logró en el río Oja hasta que se instaló y puso en servicio el salto del Águila con el cual el salto pasó a ser de 300 m. Mientras tanto ya sé veía que los 4 socios iban a implementar la solución provisional de instalar un grupo alternador – motor diesel.

En carta [19], se indicaban entre otras cosas. Que habían llegado las lluvias a Posadas con buenas temperaturas. Citaba a un Sr. Orive [20] experto que podría aconsejar sobre la elección del motor de explosión adecuado y sobre su mejor emplazamiento. Se reiteraba que el negocio tenía que basarse

---

[16] Carta de T. Poves a F. Aranjuelo de 27 de octubre de 1921.

[17] Carta de F. Ferrer a T. Poves, F. Aranjuelo y A. Merino de 15 de noviembre de 1921.

[18] Carta de A. Merino a F. Ferrer de 26 de noviembre de 1921.

[19] Carta de F. Ferrer a A. Merino de 13 de diciembre de 1921

[20] Julio Orive.

en la fuerza hidráulica y mientras tanto el motor evitaría los problemas en los estiajes. Se acordó cobrar a los abonados la mitad en los tres meses setiembre, octubre y noviembre, para no cansarles. Hubo una auditoría de los inspectores de Hacienda que resultó en un aumento de impuestos soportados de 4.000 pta. Este desembolso junto con las menores facturaciones por estiaje, y los honorarios del Sr. Herrán les ocasionará "*a tener un año fatal*". Con Orive se quedó en que no les cobraría honorarios "*nada quiere más que los viajes que haga y cuando haya trabajos pondrá la cuenta*".

La contestación a la anterior [21] se extracta en: "*Cuenta del Sr. Herrán. ... Solo he conseguido ... dejarla reducida a pagar Ptas. 2.500 sobre las ya pagadas ... hasta conseguir que el Sr. Herrán nos entregue la Memoria firmada ... aunque supongo no he de conseguir más ventajas. Motor supletorio. ... nos hará falta suplir la diferencia para el máximo de consumo tan solo para las horas en que más se gasta, como ocurre en los estiajes, de las 16 a las 20 o 21 horas , que se cierran tiendas talleres, puesto que a la fuerza que la turbina rinda, se puede acoplar muy bien en el cuadro, la necesaria del motor para suplir aquella, con lo que se podrá por el momento que menos de 60 HP del motor más 20 o 30 de la turbina en estiaje, que me parece es por hoy suficiente para dar servicio a todos los abonados ... encargarle amplíe su presupuesto de coste para un motor de mayor capacidad de 100 HP ... Tanto este ingeniero como los demás que ha hablado me aseguran que hoy es el motor "Diesel" el más económico. COBRO A LOS ABONADOS. ... que está pasando con el cobro de los débitos del Ayuntamiento de Ezcaray, cuyo importe vendría muy bien para atender a los pagos extraordinarios de Hacienda, proyecto y nuevo motor...*".

Hay una nueva carta [22] enviando el balance de 1921 y comentando que salvo los cobros al Ayuntamiento de Ezcaray todas las cuentas son sanas. La recaudación del año ha sido de 38.000 pesetas. El cuñado de Orive, Julio Salvatierra, les estaba haciendo trabajos y no quería cobrarles, se referían a él como un chico e iban a darle una gratificación. En carta [23] se decía "*queda señalado tipo de 8% para dividendo*", que era una buena indicación de la marcha del negocio.

Ya se ha visto que el Ayuntamiento de Ezcaray presentaba una morosidad importante en los pagos por el servicio de alumbrado en [24] y se refería a un pago que acaban de hacer a Manzanares, era uno de los partícipes, de 312 pta. le advertía que en el recibo hiciera la observación escrita de que había más cantidades pendientes. Si se calcula la deuda a tenor de 312 pta. trimestre y durante 6 años podrían ser de unas 7.500 pta., cifra muy importante para las cuentas de la Comunidad EP, y es lógico estuvieran preocupados. En 8 del mismo mes Ferrer notifica a A. Merino que el Ayuntamiento ya ha entregado un documento reconociendo su deuda.

Se ha encontrado una solicitud de fuerza para Grañón, realizada por Eusebio Murillo Villar vecino de Grañón para tender una línea desde la de Mancomunidad Electra Posadas a su molino harinero de Grañón y para alumbrado público, no citaba que fuese para alumbrado particular, pero es presumible que así lo sería. Es posible que hasta esa fecha el suministro lo tuvieran de una pequeña central sobre el Tirón que pasa cerca del pueblo. La solicitud aparece publicada en [25] 5 días después del golpe de estado que trajo como consecuencia la dictadura militar de Primo de Rivera. Esta disposición es muy detallada en los aspectos de aislamiento eléctrico de la línea, de cruce de propiedades y caminos, y del río Glera. En el capítulo 7, apartado 7.9., se verá que en 24 de marzo de 1927 Murillo y Ozalla seguían explotando su línea particular a Grañón y solicitaban a Electra Posadas 8 postes. En la escritura de constitución de Electra Posadas SA de 12 de noviembre de ese año de 1923, véase capítulo 7 apartado 7.1., y en su artículo 4º citaban que la distribución a Grañón estaba dentro de las redes de la Sociedad. Más adelante en la memoria de 1933 de EP se decía "*En*

---

[21] Carta de A. Merino a F. Ferrer de 31 de diciembre de 1921,
[22] Carta de F. Ferrer a A. Merino de 8 de febrero de 1922.
[23] Carta de F. Ferrer a A. Merino 21 de marzo de 1922.
[24] Carta de A Merino escribe a F. Ferrer de 1º de abril de 1922.
[25] Boletín Oficial de la Provincia de Logroño BOPL de 18 de setiembre de 1923. Facilitada por Jose Luis Agustín Tello.

el apartado de nuevas líneas se compró la línea de Murillo y Ozalla desde la tejera de Santo Domingo a Grañón y se une a las redes de Electra Posadas desde el ramal concedido desde la Sub Central Térmica a la tejera, lo cual se ejecutó con rapidez a pesar de la importante obra de cruce del río Oja".

La carta [26] traía los aspectos que se resumen: "... *Dividendo. Vista la cuenta de pérdidas y ganancias creo que se podría acordar un dividendo de 8% pues una cosa es lo que hemos gastado por la creación de la sub – central y otra los beneficios que el negocio ha rendido. Además, la perspectiva para el porvenir (a salvo siempre de que el motor del resultado que esperamos) es buena y creo que no debemos temer al porvenir ... ... hemos contratado el alumbrado de dos aldeítas (no dice cuáles son) que nos darán unas 1.000 pesetas anuales y cuya instalación según el estudio del técnico apenas llegará a las 2.000 pesetas por lo cual la consideramos muy conveniente. También le dará datos respecto a una posible línea hasta Bañares (4 ½ kilómetros desde nuestra sub – central). Este pueblo da por alumbrado público 800 pesetas anuales y por particular unas 600 al mes o sea aproximadamente 8.000 al año por todos los conceptos. Aún no ha terminado Salvatierra el estudio del trazado de la línea y su costo total por esto dice será de 10 a 12.000 pesetas. ...* ". Se ven que las noticias son muy optimistas respecto de los resultados económicos del negocio y de que se comenzaba a extender pues Bañares, con casi 900 habitantes, era un pueblo agrícola que generaba riqueza. En carta [27] de respuesta a la anterior le recomendaba moderar el dividendo al 6%.

En 20 febrero de 1923 se hizo una relación de partícipes en la que figuraban transvases entre socios. Hicieron cesiones Francisco Ferrer a Francisco Aranjuelo y a Jesús P de Peñamaría. También figuraba una columna con los importes detallados de sus dividendos del 6%. El capital total era de 150.000 pesetas antes y después de los transvases e idéntico al de la última aportación para la compra en instalación de la sub Central de Santo Domingo.

En carta [28] se indica que les había sido adjudicado el alumbrado de Bañares en notificación oficial del Sr. alcalde. Interesa extractar las condiciones: alumbrado público 1,40 pesetas por lámpara de filamento metálico de 16 bujías al mes. Para particulares 2 pesetas por la misma lámpara y 3,60 para dos. Para más fluido contrato o contador. Se estimaba recaudación de 700 a 800 pesetas mensuales y el presupuesto que les formulaba Salvatierra era entre 15 y 18.000 pesetas todo comprendido. Salvatierra haría el trazado de la línea desde la Subcentral acompañado de labradores de Santo Domingo y de Bañares para que informaran de los propietarios de las fincas y así pedir las autorizaciones.

En carta [29] se trataban temas como que la caja estaba mal por las recientes facturas y sobre todo por la nueva línea a Bañares, hablaba de unas 50 a 75.000 pesetas. A continuación, aparecía por primera vez mención escrita sobre la conveniencia de convertir la Mancomunidad en una Sociedad Anónima. Estimaba que su capital podría ser de 300.000 pta., de las cuales se liberarían y adjudicarían 150.000 para los actuales partícipes e inmediatamente 75.000 para cubrir la deuda flotante, dejando el resto en cartera. Luego habla sobre el empleado a nombrar en Bañares e indica que él no tiene recomendación alguna solo sugiere *"Nos hace falta para ese puesto en ese pueblo tan dividido por la política, ya que no pueda ser independiente, todo lo recta y entendida que sea posible, y esté dispuesto a cumplir lo que se le ordena para suprimir los abusos de sustracción de luz, que se suponen hayan existido antes y evitarlos en lo sucesivo, para que Salvatierra tendrá que*

---

[26] Carta de F. Ferrer a A. Merino de 7 de febrero de 1923.
[27] Carta de A. Merino a F. Ferrer de 13 de febrero de 1923.
[28] Carta de F. Ferrer a los tres condueños principales (Merino, Aranjuelo y Poves) de 26 de febrero de 1923.
[29] Carta de A. Merino a F. Ferrer de 4 de mayo de 1923.

revisar todas las acometidas e instalaciones interiores". Expresa que de su participación actual de 31.500 pesetas desea traspasar 5.000 a su hijo Gonzalo Merino.

De esta época es el modelo de solicitud de contrato para suministro de alumbrado eléctrico que se inserta a continuación.

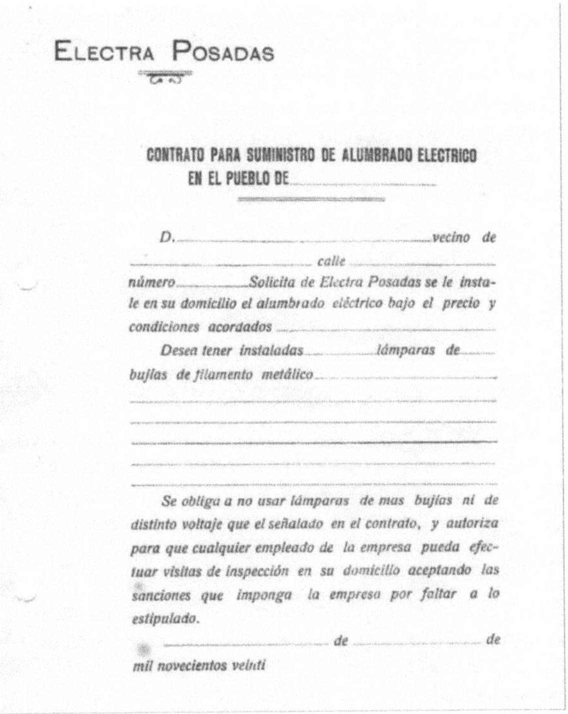

ELECTRA POSADAS

CONTRATO PARA SUMINISTRO DE ALUMBRADO ELECTRICO EN EL PUEBLO DE..................

D...*vecino de* .... *calle* .... *número*...................*Solicita de Electra Posadas se le instale en su domicilio el alumbrado eléctrico bajo el precio y condiciones acordados* ....

Desea tener instaladas..................*lámparas de*.......... *bujías de filamento metálico*................................

Se obliga a no usar lámparas de mas bujías ni de distinto voltaje que el señalado en el contrato, y autoriza para que cualquier empleado de la empresa pueda efectuar visitas de inspección en su domicilio aceptando las sanciones que imponga la empresa por faltar a lo estipulado.

.... *de* .... *de mil novecientos veinti*

Figura 6.2. Solicitud de contrato de alumbrado eléctrico

Seguidamente viene la carta [30] que se lleva al Anexo Documental A-61 SITUACION GENERAL FINANCIERA a mayo de 1923.

6.3. Proyecto y puesta en servicio de la Subcentral de Santo Domingo.

En el apartado que se acaba de cerrar ya se ve que los cuatro socios principales de la Mancomunidad habían decidido, tras explorar alternativas hidroeléctricas, lanzar un proyecto basado en un motor semi - diesel alimentado por derivados del petróleo.

Así en carta [31] se tocan aspectos de este Proyecto que se ven: "... *MOTOR. Se presentó la solicitud a este municipio pidiéndole una pequeña parcela de terreno a la entrada de los molinos para edificar un pabellón donde instalar la maquinaria y sé que ha pasado a informe ... . Así nuestro criterio fue hacer un sencillo pabellón donde instalar el motor, el alternador necesario para el mismo, cuadro para acoplamiento con Posadas y los transformadores en dos edificios ajenos*

[30] Carta de F. Ferrer a sus consocios Poves, Aranjuelo y Merino de 4 de mayo de 1923.
[31] Carta de F. Ferrer a A. Merino de 19 de enero de 1922.

pagando 125 pesetas de renta. Aunque no hay nada resuelto, en definitiva, tenemos el propósito a destinar a la construcción de 5 a 6.000 pesetas cantidad que en relación con los servicios que va a prestar, emplazamiento, distribución de redes, y cuantía total de la maquinaria a instalar nos ha parecido no es excesiva ni improcedente. Asunto motor, ... parece ser que Orive como otra persona que los conoce se inclina por Diesel o Semi Diesel por ser los más sencillos en su funcionamiento, los más seguros en rendimiento, no consumen mucho por la fuerza que emplean en cada momento, ... yo me atendría al plazo de entrega que nos da la garantía de poderlo destinar a funcionamiento en breve plazo ... Ni sé si viendo hacer el edifico se darán por tranquilos los abonados y podremos retenerles; tal es su desconfianza y el clamoreo contra la empresa ...". Además, en esa carta se ven aspectos como, construcción de pabellón para la maquinaria, decisión sobre el tipo de motor y su encargo, obtención de fondos para el proyecto que se cifran en 90.000 pta.

La carta [32] volvía a temas propios de este proyecto tales como: plantear el nuevo desembolso de capital, incluso que los cuatro socios principales lo aborden. Ferrer veía cada día más clara la rentabilidad del negocio. Para emplazamiento del motor se inclinaban por Santo Domingo ya que era claramente el centro de cargas, además tenían terreno para el nuevo pabellón y el acopio de combustible indudablemente más fácil.

En la carta [33] . Anuncia su próximo viaje a Bilbao sobre la compra del motor *"... Benz cuyo presupuesto hemos recibido del Sr. Zubicaray el cual por ser el más aceptable juzgamos entre todos es el más conveniente ... Se trata – y anticipo – de un motor Diesel Benz de 84 HP y 500 rpm el cuál por ser de esta velocidad ha de ir acoplado directamente al alternador. El ser de 6 cilindros su marcha muy regular muy conveniente para alumbrado y precio 22.600 ptas., plazo de entrega fin de mayo".* Se ven su precio y datos principales, sin embargo, no pudo ser de acoplamiento directo y tuvo que arrastrar al alternador con correa, lo cual era normal.

Hay una carta [34], se ve que Agustín Merino les había visitado y en consecuencia ofrecían el material necesario que se lleva a "Anexo Documental A-62. Carta de la Sociedad Española de Electricidad Asea, en Bilbao enviada a Electra Posadas de 21 de febreró de 1922. Fichero A-62.pdf" y lo principal es que ofrecían un alternador de 75 kVA a 500 rpm por 10.500 pta. y un cuadro de aparatos de medida y acoplamiento a la red por 1.375 pta. Los plazos de entrega de ambas partidas eran de 2 ½ meses. De 22 de febrero de 1922, hay un borrador de contrato para la compra del motor Diesel a la Casa BENZ de Mannheim (Alemania) que se ha extractado íntegro en el "Anexo Documental A-63. Borrador "Contrato que celebran de mutuo acuerdo la Sociedad Electra Posadas (Rioja) y la casa Benz y Cía. de Mannheim representada por don Nicolás de Zubigaray de Bilbao". 22 de febrero de 1922. Fichero A-63.pdf". El contrato llama la atención por su concisión y grado de detalles. Del mismo se extractan los datos principales a continuación:

Motor Diesel modelo R VI 6 cilindros 500 rpm y para ser alimentado con aceites crudos Diesel mineral. De 6 cilindros, desarrollando a la altura del nivel del mar una potencia de 84 HP (62 kW). Al precio de 23.100 pta., los consumos garantizados de combustible 220 gramos por HP y hora a plena carga, de aceite Diesel mineral de 10.000 calorías con una tolerancia del 10%. El plazo de entrega era realmente bueno para llegar al estiaje del mismo año. Visto desde hoy se trataba de un contrato moderno.

---

[32] Carta de F. Ferrer a A. Merino de 4 febrero de 1922.
[33] Carta de G. Merino a A. Merino de 18 de febrero de 1922.
[34] Carta de la Sociedad Española de Electricidad Asea, de Bilbao a Electra Posadas de 21 de febrero de 1922

Historia de la Electricidad en la cuenca del Oja

Al día siguiente en [35] se anunciaba el pedido en firme y matiza que el precio eran 20.600 pta. Suscita que a lo mejor era necesario un volante para irregularidad menor de 1/275 en vez de la 1/175 que figura en el contrato. En 25 de febrero de 1922 Gonzalo Merino estaba en Bilbao tratando sobre la compra del alternador y sobre las ofertas obtenidas la más conveniente es la de ASEA para máquina de 75 kVA por 10.500 pta. según se acaba de ver arriba con plazo de 3 ½ meses en puerto de Bilbao. Como ven que el asunto de la compra de maquinaria va viento en popa, en 27 de febrero de 1922 hicieron un anuncio a todos los socios solicitando sus aportaciones para el aumento de capital. Se indicaba que iba a ser de un 50% respecto de sus capitales iniciales.

En [36] 3 de marzo de 1922 En "La Rioja" se informa de la obra más importante que acometió la Mancomunidad para aumentar la potencia, sobre todo en los estiajes, en el punto de mayor consumo de la red Santo Domingo, con la instalación de un grupo motor diesel generador. *"Conceden a ELECTRA DE POSADAS una caseta en Santo Domingo. En la última sesión del Ayuntamiento de Santo Domingo de la Calzada presidida por su alcalde, Don Máximo Bustillo, se acordó conceder a Don Francisco Ferrer, representante de la sociedad HIDRO ELECTRA DE POSADAS[37], un terreno sito en la entrada del Paso de los Molinos, en esta ciudad, para construir una pequeña central eléctrica de 7,00 x 12,00 metros mediante el pago del precio de 250 pesetas."*.

En [38] se daba la desagradable noticia de que BENZ no puede suministrar el motor de 84 HP (62 kW) y 500 rpm teniendo que hacerlo de 78 HP (57 kW) a 470 rpm. Ello además de incumplir el contrato acabado de firmar impone que el alternador no se puede acoplar directamente al motor [39] por lo cual hay que acudir a un acoplamiento por poleas y correas. No se han logrado fotografías de la sub Central ni de su maquinaria, pero con los datos existentes se ha realizado la vista figurada siguiente:

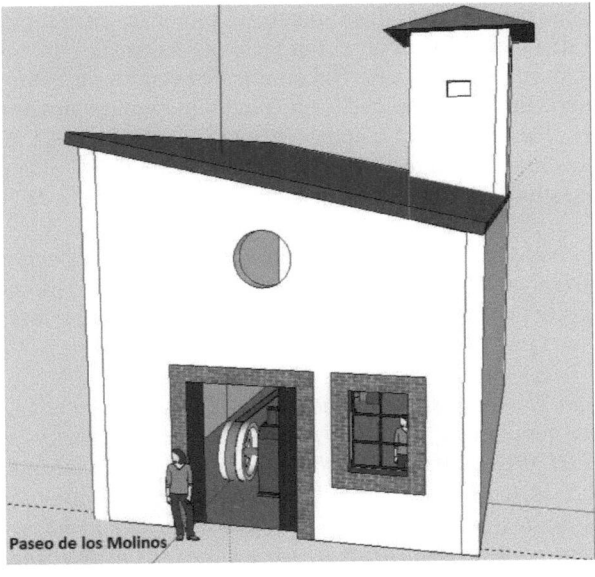

Figura 6.3. Vista supuesta de la sub Central en Santo Domingo.

---

[35] Carta de A. Merino al representante de BENZ Sr. Zubigaray de 23 de febrero de 1922.
[36] Periódico "La Rioja" de 3 de marzo de 1922. Transcrito por Jose Luis Agustín Tello.
[37] Posiblemente por la fuerza de la costumbre el cronista la denomina así y no Mancomunidad Electra Posadas.
[38] Carta de A. Merino a T. Poves de 6 de marzo de 1922,
[39] Las velocidades síncronas de alternadores para una red de 50 Hz son de 500 y la próxima inferior de 428 rpm.

En [40] se indicaba que habían conseguido que BENZ mantuviera el precio de 21.600 ptas., con volante para dar grado de irregularidad 1/275 y que la casa decía que el motor podría funcionar a 500 rpm, pero recomendaban que no pasara de las 470 rpm para mejor garantía de funcionamiento. Debido a que esta velocidad no conviene para el acoplamiento directo con el alternador suministrarían con polea de 1.000 mm de diámetro y 500 mm de ancho. Les pedía aceptación telegráfica. Por cartas posteriores se veía que Zubigaray era representante de Lindemann en Bilbao.

En 17 de marzo se facilita la lista de partícipes con los aumentos de capital que pensaban suscribir. Véase "Anexo Documental A-64. Relación de partícipes de Mancomunidad Electra Posadas que van a ampliar su capital en 17 de marzo de 1922. Fichero A-64.pdf".

En [41] se indicaba que *"El edificio va bastante bien pero ahora que se ve al natural nos parece que la puerta y las ventanas tienen unas dimensiones atroces"*. Alude a la huelga de la fábrica BENZ, fuerza mayor según contrato, y hace votos para que *"no les fastidie demasiado"* si se recuerda el contrato su fecha de embarque era el 31 de mayo. Se recuerda que en Alemania en 1921 se había constituido la República de Weimar que tuvo acompañamiento de huelgas y disturbios que propiciaron la toma del poder por los nazis una década más tarde. Orive va a ir a Posadas para la limpieza y reparación de la turbina pequeña y cambiar las escobillas del colector. Se están preparando para el estiaje y posible retraso en la puesta en marcha de la central Diesel. Al día siguiente 9 de junio Zubigaray informa que la huelga de BENZ se solucionó la semana anterior, pero informa de que ha sido de un mes y medio, aludiendo a la fuerza mayor e incluso indica la posibilidad de viajar a Mannheim con *"objeto de conseguir una pronta entrega de la máquina"*. La contestación [42] fue pidiendo el máximo compromiso de Zubicaray y el de los Sres. Lindemann, avisando de que el edificio estaba terminándose y pronto tenían que venir a Santo Domingo para fijar el sitio exacto de sus fundaciones. Finalmente, el motor se encontraría facturado para el 26 junio de 1922. Se trató de tener agilidad en el despacho de Aduanas y que se habría de transportar en camión directamente desde el Muelle de Bilbao a la Subcentral de Santo Domingo, pues saldrá más rápido y quizá barato. En agosto de 1922, previendo que venían desembolsos importantes con la instalación del motor, Ferrer hizo un estudio de movimientos de caja. Se veía que el negocio estaba sano, con una previsión de ingresos por luz y fuerza de 20.000 pta., que extrapolado al año serían 48.000 pta., con gastos pendientes de instalación de la sub Central de 36.000 ptas.

En [43] hay carta sobre la compra de componentes auxiliares para la subcentral, tales como la moto bomba para agua de refrigeración de la casa AEG por 700 pta., el depósito de agua de refrigeración de 5.000 litros y las viguetas de hierro en las que se va a apoyar que se comprarán en Marrodán de Logroño.

En [44] se indicaba *"Llegó el motor sin novedad"*. Y en [45] que se procedía a la instalación de la maquinaria de la forma que sigue: *"El corresponsal en Santo Domingo de la Calzada daba la noticia que la Sociedad HIDRO ELECTRA DE POSADAS* [46] *había construido un buen edificio en la entrada del Paseo de los Molinos y que en dicho edificio está colocando un motor de 80 caballos para ser acoplado al Salto de agua de Posadas al objeto de producir mayor fluido y evitar la falta de alumbrado y de fuerza para las industrias en los estiajes. El motor, que es de la casa Benz de Alemania, accionará un alternador trifásico de baja tensión. Éste es de la Sociedad Española de*

---

[40] Carta de Nicolás de Zubigaray con membrete de Antonio Lindemann y Cía. de Madrid a A. Merino 15 de marzo de 1922.
[41] Carta de F. Ferrer a A. Merino de 8 de junio de 1922.
[42] Carta de A Merino a Zubicaray de 22 de junio de 1922.
[43] Carta de F. Ferrer a A. Merino de 13 de agosto de 1922.
[44] Telegrama de F. Ferrer a A. Merino de 28 de agosto de 1922.
[45] El periódico "La Rioja" informa 1° de septiembre de 1922. Transcripción de Jose Luis Agustín Tello
[46] Mismo lapsus que en la noticia anterior.

Electricidad A S E A. La instalación se realiza bajo la dirección del ingeniero Don Nicolás Zubigaray y están aquí como peritos mecánicos Don Julio Orive y Don Francisco Urrrutia.". En carta [47] se informaba sobre el montaje y sus últimas incidencias sobre todo del depósito de agua de refrigeración por su gran tamaño. Además de que había un motor gemelo instalado por un tal Zubeldia en Lemona que marcha bien lo cual es una garantía para ellos. Estimaba que la inauguración sería el 8 de octubre próximo. En carta [48] se comentaba sobre las dilaciones de última hora. Aparecieron problemas con el acopio de combustible parecía que lo suministraba la COMPAÑÍA EXTERIOR DE COMERCIO y barajaban pedir a Zubeldia que les suministre 100 o 200 kg para las pruebas.

La carta [49] contenía detalles tales como que a las 12 ½ dio la primera explosión y funcionó durante ½ hora con regularidad y perfección. En el casino Ferrer solemnizó el momento abriendo dos botellas de champán para ingeniero, montadores y Orive brindando por la prosperidad de EP. Se atrevieron a repetir la prueba y *"mostrar la luz que tendríamos con el grupo".* A las 5 en punto empezó el funcionamiento y tuvimos en calles y en casas una luz magnífica. Con gran contento acordaron tenerla hasta las 7 o 7 ½ Zubicaray y yo fuimos al Suizo a gozarnos del resultado. *"Pasamos en él un rato alegrísimo viendo como Domingo y todos los concurrentes nos ovacionaban, pero cuando más entusiasmados estábamos empezó a bajar el voltaje hasta quedar como un candil no nos importó pues coincidía la hora con la orden de suspender el servicio, y creyéndolo así nos fuimos a la Central para que inmediatamente se pusiera la corriente de Posadas. Pero al llegar vimos que el motor seguía funcionando y que todos estaban preocupados porque no sabían porque ni porque bajaba la luz".* Decidieron avisar urgentemente a un ingeniero y montador alemanes de la casa matriz.

En la carta [50] le refería las informaciones verbales que su hijo Gonzalo Merino acababa de dar sobre el montaje *"por referencias de Gonzalo sé que el motor Benz ha marchado muy bien durante toda la última semana, y que el alumbrado en esa Ciudad es ahora muy bueno en pleno estiaje, con la nueva maquinaria sin la fuerza de Posadas, y destinada solo a Ezcaray, aldeas y demás pueblos, y en ambas zonas se consigue dar suficiente fuerza a los motores instalados"* Se infiere que todavía no se han sincronizado y que se opera con la red fraccionada en dos zonas. Se alegraba de que *"no han resultado estériles nuestros sacrificios. Me han confirmado estas buenas referencias el Sr. Zubigaray y el montador que vino de Alemania ... y me dio seguridades de que ha de desarrollar el total de fuerza que en el contrato figura, aunque a su presencia no ha llegado todavía a los 150 A por causas ajenas al motor, pero que puede llegar a pasar de los 300 [51]".*

También resulta interesante recoger una carta de A. Merino a F. Ferrer de 31 de octubre de 1922 con observaciones sobre su funcionamiento, está en "Anexo Documental A-65. De la carta de A. Merino a F. Ferrer de 31 de octubre de 1922, causas por las que el Motor BENZ no pudo dar toda su potencia en las primeras pruebas. Fichero A-65.pdf"

Según informaciones parciales de carta [52]. En Santo Domingo había 500 abonados a luz, estimada en la mitad de la población. Julio Salvatierra trajo de San Vicente un amperímetro y vatímetro y vio que la potencia para alumbrado eran unos 50 HP (37 kW) [53]. Si todos los motores simultáneamente

---

[47] Carta de F. Ferrer a A. Merino de 29 de setiembre de 1922.
[48] Carta de F. Ferrer a A. Merino de 5 de octubre de 1922.
[49] Carta de F. Ferrer a A. Merino de 17 de octubre de 1922.
[50] Carta de A. Merino a F. Ferrer de 31 de octubre de 1922.
[51] Estas intensidades de 150 y 300 A a 130 V de tensión nominal del generador representan unas potencias de 33 y 66 kW respectivamente
[52] Carta de A. Merino a F. Ferrer de 31 de octubre de 1922.
[53] Con una eficiencia del 80% esto podrían ser 60 W de luz por abonado y a 2 W/bujía unas 30 bujías cada uno.

representaban otros 50 HP y en este supuesto el motor diesel sería insuficiente para ambas cosas a la vez, para las pruebas empleó una resistencia líquida que representaban según él unos 25 HP (18,5 kW). O sea que según eso el motor daba la fuerza contratada. El ensayo acabado de relatar prueba la capacidad técnica de Salvatierra. El stock de combustible era enorme de 6.000 kg.

En carta [54] se indicaba: "*MOTOR DIESEL. Ayer se probó con muy buen resultado; prestó servicio toda la mañana para los motores y cumplió bien. Tengo encargado más aceite lo cual es un presupuesto importante. Llevamos ya 11 tubos a 35 pesetas uno .... En resumen, que a costa de gran cuidado y mucho gasto daremos servicio con él cuando sea necesario. El 30 se volverá a probar.*" El consumo de aceite fue importante como se ve.

En carta [55] se decía: "ADQUISICIÓN *DE NUEVO TRANSFORMADOR. ... aquí nos pareció ser la más aceptable (oferta de transformador) "Lang y Cía.",. Sin que yo trate de quitar ninguna competencia a Salvatierra, creo que por ahora no nos conviene encomendar a este la construcción de este aparato tanto menos, teniendo en cuenta que él, su cuñado Orive, Urrutia y otros de los que hemos conocido en el montaje, han trabajado como subalternos a las órdenes de "Lang y Cía." en su fábrica de Deusto.*". Llama la atención la determinación de aquellos pioneros que se hubieran lanzado a construir un transformador

La descripción del edificio de la Sub – central y de su instalación que ya estaba terminada cuando se constituye Electra Posadas SA, se toma de la Escritura constitutiva de esta Sociedad. Se inserta la foto de los vestigios actuales de la caseta que están en el lugar de la Sub – Central en el inicio del paseo de los Molinos.

Figura 6.4. Vista actual de una posible ubicación de la sub - central Diesel de Santo Domingo.

---

[54] Carta de F. Ferrer a A. Merino de 16 de noviembre de 1922
[55] Carta de A. Merino a F. Ferrer de 25 de noviembre 1922.

Asimismo, la maquinaria que estaba instalada se relaciona en la Escritura de constitución de "Electra Posadas SA" de 12 de noviembre de 1923, como se verá en el capítulo siguiente 7.

Se ve que este grupo de Santo Domingo se acoplaba, cuando era necesario, en paralelo con el hidráulico de Posadas. Esto se hacía a través de la línea de 10.000 V., y de los transformadores elevadores de ambas centrales. Para ello se empleaba un dispositivo montado en los cuadros de las centrales realizado a base de lámparas denominado "sincronizador de lámparas", los maquinistas tenían que estar en comunicación a través del teléfono interno entre ambas centrales

6.4.   El personal empleado de la Mancomunidad Electra Posadas.

En el caso de la Mancomunidad la gestión de personal, aunque sea parcialmente, ha quedado registrada y se ve que sus gestores le dedican atención para mejorar el funcionamiento de la Sociedad. Esto contrasta con las entidades anteriores de las cuales, con la excepción de la Fábrica de luz de Ojacastro, no han llegado documentos hasta hoy. De ellas solamente aparecían los nombres de sus propietarios y gestores.

En general se percibe que las relaciones entre empleados y gestores o propietarios estaban basadas en principios de subordinación y autoridad de unos para otros. No se ha visto intervención de asociaciones gremiales o sindicales que, aunque incipientes, existían en los centros industriales importantes. Hay que considerar que la zona en la que operaba la Mancomunidad era predominantemente rural salvo Santo Domingo y Ezcaray con talleres y fábricas. Además, los obreros y empleados de la Mancomunidad eran pocos y estaban muy repartidos por las centrales y pueblos. Destacan por su dedicación los técnicos Julio Orive y Julio Salvatierra, de los que ya se ha hablado. Sus contribuciones fueron decisivas en la Sub Central de Santo Domingo y en la resolución de las averías de la Central de Posadas.

De la correspondencia de final de 1922 se verifica que había empleados que procedían de antiguos obligacionistas de Hidroeléctrica del Oja y posteriormente partícipes en la Mancomunidad. Estos fueron Isidoro Ayabarrena, Amando Ortega que procede de Nicanor Ortega (posiblemente por herencia), y Manuel Manzanares. Es posible, aunque no hay evidencias, que originariamente serían empleados, pero recibieran sus obligaciones como compensación de salarios no percibidos en la época de Segura e Hidroeléctrica del Oja. La carta [56] sigue ofreciendo los detalles de cómo fue el relevo del maquinista de Posadas por Mateo Díez que no estuvo exento de dificultades. Se verá que este fue el movimiento que inició la empresa al que siguieron más y el cambio no fue efectivo hasta julio del año siguiente 1923. En la carta [57] se lee la cualificación de Mateo Díez: "*.... Además debe tenerse en cuenta que Mateo apenas ha cesado de estar al frente de Centrales eléctricas con turbinas, pues después de que estuvo en Posadas, le tuve yo 7 años; desde que cesó en mi servicio ha estado al frente de la turbina y maquinaria de la Fábrica de Trapos de Ezcaray y al cerrarse esta, le tuvo en su fábrica Arturo Gandasegui hasta el mismo día que nosotros le tomamos, por todo lo cual le conceptúo mucho más competente ... y no puede conceptuársele como nuevo en esa clase de servicios.*". La misma carta citaba a Benigno Torres otro empleado que siguió varios años al servicio de la Mancomunidad y Posteriormente de la SA Electra Posadas.

Hay una nota manuscrita con letra de Agustín Merino "*Nota de los puntos tratados en reunión Consejo Electra Posadas en Santo Domingo el 20 diciembre de 1922*" de la misma se entresaca:

---

[56] Carta de F. Ferrer a A. Merino de 16 de noviembre de 1922.
[57] Carta de A. Merino a F. Ferrer de 25 de noviembre 1922.

"Plantilla de empleados para 1923. Se amortiza la plaza ... en Ezcaray desde 1º de enero y hablar a Benigno Torres para que desempeñe el cargo con su hijo que hará de instalador y revisor de la línea de Ezcaray a Sto Dgo. Despedir desde 1º de año a ...r de Sto Dgo lo cual correrá a cargo de Julio Saracibar (sic) que se le autoriza tener un meritorio [58]. "*.* Llama la atención que ahora aparecía, como única cita, Julio Saracibar en vez de Julio Salvatierra y se estima, 100 años más tarde, que pudo ser un lapsus. En carta [59] se hablaba sobre el empleado a nombrar en Bañares e indica que él no tiene recomendación alguna solo sugiere *"Nos hace falta para ese puesto en ese pueblo tan dividido por la política, ya que no pueda ser independiente, ..."*

6.5.   El funcionamiento de la Mancomunidad Electra Posadas.

Se han logrado pocos datos, pero entre ellos hay unos interesantes de las lecturas de los aparatos de medida del alternador en junio de 1921. Se llevan al "Anexo Documental A-66. Lectura de los aparatos del alternador durante el trabajo para motores. Fichero A-66.pdf".

6.6.   Conclusiones de este capítulo.

Es fundamental destacar que en este periodo cubierto por la Mancomunidad Electra Posadas se atisban los cambios que habrían de llevar en unos pocos años a la modesta consolidación del negocio de la generación y distribución eléctrica en el alto Valle de Oja. Bien es verdad, que los mismos se extendieron a toda la zona que luego fue suministrada por Electra Posadas SA hasta el final en la presente historia. Se notan aspectos tan importantes como los del negocio que empezaba a ser moderadamente rentable, también que se emprendieron nuevos proyectos, y entre los mismos es de señalar la instalación de una sub Central en Santo Domingo de la calzada que sirvió para paliar el grave defecto de los estiajes ya había estado presente la vida de estas pequeñas empresas desde su principio. Poco a poco el Valle del Oja entró en el camino de la electrificación.

Desde el punto de vista de gestión se atendieron aspectos tan importantes como la gestión del personal, la cualificación técnica del mismo y la atención a la tesorería para poder llevar a cabo las actividades señaladas.

---

[58] Según el diccionario de la RAE. "*2. m. y f. Persona que trabaja sin sueldo por aprender y hacer méritos para ocupar una plaza remunerada*". En la actualidad se podría aproximar al concepto de becario
[59] Carta de A. Merino a F. Ferrer de 4 de mayo de 1923.

CAPÍTULO 7.
LA SOCIEDAD ANÓNIMA ELECTRA POSADAS HASTA CONECTAR CON HIDROELÉCTRICA IBÉRICA EN 1930

La Sociedad Anónima Electra Posadas se fundó a finales de 1923 y su vida fue de 41 años hasta la integración en Iberduero a finales de 1964. En estas cuatro décadas las vivencias y acontecimientos fueron muy variados al tenor del desarrollo social y económico de la economía española en la cual estaba inmersa, no se olvide que el país experimento una guerra civil que además prolongó sus consecuencias adversas más de lo que hubiera sido deseable. La Rioja estuvo alejada de los combates y no se dieron las consecuencias materiales de las destrucciones que conllevan los conflictos armados. En consecuencia, estas cuatro décadas se van a dividir en etapas suficientemente homogéneas para llevarse a capítulos separados. La primera, que se pretende describir en este capítulo, lleva hasta julio de 1930 que es cuando se pone en servicio la línea de Alta Tensión entre San Felices (barrio de Haro) y la ciudad de Santo Domingo de la Calzada. Hay varios eventos importantes entre los que se destacan:

- La quiebra de los negocios personales de uno de sus consejeros.
- La fusión abortada con Hidroelectra de Nájera SA con su central de Arenzana de Abajo.
- La renovación del Consejo de Administración que había resultado de la fundación de Electra Posadas SA en 1923.
- La redefinición estratégica de Electra Posadas para ampliar su mercado a casi toda la cuenca del río Oja, salvo Haro.
- La puesta en servicio de la línea San Felices – Santo Domingo como consecuencia directa de la nueva estrategia y como medio más seguro para solventar los estiajes que habían condicionado a la central de Posadas desde los tiempos de Dionisio Segura.

Se acaba de ver que en las fases finales del devenir de la Mancomunidad Electra Posadas sus copartícipes Francisco de Asís Ferrer, Telmo Poves, Francisco Aranjuelo, y Agustín Merino pensaron llevar a cabo su transformación en Sociedad Anónima mercantil. Las gestiones se detallan allí y la Sociedad Anónima se constituyó en 12 de noviembre de 1923 fecha que inicia la historia a la que se dedica este capítulo. Fue en Santo Domingo de la Calzada ante el notario Gregorio Santos García. Se dispone de la escritura y solamente se ha realizado un extracto que está en "Anexo Documental A-67. Escritura de constitución de "Electra Posadas SA" de 12 de noviembre de 1923. Resumen parcial. Fichero A-67.pdf". Del extracto, acabado de citar, se traen algunos datos esenciales que son la descripción de la nueva sociedad anónima en el momento de su constitución. Desde el punto de vista de las instalaciones había una turbina grande de 180 CV y otra pequeña para accionar un solo alternador de 145 kVA. Este era el alternador original instalado en la época de Dionisio Segura y que, en la fase de la Mancomunidad, véase capítulo 6, era arrastrado bien por la turbina grande en los períodos de aguas altas, o por la turbina pequeña durante los estiajes [1]. La Mancomunidad antecesora de la Sociedad Anónima logró extender su pequeña red de distribución al pueblo de Bañares y a las aldeas de Urdanta y Cilbarrena aunque esta última no está citada en el inventario de constitución de la SA. Grañón era suministrado por Murillo y Ozalla con energía comprada a Electra Posadas y transportada con línea propia al pueblo. En [2] se indicaba: *"Línea Grañón. Resti que dice tiene mucha amistad con Murillo hablaron de este asunto y dijo que tiene unas ganas grandes de quitarse el cuidado de la línea y que por poco lo cedía"*.

Debía de esperarse, en los mentideros de la zona, la constitución de Electra Posadas SA pues había una noticia de [3] fechada el 9 de noviembre. La misma decía: *"NUEVA SOCIEDAD. – Nos dicen como cierto que por escritura pública se ha reconstituido la Sociedad «Electra Posadas», con un capital de 300.000 pesetas"*.

7.1. Constitución de la Sociedad Anónima Electra Posadas.

En la escritura de constitución, se indica que Francisco de Asís Ferrer, Telmo Poves, Francisco Aranjuelo, y Agustín Merino que ya eran los copartícipes principales de la Mancomunidad pasan a ser los cuatro socios fundadores de la Sociedad Anónima, aportando a la misma los bienes que poseían en aquella tanto los procedentes de la antigua Hidroelectra del Oja como los nuevos comprados e instalados por la Mancomunidad.

En el acto de constitución cancelaban las antiguas obligaciones hipotecarias de Hidroelectra del Oja, ya recogidas con cancelación de la hipoteca. Asimismo, declaraban que todos estos bienes están valorados en 236.000 pesetas, y que son propietarios en proindivisión por los cuatro en cuartas e iguales partes.

Fijan el domicilio social en la Villa de Ezcaray. Sin embargo, las reuniones del Consejo se turnarán alternativamente entre Santo Domingo y Ezcaray. En el artículo 4º citan que Grañón está ya incluido en sus redes de distribución.

Establecieron el capital social en 400.000 pta., dividido en 800 acciones de 500 pesetas, cada una, al portador. Como los bienes aportados fueron de 236.000 pesetas y si se rebaja el crédito de 86.000 pesetas importe de las obligaciones contraídas y anticipos hechos por algunos de los cuatro comparecientes, resultaba un valor líquido de los bienes aportados, por cuartas e iguales partes por los comparecientes, con valor líquido era de 150.000 pta., y para pago de estas aportaciones se pusieron inicialmente en circulación 300 acciones números 1 al 300 inclusive de las 800 emitidas como representativas del Capital Social, desembolsadas totalmente y a la par. Las otras 500 acciones no desembolsadas quedaron en cartera. La Sociedad quedaba responsable del pago de las 86.000 pta., arriba citadas.

Figuraban como miembros del primer Consejo:
- Presidente. Agustín Merino.
- Vicepresidente. Francisco Aranjuelo.
- Tesorero. Telmo Poves.

---

[1] Esta práctica interesante para disminuir los gastos de inversión de forma notable no era adecuada desde el punto de vista de la eficiencia cuando el servicio era dado por la turbina pequeña.
[2] Carta de G. Merino a A. Merino bastante posterior de 18 de julio de 1931.
[3] Periódico "La Rioja" de 10 de noviembre de 1923. Facilitada por Jose Luis Agustín Tello,

- Consejero delegado. Francisco de Asís Ferrer.

El mismo día de la firma de la escritura de constitución se celebró el primer Consejo de Electra Posadas SA, de la misma hay una minuta manuscrita de Agustín Merino, los acuerdos fueron por unanimidad, y se extractan a continuación:

"Primero. Cada uno de los cuatro socios fundadores y primeros consejeros nombrados expresan y voluntariamente aceptan los cargos respectivos ....
Segundo. ... nombramos al socio don Jesús Peñamaría como 5º vocal del Consejo y con el cargo de secretario del mismo, a quien se comunicará para su aceptación ....
Tercero. ... son adjudicatarios de las 300 acciones nos 1 a 300 inclusive puestas en circulación ....
Quedan desde este momento adjudicadas a Agustín Merino las acciones 1 a 75 ambas inclusive; a Francisco Aranjuelo las acciones 76 al 150; a Telmo Poves las acciones151 al 225; a Francisco Ferrer las nos 226 a 300 ...
Cuarto. No estando todavía confeccionadas e impresas ... se entregarán resguardos provisionales ....
Quinto. ... los consejeros dejamos desde este momento afectas al buen desempeño de los cargos respectivos, que hemos aceptado, de las acciones que se nos acaban de adjudicar, obligándonos a no desprendernos de ellas mientras no se aprueben nuestras gestiones ... todas las cuales serán depositada en la caja social ... "

Hubo una primera circular a accionistas de 20 de noviembre de 1923 y de la copia para Agustín Merino se extracta lo que sigue:

*"... se distribuyeron entre los cuatro socios fundadores las 300 acciones de 500 pesetas nominales ... que representan las 150.000 pesetas de activo líquido aportado por los mismos. Estos señores han hecho ya entrega a cada uno de los interesados en este negocio, de los extractos de inscripción por igual cantidad nominal que la participación que tenían en la empresa ... "*este apartado puede explicar que los fundadores tenían sus obligaciones con otros partícipes de la Mancomunidad y así las reconocían. Es la única evidencia documental de los transvases entre, los 4 fundadores y el resto de los accionistas menores, y existe una relación manuscrita sin fechar archivada en aquellas fechas de final de 1923 que se traslada seguidamente. En la misma se ve que los 4 accionistas fundadores de la Sociedad ya no son propietarios de sus 75 acciones del día de la constitución. Entre los cuatro cedieron 176 acciones y llama la atención que hay un accionista, Alejandro Somovilla, que tiene un paquete de relativa importancia de 40 acciones. Más adelante se verá que este señor, en los primeros años, jugó un papel relativamente importante en la gestión de los asuntos societarios. La relación de accionistas se lleva a "Anexo Documental A-68. Relación de accionistas a noviembre de 1923. Fichero A-68.pdf".

Se sigue extractando la circular de 20 de noviembre: " *... el consejo del día 13 del actual acordó poner en circulación 200 acciones de las 500 que quedaban en cartera nos 301 a 500 que representan 100.000 pesetas nominales, de las que se destinan 86.000 a cubrir el pasivo de la Sociedad por deudas que existían el día de la Constitución, y que provienen de los anticipos en efectivo requeridos para la construcción de la Sub Central de santo Domingo, y maquinaria instalada en la misma; y las otras 14.000 pesetas para tenerlas dispuestas a la expectativa de algunas mejoras que el Consejo considera de imprescindible necesidad para en breve plazo. Estas 200 acciones se ofrecen a la par de su valor nominal"*. Seguía la circular firmada por Ferrer como secretario accidental con las condiciones para la adjudicación y desembolso de estas 200 acciones.

Las cosas referentes al suministro eléctrico su mala calidad y sus tarifas estaban muy caldeadas ya que en [4] aparecía un remitido firmado por Ricardo Saseta en nombre de los abonados de fuerza motriz. Se refería al suministro que, en parte de la Ciudad del Santo, hacía la empresa "Hidroelectra de Nájera" y la defensa que de la misma hace el corresponsal del Diario. El remitente se queja de que esta Sociedad ha tenido a Santo Domingo sin fluido, llegando a acusar que el voltaje no llega ni a las ¾ partes del adecuado.

7.2. Primeros pasos de la Sociedad Anónima Electra Posadas.

En carta [5] se informaba que la ampliación de 100.000 pesetas tiene solicitudes hasta 71.000 y se verá, en próximo consejo la forma de ofrecer al público el capital restante.

Tocaba algunos temas técnicos tales como "*Yo me iré a Ezcaray con Salvatierra para entregar los contadores, hacer aquellas instalaciones de planchas (se ve más adelante que se trata de planchas para la fabricación de abarcas), y reforzar las redes de alumbrado y fuerza colocando el transformador de 15 kVA que hay aquí. El de 50 ya está seco y con la carga de aceite y comenzará a prestar servicio Dios mediante el día de la Inmaculada para que ella nos lo bendiga y de buen resultado ... El domingo tuvimos un contacto en la línea, pero los empleados se condujeron muy bien y trabajaron con celo pues se interrumpió el servicio a las 6 y a las 6 ½ ya estaba otra vez*" Conviene resaltar este accidente de la línea que apenas tenía protecciones y cuya reparación dentro de condiciones de servicio aceptables no era tan sencilla como lo es un siglo después.

En carta [6] se revisaban varios asuntos que se extractan: "*BALANCES. Recibí también los que me envía, que encuentro bien y creo dan confianza de poder repartir dividendo.*
REDES Y CASETA DE EZCARAY. Gonzalo llevó el dibujo hecho por Salvatierra de la caseta proyectada en la Fábrica Real, para instalar un nuevo transformador para la línea de fuerza. No es ese el dibujo que indiqué yo a Salvatierra como conveniente para estudiar el asunto, pues la caseta no importa mucho que sea de u otra forma; lo que dije y creo más necesario, es un croquis aproximado, aunque prescinda de medidas y orientación, que de alguna idea de la situación que tienen (en) las calles de Ezcaray los motores colocados y los sitios en que se iban a colocar contadores para las planchas de abarcas [7], señalando la unión de la línea con la caseta proyectada ..."

En [8] se informaba que: "*NEGOCIO EN GENERAL. Nada de particular ocurre, todo se desenvuelve normalmente y el servicio es bueno. El Ayuntamiento de aquí creo que piensa de anunciar la subasta para enseguida, pero yo no podré figurar porque soy concejal y deseo evitar hasta la menor sospecha por parte de nadie. Así que Vds. verán quien ha de intervenir por más que las condiciones que desean no son favorables para nosotros pues se han inspirado en los precios de Miranda y Haro y no llegan a ofrecer más de 1,125 pesetas mensuales para cada lámpara de 16 bujías, impuestos a cargo de la empresa ese precio teniendo que hacer un desembolso importante para brazos y otros materiales no sé si nos convendrá. Por de pronto a la otra empresa ya la prefieren en esas condiciones y no acepta. Ella pide a 1,25 pesetas lámpara mes, precio que para*

---

[4] Periódico "Diario La Rioja" de 17 de noviembre de 1923.
[5] Carta de F. Ferrer a A. Merino de 6 de diciembre de 1923.
[6] Carta de A. Merino a F. Ferrer de 10 de enero de 1924.
[7] Aparece la fabricación de abarcas mediante planchas, una aplicación industrial de la electricidad. Lo más seguro es que fuera para el conformado,
[8] Carta de F. Ferrer a A. Merino de 16 de febrero de 1924.

ella es bueno pues tienen la instalación hecha, pero para nosotros merece estudiarse". Se estaba refiriendo a Hidroelectra de Nájera para suministrar a Santo Domingo.

En [9] se informa que: *"como presumíamos tenemos ya el estiaje con graves síntomas pues para alumbrado apenas llegamos a 90 voltios y para motores solo damos servicio unas 5 horas...*
Desde el día 1 funciona el motor. Va muy bien y no tengo duda de que si Salvatierra lo atiende como debe nos salvará"

7.3. Sobre operaciones corrientes de Electra Posadas

Se ha optado introducir en este capítulo, y en los tres siguientes hasta el 10 inclusive, un apartado que recoja las operaciones corrientes de todo el lapso que cubre el capítulo. Se designan como "operaciones corrientes" a las que se pueden clasificar como el día a día de Electra Posadas y que no entran dentro de otros asuntos que se destacan como son los nuevos proyectos, las compras de competidores, la extensión territorial, etc. También operaciones corrientes son los comentarios sobre los diferentes ejercicios societarios, la producción de las centrales, las averías, el mantenimiento, los asuntos de personal etc. Se han obtenido del Archivo Histórico de Iberdrola las memorias y cuentas anuales de Electra Posadas SA, sin embargo, en el período 1923 a 1930, analizado en este capítulo, es donde hay más huecos. Pero la documentación existente sirve para analizar el devenir de esta Sociedad. Todas las cuentas que se han obtenido están recogidas en "Anexos de cuentas. Balances_Cuentas_Resultados.pdf"

Para aligerar el contenido de los capítulos descriptivos se ha optado por crear un anexo documental que contenga todas las operaciones corrientes del período cubierto por el capítulo dejando aquí solamente las más salientes. En este caso es el "Anexo Documental A-69. Las operaciones corrientes de Electra Posadas SA entre 1923 y 1930. Fichero A-69.pdf".

1925

El primer año del que solo hay memoria es 1925 y de ella se traen los puntos principales. Se renueva de buena parte del tendido, y se han intercalado buen número de postes de cemento fabricados por Electra Posadas y de pino alemán kyanizado que presta muy buenos servicios en la zona por demás húmeda y con un suelo propicio a la destrucción de maderas corrientes. También en la transformación y distribución se han hecho mejoras, y finalmente una minuciosa y completa reforma del Diesel con personal competente, que repuso diversas y costosas piezas que se encontraban en mal uso. Aquí se ve que la fabricación propia de postes de cemento armado que fue una constante en Electra Posadas y que vino muy bien para superar los períodos de autarquía impuestos por la guerra civil y la larga posguerra. El Diesel de la Sub – Central tuvo muchos costes de mantenimiento.

1927

Está claro que para servir al mercado hacía falta resolver los estiajes pues ya a aquellas alturas la Sub – Central tenía altos costes de combustible y mantenimiento. Hay una carta de Gonzalo a Agustín Merino de 28 de febrero de 1927 con noticias que se entresacan *"... para aumentar la*

---

[9] Carta de F. Ferrer a A. Merino de 4 de julio 1924

energía en verano Ferrer habló cree fácil la compra de una central en Cuzcurrita que tiene muy seguros 50 HP por precio reducido y Aranjuelo cree posible en condiciones ventajosas adquirir todas las acciones de la Ferrería Azarrulla con propiedad en mismas salto etc. en 15 a 20.000 pesetas, todo ha quedado pendiente de examen y estudio". Es la primera referencia a la central de Cuzcurrita comprada en 1932 y que se reformó. La referencia a la ferrería de Azarrulla indicaba que tuvo salto de agua.

1928

En carta [10] Agustín Merino ofrece, a sus compañeros del Consejo, cesar en su puesto de consejero presidente por sus achaques. Le queda el sentimiento de que no se hayan llevado adelante proyectos para acabar con los estiajes y cita al Proyecto de mayor salto de Altuzarra, véase el apartado A-49.7., del Anexo Documental A-49. Se ha visto en el capítulo 6 que Agustín Merino había llevado las responsabilidades de la época de la Mancomunidad y que cedió muchas de ellas en este período, aunque no todas las que hubiera deseado. También afirma la vocación de la empresa por la energía hidráulica. De hecho, no dimitió y siguió de presidente hasta su fallecimiento en 1937, aunque en los últimos años dejó el "día a día".

1929

Faltan las memorias y cuentas sociales y las primeras que aparecen son las del año 1929, y se extracta:
- Cuentas del activo con un total de 460.638,90 pta., destacando:
- En las del pasivo con el mismo importe que el activo la partida principal es con mucho la del capital en acciones por 400.000 pta.

1930

La nueva línea San Felices – Santo Domingo se terminó en el mes de mayo se hicieron las pruebas y se celebró su inauguración con una fiesta celebrada el 13 de julio, y prestó servicio durante el estiaje, recibiéndose por ella la energía contratada procedente de la Hidroeléctrica Ibérica y también de la Vasco – Alavesa en compensación parcial de la facilitada a ella durante el invierno. Su servicio fue inmejorable, y se solucionó el temor a los estiajes de manera radical y atender cuantas peticiones de energía que se solicitaran sin limitación.

El motor de la Sub – Central no funcionó muy bien ya que en [11] se decía "*Motor. No está en condiciones de uso sin hacer la reposición la cual deseo efectuar, pero como los mecánicos pedidos no están libres he pensado encomendar a Justo después de notificarle su cargo de jefe y encomendarle su desmonte pues tengo confianza lo efectuará con todo detalle y esmero y si alguna ayuda mecánica necesita, se sirva de dos talleres que hay en Sto Dgo dedicados al automóvil. De esta forma comprobaré si las reparaciones podemos efectuarlas con nuestros medios y personal y lo que sin duda resultarán más económicas, también ocuparé a Justo que no tiene por ahora mucha labor ya que lo de Casalarreina está paralizado".*

---

[10] Carta de A Merino a F. Aranjuelo, F. Ferrer, y J. Peñamaría de 17 de marzo de 1928.
[11] Carta de G. Merino a A. Merino de 23 de julio de 1930.

Lo invertido durante el Ejercicio en la nueva línea general, como en las reformas de las adquiridas y ampliaciones reseñadas ascendió a la cantidad de 29.683,31 pta., que unida a los desembolsos del año anterior, se reflejó en las cuentas con total de 116.599,52 pta.

Las cuentas del ejercicio de 1930 tuvieron como más salientes los datos que siguen:
- Las cuentas del activo con un total de 503.813,65 pta.
- Las del pasivo con el mismo importe que el activo, la partida principal es con mucho la del capital en acciones por 400.000 pta.

7.4.   Accidentes mortales en líneas de alta tensión de Electra Posadas.

Una consecuencia grave de la electricidad era, y sigue siendo, su peligro de electrocución por contacto con conductores desnudos. Se han recogido algunas noticias de prensa que acabaron, desgraciadamente, en muerte. Hace un siglo no existían el conocimiento del peligro, las protecciones actuales de los sistemas eléctricos, ni las instrucciones y protecciones para trabajar cerca de cables de alta tensión. Los accidentes recogidos se concentran en un periodo, pero esto no significa que no los hubiera en todo el tiempo de la presente historia. Por las noticias de prensa recogidas al final de 1924 se produjeron uno o más accidentes muy graves, no está muy claro si fue uno o más, para ello se van a analizar las noticias que se han obtenido:

Uno de ellos viene en [12] y decía "*UN ELECTROCUTADO. En el pueblo de Santurde y término conocido por «Venta de Allende» a consecuencia del viento, se cayó un poste de la luz perteneciente a la «Electra de Paradas[13]»; y al atravesar poco después por dicho término, el joven del citado pueblo, Cesáreo Pérez Martínez, tuvo la mala suerte de pisar los cables, quedando en el acto completamente carbonizado. El Juzgado instruye diligencias*". El otro periódico [14] añadía que era un niño de 13 años pastor del ganado vecinal y reflexionaba que se debía de instruir a la gente de los peligros y la obligación de avisar. Poco después era obligatorio diseñar las líneas con protecciones para desconectarlas en caso de caída de cables

Un mes más tarde ocurre otro accidente con un fallecido como informó [15] en el que se citaba que una descarga eléctrica "corrió" por el poste e indica claramente que cinco trabajadores estaban reparando la línea posiblemente sin desconectarla, aunque no lo aclara, y una descarga recorrió el poste despidiendo a cuatro de los hombres, pero el accidentado permaneció adherido muriendo en consecuencia. También en esta ocasión el otro periódico [16] da los detalles de que el fallecido se llamaba Gregorio Romo Ortega y que el accidente ocurrió en el término de Bañares.

Ambos accidentes influyeron claramente sobre los responsables de Electra Posadas y por la correspondencia [17] se refiere a la fecha del primer accidente. En la carta se expresaba la creencia de que no haya responsabilidades graves para Salvatierra y Benigno Torres. También indicaba que habían prestado declaración ante el Juez Salvatierra, Benigno Torres, y él mismo (Ferrer) sin que por el momento les hubieran procesado.

---

[12] "Diario de la Rioja" de 30 de octubre 1924.
[13] Es una errata y debía haber dicho "Posadas".
[14] "La Rioja" de 30 de octubre de 1924. Cedido por Jose Luis Agustín Tello.
[15] "Diario de la Rioja" de 2 de diciembre 1924.
[16] "La Rioja" de 2 de diciembre de 1924. Cedido por Jose Luis Agustín Tello.
[17] Carta de F. Ferrer a A. Merino de 6 de noviembre de 1924.

Con referencia al segundo se veía en [18] que el accidente de la muerte de Gregorio Romo de Santo Domingo fue en reparaciones de la red general. La carta demostraba el profundo pesar que produjo en Ferrer el hecho, indica que había hecho muchas recomendaciones a Salvatierra para que extremaran las precauciones.

En carta [19] se seguía tratando sobre los accidentes. Refería que recibió, el 27, visita de Julio Salvatierra acompañado de su cuñado Orive. Ferrer notificó a Salvatierra el acuerdo del Consejo, en relación a su cargo, por el contexto se refería a su destitución, y no opuso la menor dificultad, y le pagó la nómina de diciembre. No hubo tirantez sino lo contrario y se me ofreció para todo y lo mismo Orive. Seguía el mal servicio por la escasez de agua. Avisaba que *"con esta doy por terminada mi gestión en cuanto a servicio y personal se refiere. Seguiré con lo que se me encomiende. Pronto cerraré el balance y la memoria"*. Se ve que el comportamiento noble de Julio Salvatierra al aceptar el cese de forma elegante y positiva.

El cuarto y último accidente, de los que se ha recogido, da información sucedió el 11 de abril de 1930 y fue mortal para el empleado de Electra Posadas en Casalarreina Jesús González.

7.5.   Nombramiento de nuevo consejero delegado.

No se ha encontrado una referencia expresa a la fecha de su nombramiento. Solamente ha aparecido un manuscrito de Agustín Merino en el que se hace una comparación muy detallada de las atribuciones de Francisco de Asís Ferrer a la vista de los estatutos en vigor, con las que se pensaba dar al sustituto su hijo Gonzalo Merino. Se acaban de ver los temores y la forma de aceptar las responsabilidades, por Ferrer, en el caso de los dos accidentes mortales del otoño de 1924. Cuando se hizo el nombramiento efectivo de Mateo Díez, véase 6.4. capítulo 6, reconoció su debilidad de carácter para tratar temas delicados de personal. En ambos casos puso su puesto a disposición del consejo a la vez que indicaba que su preparación era para tareas administrativas y de gestión. Agustín Merino, presidente del consejo, acababa de hacer 69 años en 1924 y se encontraba pleno de salud, entusiasmo e ideas renovadoras. Pero sin embargo su mujer acababa de enfermar y esto le obligaba a dedicarle muchos más cuidados. El relevo natural era su hijo Gonzalo, a la sazón de 37 años y por entonces residente permanente en Ezcaray. El relevo en el puesto de consejero delegado de Ferrer es muy posible fuese algo gradual. Gonzalo dominaba más los aspectos técnicos que Ferrer, y aparece que se mantuvieron en paralelo por algún tiempo sin grandes fricciones.

Hay una carta [20] de la que se extracta en lo principal: *"En la necesidad de remunerar a Gonzalo con algo proporcional al trabajo que aporta en relación con el estado económico de la Empresa y si sustituye a Poves en el consejo puede facilitar la solución en lo futuro, acordando por lo que respecto al año en curso aquello que nos parezca mejor."*. La sustitución de Telmo Poves en el consejo, véase 7.6. a continuación, iba a flexibilizar las cosas para el encaje de Gonzalo Merino como nuevo consejero delegado.

---

[18] Carta de F. Ferrer a A. Merino de 4 de diciembre de 1924.
[19] Carta de F. Ferrer a A. Merino de 29 de diciembre de 1924.
[20] Carta de J. Peñamaría a F. Ferrer de 12 de diciembre de 1925.

7.6. Suspensión de pagos y quiebra del consejero Telmo Poves y cese para este puesto.

Se recuerda que, este consejero tenía además otros negocios entre ellos casa de banca y una tejería mecánica. En 1926 Telmo Poves había retirado de la caja social sus 15 acciones como garantía de su función de consejero. Ferrer ya le ha hecho algún apercibimiento sin resultado. En consecuencia, en [21] Merino como presidente escribía a Poves y le emplazaba a comunicar si deseaba seguir de consejero. Si no pensaba dimitir le pedía restituyera el depósito.

Dada la urgencia de la situación en [22] Merino, aludía a que su responsabilidad no permitía obviar la constitución del depósito de Poves. Esperaba su contestación afirmativa, reiteraba que no había tratado con nadie de su cotización y que de hacer un cambio de titularidad esta convendría que saliese de los actuales consejeros y que fueran a vecinos de Santo Domingo. La requisitoria del Juez de Instrucción de Santo Domingo de la Calzada a Telmo Poves del Solar era del 19 de mayo de 1927 y se inserta a continuación.

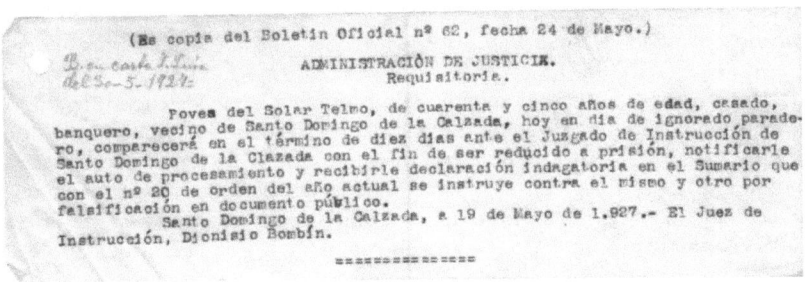

Figura 7.1. Requisitoria a Telmo Poves del Solar

En carta [23] del año siguiente se dice: *"En la reunión de acreedores de Telmo Poves, celebrada en este Juzgado el día 31 de enero fue reconocido con el carácter de PREFERENTE el crédito a nuestro favor"*. Se refería al crédito a favor de Electra Posadas. No es hasta 1929 cuando se anunciaba la venta en pública subasta de algunos bienes de Poves, entre ellos las 15 acciones de EP, que son las depositadas como garantía de consejero. Se extracta copia del Edicto judicial publicado en [24]. *"EDICTO. Don Julián Marín y Fernández de Ternero, Comisario de la quiebra que ante el Juzgado de 1ª Instancia de Santo Domingo de la Calzada pende contra don Telmo Poves del Solar, hago saber: Que el próximo día 27 del actual y hora de las 11 de su mañana, en la Sala Audiencia de este Juzgado de 1ª Instancia, se venderán en pública subasta los siguientes bienes: ... Quince acciones de la Sociedad Eléctrica "Electra Posadas" en siete lotes de dos acciones y un lote de una acción .... Santo Domingo de la Calzada. 14 de febrero de 1929. J. MARÍN.*

En [25] se informaba que en la subasta Celso Alonso, de Santo Domingo, ha adquirido las acciones de Electra Posadas subastadas. Desde 1956 hasta 1964 Celso Alonso fue consejero de EP. Para

---

[21] Carta de A. Merino a T. Poves de 12 de marzo de 1926.
[22] Carta de A. Merino a T. Poves de 14 de marzo de 1926.
[23] Carta de F. Ferrer a A Merino de 8 de febrero de 1928.
[24] "Diario la Rioja" de 14 de febrero de 1929.
[25] Carta de G. Merino a A. Merino de 30 de junio de 1929.

terminar, se ve que en [26] aparecía un anuncio del 16 del mismo mes por el que se anunciaba nueva subasta para el 20 de diciembre. En ella aparecían otros bienes tales como los inventariados en 5º lugar "Participación en la ferrería de Azarrulla" y en 9º lugar "Edificio tejera con sus accesorios ... "

7.7. Competencia y fusión fallida con Hidroelectra de Nájera.

La información general sobre esta empresa se encuentra en el apartado A-15. 2, del Anexo Documental A-15. Este apartado se va a subdividir en varias fases en secuencia cronológica.

7.7.1. Los inicios de las relaciones entre Hidroelectra de Nájera y Electra Posadas.

Como ya se ha visto en 4.1.7., del capítulo 4., la empresa antecesora de Hidroelectra de Nájera entró a suministrar en la Ciudad del Santo a comienzo del siglo XX y lo hizo forzando a Sucesores de Pinaquy, antecesores de Dionisio Segura, a bajar los precios.

En 1923 esta situación había sido heredaba por Electra Posadas SA e Hidroelectra de Nájera. Ambas sociedades trataban de colaborar. Hoy se hubiera denominado "colusión" y hay un extenso borrador titulado *Bases sobre las cuales se concierta la unidad administrativa de recaudación para el alumbrado privado de la Ciudad de Santo Domingo de la Calzada, entre las empresas Eléctricas HIDRO ELÉCTRICA DE NAJERA S.A. Y ELECTRA POSADAS* sin fechar, que es muy posible sea de 1927. Las bases para el acuerdo son muy detalladas y tienen un estilo muy abierto y colaborativo, el acuerdo duró poco y se previó para 4 años. Electra Posadas mantendría los contratos de fuerza por unos 20 HP (15 kW), la potencia máxima será de 55 kW y serviría para no tener que arrancar su motor Diesel. Estas bases se referían a un período de 70 días en cada estiaje. Hidroelectra de Nájera, tenía en esos años como única Central la de Arenzana. Había compensaciones económicas porque en [27] había que abonar a los de la Hidroelectra las 6.000 pesetas del pago fijo. Proponía hacerlo en plazos de 2.000 pesetas.

7.7.2. Se empieza a tratar de la fusión entre ambas empresas.

En [28] carta, muy extensa, se trataba de la posible fusión de EP con Hca. de Nájera. Se ve que Ferrer, que indicaba ser también accionista y consejero de la Hca, abogaba por la fusión. Se refería a que EP tenía siempre la amenaza de los estiajes. Citaba que la cuenca del Oja es más pobre en agua y que para aprovechar el potencial hidráulico *"habríamos de recurrir a proyectos, tan atrevidos y tan caros, que prácticamente resultan irrealizables ... la energía térmica es un elemento caro e incierto ... Gracias al motor hemos vivido hasta hoy ... pero no ha habido verano que ello no represente disgustos, temores y gastos ... la Hca. ahora en este momento tiene cerca de 1.500 l/s y obtiene 300 CV con una tranquilidad que vale más que nada ... un rendimiento de 300 CV en pleno estiaje equivale en el mercado eléctrico a 1 millón de pta. ... [29]"* sigue con más consideraciones económicas y alude a que espera que Gonzalo Merino y Francisco Aranjuelo no se hayan sentido desairados por no dirigir a ellos la carta.

---

[26] "Diario la Rioja" de 30 noviembre 1929
[27] Carta de F. Ferrer a A. Merino de 9 de setiembre de 1927.
[28] Carta de F. Ferrer a J. Peñamaría de 11 octubre 1928.
[29] Es muy posible se esté refiriendo a la regulación del Najerilla con el pantano de Mansilla. En efecto en https://es.wikipedia.org/wiki/Embalse_de_Mansilla se indica que se da luz verde al Proyecto en 1935

En carta [30] de Ferrer a los otros cuatro consejeros de EP, citaba nombres de consejeros de la Hidroelectra como Buenaventura Alonso y Justino Prado, aludía a reunión en Ezcaray de ambos consejos que había que programar. Hablaba de que ya han tratado sobre repartos e indica que para los de Nájera Gonzalo pasaría a ser Gerente y nombrado consejero por 6 años en la primera junta general. No se había resuelto nada en cuanto a la proporción para el Consejo que podría ser de 5 miembros (3 de Hca y 2 de Posadas) o 7 (4 Hca y 3 de Posadas). También hablaba en garantizar a los de Posadas un interés determinado con carácter preferente (6%). En cuanto a valoración de activos pensaban que Nájera cotizaría fuertemente por su caudal de agua y por las perspectivas que les traerá el desarrollo de Electra de Recajo, saltos aguas arriba y regulación del Najerilla. Ferrer metía prisa e indicaba todo debiera quedar ultimado para final de año. Se ve que Ferrer en su calidad de consejero de ambas empresas había avanzado mucho con propuestas muy concretas sin contar con todos, en concreto Agustín y Gonzalo Merino.

Dos días más tarde [31] informaban sobre una visita que les había hecho el ingeniero Vivanco de Eguren autor del estudio y montaje de la maquinaria que Hca. de Nájera compró a esta firma hacía dos años. La maquinaria comprada fue una turbina moderna de eje horizontal accionando un alternador de 200 CV (147 kW). Tenían otra antigua de eje vertical en muy mal estado con mucho coste de entretenimiento, Eguren recomendó a Nájera sustituirla por otra moderna de eje horizontal. Tenían un alternador de 150 CV (110 kW) que podía ser accionado por la turbina nueva. Cuando se instaló la nueva turbina Nájera modificó el cauce para darle más capacidad, pero la obra no quedó bien, pues el contratista hizo mal las nivelaciones. El aumento de abono les pone en estiaje en situación de escasez a primeras horas de la noche y Dn. Justino (Prado) recibe las quejas de los abonados. Han hablado de poner un Diesel supletorio pero este proyecto siempre fue rechazado por Vivanco (Eguren), que también les ha aconsejado la inteligencia con otra Empresa. Estas informaciones abrieron las dudas de los consejeros del grupo Merino sobre la capacidad de la Hidro Electra para dar potencia en los estiajes.

Hay una nota manuscrita de [32]. "*Resumen entrevista que celebró con Félix Gª Baquero [33] pidiendo antecedentes s/ la central de HE de Nájera. El caudal en esta fecha más reducido que el año anterior no pasará de 1.250 l/s que la fuerza la tiene absorbida y no pasa de 165 CV sin que puedan aspirar a más ya que no les va nada de agua. Que producen la corriente a 5.000 V así que siendo 33 A rinde el salto 165 kW. Que es cierto que Electra Recajo ejecuta obras en unas lagunas cerca de Canales [34] de las que utilizarían su salto, pero que el agua que piensan beneficiar son unos 600 l/s durante 120 días. Este aumento de caudal del Najerilla si lo recibe íntegramente E de Nájera no aumentará su energía más que en unos 50 CV. Pero que no pueden ser utilizados si no hacen la instalación de una nueva turbina pues la antigua no vale para nada*". Sobre esta presa de Canales o Neila, para Electra Recajo, se ha encontrado en la referencia de Callis que a su vez cita un trabajo del Ingeniero de Caminos Emilio Azarola Gresillón. Este Azarola redactó en 1907 el proyecto de la fábrica de luz de Ojacastro. Esta información aumentaba las dudas de Agustín Merino sobre la capacidad real de la Hidroelectra.

---

[30] Carta de Ferrer a A. Merino, Fco. Aranjuelo, Jesús Peñamaría y G Merino de 19 octubre 1928.
[31] Carta de JJB. y JL. Merino A. y G. Merino de 21 de octubre de 1928.
[32] Nota manuscrita de A. Merino de 22 octubre 1928.
[33] Copropietario de Electra del Pilar en Anguiano sobre el río Najerilla.
[34] Se podría referir a las Lagunas de Neila

7.7.3. El consejero Ferrer trata de que se tome la decisión para la fusión.

Por parte del consejero F. Ferrer *"el puchero estaba cocido"* como se ve en [35] *"... hoy recibimos otra (carta) de Ferrer citando a reunión esta tarde en Ezcaray a las 6 ½ para recabar el consejo de E Posadas voto de confianza para fallar la cuestión puesto que ya cuenta con la confianza plena de los de Nájera. A nosotros nos parece que se ha metido en un lío del que tiene que salir mal parado, pero le escucharemos y trataremos de ver si se llega a sentar algún plan que pueda servir de base para llegar a la fusión conveniente a ambas empresas... En la última reunión que el pasado domingo se tuvo con Ferrer en Ezcaray le dio papá una gran batida y con números y comparaciones de los mismos balances por Nájera presentados, se le demostró y quedó convencido de la situación económica tan desesperada que tienen, de la que parece que a costa de E Posadas y dándonos el puntapié en Santo Domingo tratan convertirla en brillante y próspera (s/ ellos) ¡Por eso han tratado de conquistar a Ferrer ¡y casi lo tienen ganado"*. Trataba pues de precipitar la decisión.

A partir de este punto se ve que había desconfianza entre la mayoría de tres consejeros (Ferrer, Aranjuelo y Peñamaría) y la minoría de 2 consejeros (A. y G. Merino). Hay un borrador de carta [36] con muchas correcciones por lo que no es seguro en que forma salió hacia su destinatario. En ella le comunicaba sus quejas por las noticias que han corrido desde Santo Domingo hasta Logroño de que la Hidroelectra Nájera había comprado a EP y que desde 1º de enero próximo aparecería EP controlada por la Hidroelectra. Le indicaba la solidez financiera de EP y que en su cuenca tiene posibilidades de recursos para fuerza hidráulica con proyectos en cartera. Le pedía imprimiera y enviara una circular a todos los abonados indicando que EP no estaba vendida. El tono del borrador era de mucho enfado.

La contestación [37], sin duda es contestación a la anterior de la que solamente se ha visto el borrador. decía cosas como *"Autorizado por ambas partes para llevar a término la fusión, aceptada en principio desde el primer momento por Vds. (Agustín e hijos)... tengo plena conformidad de que nuestro Gerente sea Gonzalo con los prestigios y retribución necesarios, y la tengo igualmente para que la Administración radique en Santo Domingo bajo mi dirección y por los procedimientos que en EP se han seguido siempre ... está todo tan adelantado que solo falta dar la fórmula legal ... "* del resto de la carta seguían manifestaciones en las que se ven que había una falta de coincidencia, muy importante, entre el grupo de Merino y el que capitaneaba Ferrer. En toda la carta se ve que Ferrer había hecho gestiones muy avanzadas para la fusión y él argumentaba que recibió autorización expresa para ello. Agustín Merino envía a Francisco Ferrer un telegrama en 27 de noviembre de 1928 que decía *"... en vista de la gravedad de su contenido, le puse de madrugada un telegrama con el siguiente texto: ME SORPRENDE DESAGRADABLEMENTE CONTENIDO SU CARTA QUE CONTESTARÉ. DESPUÉS DE UN MES SILENCIO ESTABA IMPACIENTE. GRACIAS QUE LO ROMPIÓ MI CARTA. ES ILEGAL TIRADA ACCIONES SIN PREVIO ACUERDO CONFORME ESTATUTOS Y OTORGAMIENTO ESCRITURA. TODO ESTO ES NULO Y NACE MUERTO. Agustín Merino ... "*.

Ante la situación de minoría en el Consejo de Administración se ve que hay una carta [38] recomendándole vaya comprando acciones de pequeños accionistas para ir ganando mayoría en la

---

[35] Carta de G. Merino a JJB y JL Merino de 24 octubre 1928.
[36] Borrador de carta de A. Merino a F. Ferrer de 24 de noviembre de 1928.
[37] Carta de F. Ferrer a A. Merino de 26 de noviembre de 1928
[38] Carta de G. Merino a A. Merino de 30 de noviembre 1928.

Junta General ya que tras algunas estimaciones vieron que podrían alcanzar esa mayoría. La cifra a conseguir ere de 251, mayoría sobre el total de 500.

7.7.4. Convocatoria y celebración de Junta General extraordinaria.

El grupo de Agustín Merino y sus tres hijos aceleraron las gestiones para ir comprando paquetes minoritarios de acciones que les dieran la necesaria mayoría de 251. En 10 de diciembre ya habían logrado compromisos para 265 y realizaban gestiones aceleradas para adquirirlas y tener los títulos en sus manos. En particular se tienen dos recibos extendidos en 12 de diciembre de 1928 por Gonzalo Merino a Andrés Garrido y a Alejandro Somovilla indicando que han depositado sus acciones, 1 el primero y 58 el segundo. Se recuerda que Alejandro Somovilla es el mayor accionista aparte de los fundadores y para el grupo de Agustín Merino es importante que estuviera a su lado.

En 12 de diciembre se convocaba la reunión del Consejo de Administración y posterior Junta General extraordinaria a celebrar en Ezcaray el 21 de diciembre de 1928 a las 10 ½.

Antes de la celebración de ambas reuniones del 21 de diciembre hay carta [39] en que le informaba que F. Aranjuelo le ofrecía la venta de sus 30 acciones de ambas Electras (Posadas y Nájera) a la par y ex cupón corriente. Agustín Merino le aceptó por carta y dio instrucciones a Gonzalo Merino para que formalizara la compraventa.

No se han encontrado las actas ni del Consejo ni de la Junta de 21 de diciembre de 1928, pero se asume que las reuniones de Consejo y Junta acabaron bien para la postura del grupo de Agustín Merino puesto que hay un telegrama de Agustín a su familia en Bilbao que decía *"Terminado bien asunto llegaremos mañana correo. Agustín"* está depositado en Ezcaray el 21 de diciembre de 1928 a las 6 ½ de la tarde.

Aunque no se han encontrado los documentos pertinentes si se ha visto un borrador de una posible nota de prensa o circular a los abonados presumiblemente de final de 1928, decía así *"Tenemos el gusto de poner en su conocimiento que en la Junta General celebrada por la Sociedad ELECTRA POSADAS el 21 de diciembre último, se acordó no aceptar las bases proyectadas para tratar de su fusión con la Hidroelectra de Nájera, por no estimarlas convenientes para sus intereses y tampoco para los de sus abonados. ELECTRA POSADAS continuará sus servicios siempre con creciente esmero para que todos sus abonados se hallen bien servidos y atendiendo cuantas quejas razonables se formulen"*.

7.7.5. Consecuencias de los acuerdos tomados en la Junta General extraordinaria de 21 de diciembre de 1928.

Los consejeros que sostenían la postura favorable a la fusión con Hidroelectra de Nájera vieron su propuesta rechazada y adoptaron posturas obstructivas a su obligada dimisión para renovar el Consejo de Administración de acuerdo con la nueva mayoría. Para dejar todo claro se extracta la carta [40] en la que A. Merino presumiblemente contesta a una de F. Aranjuelo: " *... Habiéndose pronunciado la Junta General, en un completo desacuerdo con la mayoría del Consejo (Ferrer, Peñamaría, Aranjuelo) y resuelto desestimar lo que este pretendía; esto es la fusión con la Hidroelectra de Nájera, ciego tiene que estar quien no vea que esa mayoría del Consejo, que pretendía realizar la fusión quedó desautorizada en aquella Junta, y por tanto, que las cosas de Electra Posadas no pueden quedar y seguir como estaban. Esto es lo que V viene confundiendo en*

---

[39] Carta de A. Merino a G. Merino de 18 diciembre 1928
[40] Carta de A. Merino a F. Aranjuelo de 31 de diciembre de 1928.

toda su carta del 22, y lo que es preciso reconocer, sabiendo distinguir lo que debe ser la amistad, ante la distinta apreciación de los asuntos en un Consejo y los resultados prácticos cuando la autoridad superior de la Junta General resuelve en contra del parecer de lo que alguno ha sostenido. Esto es lo que me interesa distinguir en disconformidad con el contenido de su carta y dejo puesto en claro. ... como tengo por costumbre no faltar a los contratos celebrados, empiezo por cumplir lo que es de mi obligación; que es el de realizar el pago de lo comprado; y para verificarlo, remito a V el cheque adjunto nº 499722 del Banco de Vizcaya, Sucursal de Santo Domingo de la Calzada, cruzado a su nombre por = Pta. 15.000 (quince mil), que es el precio que tenemos convenido por sus 25 acciones de ELECTRA POSADAS y las 5 de HIDRO – ELECTRA de Nájera, de 500 pta. todas ellas, a la par, excupón nº 5 para las de Posadas y el que corresponda a 1928 de las de la Hidro – Electra. De las primeras tiene V las 15, nᵒˢ 76 al 90 inclusive, depositadas para responder del cargo de consejero, en la Casa de Banca del Sr. Hijo de Juan Ferrer, cuyo resguardo tendrá V que endosar a mi favor ... ". Se ve que trataba de primeramente aclarar las necesarias dimisiones de los miembros del consejo que vieron sus propuestas rechazadas, y en segundo lugar formalizar la compra de las acciones ofrecidas por Aranjuelo.

En [41] se indica que: *"... No tengo antecedentes ni datos para la memoria que debe leerse en la Junta y presentar después a la Hacienda, como no tengo comunicación con Ferrer, trataré de solicitarlos por mediación de Aranjuelo o Peñamaría para que los reclame ... "*. Se ve la ruptura entre las dos partes seguía hasta el punto de no disponer de memoria y de cuentas anuales.

Finalmente, en la Junta Ordinaria el 21 de marzo de 1929 se tomaron los acuerdos:
*   Aranjuelo fue relevado del cargo de vicepresidente y le sustituyó Saturiano Robredo.
*   Peñamaría fue relevado del cargo de secretario y le sustituyó Jose Luis Merino.
*   Ferrer fue relevado del cargo de consejero Tesorero y le sustituyó Germán Agustín.

7.8. El tendido de la nueva línea entre San Felices y Bañares - Santo Domingo.

Por parte de la Compañía Explotadora las Conchas (CELC), sociedad controlada por A. Merino, se solicitó, en 1923, alimentación eléctrica a su machacadora de piedra sita en las canteras de San Felices (barrio de Haro), véase [42]. También se verá en el Anexo Documental A-15., apartado A-15.6., que Hidroeléctrica Ibérica desde su constitución tenía el objetivo empresarial de concentrarse en los suministros de potencia importante y que los gestores de Electra Posadas, máxime desde su restructuración en 1929, como se acaba de ver, pensaron que se les abría una oportunidad de comprar la electricidad al por mayor sobre todo para salvar los estiajes e impulsar el crecimiento de su pequeño mercado y así adquirir más dimensión empresarial. La idea estratégica era clara y basada en la conexión en el centro de transformación que existía en las canteras de San Felices. Para ello era fundamental instalar una línea de transporte de AT entre San Felices y Santo Domingo de la Calzada centro de gravedad de los consumos de E Posadas. Además, esta línea de unos 25 km abrió a EP la posibilidad de nuevos clientes en los pueblos por cuyas cercanías pasaba, este aspecto también se verá dentro de este capítulo. Así la Electra Posadas saltaba de su marco ceñido a Santo Domingo y aumentaba de forma mediana su facturación y la posibilidad de seguir dando beneficios a sus accionistas durante más de 3 décadas de existencia independiente. El pasar por la ciudad de Haro era forzoso y es por ello que buscaron y hallaron la posibilidad de que la Electra Vasco Alavesa (EVA), véase A-15.4. del Anexo Documental A-15., poseedora de la central de San José,

---

[41] Carta de G. Merino a A. Merino de 10 de marzo 1929.
[42] BOPL del 24 de marzo de 1923, nº 36

entre otras, en el barrio de las bodegas de Haro, colaborara para justificar económicamente el proyecto de la línea. San José situada en el Tirón aguas abajo de Anguciana también sufría los estiajes de este río. Se inserta más abajo una vista del lugar de conexión en las canteras de San Felices. Los detalles para la conexión con EVA se ven en [43] *"... durante la espera en Haro me entrevisté con el Gerente de la Vasco que con J Orive me esperaban en sus oficinas ... La entrevista con el Gerente de la Vasco confirmó su deseo de utilizar 75 a 100 kW por ahora de momento y recibir el transporte a 10.000 V que es lo más económico en líneas y edificios pues bastan los que se posean en SAN FELICES y un trozo de línea que enlazando con la que vaya a Bañares transforme la energía que la Vasco utilice. ... "*.

Figura 7.2. Canteras de San Felices de Compañía Explotadora las Conchas remarcada por una elipse, a la derecha, se ve el centro de transformación para conectar con Hidroeléctrica Ibérica. Fotografía de 1956 cedida por Rafael Merino Murga.

Las reflexiones estratégicas y las decisiones y proyectos que se acometieron tras ellas, de los cuales se habla en este capítulo, tienen un reflejo en un apartado de la carta [44]. *"EXTENSIÓN DEL NEGOCIO POSADAS. Al hablar ayer Bautista (JJB) con Eguren sobre otros asuntos preguntó a nuestro hermano que tal íbamos con nuestro asunto y al contestarle que ya habíamos comprado algunas redes, le dijo que le parece muy bien y que debemos seguir ese camino, porque la corriente actual es adquirir mercados consumidores y hace poco se le acercaron a él unos ingleses para que les orientara sobre la posibilidad de adquirir centrales de alguna importancia en España. Y a este propósito le indicó que debe comprarse siempre a base de hacer el pago a largos plazos para hacerlo así con la recaudación. Relacionado con estas orientaciones dice Bautista que tanto a Lamorena como al secretario de Salinillas quedó en hacerles una oferta de compra de sus negocios y por lo tanto desea que Gonzalo estudie el asunto y diga las cifras que respectivamente se les puede ofrecer por su negocio, excluyendo los saltos, centrales y maquinaria"*.

---

[43] Carta de G. Merino a A. Merino de 14 de enero de 1929.
[44] Carta de JL. Merino a A. y G. Merino de 5 de noviembre de 1930.

Con esta línea en servicio se fue comprobando que la posibilidad de tener energía eléctrica más firme posibilitaba extender el mercado. Si este se mide en población de los municipios servidos se pudo pasar de una zona que tenía 4.900 habitantes en 1923, a otra en 1964, cuando E Posadas termina su andadura independiente 4 décadas más tarde, que ya suma los 18.000 es decir casi 4 veces más. Esto además se vio mejorado con el crecimiento de la intensidad de electrificación en estos 40 años. Los datos absolutos son modestos, como se verá, pero los relativos demuestran el gran salto que permitió a Electra Posadas una vida próspera que se tradujo en más proyectos, aumento de la energía servida, crecimiento del capital y posibilidad de generar beneficios para sus accionistas. Aunque la extensión de la red tuvo lugar hasta la mitad de la década de los 50´s del siglo XX, su impulso más fuerte se dio tras poner en servicio la línea San Felices – Santo Domingo. Por ello que se estudiará la extensión de la red de modo completo en el apartado 7.10., de este capítulo.

Además, la firma Eguren, de Bilbao, asesoró a Posadas con un modelo de acuerdo a celebrar con la Hidroeléctrica Ibérica "TENDIDO DE UNA LÍNEA DE ALTA TENSIÓN TRIFÁSICA DE 50 PERÍODOS ALREDEDOR DE 10.000 POR LA SOCIEDAD EXPLOTADORA DE LAS CONCHAS PARA QUE TOMEN FLUIDO DE LA MISMA LAS ENTIDADES EHA (Electro Hidráulica Alavesa) Y EP", de 7 febrero 1929.

7.8.1. Descripción de la línea San Felices – Santo Domingo.

Esta línea, de la cual no se ha logrado su proyecto oficial, tuvo según la correspondencia las siguientes características:

- Tensión nominal   10.000 V trifásicos.
- Transformador de toma   300 kVA en 1ª etapa. Dos de 300 kVA en 2ª etapa.
- Intensidad nominal   18 A en 1ª etapa. 36 A en 2ª etapa.
- Longitud   24,7 km
- Conductores de línea   Cobre 4 mm de diámetro (sección 12,56 mm^2)
- Densidad de corriente   1,44 A/mm^2 en 1ª etapa. 2,88 A/mm^2 en 2ª etapa.
- Aisladores   Tipo Delta y triple campana probados a 40.000 V
- Línea telefónica   Acero galvanizado 2,5 mm de diámetro
- Distancias entre conductores   Según figura 7.3.

La línea, desde su concepto inicial a comienzos de 1929 hasta su puesta en servicio completo en julio de 1930, se tendió rápidamente. El consejero delegado de Electra Posadas realizó el trabajo de la dirección técnica de la misma e incluso el de su montaje en campo. Dentro de este plazo entraron los retrasos producidos por la oposición de propietarios, sobre todo los de Haro.

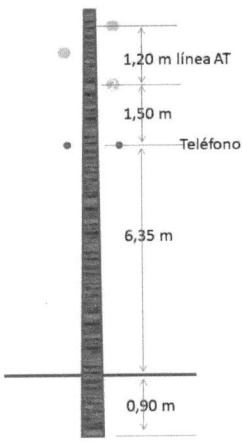

Figura 7.3. Dimensiones de conductores de línea y teléfono en los postes.

En la figura que sigue se ve un croquis del Proyecto de la línea.

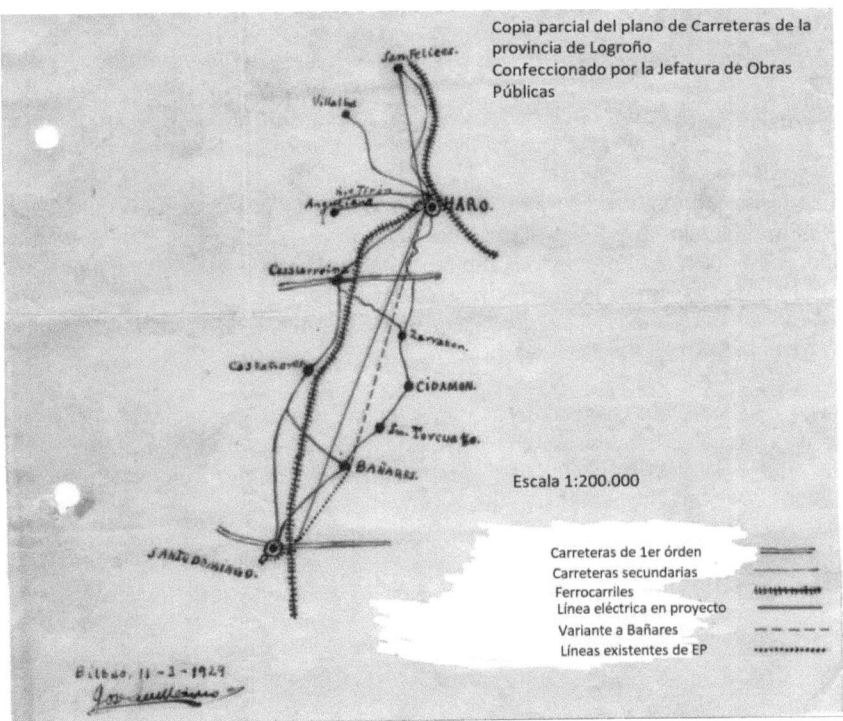

Figura 7.4. Croquis del Proyecto de la línea de San Felices a Santo Domingo de la Calzada para enlazar con Hidroeléctrica Ibérica.

Se están discutiendo las bases para el acuerdo con HI en carta [45] que se extracta: "... *Bases suministro energía Hidro.* ... *haré tres observaciones al borrador de José Luis 1ª si podría pedirse alguna fianza a E.V.A. para responder del exceso de consumo de su cantidad mínima ... 2ª. Que si el acoplamiento lo consiente la Hidro (a mí así me lo dijo Moronati) debía de dejarse sin decirlo en las bases, pues entiendo que el intentarlo es un medio convenientísimo para el empleo de esa energía evitando con ello que el consumo pase de la constante contratada... ... 3ª Sobre los peajes mutuos de E.V.A. y EP en diversos supuestos de paso de energía ...* ". El acoplamiento, aunque lo plantearon como se deduce de esta comunicación, no se logró debido a la negativa de HI, véase 2.5.1., del capítulo 2.

La carta [46] indicaba que Moronati les había facilitado un cuaderno con el proyecto y planos de la línea, para añadir los nombres de los propietarios de las fincas por las que iba a pasar. Victoriano ya citado era un guarda de San Felices por lo tanto empleado de CELC. Según Moronati la distancia entre postes tenía que ser de 50 m., pero podía variar para evitar ciertos puntos de situación de los mismos con conflictos por no autorización. Daba instrucciones, procedentes de Moronati, para hacer el trabajo práctico.

7.8.2. Trabajos de tendido de la línea.

Estos se iniciaron a comienzo de abril de 1929 como se ve en carta [47]" ... *Replanteo. ... para empezar a señalar los postes de la línea en proyecto señalando el nº 1 cerquita de los nichos de abastecimiento, con algún trabajo por falta de puntos de referencia seguimos avanzando y clavando estacas a la nº 50, que lo suspendí, que llega donde el FC da la gran vuelta, como era de noche di instrucciones a Vitoriano para que seguiría hoy ese trabajo, pero como vi la necesidad le autoricé, para que llevara un peón mayor y en los pueblos tomase un chico, para ir llevando algún impedimento quedando así libre para hacer anotaciones, es un trabajo delicado y no fácil sintiendo no disponer de personal más apto ..., pues Victoriano ya sabe algo de trazado de línea* ".

En carta [48] se informaba habían entrado con el replanteo en la jurisdicción de Bañares. En 5 de mayo de 1929 se indicaba que los postes se podían colocar en el tramo San Felices – Haro. Iban avanzando las compras para el proyecto completo y entre ellas la del transformador a instalar en San Felices para la conexión con la Hidroeléctrica así en carta [49] se decía: . "*TRANSFORMADOR. ... Nos resolvemos por encargar el de 300 kVA. Eguren ha prometido estudiar y hacer una rebaja sobre las 10.000 pta. presupuestadas ...* "

La línea en su origen estaba conectada a través de interruptor automático que se trataba de un componente de responsabilidad y así en [50] decía: "... *Interruptor automático. ... enviar los tres presupuestos de Eguren – Siemens – AEG. El de Siemens cotiza en Francos suizos y desconozco su valor en pesetas, como ayer le recibí y es carta de la Oficina de esa, podéis hacer esa indagación y gestionar el precio más bajo. Para encargar a Siemens el suministro ya que el plazo de entrega es aceptable, ahora que la capacidad debe de ser para 300 A como mínimo. Esta casa además del precio más bajo ...* ". En carta [51] se indicaba que estaban ya descargando los postes en San Felices.

[45] Carta de G. Merino a A. Merino de 30 de marzo de 1929.
[46] Carta de JL. Merino a G. Merino de 6 de abril de 1929.
[47] Carta de G. Merino a A. Merino de 10 abril 1929.
[48] Carta de G. Merino a A. Merino de 13 de abril de 1929.
[49] Carta de JL. Merino a G. Merino de 7 mayo de 1929.
[50] Carta de G. Merino a A. Merino de 31 de mayo de 1929.
[51] Carta de JL. Merino a G. Merino de 7 de junio de 1929.

El anuncio de la petición de autorización del Proyecto de la línea apareció en [52] y se extracta: "*Electricidad. – Don Gonzalo Merino Urrutia, vecino de Ezcaray, a nombre de la Sociedad Anónima «Electra Posadas». domiciliada en dicha villa, ha presentado en el Gobierno Civil un proyecto acompañado de instancia pidiendo autorización para instalar una línea de transporte de energía eléctrica a alta tensión desde San Felices (Haro) hasta Santo Domingo de la Calzada con un ramal a Haro y provisto de línea telefónica.*".

A pesar de las dificultades inherentes a los trabajos y de las dilaciones debidas al retraso en los permisos en carta [53] se informaba: "*... Los postes están totalmente levantados excepto en el trozo de Bodegas y hoy empiezo a tender la línea desde Santo Domingo, en el punto de enlace también está preparándose una pequeña caseta para la recepción de la línea de la Hidro y la de Bañares con lo cual queda resuelta todas las maniobras que el servicio pueda obligar a efectuar. ... También con ello resuelvo la salida de líneas de alta hacia varios industriales que así reciben, hoy la fuerza, a la vez que puedo establecer un transformador para igualar tensiones y servir la estación y sus proximidades. ... Ayer como martes estuve en San Felices y Haro gestionando la recogida de firmas de la desviación que con mucha lentitud voy consiguiendo, pero para la próxima semana podré lograr todas las autorizaciones. A la vez que recorrí la Zaballa para ver el trazado y ya los postes levantados. ... Están para llegar el transformador y el interruptor automático, así que con el cobre que remitirán de Pradera 3.500 kg podré dejar tendido de Haro a Santo Domingo ...*"

Entrado ya el mes de setiembre se veía en carta [54]:" *... A las 11 ½ he ido a San Felices viendo la caseta en la cual ya está puesto el poste de cemento, subido a su sitio el interruptor, puestos los aisladores de entrada y los desconectadores a continuación, cambiados los pararrayos después de las resistencias líquidas y a punto de colocar las bobinas de self. Está también cambiando el montador el cambio de salida de la baja tensión por la ventana, pero tendrá que aprovechar el domingo para no paralizar el trabajo de las máquinas. Ha recibido 4 placas para las tomas de tierra; pero le he dicho que solo se pongan 2 ... ".* La instalación va avanzando. En carta [55] se indicaba que el material de Eguren para la conexión en San Felices con la Hidro, transformador y aparellaje, se pagaría con dos letras de 3.261,65 pta. cada una. Más adelante en 6 de noviembre de 1929 este transformador había sido expedido.

Sobre la puesta en servicio de la línea incompleta, pero al menos para acoplar con EVA, en [56] se decía: "*Me ocuparé por tanto desde mañana en inspeccionar los trabajos de reforma en Castañares y la instalación de acoplamiento con la Vasco en Haro, con cuya Sdad. me pondré de acuerdo para comenzar esta semana el acoplamiento con nuestra Central para prestarles energía de 4 de la tarde a 8 de la mañana en que cesaría el acoplamiento. En esto estoy muy interesado y lo que deseo vivamente que las pruebas sean satisfactorias[57]. También realizaré las gestiones que ya faltan para reanudar los trabajos de línea de desviación para lo que reclamaré los permisos que faltan y en cuanto estén ejecutados los postes de cemento para el paso del canal de Montobbio ordenaré levantar todos los palos*". En [58] se indicaba: "*y otra (carta) a la Vasco Alavesa para dar cuenta oficial de la ayuda de energía que se les da y desde ayer pidieron porque la crecida del Ebro no les*

---

[52] Periódico "Diario La Rioja" de 9 de junio de 1929.

[53] Carta de G. Merino a A. Merino de 14 de agosto de 1929,

[54] Carta de JL. Merino a A. Merino de 9 setiembre 1929.

[55] Carta JJB. Merino a A. Merino de 23 octubre de 1929.

[56] Carta de G. Merino a JJB. y JL. Merino de 13 de enero de 1930.

[57] Es claro que es un acoplamiento en el sentido exacto del término. Lo que no se pudo hacer con Hidroelectra Ibérica por impedirlo el contrato. Posadas era la única Central de EP que poseía si se tiene en cuenta que la Sub – Central solo se arrancaba para emergencias.

[58] Carta de JL. Merino a A. Merino de 30 de enero de 1930.

permite trabajar en su salto de San Vicente [59]. Como tampoco en Posadas había agua suficiente para las 2 turbinas anteayer y ayer fue preciso poner en marcha el motor (se refiere al Diesel de Santo Domingo). El acoplamiento duró todo el día y por ello era imprescindible para liquidar o compensar en un día el importe de estas ayudas con arreglo a las bases firmadas. Así que a ciertas horas han estado acoplados Posadas, el motor, los otros saltos de la Vasco y la máquina de vapor que tienen ellos en Haro. Va la cosa muy bien y únicamente se nota el defecto de que el transformador puesto en la Granja Antonia está algo alto de voltaje y por eso los de la Vasco tienen mejor tensión que nuestra red que queda algo baja". Visto desde el siglo XXI, es un logro que estas eléctricas rurales acoplaran con éxito máquinas hidráulicas y térmicas separadas por unos 45 km de línea de alta tensión de 10.000 V. y varios transformadores.

Sobre el tema de la conexión en paralelo, véase apartado 10.7., de Shepherd, que describe la sencilla instalación que se usaba en aquellos tiempos. La íntima satisfacción de los gestores de Posadas en dar ayuda a la Vasco Alavesa se refleja en [60] con algunos detalles que interesa extractar "estamos dentro de un fuerte temporal de aguas, pues el viernes llovió de firme y hoy no ha cesado un momento, pero en gran abundancia así que nos tememos una fuerte crecida y no digamos nada en el Ebro. Ya habíamos hablado de Orive que sería fácil pidiesen ayuda, y así ha sido a las 7 de la tarde ha subido con Justo en un auto, pero como era ya algo oscuro y malas condiciones para enlazar los desconectadores[61] de la columna no se les dará esta noche y he dado orden se enlace a las 8 de la mañana del lunes, a cuya hora pondrá en trabajo Mateo las dos turbinas. Esto tenía que saberlo Ferrer, para lo que sirve Posadas, y menudo asunto de combinación y cesión de energía estamos realizando que nos dará pesetas o energía para nuestro estiaje. Como la crecida suponemos sea fuerte a las 12 hablaremos con Haro para saber con fijeza si se les da motor por la noche[62]"

Hay información sobre las pruebas en [63] : "Ayer tuvimos la grata satisfacción de hacer 1º la prueba en vacío y después desde Haro pedimos desde Haro la corriente a las 5 y al fin pudimos ver el alumbrado sin novedad ninguna y muy buena tensión, estamos pues de plena enhorabuena y satisfechos de ver coronados nuestros esfuerzos con todo éxito".

Finalmente, en la Memoria del ejercicio de 1930 se hablaba de la puesta en servicio de esta línea San Felices – Santo Domingo que se terminó en el mes de mayo de ese año. Se hicieron las pruebas y su inauguración con una fiesta celebrada el 13 de julio de 1930, y prestó servicio durante el estiaje, recibiéndose por ella la energía contratada procedente de la Hidroeléctrica Ibérica y también de la Vasco – Alavesa en compensación parcial de la facilitada a ella durante el invierno, concluía literalmente: "De todos es conocido el inmejorable servicio prestado, y ahora podemos afirmar, ante este hecho cierto, que hemos solucionado el temor a los estiajes de manera radical y el atender cuantas peticiones de energía se soliciten sin limitación."

7.8.3. Permisos de los propietarios de fincas atravesadas por la línea.

Varias fueron las propiedades que quedaban atravesadas por el vuelo de los conductores o en las que había que situar postes. En la correspondencia se ha visto a Bodegas Bilbaínas SA., y a ello se

---

[59] Es sabido que las centrales de poco salto como lo es la de San Vicente en el Ebro, en caso de crecida del río el nivel aguas abajo sube tanto que el salto útil disminuye y las turbinas no funcionan bien y hay que pararlas en consecuencia
[60] Carta de G. Merino a A. Merino de 27 de abril de 1930.
[61] Es presumible que se accionaría con pértiga aislante. Pero el estar a la intemperie en una columna y lloviendo haría tomar la precaución extra de que su aislamiento pudiera bajar por la humedad.
[62] Se está refiriendo al Diesel de la Sub - Central de Santo Domingo.
[63] Carta de G. Merino a A. Merino de 30 de mayo de 1930.

refiere en [64] "*Permisos. El de Bodegas hay que conseguirlo por todos los medios, pues sino nos causará retraso en el tendido, cuyos postes creo estarán ya levantados hasta llegar a este terreno* ".

Otro de los propietarios fue Ignacio Montobbio propietario de una pequeña central aguas abajo de la de San José. Así en carta [65] se hablaba de mover influencias para que modificara su postura: "*... y las pretensiones verdaderamente demenciales de Montobbio, las cuales ya se las he trasladado a mi amigo Uriarte, consejero de Bodegas hijo del presidente de la misma, para así estar prevenidos si hiciera falta que ellos que ellos intervinieran luego que Bta (JJB Merino) visite mañana a Aurrecoechea, que hace las veces de Gerente de esa misma Empresa*".

En carta [66] se informaba que los permisos de Casalarreina estaban muy adelantados con muchos de ellos recogidos por el secretario del Ayuntamiento, las firmas que faltaban eran de personas que tenían que pasar por el Ayuntamiento.

Unos días después en carta [67] se indicaba sobre permisos y las dificultades para lograrlos "*... Permisos. Los que faltan que son contados en Casalarreina nos van a dar guerra, ... ¿Y el asunto de Bodegas? Como marcha, a ver si consiguen nos lo den pronto ya que a más de sernos muy preciso era la mejor contestación a las pretensiones que Montobbio se atrevió a exponernos. Además, que la línea a Haro y el ramal a Central V. Alavesa está paralizado. ...*"

En carta [68], se ve que las oposiciones siguen y van a ser decisivas para poner en servicio la línea que está muy avanzada: "*... He hablado con Pagola [69] y a medias palabras me ha dicho que Montobbio se dedica a azuzar a sus camineros y Guardia civil para que denuncien n. línea ... algo por el estilo me ha dicho Jaureguibeitia (gerente de EVA) ... si viéramos la primera añagaza de Montobbio contra n. proyecto me iré yo a ver al Gobernador con mayores influencias que antes ... Los de la Vasco resolverán su actitud hacia el día 15 y a partir de esa fecha es preciso llevar adelante n. línea, bien por las fincas de Bodegas o por la variante para ponerla en servicio. ¿La unión con la línea de Vasco Alavesa se puede hacer por la de Ponsa? A tiempo comunicaremos su resolución ...*". También EVA tiene actitud dubitativa. Lo cual se ve dos días más tarde en carta [70]" *... Lo que ocurre con la Vasco (EVA) y Montobbio es verdaderamente lamentable y solo se explica teniendo en cuenta la poquedad y tontuna del Gerente de la primera Empresa, que no se da cuenta está siendo toreado a su gusto por ese travieso sujeto (Montobbio). Pero en mi próxima estancia en esa tenemos que dejar resuelto definitivamente lo del término de la línea, sin más aplazamientos que nos van trastornando demasiado ...*"

En carta [71]. "*... Jaureguibeitia en Haro le dice que en últimas entrevistas con sus abogados y de Montobbio había este ofrecido en no mostrar oposición y que Bodegas nos consienta la colocación de postes, pero con la condición de que no nos metiéramos en Villalba ...*". Se ve aquí que Montobbio desde su central suministraba al pueblo de Villalba cerca de Haro. Hay un documento, pocos días más tarde, titulado "Minuta extendida por D Jose Mª Mazón [72]" y se transcribe literalmente "*1º Electra Posadas se compromete a no suministrar fluido a la Villa de Villalba, tan pronto como Bodegas Bilbaínas autorice que sus líneas pasen por terreno de su propiedad. 2º. El*

---

[64] Carta de G. Merino a A. Merino de 21 junio de 1929.
[65] Carta de JL. Merino a G. Merino de 26 de junio de 1929.
[66] Carta de G. Merino a A. Merino de 27 de junio de 1929.
[67] Carta de G. Merino a A. Merino de 7 de julio de 1929.
[68] Carta de JJB. Merino a A. Merino de 9 de octubre de 1929.
[69] Pagola en esta historia como Ingeniero de Industria de Logroño.
[70] Carta de JL. Merino a A. Merino de 11 de octubre de 1929.
[71] Carta de G. Merino a JJB. y JL. Merino de 6 noviembre de 1929.
[72] Por el contexto de la carta se especula que podría ser un directivo de Electra Vasco Alavesa

anterior compromiso de Electra Posadas cesará tan pronto les obligue a retirar de sus fincas las líneas que tenga establecidas. 3º. En el caso de que por cualquier circunstancia Electra Posadas tuviere que suministrar fluido en Villalba, vendrá obligada a indemnizar a Central San José en diez mil pesetas, como indemnización de los perjuicios que su competencia pudiera causarle". Esta era la central de Montobbio sita en el mismo paraje que la de EVA. Estas condiciones fueron desautorizadas por A. Merino, presidente de EP, en 13 noviembre 1929.

7.9. Suministro de luz a Valgañón, Castañares, Casalarreina y otros pueblos.

Muchos de los pueblos que, antes de llegar Electra Posadas, tenían pequeñas centrales para luz eléctrica y que se habían montado en molinos principalmente, y eran muy parecidas a las que se instalaron al principio en los pueblos de Ezcaray, Valgañón y Ojacastro. Su servicio era deficiente y Electra Posadas, que basó su estrategia en suministro fiable y de mejor calidad, pudo darles servicio. Gran parte de la extensión fue por compra de las redes y en ningún caso compró las centrales ya que todas ellas tenían potencias que llegaban a los 20 kW y que además su servicio estaba afectado por el estiaje y el deficiente mantenimiento.

Este apartado no va a hacer la descripción exhaustiva de estas pequeñas redes, sino más bien la extensión e integración de mercado. Así, de los datos que se han recogido, todos en el apartado A-15.7., del Anexo Documental A-15., son:
- La red y central de Severo García que suministraba a Castañares y a Casalarreina,
- La Electra de Río Tirón en Tirgo.
- La central de Bernardino Sancha en Casalarreina.

Lo que viene, a continuación, es la correspondencia de los gestores de Electra Posadas sobre la extensión de la red a varios pueblos de la zona, las informaciones son más detalladas de lo que recogen las memorias de los ejercicios analizados, fundamentalmente 1929 y 1930 que es cuando empezó a extenderse la red.

Ya en [73] se esbozaban las ideas para absorber la red parcial de Arturo Gandasegui en Ezcaray: *"Posible inteligencia de Electra Posadas con Arturo Gandasegui"* que dice como sigue *"Base 1ª. Determinación con datos exactos que Arturo facilite, del porcentaje de interés que hoy le produce el capital que tiene supeditado y comprometido para producción de luz y fuerza. 2ª. Tomarle por su valoración real, toda la red de Ezcaray, las máquinas productoras de energía; los cuadros aparatos y accesorios, etc.; pero no los saltos de agua ni los edificios en que están. 3ª. Garantizarle con la entrega de las correspondientes Obligaciones – que se emitirían por EP – o con escritura de préstamo, según lo que sea más económico el porcentaje de interés que corresponda al capital que hoy se le compra, al mismo tipo que hoy le produzca según resultado de la base 1ª; cuyas obligaciones o deuda amortizaría EP en 25 años a lo sumo o antes si puede. 4ª. Compromiso expreso de Arturo, de no poder destinar sus 2 fábricas y saltos actuales si son suyos, o de todos a quien pertenezcan , a la producción de energía eléctrica para luz y fuerza, para Ezcaray, y un radio de 20 km, ni tampoco en otros saltos o fábricas que pueda adquirir en el mismo radio, para suministro a Ezcaray, ni a ningún otro poblado en el expresado radio, cuya industria no podrá ejercer por él ni por causahabientes, ni tampoco indirectamente por medio de terceras personas durante el plazo de 25 años, quedando en garantía de esta obligación retenidas en poder de EP*

---

[73] Borrador a lápiz de A. Merino de 13 de enero de 1929.

todas las obligaciones no amortizadas, o la cantidad de deuda que se fije". Se comprueba que Agustín Merino ya estaba planificando la extensión del mercado en cuando superaron el trato hostil de Hidroelectra de Nájera. Pero no fue hasta 1938 que Electra Posadas compró la red a Arturo Gandasegui, es decir 9 años más tarde.

7.9.1. Valgañón se integra en la red de Electra Posadas.

Se ha tratado sobre el final del alumbrado de Valgañón y su transición a Electra Posadas en el apartado 4.3.8., capítulo 4. Las negociaciones comenzaron en [74] que indicaba "... *El sábado se presentó una comisión del Ayuntamiento de Valgañón solicitando se les dé el servicio de luz y que nos venderán el tendido con un compromiso para 20 luces públicas y unas 80 para los vecinos, instan se efectúe pronto y se les dé condiciones. ... interesa acometerlo ya que el coste es reducido, tenemos postes y línea faltando solo transformador y caseta costando todo de 2.000 a 3.000 ptas. También lo de Morales y Corporales es bueno no desechar ...* "

Electra Posadas inició el proyecto de extensión a Valgañón según se ve en [75] "... *ayer por la tarde subí a Valgañón midiendo la distancia desde Zorraquín y son 2,050 km determiné el sitio para levantar la caseta para transformación comprando un solar por 50 pta. en el que un albañil levantará a contrata la caseta; con esto y leer el borrador de documento de compra de la red (que tendré que variar) y tratar con el que será empleado se me ha ido la tarde ...* "

Las obras de Valgañón ya estaban planificadas según se ve en [76] " ... *Mando borrador de contrato con Ayuntamiento de Valgañón para si no lo encuentran mal me lo envíen y pueda extender en limpio, pues según su redacción quiero firmar nuevos en todos los pueblos para no pagar impuestos por la cantidad, que debe separarse, para reposición de lámparas y material que al cabo del año van unas pesetas ... Por no estar Gandasegui no he podido resolver nada sobre el reparto de alumbrado en este pueblo ... Tendido a Valgañón. ... para que se seque la obra de la caseta todo lo posible antes de meter el transformador, en la próxima semana se empezarán a abrir hoyos para colocar los postes y en cuanto busque 25 chopos que harán falta para soportar la línea con los 35 kyanizados los que irán alternados. Alambre de hierro, aisladores y soportes que faltaban ya tengo pedidos y en cuanto lleguen procederé a su colocación ... a subir el transformador trifásico de Santo Domingo ... has preguntado a Eguren si hay alguna dificultad en su empleo para alimentar línea bifásica, su capacidad es de 15 kVA 2/3 mayor que lo necesario ...* ". Se ve que la Electra previó un consumo pequeño en este pueblo por los comentarios de que la línea iba a tener conductores de hierro en vez de cobre, la línea iba a ser bifásica con dos hilos e iban a aprovechar un transformador trifásico sobrante de Santo Domingo con mayor capacidad.

Se ven las noticias de la inauguración del servicio a Valgañón en [77] " ... *Alumbrado de Valgañón. Después de varias pruebas del transformador y su línea con excelente resultado inauguré el servicio el día 17 y cobraré 1/3 del abono. Pueblo contentísimo ...* ". En el Diario la Rioja de 12 de junio se informaba sobre la inauguración del servicio y se trae la frase "*Luce ya a gusto y contento de este vecindario.* ".

---

[74] Carta de G. Merino a A. Merino de 14 de enero de 1929,
[75] Carta de G. Merino a A. Merino de 26 de marzo de 1929.
[76] Carta de G. Merino a A. Merino de 30 de marzo de 1929.
[77] Carta de G. Merino a A. Merino de 19 de mayo de 1929.

7.9.2. Integración de Castañares y pueblos próximos en la red de Electra Posadas.

La integración en EP de Castañares y pueblos cercanos pasó por la compra de su red a Severo García Varona, se comprueba que seguían la norma de comprar mercado en el que suministrar la energía que ya era firme. Sin embargo, no les interesaban las centrales de muy poca producción y sujetas a estiajes. Sobre el negocio de García se acaba de ver en el apartado 7.9. Como se indica en 7.8., la conexión con la Hidroeléctrica no entró en servicio hasta 1930 y, sin embargo, de acuerdo con su visión estratégica, los gestores de EP ya se movían para ampliar su mercado.

Ya en [78] se ve que estaban negociando con García: "*Mi visita a Severo García de Anguciana sobre arriendo de fuerza para Castañares y estudio de ramales a Cidamón y Madrid de los Trillos examinaré y tomaré datos en la próxima semana lunes y martes o el día que Victoriano pase por ese lugar pues yo desconozco y tengo que servirme de él para conocer exactamente el paso de la línea ...* ".

Un mes más tarde se informaba en [79]" *... Mi visita a Baños y Castañares me hace pensar en la oportunidad de aprovecharnos del buen ambiente a nuestro favor además de ser negocio, por lo que deben de escribir a Garciita diciendo se decida a una u otra cosa pues si no tendremos que tomar una determinación en el expediente debe de hacerse la petición para ambos pueblos ...* ".

Se daban opiniones interesantes del suministro a Castañares en [80]: "*... Como en el pueblo (Castañares) hay descontento con la luz de García me dijo que con motivo de la recogida de firmas (para la línea San Felices – Santo Domingo) los vecinos han solicitado les llevemos la luz ... Siendo tan buen pueblo nos interesaría mucho conseguirle ...* ".

También Villalba, pequeño en comparación con Castañares, había iniciado acercamiento y como se ve en [81] se indicaba la reunión con el ayuntamiento de Villalba que están deseando se les dé servicio de alumbrado pues con Montobbio no querían trato alguno.

En [82] se informaba que los de Baños de Rioja se interesan se les suministre la luz, las públicas serán 20 lámparas a 300 pta. anuales por trimestres vencidos. En este pueblo, dominio de la Casa de Montijo, parece que se está ultimando la venta de este Señorío. De los vecinos firmaron unos 60 quedando pendientes las firmas del Administrador de la casa de Montijo y unos 8 vecinos.

Severo García estaba negociando la venta a Posadas e introdujo a Hidroelectra de Nájera para apoyar sus pretensiones de precio ya que en [83] se decía que los de Nájera le han ofrecido fuerza para hacer la competencia y añadía: "*... Como García es un hombre ya desesperado dará oídos al primero que le brinde protección, sea cierto o no. Este les pide 50.000 pta., por sus redes y negocio y que si no se aceptaba nos daría la guerra que pudiera ya que la red de baja de este pueblo puede hacerse por 16.000 pta., y la de alta y la caseta por poco más de 5.000. Ha meditado un poco y nos cedería Casalarreina con toda su red y dos casetas por 65.000 pta., . Mi opinión será ir a la compra pues entiendo que el precio bajará. Aumentaremos mucho la recaudación en estos pueblos y entraremos en Casalarreina que es muy interesante ...*". Las negociaciones progresaban ya que se

---

[78] Carta de G. Merino a A. Merino de 3 de abril de 1929.
[79] Carta de G. Merino a A. Merino de 5 de mayo de 1929.
[80] Carta de G. Merino a A. Merino de 15 de mayo de 1929.
[81] Carta de G. Merino a JJB. y JL. Merino de 6 de noviembre de 1929.
[82] Carta de G. Merino a A. Merino de 20 de noviembre de 1929.
[83] Carta de G. Merino a A. Merino de 21 de noviembre de 1929.

citaba a una reunión con García para la compra de sus líneas el sábado 30 de noviembre entre 11 ½ y 1 en Ezcaray y asistirían Gonzalo y José Luis Merino representando a Electra Posadas.

Y en [84] se informaba que en la víspera tuvieron Consejo que presidió Saturiano Robredo y se quedó en hacer una última oferta a García por Anguciana, Casalarreina, Bañares y Castañares en 50.000 pta. y entraron en un debate en el que expusieron que García que podrían cerrar por 55.000 pta., que EP ofreció a última hora. No hay datos que se cerrara en esta fecha.

Es interesante ver la carta fechada en Casalarreina en enero de 1930. Se trataba sin duda de una carta circular para los vecinos de este pueblo, su texto decía: "*Muy Sr. Nuestro: La empresa que suscribe se complace en poner en su conocimiento, que por escritura pública recientemente firmada ha adquirido a Dn Severo García el negocio de alumbrado a la vez que sus líneas de alta y distribución de este pueblo. Las condiciones especiales en las que nos hallamos, ya que disponemos de central hidráulica y térmica a más de una línea de reciente construcción, para transportar corriente de la importante sociedad Hidroeléctrica Ibérica, nos pone a cubierto de toda falta de alumbrado y podemos garantizar el más inmejorable servicio, tanto de alumbrado como de fuerza motriz. Se está efectuando algunas reformas en las líneas y casetas transformadores, terminadas las cuales comenzaremos con nuestro servicio que con gusto les ofrecemos en el que nos esmeraremos y no dudamos ha de ser de su completa satisfacción. Para cuantos detalles puedan interesarle puede dirigirse a D .... de esta localidad ... "*

7.10. Extensión de la red de Electra Posadas SA.

Con los datos existentes de la población de cada municipio, procedentes de Wikipedia, se han totalizado a medida que los pueblos eran suministrados por Electra Posadas. Se considera que para Santo Domingo y Ezcaray el servicio eléctrico era en concurrencia, Hidroelectra de Nájera o su sucesora Saltos Eléctricos del Najerilla, y Arturo Gandasegui en Ezcaray hasta 1938. A falta de datos del reparto con estos competidores se han asumido valores para ambos de un 60% en Santo Domingo y de un 20% en Ezcaray.

Los datos totales se ven en la figura siguiente, se extiende entre 1923 constitución de Electra Posadas y 1964 final de su vida independiente. Una vez se pone en servicio la línea San Felices a Santo Domingo de la Calzada con el objeto doble de poder pasar los estiajes de la Central de Posadas, sin tener que usar la Sub – Central de Santo Domingo, y de aumentar las ventas de energía con crecimiento del número de poblaciones atendidas y de su población total se ve en la figura anterior su crecimiento rápido con valores máximos en 1950. Los detalles de la integración de las distintas poblaciones se verán en la figura 7.6., más adelante.

---

[84] Carta de JL. Merino a A. Merino de 2 de diciembre de 1929.

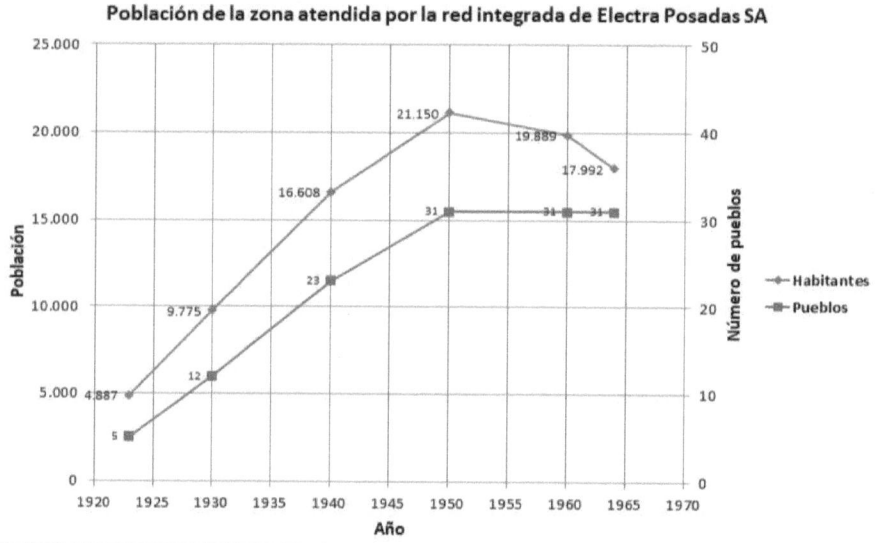

Figura 7.5. Población de la zona atendida por la red integrada de Electra Posadas SA.

La población atendida empezó a bajar de forma suavemente en la década de los 50´s del siglo pasado y más acusadamente hacia el final del período histórico que se está estudiando (1964). Salvo la ciudad de Santo Domingo, cabecera de zona y que concentraba servicios, y en menor grado Ezcaray pueblo industrial en el que el fenómeno del turismo ya apuntaba en aquellos años, todos los demás pueblos vieron disminuir su población y algunos de ellos de forma acusada. Este fue el inicio del despoblamiento de las zonas rurales que, en la época en la que se escribe este texto, ha adquirido tintes dramáticos, que muestran la tendencia de la sociedad del siglo XXI. Sin embargo, aunque la población decrecía la intensificación del grado de electrificación hizo que las ventas de energía y la facturación crecieran aún. En la figura que sigue se ve la distribución geográfica de la integración espacial de Electra Posadas que fue uno de los logros de esta pequeña eléctrica rural en sus últimos años de vida independiente. Al final la conexión en San Felices a Hidroeléctrica Ibérica (posteriormente Iberduero y hoy Iberdrola) propició la integración de esta pequeña empresa en una compañía de ámbito muy superior.

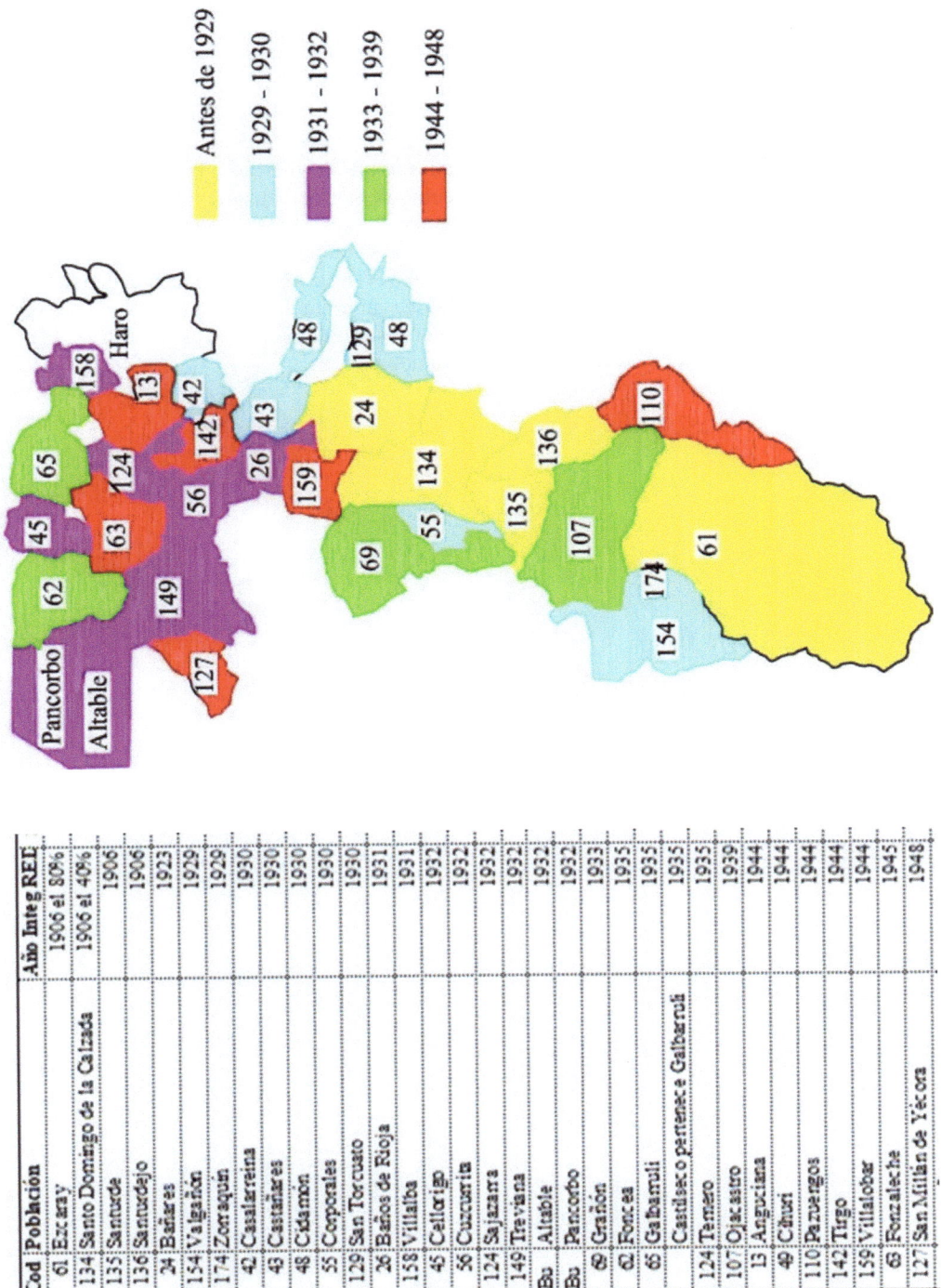

Cod	Población	Año Integ REE
61	Ezcaray	1906 el 80%
134	Santo Domingo de la Calzada	1906 el 40%
135	Sanrurde	1906
136	Sanrurdejo	1906
24	Bañares	1923
154	Viguñón	1929
174	Zorraquin	1929
42	Casalarreina	1930
43	Castañares	1930
48	Cidamon	1930
55	Corporales	1930
129	San Torcuato	1930
26	Baños de Rioja	1931
158	Villalba	1931
45	Cellorigo	1932
56	Cuzcurrita	1932
124	Sajazarra	1932
149	Treviana	1932
Bu	Altable	1932
Bu	Pancorbo	1932
69	Grañón	1933
62	Foncea	1935
65	Galbarruli	1935
	Castilseco pertenece Galbarruli	1935
124	Temero	1935
107	Ojacastro	1939
13	Anguciana	1944
49	Cihuri	1944
110	Pazuengos	1944
142	Tirgo	1944
159	Villalobar	1944
63	Fonzaleche	1945
127	San Millán de Yécora	1948

Figura 7.6. Extensión territorial de la red de Electra Posadas. Los nombres de los pueblos están codificados según la designación del Gobierno de la Rioja. En la lista aparece el año en que cada pueblo se integró en la red

7.11. Conclusiones de este capítulo.

En este capítulo, primero referido Electra Posadas SA, se ve claramente que se está han ante una empresa qué, salvando su pequeño tamaño y la modestia que su mercado, opera como una entidad de tamaño mucho mayor. Se tienen aspectos tales como nombramientos de consejeros, resistencia a los intentos de absorción por parte de una sociedad competidora, esto se denominaría en términos actuales, rechazo a una OPA hostil. También se ven los cambios en la estrategia empresarial que llevaron a qué esta modesta sociedad pudiera tener más de 30 años de vida independiente. Para llevar esto a cabo se negocia con Hidroeléctrica Ibérica un contrato del suministro de energía que tuvo el carácter de firme y qué facilitó el poder crecer y ser rentable para sus accionistas. También se ven las ampliaciones de mercado y su evolución temporal.

CAPÍTULO 8. ELECTRA POSADAS ENTRE 1931 Y 1942. CENTRAL DE CUZCURRITA SOBRE EL TIRÓN.

Se va a estudiar ahora la evolución de Electra Posadas entre los años 1931 y 1942 ambos inclusive. En este período se consolidaron las estrategias iniciadas en el capítulo anterior y una vez puesta en servicio la línea San Felices – Santo Domingo de la Calzada, la ampliación a más pueblos a los que suministrar energía que ya no estaba sujeta al problema de los estiajes.

Durante este período empresarial acaece la guerra civil, de tres años de duración, consecuencia de la sublevación del general Franco, que asoló al país de forma diferente según las zonas. La misma afectó a Electra Posadas y a su personal, pero sus instalaciones no sufrieron de las hostilidades ya que la provincia de Logroño entró, desde su inicio, en la zona controlada por los sublevados y estuvo relativamente distante de los frentes de combate. Las personas sufrieron, de diversas formas, por todo lo que conllevó el conflicto civil. Desde el punto de vista industrial, hubo una recesión del consumo. Y además en la larga posguerra, junto con los sufrimientos humanos, se estableció un régimen económico de autarquía, consecuencia directa del aislamiento que el régimen franquista tuvo en el contexto internacional. La autarquía tuvo influencia negativa en las operaciones de Electra Posadas. Además, la economía entró en un régimen dirigista con un Estado que legisló de acuerdo con el ideario de los sublevados que resultaron los vencedores en la contienda. Todo esto estuvo acompañado de años de malas cosechas, por la sequía, que influyeron en el consumo y que hicieron que la tasa de ahorro de los agricultores bajara con lo cual la obtención de capital entre pequeños ahorradores tuviera dificultades. Ligados a las sequías aparecieron los estiajes en los aprovechamientos hidroeléctricos y no solamente de Electra Posadas sino incluso de Hidroeléctrica Ibérica, que desde 1930 suministraba energía complementaria, dando lugar a "restricciones". Estas circunstancias están tratadas en el libro de Chávarri que describe con amplitud la construcción de los Saltos del Sil; pues bien, aunque el tamaño de las obras y centrales del Sil era muchísimo mayor que las modestas obras de Electra Posadas sus contextos fuero muy similares. Por ello la lectura de este libro ha ayudado al autor para ambientar las obras de esta pequeña eléctrica rural durante aquellos años.

Dentro del devenir de Electra Posadas se destacan algunos hechos que merecen un tratamiento aparte, que son:

- La compra de la central hidroeléctrica de Cuzcurrita sobre el río Tirón que con sus redes de suministro en Alta y Baja Tensión al mismo pueblo de Cuzcurrita, y a Treviana, comprendía además los pueblos de Altable y Pancorbo en la provincia de Burgos en su límite con la de Logroño.
- El pleito que sostuvo Electra Posadas contra los propietarios de prados ribereños a los cauces del río Oja y del arroyo Altuzarra, por el uso de las aguas.
- Las relaciones complicadas, en su mayor parte, con Hidroeléctrica de Nájera que estaban motivadas por su concurrencia por el mercado de la ciudad de Santo Domingo de la Calzada.

- La consolidación del suministro a Pancorbo, los planes de expansión en las zonas próximas de la Bureba y de la Riojilla [1] insertos en la inclusión de estas dos zonas en el Pacto por el reparto de zonas de influencia entre Hidroeléctrica Ibérica SA y Saltos del Duero SA.

Desde el punto de vista de documentación empleada para la redacción de este capítulo se advierte que con él se terminan de estudiar y resumir los fondos epistolares, en su mayor parte, de Agustín Merino y de sus hijos (Jose Juan Bautista, Gonzalo y Jose Luis) que se iniciaron en 1907 y se terminan en 1936. Los mismos han servido para los capítulos anteriores 4, 5, 6, y 7. En estos casi 30 años la minuciosa correspondencia originada, en su mayor parte por Agustín, y conservada hasta la fecha, analiza y relata, desde el punto de vista de este grupo familiar, el devenir de la electrificación en la cuenca del río Oja. Al inicio del período los documentos están, casi en su totalidad, referido a los diversos negocios eléctricos en los que estuvieron interesados (Fábrica de luz de Ojacastro, Hidroeléctrica del Oja, Mancomunidad Electra Posadas y Electra Posadas SA). A partir de 1930, año en que Agustín cumplió los 75 años, va retirándose progresivamente del día a día, se van mezclando noticias familiares, eventos sociales y políticos, crónica local de la zona y de Bilbao, marcha del otro negocio controlado por la familia Compañía Explotadora de las Conchas CELC sito en San Felices (Haro), y gestión de sus propiedades riojanas. Es natural que estas fuentes lleven una carga subjetiva importante que se ha tratado de evitar. El autor ha considerado estas circunstancias y ha entresacado solamente lo referente a los negocios eléctricos en el río Oja. El 17 de julio 1936, que coincide con el inicio de la sublevación franquista, estas cartas se suspenden. A partir de esta fecha, y con un corte de un año por las hostilidades en la zona de Bilbao, la documentación proviene del Archivo Histórico de Iberdrola en Ricobayo (Zamora), de colaboradores y de hemerotecas, y estos serán los documentos que se emplearán al final de este capítulo y para los siguientes en la secuencia temporal.

8.1. Sobre operaciones corrientes de Electra Posadas.

Se toman los datos de las diversas memorias y cuentas anuales que se tienen a disposición. Agustín, Jose Luis y Jose Juan Bautista quedan aislados en Bilbao que permaneció leal al gobierno de la II República mientras que Gonzalo permanece los tres años de la guerra civil en la Rioja y gestiona los negocios familiares de Electra Posadas y de Compañía Explotadora de las Conchas CELC en San Felices (Haro). Además, como Agustín Merino va envejeciendo y aunque seguía los negocios, todo el peso operativo de los mismos pasa a sus 3 hijos. En 1936 había cumplido 81 años y fallece al año siguiente con 82 cumplidos. El bloque de la información de este apartado pasa al Anexo Documental A-70 Las operaciones corrientes de Electra Posadas SA entre 1931 y 1942. Fichero A-70.pdf. Se traen aquí solamente los más salientes.

1931.

El ejercicio de **1931** es el primero de este período en la vida social de Electra Posadas, del que se disponen de Memoria y cuentas anuales.

---

[1] La Riojilla Burgalesa o la Rioja burgalesa es una subcomarca geográfica de la comarca de Montes de Oca en la provincia de Burgos, comunidad autónoma de Castilla y León, España. Limita al este con la comunidad autónoma de La Rioja. Véase https://es.wikipedia.org/wiki/La_Riojilla_Burgalesa

Desde fin de abril fue perturbado el aprovechamiento de las aguas utilizadas en la Central conforme a la concesión, por los dueños y arrendatarios de los prados colindantes a los canales, y se llegó a causar daños en una de las presas, lo que obligó a denunciar al Juzgado estos hechos, recayendo sentencia condenatorias conformes en 1ª y 2ª instancia, a pesar de lo cual fue recurrida la última al Tribunal Supremo, hasta su resolución definitiva.

La Sub - Central de Santo Domingo, con la puesta en servicio de la línea desde San Felices, pasó a servir de reserva, y por ello funcionó escasas horas para salvar interrupciones momentáneas por ligeras averías de las líneas generales, y puesta en marcha periódicamente por razones de mantenimiento.

El personal se incrementó de acuerdo con el exigido en los nuevos pueblos, y en vista de la gran extensión que abarcan las líneas de la Sociedad, se nombró como Inspector jefe al ya empleado Justo Díez.

Una alusión a un tema técnico nuevo se hacía en [2] : "*Mejoramiento factor de potencia entiendo es muy interesante estudiar como lo tenemos pues la corriente pagada a la Hidro puede perjudicarnos mucho si este es bajo, mando a ingeniero de Siemens traiga aparatos para comprobar en San Felices*". Es un tema importante que en los primeros tiempos de la electrificación con pocos motores de inducción y transformadores tenía impacto escaso. Dicho de otro modo, las redes se iban haciendo más inductivas.

1932.

Del ejercicio de **1932**, se dispone la memoria pero no las cuentas anuales.

Se cerró la compra de la Central de Cuzcurrita, líneas a Teviana, Altable y Pancorbo y fincas anejas, la toma de posesión y firma de la escritura de compra con los vendedores Sres. Álvarez de Toledo que tuvo lugar el 27 de abril. Fue la Junta General extraordinaria de accionistas, celebrada el 19 de febrero, la que tomó acuerdos trascendentales para el futuro desarrollo de la Sociedad como aprobar la compra de la Central y bienes antes aludidos, y emitir 800 Obligaciones al 6% de interés con cupones semestrales, libres de impuestos. Se otorgó la escritura el día 15 de marzo ante el Notario de Bilbao, Celestino María del Arenal, por el secretario del Consejo, Jose Luis Merino, en representación de la Sociedad, de las obligaciones citadas. El Consejo acordó seguidamente poner en circulación 400, y en 1º de octubre otras 150. La suscripción de la primera partida constituyó un gran éxito por la celeridad con la que se cubrió, evidenció el firme crédito que el negocio social tenía en la región, pues fueron suscriptores no solo accionistas, sino un número considerable de extraños. La segunda partida de 150 obligaciones se suscribió con lentitud, debido al período de crisis que se atravesaba y a la paralización de ventas de productos agrícolas, en toda la región. A pesar de que en estos años la sociedad tuvo buena marcha en [3] se ve que la tesorería daba problemas. Uno de sus objetivos era recabar fondos para pagar el anticipo de la compra de la central de Cuzcurrita y sus pertenecidos.

Con la compra de la central de Cuzcurrita y sus propiedades anexas y hasta la venta de estas Electra Posadas SA arrendó las fincas rústicas de la Sociedad según un modelo de contrato, del mismo

---

[2] Carta de G. Merino a JJB. y JL. Merino de 16 de octubre de 1931.
[3] Carta de G. Merino a A. Merino de 13 de enero de 1932.

llama la atención quedaban excluidos el arbolado y sus frutos, mencionaban específicamente la oliva. También la Sociedad facilitaba a los arrendatarios los servicios de regadío tomados del canal de carga de la central y elevados por una electrobomba de nueva instalación más potente, este servicio se pagaría por horas.

1933.

La recaudación bruta fue de 165.493,82 pta. con un aumento importante. Los beneficios permitieron la amortización del activo y el reparto de dividendo. Dada la importancia por las inversiones de contadores en alquiler para abonados, se abrió una nueva cuenta con el valor real de estos aparatos.

Había una producción curiosa de la Central de Cuzcurrita indicada por; "*Cangrejos. Mañana por la mañana remitiré una pequeña caja con unos cuantos como muestra que dirigiré a Antonio Sangroniz a las señas que Bautista indica. Se podrían mandar de 2 a 3 kg cada dos días al precio de 2,50 pta./kg según adelanté por teléfono*".

Se obtienen referencias interesantes en [4]. La nómina mensual de la Electra Posadas este mes era de 2.600 pta. Y eran deudores de alumbrado público los ayuntamientos de Valgañón, Castañares, Santurdejo, Santo Domingo y Cuzcurrita.

Como tema muy reiterativo durante este año de 1933 Gonzalo Merino luchaba con los apuros de la falta de liquidez en caja, lograba vencerlos con grandes equilibrios y una atención constante. Se ve que el pago de dividendos y de los cupones de obligaciones era su máxima preocupación, muy importante para mantener satisfechos a los poseedores de capital y seguir liberando acciones y colocando obligaciones para la financiación de los proyectos que en este año eran la mejora de la Central de Cuzcurrita y la de las redes de la zona 3ª, muy deficientes a consecuencia del abandono que las tenían los anteriores propietarios de Cuzcurrita.

1934.

Se aumentó el personal exigido por ampliaciones llevadas a cabo, al antiguo se le concedieron mejoras que permitía la situación del negocio.

En [5] se informaba: "*yo fui a ver (en Vitoria) la batería NiFe de la Cooperativa quedando muy satisfecho de la información detallada que me dieron. La tienen hace 3 años sin entretenimiento alguno, esto me sirvió para ver la estación receptora y cuadros espléndidamente instalada apenas inaugurada, reciben la energía de 2 centrales propias y de la HE Ibérica. Sentí que la visita fuera rápida, pero volveré a efectuarla con más calma para ver las protecciones y transformadores*". Es una estación de acumulación energética con baterías para soportar la red en el año de 1934, un asunto sin duda novedoso.

Desde punto de vista de gestión se ha incrementado el uso del teléfono en dos vertientes, de la red privada interna de EP tan necesaria para las muchísimas maniobras de explotación, y de la red

---

[4] Carta de G. Merino a A. Merino de 18 de agosto de 1933.
[5] Carta de G. Merino a A. Merino de 28 de noviembre de 1934.

pública explotada en monopolio por la CTNE [6]. Este uso del teléfono daba mucha más agilidad a las decisiones empresariales, aunque la correspondencia escrita era fundamental y confirma lo tratado por teléfono. Sin embargo, hay que aclarar, para los lectores de la tercera década del S. XXI, que las llamadas telefónicas eran interurbanas, teniendo que ser solicitadas con antelación a hora fija mediante el llamado *"aviso de conferencia"* y con gran frecuencia se daban las temidas *"demoras"*.

1935.

En la central de Posadas la producción fue menor que en 1934 por estiaje prolongado y la parada de otoño para reparación del depósito de carga, el canal del río Mayor, y la colocación de una compuerta al final de este.

El texto de la carta [7] se lleva a "Anexo Documental A-71. Carta de 28 de enero de 1935 de Gonzalo Merino a Agustín Merino. Fichero A-71.pdf" por su extensión y detalles. Escrita desde su casa de Haro y contaba la gran nevada reportando que la víspera había 20 cm y que ya llegaba a 35 – 40 cm. Tenía miedo de que se formaran manguitos en los conductores de las líneas pues en algunos casos indicaba que el grueso podía llegar a 10 cm y se produjeran averías. La central de Posadas paró porque los bloques de nieve obstruían la entrada de la turbina y el servicio lo daba Cuzcurrita con sus dos turbinas. El FFCC Haro – Ezcaray estaba sin servicio. Había nuevo concurso de alumbrado público en Santo Domingo

En [8] sobre *"Nuevo concurso alumbrado público Santo Domingo"* contestaba a las informaciones y datos de carta de 28 de enero y opinaba era mejor quedara desierto y ver si podía estar con Fernández de HE de Nájera para ver como respiraba. Aludía a que los accionistas en Santo Domingo podían haber comunicado lo que se preparaba y haber podido influir en la redacción adecuada del pliego de condiciones del Ayuntamiento. Opinaba que es malo tener un contrato a medias con la otra Empresa por la multitud de pequeños roces que podrían surgir.

Como dato se trae que el sueldo de un instalador cobrador en Santo Domingo era de 125 a 150 pta./mes, y aunque no lo decía, se entendía que a tiempo completo según [9].

En [10] se tratan temas como que al día siguiente iba a visitar la finca de Cuzcurrita Evaristo Landazabal, al que los maquinistas deben facilitarse el acceso. No lo indicaba, pero es presumible fuera un comprador potencial. Sobre la vacante que dejó Jesús García como escribiente en Haro proponían ofrecérsela temporalmente a Victoriano que como no había cumplido los 25 años le correspondía según las bases 275 pta. al mes. En [11] hay un párrafo que dice ". *doy órdenes a Victoriano para que cuanto antes se traslade a Haro"*, con esta nota se deduce que fue el empleado Victoriano Díez de la oficina de EP de Bilbao hasta su paso a Iberduero en 1964.

En [12] se informaba de las deudas de ayuntamientos más importantes eran Santurdejo 450 pta. Cuzcurrita 2.200. Ezcaray 2.500. Santo Domingo 3.000 pta.

---

[6] Acrónimo de Compañía Telefónica Nacional de España.
[7] Carta de G. Merino a A. Merino de 28 de enero de 1935.
[8] Carta de JL. Merino a G. Merino de 31 de enero de 1935.
[9] Carta de JL. Merino a G. Merino de 6 de junio de 1935.
[10] Carta de JL. Merino a G. Merino de 26 de julio de 1935.
[11] Carta de JJB. Merino a A. Merino de 29 de agosto de 1935,
[12] Carta de G. Merino a A. Merino de 4 de agosto de 1935.

1936.

El original de la Memoria social de este año citaba que el hecho más sobresaliente fue la cruenta guerra civil en la que el país se vio inmerso desde julio. Como este libro no es de naturaleza política sino de historia del desarrollo de la electricidad en la cuenca del Oja no se va a incidir en aspectos políticos que quedan para los numerosos libros y publicaciones que se han escrito y se van a escribir sobre este período. La Memoria de este año emplea la terminología y jerga impuesta por los sublevados en sus zonas de influencia como fue la Rioja lo cual, aparte de valoraciones propias de cada persona, se entiende. Se hará mención de los efectos de las hostilidades y la violencia si se encuentran citas a ellos. Quedaron en Bilbao, zona que no se sumó a la sublevación militar, el presidente y secretario, pero el Consejo, con sus otros tres miembros en la Rioja, pudo seguir funcionando. Al contrario de lo que ocurrió en las zonas de combate, véase la referencia de Arroyo en su apartado "Los efectos de la guerra civil española en las instalaciones hidroeléctricas del Segre", en las operaciones de Electra Posadas no se registraron incidencias o las mismas no han quedado registradas ni en la Memoria del ejercicio ni en la documentación disponible. Cuando estaba convocada la Junta para marzo de 1937 cayó enfermo el consejero delegado. La misma se convocó tras junio de 1937 una vez que Bilbao fue tomado por las tropas sublevadas. Se pasa a referir los hechos empresariales principales.

La producción fue mayor por un estiaje más corto en ambas entre 20 de julio a 6 de noviembre en Posadas y del 4 de agosto a 31 de octubre en la de Cuzcurrita. Ninguno de los empleados sufrió las consecuencias graves de la guerra civil.

Por acuerdo de Consejo y Junta General extraordinaria de 30 marzo de 1936, elevado a escritura ante notario de Bilbao Celestino Mª del Arenal, se redujo del 6% al 5% el interés de las Obligaciones, a partir del cupón vencido en 1º julio dicho pasado año y se comenzó el estampillado de los títulos. Se redujo del 6 ½% al 5% el interés de los préstamos transitorios. La operación tuvo éxito salvo alguna resistencia. Con este sacrificio para los prestamistas la Sociedad se puso de acuerdo con el mercado monetario, hacía tiempo con interés más bajo. Además, coincidió con el aumento de la contribución de Utilidades[13] desde el 10% al 30% en vigor desde el 1º de julio. El saldo disponible permitió dotar 9.000 pta. al fondo de amortización y distribuir un 6% a las acciones, libre de impuestos en lugar del 7% de los ejercicios anteriores, por prudencia. Según información de [14]: La situación de cobros era muy mala pues si todo se cobrara normalmente debería de haber en Caja 60.000 pta. y solo había 20.000. Solo de Ayuntamientos se acerca a 10.000. *"El régimen de aguas sigue abundante así que las Fábricas dan todo el servicio con la tejera de Pancorbo que ya está funcionando"*. La correspondencia entre los cuatro gestores de la familia Merino (Agustín, JJ Bautista, Gonzalo, y Jose Luis) se interrumpe por la sublevación militar que condujo a la guerra civil.

1937.

No se dispone de Memoria ni de cuentas anuales. El hecho más saliente fue que Agustín Merino Morquecho uno de los cuatro fundadores de Mancomunidad Electra Posadas en 1916 y de Electra

---

[13] Contribución de Utilidades fue una antecesora de los impuestos actuales sobre las rentas del capital
[14] Carta de G. Merino a A. Merino de 27 de abril de 1936.

Posadas SA en 1923, y presidente de ambas, falleció en diciembre de este año. Su relación con la electricidad en la cuenca del Oja comenzó en 1907 con el Proyecto de la Fábrica de luz de Ojacastro. Le sucedió como presidente su hijo Jose Juan Bautista Merino Urrutia.

1938.

Sobre la subcentral térmica de Santo Domingo y por la larga experiencia de los últimos años en que no se utilizó, se vio la conveniencia de prescindir de esta instalación de reserva y por las actuales circunstancias de estar parada la importación de maquinaria, se decidió anunciar la venta del motor BENZ y alternador ASEA, lo cual se consiguió en condiciones muy ventajosas. Había funcionado desde final de 1922.

En lo que se refiere a personal para corresponder a su buen comportamiento y seguir la legislación dictada por el Nuevo Estado consagrado por su Fuero del Trabajo [15], se implantó desde agosto el disfrute efectivo del subsidio familiar [16], ½ año antes de su vigor por mandato legal. Se acordó la participación de los empleados en los beneficios como un porcentaje sobre los sueldos igual al del beneficio distribuido a las acciones.

La movilización de reemplazos afectó a dos cobradores y al inspector Justo Díez, lográndose que este quedase militarizado al servicio de la Empresa por insustituible en las circunstancias bélicas.

La recaudación respecto a 1937 aumentó en 5.090,45. Por los efectos de los nuevos abonados de Ezcaray y Ojacastro se confiaba en alcanzar pronto las cifras de 1935. Esto puede dar una idea del impacto negativo de la guerra civil en la facturación de la Empresa.

Quedó un saldo disponible que sumado al disponible de 1937 daba 27.719,45 pta. para dividendo y pago al personal la participación en beneficios si la Junta General Extraordinaria lo aprobaba, supondrían 2.064 pta. y quedaría un remanente de 1.655,45 pta. para 1939.

1939.

De este año no se han localizado ni Memoria ni cuentas.

1940.

En todas las centrales la producción fue satisfactoria por el breve estiaje. Las mayores cargas de motores han hecho tomar más energía a Hidroeléctrica Ibérica.

Durante el ejercicio se concedieron 2 aumentos de sueldo al personal y así los salarios estaban de acuerdo con las bases de trabajo para esta industria, además de pagar la participación en beneficios. Miguel Guardamino maquinista de Cuzcurrita sufrió parálisis felizmente superada sin perdida aptitudes para el trabajo.

---

[15] Esta es la denominación general de la nueva legislación laboral implantadas por las autoridades franquistas una de cuyas características fue suprimir la sindicación libre y sustituirla por los nuevos Sindicatos Verticales de carácter corporativo.
[16] Se refiere a los denominados puntos que estuvieron vigentes hasta el final del período del general Franco

Como se ha señalado arriba hubo un aumento de recaudación y unos gastos muy limitados de conservación de centrales y líneas. Pero ello justificó el mayor Fondo de Amortización y Reserva que consintió el resultado. Estuvo limitado por la no autorización de la elevación de tarifas, que es una excepción a la de todos servicios y productos. Esta limitación en las autorizaciones de subida de tarifas va a ser una constante en los años venideros y va a limitar de forma importante los beneficios sociales, e inversiones.

En esta Memoria se anunciaba que el Consejo estudiaba la modificación del concepto del capital y de las aportaciones en obligaciones y préstamos transitorios para lo cual se convocaría una Junta General Extraordinaria para tomar la decisión, y además se anunció la necesidad de numerario para los nuevos proyectos.

1941.

En las centrales el estiaje fue desacostumbrado a pesar de que empezó tarde, con menor producción propia y por consiguiente aumento de la de auxilio procedente de Hidroeléctrica Ibérica con el quebranto económico correspondiente.

En lo referente al personal se destacó la actuación del inspector Justo Díez al frente de las obras e instalaciones de la Central de Cuzcurrita. También se informó del fallecimiento del cobrador de Santurdejo Emiliano Sierra, que ocurrió el 20 de julio, desempeñó su puesto durante 10 años.

Desde el punto de vista económico la cuenta de explotación no reflejó el aumento de los recibos al cobro por incrementos en gastos de personal, materiales, energía de auxilio, y la reparación de los daños del huracán. Se observa que dentro de la cuenta de pérdidas y ganancias la recaudación por luz y fuerza no aparece como partida inicial, sino que se inicia por los beneficios de explotación de los que ya se han deducido los gastos arriba citados de personal, materiales, energía de auxilio, y las reparaciones de mantenimiento. Sin embargo, en casi todas las memorias aparece la recaudación de forma destacada. A pesar de los años transcurridos se recogen sus valores ya que dan una buena medida del desarrollo del negocio. En este libro no se van a llevar los análisis de cuentas por entender que es una materia para especialistas y por haber variado mucho los criterios por los que se realizan a lo largo de los años considerados. De todas las formas los datos se han recogido y se ponen a disposición de los interesados. Un hecho muy saliente fue la celebración de la Junta General Extraordinaria del 15 de diciembre que aprobó aumentar el capital hasta 2.500.000 pta. por emisión de 4.200 acciones nuevas, para lo cual se modificaron los Estatutos, y se autorizó al Consejo de Administración para amortizar obligaciones y préstamos transitorios, estas operaciones se hicieron fuera del ejercicio.

1942.

En las centrales hubo que sufrir un excepcional estiaje con gran merma en su producción, y aumentaron los abonados y el déficit de los kWh de energía tuvieron que ser cubiertos con suministro de Hidroeléctrica Ibérica. Se vio la insuficiencia del transformador de San Felices lo que obligó en verano a establecer turnos de trabajo para los motores.

Para hacer frente a la carestía de la vida se concedieron dos aumentos transitorios de haberes a los empleados. El mayor trabajo de oficina de Bilbao obligó a tomar un escribiente, y así se restableció la plaza amortizada hace unos años.

Se celebró una Junta General Extraordinaria el 13 de agosto y en ella se aprobó la venta de fincas rústicas y edificios de Cuzcurrita, ya que no interesaban para la Sociedad. El precio que se recibió al firmarse la escritura el 20 del mismo mes quedó en Caja a la espera de inversión necesaria destinada al fin industrial de la Empresa.

La memoria expresó la dureza de los impuestos y la inalterabilidad de las tarifas eléctricas "*Ante tamaña presión fiscal es más dura la excepción única que presentan los negocios eléctricos frente a cualquier otro ya que las tarifas permanecen inalterables. La Jefatura de Industria denegó que pudiéramos repercutir sobre abonados energía de auxilio.*"

La Empresa se tuvo que acoger a opción por la ley 31 de diciembre de 1941 para tributar por la cuota mínima de Utilidades es decir 15% capital en circulación, liberándose de la Industrial y esperaba sea menos gravosa.

Finalmente se aludió a los nuevos Proyectos pensados para el porvenir del negocio, para ampliar el mercado, y para obtener más proporción de energía hidroeléctrica, ya que en aquellos momentos solamente se podía cubrir la carga de abono con abundancia de agua, y así obtener una razonable proporcionalidad entre energía propia y ajena. Cuando las iniciativas vayan cuajando en realidad se someterían a la Junta General Extraordinaria.

Así se cierra el período entre 1931 y 1942 que se caracterizó por la guerra civil, la autarquía y aislamiento consecuencia de la misma y el largo bache en el consumo de electricidad en la comarca rural servida. Se compró y mejoró la segunda central hidroeléctrica de la Empresa en Cuzcurrita, y la red adquirió prácticamente su máxima extensión en pueblos servidos alcanzando, los fronteros de Burgos, Altable y Pancorbo. No se pueden dar índices de electrificación por no haber obtenido producciones o consumos. Sin embargo, se facilita los datos estimados de que la zona atendida en 1942 tenía unos 17.000 habitantes y la facturación fue de 306.130,20 pta. es decir de 18 pta. por habitante y año.

En este año de 1942 el jornal diario de un peón agrícola podría estar en torno a las 4 a 5 pesetas diarias, esto quiere decir si su familia era de 5 personas sustentadas por su jornal, necesitaría 20 jornales para pagar la electrificación media al año. Con este cálculo no se deben de establecer conclusiones, sino que simplemente se facilita para dar un índice de comparación entre épocas y situaciones socio económicas muy distantes.

8.2. Extensión de la red.

Aunque en el apartado 7.10. del anterior capítulo 7, se analiza la "Extensión de la red de Electra Posadas SA" aquí van a presentar sus datos generales ordenados por el año de su incorporación a la red de Electra Posadas SA tabulados a continuación.

ELECTRA POSADAS ENTRE 1931 Y 1942. CENTRAL DE CUZCURRITA

Población	Año de inicio de electrificación	Año de Integración en la red de E Posadas
Ezcaray	1896 Gandasegui	1906 el 80%
Santo Domingo de la Calzada	1896	1906 el 40%
Santurde		1906
Santurdejo		1906
Bañares		1923
Valgañón	1909 La Máquina	1929
Zorraquín		1929
Casalarreina	1900 y 1901 por Severo García	1930
Castañares		1930
Cidamón		1930
Corporales		1930
San Torcuato		1930
Baños de Rioja	1912[i]	1931
Villalba		1931
Cellorigo		1932
Cuzcurrita	1902	1932
Sajazarra		1932
Treviana	1902	1932
Altable	1902	1932
Pancorbo	1902	1932
Grañón		1933
Foncea		1935
Galbarruli		1935
Castilseco pertenece a Galbarruli		1935
Ternero		1935
Ojacastro	1909 Merino	1939
Anguciana	1900 por Severo García	1944
Cihuri		1944
Pazuengos		1944
Tirgo		1944
Villalobar		1944
Fonzaleche		1945
San Millán de Yécora		1948

Historia de la Electricidad en la cuenca del Oja

Se indica que de los pueblos en los que no aparece el dato de "Año de inicio de electrificación" son aquellos, exteriores al núcleo inicial de la cuenca alta del río Oja, en los cuales la electrificación pudo realizarse con anterioridad a la llegada de Electra Posadas, y sin embargo no se ha encontrado esta información. Quedan fuera de la Tabla anterior las aldeas que se incorporaron tras 1948, se facilitarán sus datos, cuando los mismos sean disponibles, en el año en el que se conectaron. El detalle, ordenado por años, se lleva al "Anexo Documental A-75 Extensión de la red de Electra Posadas SA entre los años de 1931 y 1942. Fichero A-75.pdf".

Se traen, a continuación, los puntos más importantes.

1932.

Por la gran extensión de las redes, después de la compra de Cuzcurrita y sus pueblos anexos, se dividió la red en las tres siguientes zonas:
- 1ª zona, que comprendía todas las líneas desde la Central de Posadas a Ezcaray, Santurde, Santurdejo, Santo Domingo, y Bañares inclusive,
- 2ª zona, que comprendía la línea general de San Felices a Santo Domingo y sus derivaciones y ramales, con Casalarreina, Castañares, …
- 3ª zona, que abarcaba las líneas últimas adquiridas que parten de la Central de Cuzcurrita, fuera de este pueblo y las de Treviana, Altable, Pancorbo y las de enlace proyectadas y en parte construidas.

1938.

Al feliz término de las negociaciones, que desde 1937, se llevaban con Arturo Gandasegui, entró en vigor la cesión del negocio y venta de la red en 1º de diciembre para la producción y alumbrado público y privado de parte de Ezcaray. Se levantó una caseta en el barrio de San Lázaro sobre terreno comprado, y se unificaron los tendidos, el resultado fue un sobrante de cobre bastante importante. Esta caseta sirvió de arranque a Zorraquín y Valgañón cuyo voltaje se redujo de 10.000 a 3.000 V ventajoso para evitar averías y su repercusión en la línea general. Esto da idea de la poca potencia que consumían ambos pueblos, en la época, que aun estando a 1 y 4 km respectivamente se podía admitir el incremento de corriente en la línea. Además, dado el deficiente estado de la línea se notaría la reducción del número de averías.

En la misma época se convino con los hermanos Merino la cesión del negocio del alumbrado público y particular de Ojacastro, con su red de distribución y línea de AT en iguales condiciones que las pactadas con Gandasegui, tuvo efecto desde 1º de enero de 1939.

8.3.   La central de Cuzcurrita sobre el río Tirón. Descripción.

Electra Posadas, aunque implementó con éxito la línea entre San Felices y Santo Domingo de la Calzada, nunca renunció a tener fuentes energéticas propias aun considerando la mayor inversión por kW instalado y la gran duración de las obras. A lo largo de este libro se está viendo que su vocación era más hidráulica que por la energía térmica. En esta vocación pudieron pesar los conocimientos técnicos de sus gestores y empleados, y que la experiencia de explotación del grupo Motor Diesel generador que la Mancomunidad instaló y explotó en Santo Domingo que no fue demasiado buena.

Según la información que viene en [17] se trae aquí ya que se refiere a José Ayarra que, en 1913, tenía una fábrica de electricidad en ese pueblo según la referencia de Ojeda página 153, y que sin duda fue uno de los propietarios del salto. *"El granero (de Cuzcurrita) creo sería fácil arrendar y sacar otras 150 pta., que también puede darse una vez cerrado con llave la entrada a las habitaciones del castillo que será preciso realizar al dar a Justo las habitaciones que ocupó Ayarra, que las ha pedido para el mes de setiembre, en que no habrá que hacer obra más que algo en la cocina".*

Ya se han citado los antecedentes sobre el interés de Electra Posadas para los nuevos saltos de agua en [18] en lo referido al año 1927 del apartado 7.3. Tras esta primera referencia, debieron de estar muy atentos ya que en 1931 surgió la oportunidad de compra de la Central de Cuzcurrita sobre el río Tirón, persiguieron la misma y consiguieron adquirir esta central.

Unos meses más tarde en [19] se decía. *"LÍNEAS NAVARRÉS. Deben gestionarse sin dilación, pues ya se está haciendo comentario sobre este asunto y cuanto más se hable será más en nuestro perjuicio, ayer me lo comentó Félix Baquero, después de levantar la liebre y siendo un asunto bueno y probable pueda adquirirse en buenas condiciones creo conveniente que Bautista se entrevistase con Navarrés y saber cómo presenta y precio que fijaría después de cedidas las fincas. También interesa indagar en casa de Eguren si ha decidido la instalación de nueva turbina".*

Como tenían esperanzas de cerrar la operación de compra de Cuzcurrita en [20], se explicaba que estaba haciendo gestiones para allegar el capital que permitiera realizarla. Se le veía optimista para lograr la cifra objetivo y ponían sus expectativas en la cosecha de remolacha en curso con la que los agricultores harían caja.

En [21] se indicaba que la compra estaba cerrada. *"Mucho me alegro conocer la terminación de este asunto que tanto nos ha encariñado a todos y no hay duda de que si nos descuidamos hubiera sido difícil de llevar a término. Ahora interesa comenzar a efectuar cuanto antes el inventario de todos los útiles y tomar antecedentes para completar el estudio de reforma, así como preparar anuncios parcelación y venta de las propiedades etc. que creo lo mejor sacar en lotes a pública subasta según precio de 1.250 a 1.500 pta. [22] ..."*

En [23] se esbozaban los planes que Posadas tenía para esta central: *"Pantano de Cuzcurrita. Se vuelve a hablar de esta obra y uno de los números últimos se señala reunión sobre esto en Haro. ¿Dónde está este proyectado? ¿Es conveniente enterarse y si puede interesar a nuestra central? Obras de reforma salto. Es muy interesante planear estas para decidirlas y llevarlas a ejecución en el menor plazo y si podríamos emplear la energía en ese salto disponible para el próximo julio, pues tenemos mucha energía pedida y solo en pozos para riego 11 abonados con más de 60 HP (45 kW) y si*

---

[17] Carta de G. Merino a A. Merino de 2 de junio de 1936
[18] Carta de G. Merino a A. Merino de 28 de febrero de 1927.
[19] Carta de G. Merino a A. Merino de 7 de octubre de 1931.
[20] Carta de G. Merino a A. Merino de 3 de diciembre de 1931.
[21] Carta de G. Merino a A. Merino de 1º de febrero de 1932
[22] No lo dice, pero es posible se refiera a precios por fanega (2.096 m²)
[23] Carta de G. Merino a A. Merino de 20 de marzo de 1932

pudiéramos nosotros surtirlos con ese salto amortizábamos en parte su instalación. Es por tanto preciso dirigirse a las fábricas constructoras para que tomen sobre el terreno los datos y tomando el máximo de nivel beneficiable elevando presa y canal obtener el máximo salto con caudal de 1.400 litros que parece es la media anual. Línea. Simultáneamente con lo anterior y en cuanto Justo facilite los datos del trazado de la que una Casalarreina con Cuzcurrita presentar el expediente y Memoria para poder levantarla para el mes de julio y podamos así disponer de la energía que nos produce ese salto durante las horas del día y aunque tuviéramos que alternar de día con máquina trifásica y de noche con corriente monofásica siempre tendríamos el beneficio de utilizar la energía de ese salto aun sin efectuar la reforma ventaja que no debemos despreciar[24]. Ayer se me presentó un viajante de una fábrica de turbinas en Utebo (Zaragoza) al que insté puede mandar a la central el personal facultativo que estudie el salto y su mejor mejoramiento y que avise cuando harían el viaje a Cuzcurrita para mandar quien le acompañe o darle instrucciones. Fuerza pedida. ... ". Como referencia al pantano que citaban, en 1992, fue inaugurado el pantano de Leiva de 2,5 Hm³ aguas arriba.

En [25] se ve que A. Merino pedía paciencia, evaluaba las necesidades de capital y que antes se habían de terminar los proyectos en curso: *"Central de Leiva. No podemos ser tan ambiciosos que pretendamos gestionar ahora la compra de esta. No porque nos parezca conveniente una compra la vamos a gestionar ahora que aún no hemos concluido de pagar la de Castañares (Severo García) etc. y sin comenzar la mejora de la de Cuzcurrita adquirida con dinero prestado, podemos pretender comprar la de Leiva y la de Tirgo, la de Sorejana, y luego la de San Miguel, etc. Sería un exceso de ambición ... podréis pensar si conviene ampliar el negocio a todas esas centrales que sabemos que se quieren vender, y para lo cual necesitaríamos 2 millones de pta. como ya manifesté en la última Junta General".*

Finalmente, en 27 de abril de 1932 Electra Posadas (representada por Jose Luis Merino) compra a Manuel Álvarez de Toledo y Mencos [26] Marqués de Navarrés por sí y representando a varios familiares, también propietarios, una casa castillo con un salto de agua en Cuzcurrita (Logroño). La escritura fue autorizada por el Notario de Cuzcurrita Julián María Ansuategui Alday. Una copia notarial de la misma se expidió por el Notario de Haro Francisco Sans Uranga en 3 de diciembre de 1962, véase referencia del Notario de Haro Sans Uranga. [27]

De este documento se extracta en el "Anexo Documental A-76 Descripción básica de la Central de Cuzcurrita y de sus pertenecidos, Fichero A-76.pdf", y es relevante para los propósitos de esta historia. Los propietarios eran los miembros de una familia, y la mayor parte se apellidan Álvarez de Toledo y Mencos, pero se obvian sus nombres y filiaciones en el resumen que sigue. El precio de la compra fueron 68.000 pesetas.

La memoria de 1932 de Electra Posadas completaba la información diciendo que: *"La central se encuentra en edificio de sólida construcción antiguamente molino harinero de 3 ruedas. Salto 5,90 m altura, en la central termina el canal de derivación de 1.000 m., todo su recorrido está en la finca comprada. Derivación del Tirón por fuerte presa de sillería, convexa hacia la corriente, sus estribos en fincas compradas, lado derecho pequeña chopera. Caudal de unos 550 l/s el canal tiene más capacidad, la turbina solo admite el mencionado. Turbina Francis de cámara abierta en el*

---

[24] No se ve muy bien cómo se iba a implementar esta idea. La central de Cuzcurrita por sus antiguos propietarios producía y distribuía en monofásica. Hasta ahora no se ha visto si llegó a llevarse a cabo.

[25] Carta de A. Merino a JJB., G., y JL. Merino de 17 de mayo de 1932.

[26] No es este el lugar de traer informaciones sobre personas ligadas a la nobleza y solamente se indica que sobre esta familia hay información resumida en https://es.wikipedia.org/wiki/Casa_de_Toledo

[27] Cedida por Francisco Javier Díez Urrecho.

pozo de 25 HP (18,7 kW) que con correa acciona alternador monofásico de 26 kVA y 220 V marca "Ahlemeyer" 1908. Corriente se eleva a 2.600 V en transformador seco de 20 kVA, que alimenta a la línea general a Treviana, Altable y Pancorbo de unos 17.000 m. la línea tiene hilo de hierro para teléfono y los dos de transporte en cobre, sustentada por 424 postes de los cuales 103 son de cemento y de sección cuadrangular con celosías triangulares. Además del cuadro con aparatos, pararrayos, fusibles, existe un motor de aceite pesado "Petter" de 18/21 HP (13,5/15,7 kW) usado para completar la falta de energía de la turbina acoplado a ella por correa y acoplamiento elástico. Accesorios: varios útiles, herramientas, existencia de almacén en material de línea, transformador de reserva de 5 kVA seco y motor AEG de 3 HP (2,2 kW)." Se inserta una fotografía del castillo.

Figura 8.1. Castillo de Cuzcurrita del cual la central hidroeléctrica era aneja. Foto de 1935.

Con los datos de salto y caudal se verifica que la eficiencia total del aprovechamiento es de 81,7% si se considera que el alternador funciona con factor de potencia unitario, lo cual parece un valor un poco exagerado ya que no debería de superar mucho el 75%. Otros datos que aparecen son la tensión de la línea monofásica a Treviana, Altable y Pancorbo de 2.600 V incompatible para los 10.000 V de Electra Posadas y que hacía que todo su material fuese inservible aun contando que hubiese tenido buen estado de conservación.

Se observa que además de lo que manifiesta la escritura "*... Toda la maquinaria, líneas y redes descritas, se hallan en mal estado siendo precisa una completa reparación para poder seguir prestando servicio*" el que la producción de energía sea en corriente monofásica es otra dificultad que obliga a sustituir todo el equipamiento eléctrico y añadir un tercer conductor a las líneas de distribución y transporte.

Sirven para complementar la descripción de la central las figuras que siguen, de partes del aprovechamiento específicamente citados. Primeramente, el azud de gravedad. De la misma hay una fotografía, de mala calidad y antes que se la realizaran reparaciones, obtenida en el año de su compra 1932.

Figura 8.2. Azud de derivación sobre el río Tirón para la central de Cuzcurrita. Foto de 1932.

La siguiente es de 1963 en un momento con poca agua en el río Tirón.

Figura 8.3. Azud de derivación sobre el río Tirón para la central de Cuzcurrita. Se ve el recrecimiento sobre el azud original. Foto de 1963.

A continuación, se ve el comienzo del canal con su compuerta de toma. Luego un tramo del canal en su última parte. Finalmente, el aliviadero a la llegada del canal a la central que está vertiendo. Posteriormente la central de la cual actualmente solo se ven sus muros y los dos grandes arcos de desagüe. Su traza, denota su origen de molino harinero, en su desagüe está el lavadero público protegido por tejavana.

Figura 8.4. Toma en la derivación sobre el río Tirón para la central de Cuzcurrita. Se ve la compuerta de toma e inicio del canal. Foto de 1963.

Hay un aspecto del canal de carga de los tiempos en los que esta central era explotada por Electra Posadas. Es de su llegada a la central en la figura que sigue.

Figura 8.5. Llegada del Canal a la central de Cuzcurrita. Fotografía de 1958. Se hacen notar a la izquierda postes tubulares de cemento armado fabricados por la Sociedad, y a la derecha la torre de salida de la línea de alta tensión. Cedida por Francisco Javier Díez Morrás.

Figura 8.6. Aliviadero en el canal de la central de Cuzcurrita a la llegada de éste a la central. Foto actual. En el fondo se ve el torreón del castillo

Figura 8.7. Al fondo edificio de la central de Cuzcurrita desmantelada con los dos arcos de desagüe. En primer plano lavadero público. Foto actual.

En esta memoria de 1932 se citaba el Proyecto de mejora de Cuzcurrita y aparecían datos fidedignos las dos centrales de la Sociedad, Posadas y Cuzcurrita [28], que podrán trabajar acopladas constantemente y compensar mutuamente las faltas de agua por ser muy diferente el régimen de los ríos, Oja y Tirón, en que estaban situadas, y así extender el radio de acción del negocio sin aumentar el consumo de fluido de Hidroeléctrica Ibérica.

Los datos comparativos entre la situación inicial y el Proyecto eran:

Salto inicial 5,90 m	podía llegar a 9 m
Caudal inicial 550 l/s	podía llegar a 2.000 l/s
La energía inicial de 29 CV (21,3 kW)	podía llegar 140/170 CV (103/125 kW)

Considerando la potencia de 170 CV el rendimiento sobre los valores teóricos del salto sería del 71%. Las obras necesarias eran: Elevación del azud, recrecimiento de las paredes canal unos 2 m. y canal de desagüe aguas abajo del puente de entrada al pueblo desde la carretera para ganar salto por este lado. El presupuesto tenía un total aproximado de 55.550 pta. Estas reformas se implementaron en algún momento ya que se ha rescatado la foto de una comida del día de su inauguración que está anotada con la fecha de 15 de octubre de 1935. La misma se inserta seguidamente.

Figura 8.8. Comida inaugural del nuevo grupo hidroeléctrico de Cuzcurrita. En torno a la mesa empezando por la izquierda: Agustín Merino Morquecho, Gonzalo Merino Urrutia, camarera de pie, Saturiano Robredo cura que fue de Ezcaray, parcialmente tapado desconocido, y Jose Luis Merino Urrutia.

Hay un testimonio de que a Fernando Sainz de Inchaústegui García Moreno le interesó comprar la finca y el castillo muy pronto tras 1932, ya que en [29] se informaba sobre una excursión que, con amigos, había realizado a ver la central y castillo de Cuzcurrita "*a todos gustó sobremanera, como antes digo todo, pasando muy buen rato contemplando la hermosa finca, pero sobremanera a Fernando Sainz que sin querer se le escapaban proyectos y me hacía preguntas de si sería factible una separación con la parte industrial. Poco me costará que se animase a comprar la finca, pero no quiero precipitar acontecimientos hasta que estemos aquí (Bilbao) para cambiar sobre este extremo impresiones ...*".

---

[28] Se verá más adelante que la producción de Cuzcurrita en años llegó a superar a la de Posadas. Así en 1964 la primera produjo 273.000 kWh frente a los 107.000 kWh de la segunda.

[29] Carta de JJB. Merino a A. Merino de 17 de octubre de 1933.

En 20 de agosto de 1942, y tras contar con la preceptiva autorización de la Junta General Extraordinaria, se vendieron las fincas rústicas y edificios de Cuzcurrita entre los que se comprendía el castillo. Hasta esa fecha Posadas obtuvo rentas agrícolas que figuraban como una pequeña partida en los ingresos anuales. Esta era una parte de la propiedad completa, comprada en 1932, que no servía para los intereses industriales de Electra Posadas. La central, azud de toma, canal y sus márgenes se habían segregado y permanecieron en los activos de la Electra muchos años más. El comprador fue Fernando Sainz de Inchaústegui García Moreno, que puso la propiedad en explotación vinícola a su nombre. La misma fue transmitida a su hijo único Fernando Sainz de Inchaústegui e Irala, y posteriormente a los hijos de este Hermanos Sainz de Inchaústegui e Ybarra.

Iberduero, al pasar a controlar a Electra Posadas SA al terminar esta historia, en torno a 1965 vendió la central hidroeléctrica, recién puesta fuera de servicio, a la familia Sainz de Inchaústegui y la misma no volvió a funcionar ya. En esta venta solamente estuvo involucrada la central, pero no las líneas y distribuciones que de Electra Posadas pasaron a ser controladas por filiales de Iberduero en 31 de diciembre de 1964.

Finalmente, en 1999 el Castillo de Cuzcurrita se incorporó a la sociedad Bodega Castillo de Cuzcurrita que produce vinos de alta calidad con los viñedos propios que rodean la propiedad. La central eléctrica pertenece a esta sociedad, aunque está abandonada y conserva sus sólidos muros y se observa claramente su anterior función como molino y central hidroeléctrica. Hay unos datos algo más actuales de esta central en un documento de la Confederación Hidrográfica del Ebro junto con otras del Ebro, año 2009, en el que aparecen los datos del salto:

- Titular actual   Bodega Castillo de Cuzcurrita [30]
- Caudal   1,552 m³/s.
- Salto   5,70 m.

Se observa que son datos que difieren algo de los que se vienen explicando en este apartado. El circuito hidráulico de la central se ve en la figura que sigue.

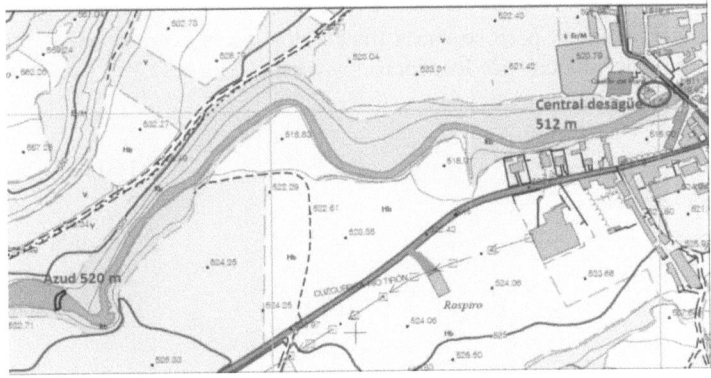

Figura 8.9. Mapa topográfico que muestra la situación del azud sobre el río Tirón y de la Central de Cuzcurrita.

---

[30] En 26 de febrero de 2021 se habla con Juan Díez del Corral, director gerente de Bodegas Castillo de Cuzcurrita, que informa que son sus propietarios. Esto es a pesar de que en el fichero de CHE de 2009 aparecen los Hermanos López Araquistain Bericoechea.

En la figura anterior se ven la ubicación del azud de toma y de la central. En el mapa no figura el trazado del canal, por la observación ocular se ve que discurre por el ribazo de la orilla izquierda del Tirón muy encajado y va tomando altura respecto del lecho del río hasta ganar el valor del salto. Respecto de las cotas sobre el nivel del mar se leen sobre el plano, a falta de datos exactos, los que siguen:

- Cota del labio superior del azud   520 m snm
- Cota del lecho del río inmediatamente aguas abajo desagüe   511,50 m snm
- Luego se deduce cota para desagüe central   512 m snm
- Diferencia de cotas disponible para el aprovechamiento   8 m

Esta diferencia de cotas es compatible para la existencia de un salto que es de 5,70 o 6 m según los documentos consultados.

Sobre las reformas de esta central se leía en [31] *"Turbina (Cuzcurrita). ... creo habrá que determinarse a encargar una nueva a Corcho [32], pues en la situación actual no debemos seguir, 10 días estuvo Posadas dando su total potencia y como ha vuelto el hielo, se ha mermado el caudal y si se prolonga me estoy temiendo enseguida que no pueda con Santo Domingo y entonces la carga es ya de 40 kW a la Hidro"*. Y en [33] se dedicaba otro apartado al alternador que se iba a instalar con la nueva turbina que debía estar comprometida con la empresa Corcho de Santander. *"Alternadores. Corcho reclama se diga seguidamente la velocidad que ha de llevar, le contesto diciendo que es posible contratemos uno de 335 rpm en cuyo caso tendrían que amoldar las de la turbina no siendo necesario el multiplicador, esto sería una gran adquisición pues con el coste de este podríamos emplearle en el regulador automático máquina bien precisa y la central quedaría de primera [34]"*

8.4. Datos de la central de Cuzcurrita.

No han quedado muchos datos, pero se van a traer todos los relevantes obtenidos del folleto de la Secretaría Técnica de Coordinación de Iberduero, para esta Central:

- Año de puesta en servicio   1932
- Potencia   160 kW
- Número de grupos   2
- Situación   Vendida
- Producción en 1964   273.000 kWh

---

[31] Carta de G. Merino a A. Merino de 29 de enero de 1934.
[32] De Wikipedia https://es.wikipedia.org/wiki/Talleres_Corcho **Talleres Corcho** fue una empresa industrial fundada en Santander, en los inicios de la segunda revolución industrial (1855). Su nombre procede del apellido del padre de su fundador Domingo Corcho, el italiano Giussepe Corcio. 1930
[33] Carta de G. Merino a JJB. y JL. Merino de 19 de abril de 1934.
[34] Con exactitud la velocidad síncrona más cercana para una máquina síncrona es de 333,33 rpm que corresponde a un alternador de 18 polos.

8.5. Pleito de Electra Posadas contra los propietarios de prados ribereños del río Oja y del arroyo Altuzarra.

En este pleito tiene importancia el papel en Mateo Díez que a la sazón era maquinista de la. central de Posadas, y que además se le dio la responsabilidad adicional de guarda jurado. Había una primera referencia a su nombramiento en [35] de la que se extrae *"Guarda jurado. Ya está tramitado el expediente y solo falta la toma de juramento que aviso a Mateo que baje el miércoles para efectuarlo. .... Por ahora no he pensado en darle tercerola pues creo es mejor para evitar alguna cuestión"*.

Las primeras noticias sobre el pleito se dan en [36]: *"en cuanto llegué a esta (Ezcaray) hablé con Mateo el cual me dio una detallada información de las imposiciones de esos aldeanos. Fui a la fábrica de Arcadio (Alesanco) con el que hablé de varios asuntos.*

En [37] se analizaba de forma detallada la situación compleja descrita en la anterior. Revisaba las posturas declaradas y posibles intenciones de sus principales actores, Eduardo Masip (alcalde), Gobernador de la provincia, Mateo Díez (guarda jurado y maquinista de Posadas), Simeón (concejal de la aldea), Arcadio Alesanco (representante de los industriales de Ezcaray), Germán Agustín (consejero de EP), regantes de Posadas, Gonzalo Merino (consejero delegado de EP). Tras el análisis y algunas pinceladas adicionales como que Mateo Díez *"no se habrá extralimitado"* y manifestaba que *"la Sociedad no puede acceder de buen grado"* a remover al guarda *"pues supondría tanto como que el empleado de Posadas habría de ser nombrado por ellos"*. No esperaba que el alcalde Eduardo Masip lograra que repusieran el uso del agua del río Altuzarra a la Electra además es un alcalde recién nombrado por la II República y es posible hiciera más caso a los habitantes de Posadas. Se terminaba diciendo *"recomendar con insistencia a Mateo tenga la mayor paciencia ..."*. Terminaba diciendo que *"Lo importante y esencial es conseguir nos repongan en el disfrute de las aguas. Lo de Mateo es más accidental y cabe aguantar algo"*.

Hay una carta [38] y en la misma aparecía un nuevo actor *"la entrevista que tuve con el cura de Posadas Juan Jose Robredo, ... se dedicó a acusar a Mateo de su mal carácter y que por estar encontrado con los aldeanos entendía era prudente se le retire el nombramiento de guarda jurado"*. Luego sigue *"pero Eduardo (Masip) me dijo que sería mejor lo primero (destituir a Mateo) pues sino tendría que intervenir pues son interminables las quejas y que las darán por escrito. ... Yo entonces desvié y dije no podíamos tolerar pase un día más sin que se nos reponga el uso y disfrute de las aguas del río Altuzarra y que el paso prudente dado había sido llevar al convencimiento de los actores el grave atropello causado que podía motivar una denuncia criminal lo cual quería, el Consejo de Posadas evitar, si es que antes reconocían la falta. Muy a regañadientes ofreció enterarse y ponerse al habla con los aldeanos de Posadas y que para el lunes me daría una contestación."* Seguía más adelante: *"Así ha ocurrido y Eduardo (Masip) me comunica vaya por el ayuntamiento en donde me entrega carta de J.J. Robredo (el cura) en el que dice me comunique que estoy mal informado pues le han comunicado los vecinos de Posadas no se ha retirado el agua del río. Ante negación tan rotunda he decidido subir como voy acompañado de Benigno (Torres) para reconocer la presa y demás celebrando de paso una entrevista con el Regidor y el concejal Simeón para puntualizar y quede aclarado todo y no quieran dejarnos ahora como embusteros. Mateo me ha dado cuenta de que esta noche o de madrugada han debido echar el agua al cauce de Altuzarra*

---

[35] Carta de G. Merino a A. Merino de 27 de abril de 1930
[36] Carta de G. Merino a A. Merino de 8 de mayo de 1931.
[37] Carta de JL. Merino a G. Merino de 9 de mayo de 1931.
[38] Carta de G. Merino a A. Merino de 11 de mayo de 1931.

pues que apenas tenía agua los días anteriores habiendo tapado en la presa parte de la que lleva el río. De esta forma tan burda y mintiendo quieren presentarse ahora como que nada ha ocurrido, ¿pero que les ha movido a proceder así? Conferencias ocurridas ayer en Ezcaray con el Sargento y alcalde que les han apretado haciéndoles ver el jaleo en que pueden meterse."

La información siguió fluyendo rápidamente ya que en [39] se decía: *"Enseguida me entrevisté con el concejal Simeón Gonzalo principal motor de estos sucesos .... y en un rato largo estuve razonando recomendándoles paz y que los asuntos que quieran me los expongan que en lo que sean justos y razonables serán atendidos por la Sociedad, pero quejándose de todo hasta de mí, dijo que en pasando dos días bajarían para conseguir la destitución de Mateo como guarda y a promover pleito solicitando sus primordiales derechos de aguas. ... ".*

La disputa por las aguas entre los aldeanos de Posadas complicada con el rechazo a Mateo Díez, se va a extender bastante tiempo más, por lo que a partir de ahora se relacionará de forma más abreviada.

Se ve la carta [40] con instrucciones muy precisas de como emitir la demanda y elegir los testigos. En la misma hace un análisis de la situación y de la estrategia para que resulte un juicio criminal por faltas y que no derive a la jurisdicción civil ya que el título al derecho de las aguas, procedente de los tiempos de Dionisio Segura, no era muy firme.

En la [41], expresaba que se temía que los regantes de Posadas demandados no se iban a dar por citados al juicio *"ya que el oficio lo han mandado con un vecino, que es como siempre han dado los avisos y notificaciones"* seguía diciendo *"pues Lucilo [42] y este Juez andan con muchos miedos pensando venga Alejandro Gallego [43] y les envuelva en el acto del juicio"* También añadía *"son todos los días que cometen abusos; y cortan el agua con la gran frescura de ponerse de guardas en la presa para impedir que el aguatero la dirija a los canales"* *"He tomado nota de que en conversación con Gandasegui (Arturo) dijo que la concesión a favor de Vda de Zubeldia [44] está dicho son concedidas las aguas en su totalidad fuera de lo que costumbre tiene ya establecido del sábado al domingo"* En el Anexo Documental A-49 apartado A-49.2., se cita este Proyecto de 1903 con una concesión que era mucho más arriba que la de la Central de Posadas, concretamente en el lugar del "Puente del Cinto" pero hay que añadir que esto no pasó de Proyecto sin realizar.

En [45] se contaba la celebración del juicio el 17 de julio ante el Juez de Primera Instancia de Santo Domingo, que fue contra la empresa y a favor de los regantes de Posadas.

Electra Posadas recurrió la sentencia ante el Tribunal Supremo como se ve en [46] sobre el pleito de aguas de Posadas *"A mediodía he recibido carta de Guimón cuya copia incluyo porque es interesante por los datos que da del recurso .... Es chocante solo haya recurrido Simeón Gonzalo y no Teófilo Blas. No me lo explico bien. En vista de esto es urgente otorgar el poder sin perder día*

---

[39] Carta de G. Merino a JJB. y JL. Merino de 13 de mayo de 1931.
[40] Carta de JL. Merino a G. Merino de 9 de julio de 1931.
[41] Carta de G. Merino a JJB. y JL. Merino de 17 de julio de 1931.
[42] Se refiere a Lucilo Gómez de la Peña procurador que fue de Santo Domingo durante muchos años.
[43] Abogado. Se acababa de presentar a las elecciones a Cortes constituyentes de la República por la circunscripción, aunque no resultó elegido. Fue también alcalde de Santo Domingo.
[44] La Vda de Zubeldia era María Pilar Herrero Rementería
[45] Carta de G. Merino a JJB. y JL. Merino de 18 de julio de 1931.
[46] Carta de JL. Merino a A. Merino de 14 de octubre de 1931.

para remitírselo enseguida a Gandarillas [47] para personarnos cuanto antes. Para ganar tiempo escribo también a Gonzalo para que disponga eso, pues está lista la certificación del acuerdo del Consejo para dar el poder y Gonzalo la tiene. ...". Guimón, citado en esta carta, es un abogado que va a actuar el recurso ante el Supremo, defendiendo a EP. En [48] se daba información complementaria "Escribe Gandarillas que ha sido nombrado ponente el magistrado Dn Vicente Crespo".

Finalmente, en [49] se anunciaba la noticia de que el Tribunal Supremo había fallado a favor de Electra Posadas contra el recurso de los regantes de Posadas, la nueva vino a través del abogado Guimón pues la sentencia no se había publicado aún. Se ha visto un borrador sin fecha [50]. "Recibimos todos gran satisfacción noticia telegrama hoy desestimando Tribunal Supremo recurso de aldeanos Posadas. El Consejo sociedad reunido te felicita por la buena dirección y entusiasmo en defensa del asunto". Se ve que el pleito había durado un año.

8.6. Las relaciones con Hidroeléctrica de Nájera motivadas por la concurrencia en Santo Domingo de la Calzada.

Este apartado sigue lo iniciado en el apartado 7.7., del capítulo 7 y en [51] se contaba la entrevista con Eugenio Fernández de HE Nájera, de muy buenas palabras, pero sin acuerdos para lograr un "statu quo" en Santo Domingo.

Seguían la marcha de esta sociedad ya que en [52] se indicaba que había leído la Memoria de HE de Nájera y la encontraba digna de "comentarios por demás sabrosos" "pues ni el beneficio que hace figurar cubre el interés 6% sobre el capital desembolsado"

Hidroelectra de Nájera hizo algún intento fallido para desplazar a Electra Posadas tal como se ve en [53] "HIDROELÉCTRICA NÁJERA. Al llegar me dijo Bautista por teléfono que el sábado le anunció Orovio habría que ir a Nájera por negocio, pero no sabía otra cosa, pues se limitó a reproducir una frase de Vallhonrat. Esto lo interpretamos como señal cierta de que los de Nájera se han acercado a la Hidro para desplazarnos ¡cándidos! y obtener directamente el suministro de la fuente. Para aclarar la situación quisimos ayer mañana tener una entrevista con Vallhonrat pero las ocupaciones de este impidieron tuviera lugar la entrevista la cual hemos de celebrar esta mañana. Cuando hablé yo con Vallhonrat para convenir la hora de la visita me dijo él desde luego que tenía que hablarnos sobre una petición que han recibido de una "industria de Nájera" y tal frase me confirmó en las sospechas. .... En fin, pronto saldremos pues es cosa de una hora el celebrar la entrevista con Vallhonrat..."

En [54] apareció un suelto en el Diario de la Rioja que se refería a los problemas de suministro de Hidroeléctrica de Nájera que causaba a los industriales de Santo Domingo de la Calzada. La noticia se trae en lo sigue: "En Santo Domingo escasea el fluido eléctrico – En el día de ayer un grupo de

---

[47] Es muy posible se trate de Santos Gandarillas Calderón procurador en Madrid con el que trabajó Jose Luis Merino casi toda la década de los 50 del siglo pasado. Cita de memoria del autor.
[48] Carta de JJB. Merino a A., G., y JL Merino de 7 de noviembre de 1931.
[49] Carta de JJB. y JL. Merino a A. y G. Merino de 31 de marzo de 1932.
[50] Telegrama de A. Merino a J.L. Merino.
[51] Carta de G. Merino a A. Merino de 11 de enero de 1934.
[52] Carta de G. Merino a A. Merino de 22 de abril de 1934.
[53] Carta de JL. Merino a A. Merino de 17 de setiembre de 1935.
[54] Periódico "Diario de la Rioja" de 26 de setiembre de 1935.

industriales de la vecina ciudad de Santo Domingo vino a nuestra capital para lamentarse ante las autoridades competentes, de la crítica situación en que se hallan debido a la falta de fluido eléctrico de una de las empresas que lo suministra en aquella localidad ... ". Además, en [55] se confirmaba la gran avería que había tenido el motor diesel de Nájera. *"ASUNTOS ELÉCTRICOS. Gonzalo nos enteró de las conferencias telefónicas que contigo celebró el día 26 y tu carta que contesto las confirma y precisa. Hasta el mismo día 26 seguía todo en calma y nada había llegado a traslucirse al exterior, respecto a la situación creada a Nájera, y por ende a sus abonados, por causa de la gran avería sufrida en el motor Diesel de aquella Empresa. ... ".* Seguía la misma larga carta. *"Es interesantísimo como ves aclarar desde luego nuestra situación con Ibérica en el sentido que expreso para poder proseguir nuestra labor, que estoy completamente persuadido solo puede tener fruto en esta región tan pobre industrial y particularmente solo a fuerza de tiempo y constancia, pero nada se consigue a la americana como parece presume Vallhonrat".* Terminaba *"En cambio si conseguimos tomar algún motor aprovechando esta coyuntura pondremos más blanda a Nájera para conseguir la inteligencia de fondo, la cual para ser definitiva y práctica tiene que ser a base de que solo quede una Empresa en Santo Domingo y mientras tal no se logre perderemos lastimosamente el tiempo, y la fórmula para llegar a este ideal podría ser tomar nosotros en arriendo la Ciudad, por un porcentaje de la recaudación e incrementos".* Se refería a que Electra Posadas tomaría en arriendo el suministro de Hidroelectra de Nájera para Santo Domingo.

8.7. Planes de expansión en el alto Tirón, y en la Bureba. Influencia del Pacto por el reparto de zonas entre Hidroeléctrica Ibérica SA y Saltos del Duero SA. Consolidación en Pancorbo.

Se seguirá extractando la correspondencia entre los gestores de Electra Posadas ya que ilustraba estos movimientos desde su punto de vista.

Así en [56] se contaba la visita a Pradoluengo pues hubo alguna petición de este pueblo para recibir la luz de Posadas, hablaba de que el coste del tendido ascendería a 12.000 pta. y tendrían que subvencionarlo y añadía *"El estiaje empieza a iniciarse y la Central de San Miguel escaseará en cuanto pase un mes y entonces será buena ocasión para volver sobre el asunto",* más adelante dice *"buscaría la forma de entrar en inteligencia o compra de la Central más pobre de Ezquerra – no hay enemigo pequeño – coyuntura que por el comentario que en el pueblo se va haciendo creo sería fácil y favorable con lo que tendríamos tendido, abonados".* La [57] llevaba un párrafo optimista que se transcribe: *"Los negocios eléctricos está visto, se nos vienen a las manos y a tal punto incluyo carta interesante del alcalde de Belorado pidiendo nuestro concurso para mejorar el servicio del pueblo, espero su contestación y borrador para dar la que mejor convenga. Este es un argumento a nuestro favor para conseguir más fácilmente las líneas de San Miguel, con cuya fusión de líneas veo es cosa fácil si la cuestión capital podríamos conseguir con la cooperación de la Hidro que como vemos está interesada en acaparar mercados, con esto y la Vasco se podría llegar a crear una importante empresa distribuidora en la Rioja y zona lindante de Burgos ..."* Se ve una orientación estratégica para ser EP una pequeña eléctrica rural, aunque está teñida de optimismo que

---

[55] Carta de JL. Merino a JJB. Merino de 29 de setiembre de 1935.
[56] Carta de G. Merino a JJB. y JL. Merino de 19 de junio de 1931.
[57] Carta de G. Merino a A. Merino de 17 de enero de 1932.

los acontecimientos luctuosos que vinieron, la crisis económica y la prudencia de los gestores de Posadas enfriaron e hicieron desaparecer.

En [58] se informaba sobre el acercamiento con Keller a propósito de Briviesca en la Bureba. "*Briviesca. La carta del fabricante de harinas de este pueblo es muy interesante sobre todo en estos momentos, que está en discusión el suministro a esta localidad. Como no está Uriarte, he hablado con Vallhonrat sobre el particular y le veo inclinado a que nos entendamos con Keller y lo tendré en cuenta para la próxima semana en que iré a Burgos, después de hablar con Uriarte*".

En Electra Posadas estaban en contacto con Hidroeléctrica Ibérica ya que estaba claro que era la que tenía el control de la zona y pensaban que les dejara autonomía en su mercado amén del suministro de energía firme y a precio conveniente. Véase en [59]. "*Ayer tuve una interesante conversación con Vallhonrat. Me dijo que intentan estudiar la posibilidad de entrar en el mercado de Logroño y para ello van a hacer un tanteo de línea que arrancaría de la nuestra en Salinillas. .... Me ha ofrecido mandar unos datos de ellos para que los veamos y podamos concertar la cesión*".

En [60] se lee: "*Saltos del Duero. Hoy me ha llamado Marco Gardoqui para decirme que Armero [61] no vendrá esta semana como había prometido, sino que necesita unos 15 días para estudiar la zona de Briviesca y otros dos pueblos a cuyo efecto tiene que hacer trabajos de campo en Burgos. Esto me ha alarmado y puesto en guardia. Como hoy tenía concertada la entrevista con Uriarte, le he dado cuenta de toda la tramitación de este asunto, de la actitud poco clara de Armero y de nuestra posición en la zona que quiere invadir Duero, ... Por nuestra parte creo conveniente una visita a estos pueblos, aunque no sea nada más que para hacer un acto de presencia y que no nos cojan la delantera, ya que ambos pueblos no se pueden perder.*". Sigue "*Keller. Acabo de recibir la carta que va adjunta y que me devolverán después de enterado. Me satisface siga en buenas relaciones y veremos si para el 20 puedo ir yo a Burgos para hablar con él pues, aunque prefiera que le escribamos ahora no nos conviene romper esas relaciones, hasta que veamos cómo va Duero en su ataque. Claro que hoy podíamos firmar las bases que nos presenta, con ligeras variantes, descartada Briviesca y así tendríamos ya hecha la delimitación con ese suministrador de la Bureba.*". Se veía que las pequeñas empresas como Posadas, Keller, etc. movían sus fichas dentro de la estrategia de Saltos del Duero e Hidroeléctrica Ibérica para el reparto.

Sigue la [62] con información de las empresas pequeñas y grandes que están actuando en el tablero de los repartos de zonas de influencia. "*Saltos del Duero y Keller. Después de la conferencia de esta mañana he ido a ver a Uriarte para darle cuenta de las nuevas peticiones de energía del industrial de Briviesca, cuya 2ª carta traje ayer de Haro, y para conocer la gestión que me prometió hacer cerca de Duero, en mi anterior visita. .... En esta entrevista he confirmado que Uriarte está muy comprometido con los elementos de Duero, con lo cuales llevó las negociaciones de limitación de zonas, y de ahí que no tenga libertad para exigir nada en el caso nuestro. ..... . Uriarte dice que no hay que hay que desconocer la existencia de saltos y que no se dejarán quitar sus mercados y lo refiero al caso Keller, con el cual nos conviene estar en buenas relaciones, sobre todo a medida que Duero esté en posición de Señor de horca y cuchillo. ... .. En vista de su actitud decidiré el giro que daré a lo que sabemos de las andanzas de Duero y a los pedidos de los industriales de Briviesca y le dejaré lo mejor impresionado que pueda para que entre los dos nos defendamos de la fuerte acometida que Duero nos amenaza. Y enderezada así mi gestión creo que Keller la aceptará pues*

---

[58] Carta de JJB. Merino a A. Merino de 14 de setiembre de 1934
[59] Carta de JJB. Merino a A. Merino de 20 de setiembre de 1932.
[60] Carta de JJB. Merino a A. Merino de 12 de setiembre de 1934.
[61] Empleado de Saltos del Duero en Madrid
[62] Carta de JJB. Merino a A. Merino de 17 de setiembre de 1934

su único punto de vista desde el principio es no comprometer nada y que le dejen campar por su feudo.". Termina la carta con más detalles de las conversaciones referentes a Saltos del Duero. "*Más de Duero. Si fuera a Madrid y Burgos preguntaré por Armero y veré si le puedo arrancar algo concreto, respecto a la reanudación de los tratos. He vuelto a leer lo que antes digo sobre este tema y cuando nos reunamos en próxima ocasión será oportuno cambiar impresiones para el caso de que Duero se encastille en sus trece y se vaya hasta Pradoluengo, en cuyo caso será cosa de pensar en soltar las amarras de la Ibérica; aunque esto sea prematuro bueno será ir pensando en estas posibles contingencias para tomar a tiempo resolución.*" Hay además una postdata que dice "*.... Como las impresiones que doy son pesimistas tanto por la presión de Duero como porque la Hidro no nos defiende entiendo debemos estar muy encima de esos dos pueblos Pradoluengo y Belorado y de los industriales que les surten a fin de entendernos con ellos, como yo lo haré con Keller desde aquí o en Burgos*" Llama la atención la capacidad de comunicación que tiene Electra Posadas, empresa muy pequeña que en 1934 tenía un activo de 889.816 pta. según la memoria de aquel año, frente a unos Activos de 228.595.215 pta. de Hidroeléctrica Ibérica y los 183.229.164 pta. de Saltos del Duero [63]. Es decir, era unas 200 veces más pequeña que la menor de las dos empresas en cuestión. Es clara también su atención principal al mercado sin desatender las centrales generadoras que podían encontrar en las pequeñas empresas absorbidas o compradas. También la importancia que da a las cuestiones estratégicas.

En [64] se informaba de una reunión de Posadas con Hidroeléctrica Ibérica:" *Saltos de Duero y Keller. El martes volví a estar con Uriarte ... y me dijo que más tarde o temprano tendrán que ventilarse los límites de los actuales suministradores con los de Duero en Briviesca, Belorado y Pradoluengo y de nuevo me dijo que no había que llevar al milímetro el pacto, si no cumplirlo con mutuas compensaciones; que no tengamos duda que nos defenderá la Ibérica y de que ya estaba percatado de que nos podría acarrear perjuicios si Duero invade los pueblos citados. ... "*

La [65] es interesante por dar noticias de grandes empresas actores en aquellos años. "*NUESTRA SITUACIÓN EN PANCORBO. Ayer estuvo Bautista en las oficinas de la Hidroeléctrica y tuvo una conversación muy interesante con el Gerente (Enrique Uriarte [66]), la cual voy a trasladarte. Le dijo que como ya es casi público están en negociaciones con Saltos del Duero[67] para establecer las zonas de mercado de cada Empresa y que uno de los puntos de discusión es la Bureba. Como el lunes tienen que tratar este asunto le pidió le envíe hoy mismo un plano en el que se señale la parte de la provincia de Burgos en que nosotros ya tenemos introducidas nuestras líneas y aquellas otras de Empresas con las que nos hallamos en gestión de compra o inteligencia para poder recabar para la Hidro se la reserve una buena zona de dicha provincia. Nos hace pensar lo dicho que acaso Saltos del Duero esté en tratos con Keller y que por esa razón sostenga sus pretensiones sobre la Bureba y demás zona en litigio. Ante esta nueva situación no tenemos más remedio que colocarnos en situación de defender el pueblo de Pancorbo, pues si como puede pensarse por lo dicho cae el negocio de Keller en manos de Saltos del Duero nos exponíamos a perder ese pueblo, o por lo menos a sufrir merma en la recaudación actual, en lugar de conseguir el aumento a que aspiramos desde que se hizo la compra a Navarrés (central de Cuzcurrita), ya que por unas cosas o por otras todavía estamos como el primer día, pues si bien es cierto que con las reformas hechas se ha conseguido mejorar el servicio en Pancorbo, no estamos aún en condiciones para dar fuerza a*

---

[63] Estos datos se han obtenido del balance del año 1934 de una y otra empresa y han sido facilitados por Luis de León Molina

[64] Carta de JJB. Merino a A. Merino de 24 de setiembre de 1934.

[65] Carta de A. Merino a G. Merino de 27 de enero de 1934.

[66] Según información recibida de Luis de León, además se le cita en alguna otra carta de EP

[67] Véase apartado A-15.5., del Anexo Documental A-15.

motores, ... ". En esta larga cita anterior Agustín Merino, como presidente de Electra Posadas, realiza un análisis certero de los movimientos empresariales que se avecinaban entre empresas mucho mayores que Posadas y toma la decisión de acometer la obra de Pancorbo. Finalmente, la dirección estratégica tomada en 1929 de asegurase el suministro con la Hidro y de invertir en el mercado extendiendo su influencia con el tendido de nuevas líneas se mantiene por ser un buen empleo del capital que van obteniendo y porque permite obtener recaudaciones adicionales en plazos cortos. Aun así, no abandonan el aumento de la producción propia, la compra de Cuzcurrita es prueba de ello, pero también el hecho que permitía extensión a nuevos pueblos y así aumentaba la recaudación.

Sobre Keller y su suministro a Pancorbo se da el croquis de la figura siguiente, realizado por Electra Posadas y se ve que su línea de Alta Tensión entraba por la esquina inferior derecha, Keller suministraba desde la central de Tobera sobre el río Molinar que afluye al Ebro por la derecha en Frías, véase A-15.11., del Anexo Documental A-15.

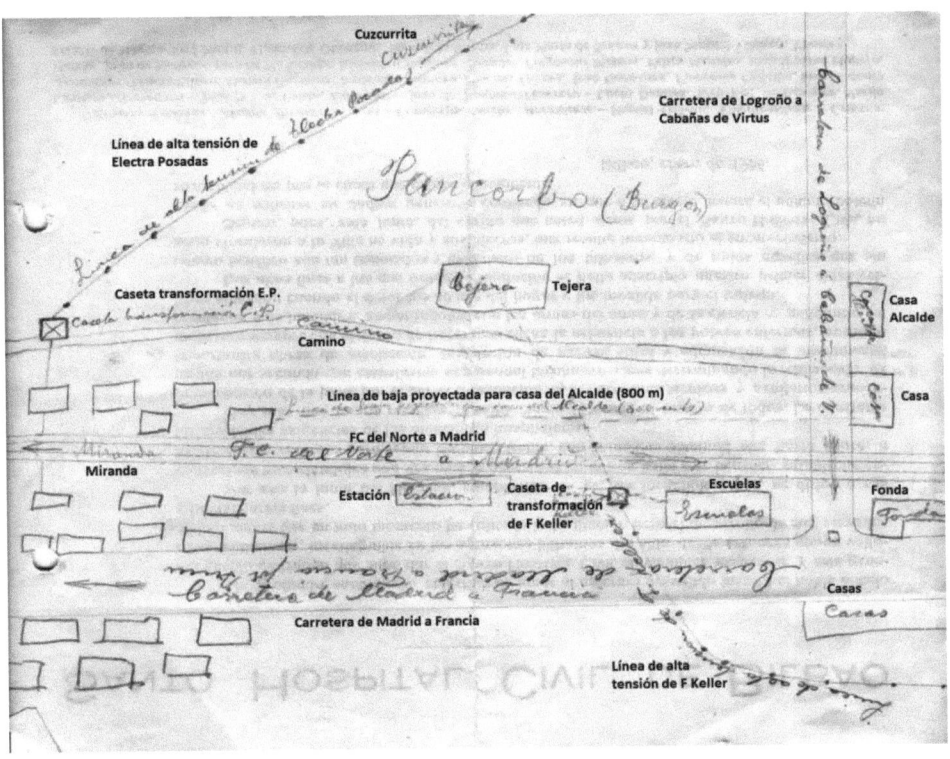

Figura 8.10. Croquis de Electra Posadas analizando la situación de su línea desde Cuzcurrita y centro de transformación con los del anterior suministrador Federico Keller

8.8.   Conclusiones de este capítulo.

En este nuevo capítulo se van profundizando las acciones estratégicas que se habían establecido en el capítulo anterior. La sociedad Electra Posadas ya forma parte del modesto contexto industrial de la cuenca del río Oja. Se ha adquirido una nueva central hidroeléctrica sobre el río Tirón que hidráulicamente es complementario del Oja. Además, esto central trajo consigo una importante extensión de la red servida que entra a servir núcleos del oriente de la provincia de Burgos siendo el más importante el pueblo de Pancorbo. De esta forma queda prácticamente configurada la red que sirvió Electra Posadas hasta el final de su vida independiente. La sociedad es modestamente rentable y sigue atendiendo a su mercado de acuerdo con sus demandas. Incluso se esbozan los próximos aprovechamientos que marcarían el próximo período.

CAPÍTULO 9. LA SOCIEDAD EP ENTRE 1943 Y 1951. COMPRA DE TIRGO Y OBRA DEL SALTO DEL ÁGUILA.

En este capítulo se van a relatar los nueve años entre 1943 y 1951 ambos inclusive de la vida de Electra Posadas. La misma está ya consolidada como suministradora de luz y fuerza y va a completar su tercera década de vida social. Va a luchar en un entorno difícil por las consecuencias de la guerra civil, que permanecerán. Será difícil apreciar que el entorno socioeconómico se libera lentamente ya que perdurarán las condiciones del dirigismo económico de las que no se va a salir todavía. A pesar de ello el consumo energético relativo va mejorando pausadamente.

No se producirán cambios en la extensión de su zona servida salvo algún caso aislado que, sobre todo, se referirá a la electrificación de las últimas aldeas. Bastantes de ellas, por su cercanía a la línea de AT Posadas – Ezcaray, llevaban cuarenta años con el beneficio de la luz eléctrica.

Fue un ciclo climáticamente seco por lo que los estiajes en verano hicieron depender a la Electra de la energía de auxilio tomada de Hidroeléctrica Ibérica. Se comenzó a denominar a esta sociedad Iberduero, resultado de la fusión en 1944 de Saltos del Duero SA con Hidroeléctrica Ibérica SA, y desde este momento hasta final de esta historia giró como Iberduero SA, véase apartado A-15.5. del Anexo Documental A-15. Sin embargo, las sequías fueron, en algunos años, tan agudas que la carencia de electricidad de origen hidráulico, mayoritaria en el suministro eléctrico español, también afectó a los grandes productores, ricos en este recurso, como Iberduero. Como se trataba de dar suministro prioritario a la industria, la Administración decretó las "restricciones" que, como no, afectaron también a Electra Posadas.

Otra consecuencia con la que la Sociedad hubo que lidiar fue la práctica congelación de las tarifas. Así en la economía dirigista, propia del régimen franquista, la electricidad era un suministro sensible y su régimen de precios aprobado por el Ministerio de Industria. No se debe olvidar que la electricidad, ya en aquellos años, era la materia prima principal para gran cantidad de procesos industriales y para el mínimo confort de los hogares, la luz, exigido por los habitantes de la zona rural.

El crecimiento de los impuestos fue muy rápido y las medidas para mejorar el bajo poder adquisitivo de los trabajadores, encuadrados en Sindicatos interclasistas tutelados por el Partido Único, muy frecuentes.

Electra Posadas siguió creciendo para atender al mercado modesto, aunque expansivo. Para ello vio que debía de incrementar su producción hidroeléctrica con recursos de los ríos riojanos. Estos proyectos van a imprimir un fuerte carácter a esta época. Así compró y mejoró la central de Tirgo sobre el río Tirón, aguas abajo de Cuzcurrita, y acometió la gran obra del Aprovechamiento integral del Alto Oja que muy pronto, como se explicará, se denominará Salto del Águila. Estos dos proyectos fueron acometidos por el personal propio de Electra Posadas que tuvo que arrostrar las dificultades del acopio de maquinaria y materiales.

Desde el punto de vista general el último año del período 1951, hubo un consumo facturado de 913.561 kWh, el importe de los recibos al cobro fue de 1.114.172,38 pta. y el valor estimado de la población atendida fueron 21.024 personas lo que arrojó 43 kWh/persona/año y 57 pta./persona/año. La producción propia en ese año fue de 601.454 kWh, la energía de auxilio 1.465.000 que da un total de 2.066.454 kWh resultando un valor per cápita de 98 kWh/hab.

9.1. Las operaciones corrientes de Electra Posadas durante este período.

El bloque de la información de este apartado se pasa al Anexo Documental A-77. Las operaciones corrientes de Electra Posadas SA entre 1943 y 1951. Fichero A-77.pdf. Se traen aquí solamente los más salientes.

Con las Memorias y cuentas de los Ejercicios entre 1943 y 1951 se irán trayendo los datos relevantes de la vida social. Los relacionados con las obras del Aprovechamiento integral del alto Oja se llevarán a su apartado correspondiente. Se hará lo mismo con la compra y mejoras de la central de Tirgo sobre el río Tirón. Otro tanto con las informaciones de la extensión final de la red y la electrificación de las aldeas que habían quedado aisladas de la misma.

Se inserta una tabla resumen de las principales magnitudes económicas de todo el período para que se comparen de un vistazo. Se dan en pesetas corrientes de cada año.

Año	Recibos al cobro (pta.)	Capital desembolsado (pta.)	Inversiones acumuladas en el Águila (pta.)	Dividendo (pta.)
1943	347.164,25	860.000	3.571,35	51.600
1944	401.476,63	1.204.200	214.564,76	72.252
1945	432.504,69	1.376.000	322.470,02	82.578
1946	524.073,57	1.720.500	540.046,76	103.230
1947	596.176,71	2.266.150	950.768,79	124.638
1948	688.151,75	2.500.000	1.187.463,73	137.500
1949	850.855,22	3.200.000	1.559.492,93	176.000
1950	907.447,45	3.500.000	2.092.359,41	192.500
1951	1.114.172,38	3.500.000	2.680.078,23	192.500

1943.

Las centrales en los períodos con agua trabajaron normalmente y merced al régimen horario y de turnos produjeron más que en 1942. El estiaje duró desde junio a mediados de noviembre, pero en diciembre mermó el caudal de los ríos. En la central de Cuzcurrita se instaló un interruptor automático en la salida de la línea a Pancorbo.

Se informó sobre nuevos saltos y centrales concretados en el proyecto elaborado por el ingeniero de caminos canales y puertos Luis del Río, para el aprovechamiento integral de la cuenca superior del Oja. Se autorizó por la Junta General Extraordinaria de 25 de marzo. Se presentó a la División Hidráulica de la Confederación Hidrográfica del Ebro para seguir la tramitación normal.

El estiaje fue de intensidad y duración desconocidas. Hubo una grave avería en el transformador de 300 kVA de San Felices, su reparación y reemplazo del aceite totalmente derramado tuvieron un coste de 22.659,45 pta.

1944.

En las centrales persistió la sequía de los dos años anteriores, y se redujo la producción energía propia. Se puede decir que solo trabajaron normalmente durante 4 meses. Aumentaron las cargas con nuevos pueblos y abonados, aunque se rehusaron bastantes en fuerza motriz. El fluido tomado a Iberduero fue el doble que, en 1943, y por lo tanto se restringió el consumo implantando turnos de trabajo en la industria.

Se compró la central de Tirgo con las redes y líneas en dicho pueblo y alrededores, y en 22 de abril de 1944 se otorgó la escritura.

Los márgenes fueron menores por la menor producción de las centrales, el aumento de los salarios, las cargas sociales y el aumento de los materiales consumidos en explotación. La nueva Reglamentación general de trabajo para esta industria supuso una fuerte elevación de remuneraciones al personal, que la colocó en precario respecto a cualquier otra actividad industrial, se recordaba la no autorización de la elevación de tarifas fijas desde hace muchos años.

1945.

La persistencia de la sequía con la baja producción de las centrales, y el aumento de los gastos de explotación por la entrada en vigor, en 1º enero, la Reglamentación nacional para esta Industria, redujeron los beneficios a pesar del aumento de los recibos al cobro.

1946.

La escasez de la producción de las centrales fue algo superior a la de 1945. Además, el aumento de los gastos por elevación del 10% de los haberes del personal, dispuesta por Ministerio de Trabajo, con un aumento de 23.753,75 pta. Como los suministros crecieron por incremento normal y por nuevos abonados, se consumió más energía de Iberduero con elevación de su precio unitario y mayor facturación proveniente de nuevo sistema que implantó esta empresa en julio, para medir el fluido en San Felices.

1947.

De acuerdo con Junta General Extraordinaria de 10 de diciembre de 1946 se trasladó a Bilbao el domicilio social. Se ubicó en la planta 4ª de la calle de Bailén nº 1, junto a la ría, al puente del Arenal y a la estación de Santander. Además de este dato sobre la ubicación que tuvo la sede de Electra Posadas en Bilbao, se conserva el despacho que usó el consejero delegado, hasta el final de las operaciones de la Empresa en 1964. El mismo fue cedido por Iberduero a Gonzalo Merino a su jubilación, y pasados unos años sus hijas y herederas, Maria Josefa y Mercedes Merino Soto, lo regalaron al autor de este libro. La biblioteca y el escritorio se conservan en la casa de Ojacastro que fue antigua fábrica de luz, como se puede ver en la figura. Se ha encontrado información [1] sobre el encargo de este despacho.

---

[1] Carta de G. Merino a A. Merino de 8 de abril de 1932.

Figura 9.1. Mesa escritorio y biblioteca del despacho que fue del consejero delegado de Electra Posadas, actualmente en la antigua fábrica de luz de Ojacastro.

Se estudiaba un aumento de capital o la fórmula financiera más adecuada a someter a la Junta General Extraordinaria para costear las mejoras de Tirgo, la terminación del Águila, llevar a cabo el nuevo salto concedido en Posadas, además de otras iniciativas en preparación pues quedaría pronto absorbido el 30% que restaba de las 1.559 acciones.

1948.

Salvo al final del invierno y en la primavera hubo sequía extraordinaria, se limitó el suministro de fuerza motriz y faltó agua en las centrales. También Iberduero estuvo sujeta a las restricciones dispuestas por el Ministerio de Industria y que abarcaron todo el país, fue una calamitosa contingencia que, desde 1942, era general. El negocio se desenvolvió de modo bastante satisfactorio en lo industrial, pero no en lo económico por la pesada carga fiscal, y sin aprobación de las desgravaciones solicitadas hacía 3 años, ni tampoco el aumento de las tarifas desde fecha parecida. La Delegación Industria había autorizado la aplicación de la tarifa de energía reactiva que se aplicaría en cuanto se instalen equipos medida pedidos con este fin. Esta tarifa afectaba a motores.

Tras el oportuno estudio se sometió a la Junta General Extraordinaria de 15 de noviembre un aumento de capital de 6.000.000 pta. estimado como necesario para ejecutar todos los saltos necesarios, la reforma de Tirgo y otras obras.

1949.

Lo más acusado fue que, en la sequía de largo ciclo que se venía sufriendo, Iberduero estuvo sometida a restricciones desde la 2ª quincena de julio. En la zona servida por Electra Posadas las tormentas se iniciaron a finales de agosto con lluvias hasta bien entrado el otoño, y con ello mejoró el suministro.

1950.

El año no fue muy halagüeño ni por lo meteorológico, ni por la carga fiscal soportada, y no llegó la revalorización de tarifas hace tantos años solicitada. Además, hubieron de soportarse aumentos de remuneraciones al personal, nuevas atenciones sociales y gastos de repuestos.

En Junta General Extraordinaria del 30 de junio se decidió emitir 5.000 obligaciones, al 6,30% amortizables en 50 años. En 31 de octubre se pusieron en circulación 500 de las mismas. Antes del efecto de esta emisión se amplió el crédito que tenía concedido Banco Vizcaya. En la figura que sigue se ve la obligación nº 860 de esta emisión, única sin amortizar, en manos del autor.

Figura 9.2. Obligación nº 860 de la emisión de 1950 de Electra Posadas SA.

Las condiciones de esta emisión aparecen en el documento aportado por Jose Luis Agustín Tello y del mismo se extrae, además de la descripción detallada de las condiciones financieras de la operación, una exposición de la evolución de la sociedad desde 1929 hasta 1949 con incremento de la facturación en más de 15 veces y del capital circulante en 13 que, aun en pesetas corrientes de cada año, muestran la muy favorable mejora. También da una descripción sucinta de las obras del salto del Águila, próximo a terminarse, entre las que destaca la capacidad de acumulación del depósito con 7 horas de autonomía a plena carga.

1951.

La memoria de este ejercicio no figuraba en el archivo histórico de Electra Posadas en Ricobayo de Iberdrola, únicamente lo era el Informe del consejero delegado que viene a continuación, ha sido facilitada en una copia en papel y transcrita por Jose Luis Agustín Tello. Se inserta transcripción en "Anexo Documental A-78. Memoria del ejercicio de 1951. Fichero A-78.pdf".

En el extracto del Informe del consejero delegado para este año de 1951, llevado a "Anexo Documental A-79. Informe del consejero delegado de Electra Posadas del año de 1951. Fichero A-79.pdf" se lleva lo más señalado.

Respecto al personal merecieron mención especial Emilio Marín de Ezcaray y Amando Marín de Tirgo, en el Molino y la central de Tirgo, por su buena gestión al segundo se le gratificó con 500 pta. por el año. Con otras 500 al primero por el acierto y diligencia con la que llevó las órdenes recibidas para retirar de FFCC la mercancía y la carga de los camiones, de tan diversas variedades y que con mucho apremio se exigían en la obra del salto del Águila. Asimismo, se les ha citado literalmente en la memoria del ejercicio se indica el apartado de este Informe en el que se hizo mención aparte al jefe de Servicios Justo Díez, que demostró con la ayuda del Contramaestre Marcelino Díez, gran competencia en el montaje del cuadro y línea de enlace entre el alternador y el transformador elevador ya que ellos solos llevaron la instalación completa sin requerir la venida del montador de la casa. Además, el trabajo fue a plena satisfacción y depurado gusto.

Para terminar se transcriben literalmente las frases con las que el Consejero Delegado cierra este informe especial: "*Y con la grata emoción de haber logrado con la ayuda de Dios ver coronado con el más pleno éxito la puesta en marcha y normal funcionamiento de la central del Águila, cerramos este trabajo con la satisfacción de no haber habido en el curso de las obras, ninguna desgracia y que ya libre de tantas preocupaciones, se logre con la explotación de esta Central una nueva era de prosperidad en la marcha ascendente de este negocio. Bilbao febrero de 1952. El consejero delegado: Gonzalo Merino*". Las mismas reflejan la satisfacción de haber culminado una obra que fue decisiva en los planes de una pequeña eléctrica rural como lo fue Electra Posadas SA, en unos años tan difíciles como los de la posguerra y la autarquía tras la guerra civil. Se ha de señalar asimismo que las obras fueron realizadas por el personal y bajo la dirección de los gestores de aquella pequeña compañía eléctrica.

9.2. Antecedentes del Proyecto de aprovechamiento integral del alto Oja.

Para decidir acometer las obras del aprovechamiento integral del alto Oja, fue natural que los gestores de Electra Posadas se informaran de los Proyectos anteriores que, desde los albores del siglo XX, se iniciaron, sobre ellos se trata en el Anexo Documental A-49.

El de Mariano Zuaznavar de 1899 fue el primero del que ha quedado constancia y se describirá en el su apartado A-49.1. Pretendía captaciones en Peña de Águila, Urzumbra, y Ortigal, y además solicitaba un salto de 94 metros tras conducir las aguas captadas por canales en la ladera de la margen derecha y precipitarlas sobre una nueva central un poco aguas arriba de la aldea de Posadas.

Si se estudia la concesión a Electra Posadas de 1946, que se va a describir en el apartado 9.3., se ve que se aproxima mucho al tercer salto de los concedidos y que se denominó, en 1946, Ozumbra margen derecha. Zuaznavar y su equipo evaluaron bien los desniveles para la concesión que solicitaban, pero donde sus estimaciones fueron muy exageradas fue en la petición para desviar 6.000 litros por segundo del lecho del río. En efecto no pudo hacer aforos en época de estiaje e incluso de aguas medias pues el Oja en cualquiera de los puntos que indicó para situar los azudes de toma no se acerca ni de lejos a esas cantidades de agua.

A continuación, vino el primer Proyecto de María Pilar Herrero Rementería de 1903, véase el apartado A-49.2. Era un proyecto reformado sobre el anterior de Zuaznavar en el que, aparentemente, trató de paliar la aproximación exagerada del Proyecto Zuaznavar para poderle acercar a la factibilidad. Los arroyos afluentes eran los mismos pero el caudal que se solicitó era de tres veces inferior de 2.000 litros por segundo. Pero el salto pasaba a ser de 157,30 metros aumento considerable sobre los 94 m solicitados por Zuaznavar.

La solicitud de, 2.000 litros/segundo, era más cercana a la realidad, aunque solo fluyeran durante pocos meses al año, pero seguía siendo muy exagerada para elegir la maquinaria hidráulica con criterios económicos. Pero el incremento de salto a 157,30 m solo se podía lograr por modificación simultánea de la toma de aguas que tendría que ser por encima del Pozo de Urzumbra y su restitución al nivel de 960 m. en el lugar del Puente de la Herrería de la aldea de Posadas coincidiendo con la de la central de Posadas.

El tercer Proyecto, que pudieron conocer, fue el de Francisco del Campo Lacalle, según detalle de las obras civiles según su apartado A-49.3., que sugiere que el anteproyecto fue mucho más detallado ya que facilita datos de ubicación de las tomas de los tres arroyos que siguen siendo Peña del Águila, Urzumbra y Ortigal. Asimismo, era más realista al considerar los caudales.

Se repite que en esencia los tres proyectos históricos de los albores del S XX eran parecidos y su circuito hidráulico también. En resumidas cuentas, aprovechaban parte del potencial hidráulico teórico entre las cotas 1.100 y 950 m., en números redondos con saltos brutos en torno a los 150 m., ello era un incremento importante de los saltos mayores entonces en el Oja, a saber 17 m. en Posadas y 8 m. en la Gloria. De esta forma para obtener potencias del rango de algunas centenas de kW ya no eran precisas obras civiles grandes, e incluso los tamaños de la maquinaria hidráulica y eléctrica podían ser moderados.

Además, el autor de este libro recuerda que su padre, Jose Luis Merino, le refirió verbalmente que el salto del Águila se había inspirado en el de Lanbreabe, municipio de Zeanuri (Bizkaia) propiedad de la empresa metalúrgica Sociedad Anónima Hijos de Mendizabal de Durango [2]. En la actualidad funciona conectada a la red pública. Recoge las aguas del Gorbea del barranco cantábrico de Ipiñaburu y por un sistema de canales que recuerdan a los del Águila, como se ve en la figura que sigue, lleva las mismas al depósito de extremidad. La similitud además está en el salto que en Lanbreabe va entre los 725 m del depósito de carga a los 450 m de la central, es decir unos 275 m. El Águila está entre 1.395 m y 1.080 m por lo tanto su salto bruto es de 315 m. Es decir, todo el aprovechamiento del Águila está desplazado hacia arriba respecto de Lanbreabe unos 600 m.

---

[2] Estaban domiciliados en 1962 en la calle Fray Juan de Zumárraga de esta villa

Figura 9.3. Canal de la central hidroeléctrica de Lanbreabe.

9.3. El Proyecto de aprovechamiento integral del alto Oja.

La autorización de la Dirección General de Obras Hidráulicas estaba inserta en la página 1192 del BOE nº 44 de 13 de febrero 1946, y se ha llevado a "Anexo Documental A-10. Proyecto de aprovechamiento integral del alto Oja. Fichero A-10.pdf".

La implantación de todas las obras de este Proyecto integral aparece en la figura que sigue.

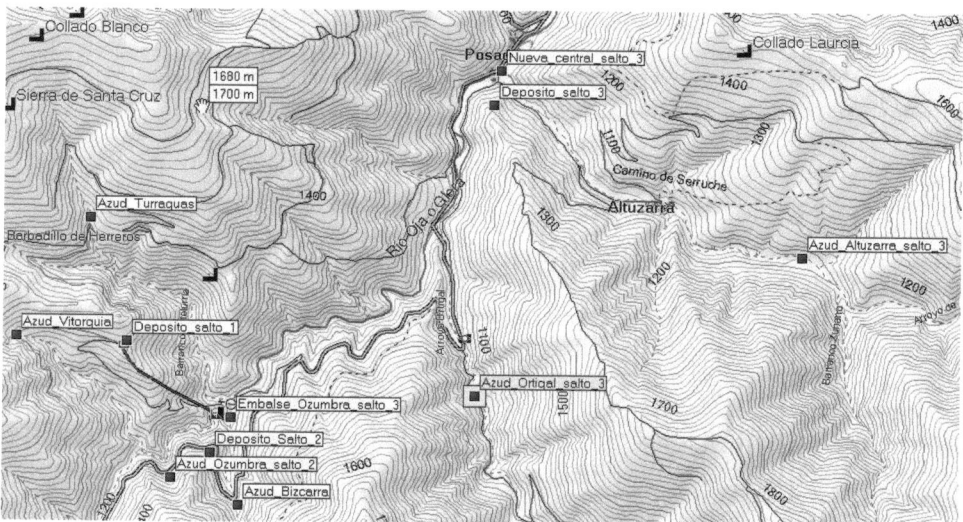

Figura 9.4. Implantación de todas del Proyecto de aprovechamiento integral del Alto Oja. Año 1943.

Se han realizado los trazados aproximados de todas las obras en función de su ubicación. Su resultado es el que se indica a continuación:

- Salto 1. Salto de Ozumbra margen izquierda. Denominado más adelante Salto del Águila. Tendría que constar de las obras hidráulicas siguientes:
  - o Depósito de carga al que llegarían canales por su izquierda y derecha.
  - o Azudes de toma en los arroyos de Torlacia, Turraguas, y Escorlacia cuyas aguas se recogerían por un canal de unos 2.000 m. entrante en el depósito de carga por su izquierda.
  - o Azud de toma del arroyo de Vitorquia cuyas aguas por un canal de unos 800 m. entrarían en el depósito de carga por su derecha.
  - o Tubería de carga desde el depósito a la central del Águila con una longitud de unos 800 m. y salto bruto de 315 m.
- Salto 2. Salto de Ozumbra margen derecha. Se desarrolló entre 1955 y 1963 con profundas modificaciones y se le denominó Salto de Ozumbra margen derecha reformado. Sobre él se tratará en el capítulo 11. En el proyecto original, no reformado, era muy diferente y sus datos no se recogen aquí.
- Salto 3. Nuevo salto de Posadas. Este salto no llegó a ejecutarse y se renunció a su concesión en 1962. En consecuencia, se ha optado por no traer sus datos.

Más adelante en el BOPL del 27 de julio de 1943 insertaba una nota anuncio de la Confederación Hidrográfica del Ebro fechada en Zaragoza el 13 de julio del mismo mes en la que se refería a este aprovechamiento. Repetía los caudales a detraer de los mismos arroyos y daba las siguientes cotas absolutas de las obras:

- Arroyo Turraguas   1.402,02 m snm
- Arroyo Escorlacia   1.402,74 m snm
- Arroyo Vitorquia   1.402,69 m snm
- Depósito en Peña del Águila   1.402,00 m snm

Indicaba que la capacidad de este depósito sería de 400 m³, pero luego se hizo mucho mayor para mejorar la regulación de la central.

Asimismo, facilitaba la relación de propietarios afectados por las obras y la línea eléctrica, no era muy extensa siendo en su mayor parte monte público ya que los proyectos eran en zonas de montaña.

9.4. Las obras del Proyecto integral de aprovechamiento del alto Oja.

Se verá que las obras empezaron por el salto llamado en el Proyecto Salto de Ozumbra margen izquierda, que enseguida se conoció como Salto del Águila por la denominación de las peñas y barranco afluentes por la izquierda al Oja en el paraje del Cinto.

El tercer salto desde el embalse regulador de Ozumbra, también planeado en el proyecto de Luis del Río, comenzó sus obras bastante pronto. Las mismas consistieron en los cimientos del azud que iba a formar dicho embalse, pero fueron dilatándose poco a poco hasta que en 1962 se renunció a esta parte de la concesión inicial.

Primeramente, hay que reflexionar sobre el concepto hidráulico de este nuevo salto del Águila, si lo comparamos con los históricos que han sido citados en el apartado 9.2., y se han visto en al Anexo Documental A-49. En efecto estos tres indicados captaban las aguas de los arroyos Urzumbra [3], Águila y Ortigal a cotas que llegaron ser la de 1.120 y las restituían a cotas cercanas a la de la Aldea de Posadas con lo cual en el mejor de los casos se planeó un salto de 157,30 m. Sin embargo, el nuevo concepto, implementado en el Salto del Águila, obtenía un salto doble de unos 300 m., y por lo tanto con este valor el caudal necesario para la misma potencia obtenida bastaba fuera la mitad y por lo tanto las obras y la maquinaria necesarias para la central podían ser menores y su coste inferior de modo notable. En las obras más pequeñas necesitaban menos materiales comprados (cemento y varilla de acero). Durante las obras realizadas íntegramente durante la autarquía de la posguerra, se vio que los trabajos se tuvieron que parar alguna vez [4] porque no llegaban al tajo las partidas concedidas por el sistema de cupos. Para lograr este salto las captaciones tenían que interceptar los arroyos a altitudes superiores a los 1.400 m., y la restitución realizarla por debajo de la cota de 1.100 m. Por el contrario, las obras se tenían que hacer en parajes más elevados con los consiguientes mayores costes del factor humano ya que hay más distancia a los tajos. Al igual que afectaban a la mano de obra de construcción, los trabajos de mantenimiento de los canales y depósito de carga eran más largos y penosos con caminos de acceso que nunca pasaron de estrechas sendas de montaña, este era otro factor negativo. También a esas altitudes en la Sierra de la Demanda las nieves aparecen pronto con lo que el período de obras era más reducido, de mayo a octubre de cada año como media. Otro factor negativo era que la superficie de la cuenca hidrográfica que alimentaba de aguas al aprovechamiento era, aproximadamente, la comprendida entre la curva de nivel de 1.400 m y las cumbres, mientras que en los proyectos primitivos era mayor entre la curva de nivel de 1.100 m y las cumbres. Sin embargo, hubo un factor positivo y es que por encima de 1.400 m en esa sierra no hay predios cultivados con lo que las disputas por el reparto del agua en verano no se dieron para el salto del Águila, como en otras partes de esta historia en que hubo litigios por la concurrencia con regantes, como se ha descrito en el apartado 8.5. del capítulo 8, con los de Posadas.

Con referencia a las obras del salto del Águila, en Orden de 31 de mayo de 1946 del Ministerio de Industria, se declararon de URGENTE NECESIDAD NACIONAL. Sin embargo, vistos los avatares en su desarrollo con la perspectiva que da el tiempo esa declaración tuvo mucho de retórica. Según notas personales del Inspector Justo Díez [5] la obra de la Central del Águila comenzó el 23 de agosto de 1943.

El resultado de la primera fase captando los arroyos de Torraguas, Escorlacia, y Vitorquia, con un caudal total de 130 litros por segundo, recogido en el depósito del Águila situado en la cota de 1.402 m. Desde el depósito partía la tubería de presión hasta la Central del Águila con un grupo turbina Pelton – alternador cuyo desagüe se situó a la cota de 1.087 m en el paraje del Cinto haciendo que el salto bruto fuera de 1.402 – 1.087 = 315 m.

Con autorizaciones de agosto a noviembre de 1943 se acometieron algunos trabajos preliminares de explanación. Se acopiaron materiales y se establecieron relaciones con importantes casas nacionales de maquinaria para obtener algunos presupuestos de tubería de carga, turbina, alternador y demás elementos. En la temporada siguiente, de fin de marzo a noviembre de 1944, se terminó la

---

[3] Ozumbra según otra ortografía
[4] Se ha visto que las obras del salto de Sao Estevo, inicialmente de Saltos del Sil y actual Iberdrola, estuvieron paradas en 1948 por las dificultades para importar maquinaria. Para comparar con El Águila conviene decir que este salto tuvo el record de producción hidráulica española varios años. Esta paralización está tratada con gran extensión en el libro de Susana Chávarri Pérez. "La construcción de los saltos del Sil. 1945 – 1965". Diputación provincial de Ourense. Colegio de Ingenieros de Caminos, Canales y Puertos. Colección ciencias, humanidades e ingeniería. Año de 2010"
[5] Recogidas y transmitidas por su hijo y nieto Francisco Javier Díez Urrecho y Francisco Javier Díez Morrás.

explanación de los canales de Vitorquia, Turraguas y sus afluentes, con gran parte del trabajo en roca lento y muy costoso. Se adelantó bastante la explanación del depósito de carga, y se inició la de la central. Se hicieron trabajos importantes en el camino de acceso y se levantaron los estribos del puente del Cinto. Se adquirió maquinaria y herramental para las obras.

Las inversiones de este proyecto, tan importante para la Sociedad, se han llevado a la tabla del comienzo del apartado 9.1. En el de 1945 el programa era las obras de canales, depósito de carga, y de las líneas eléctrica y telefónica desde Posadas a las obras y levantar edificio central y cursar los pedidos oficiales de alambre de cobre y cemento. Quedaría pendiente el contrato de la tubería y la maquinaria hasta que, la marcha de obras. indicaran el momento oportuno.

Figura 9.5. Azud de Vitorquia y toma del canal. 22 de agosto de 1946. En primer plano en el centro Gonzalo Merino. En segundo plano de pie, izquierda Jose Juan Bautista y derecha Jose Luis Merino.

Sin embargo, la realidad del año de 1945 fue que las obras del Águila sufrieron escasez de cemento, se esperaba que mejorara para 1946 pues se obtuvo la concesión URGENTE NECESIDAD NACIONAL y se podrían tramitar pedidos preferenciales para esta clase de obras, y asimismo para tubería forzada, hierro, cobre y demás. Se terminó el puente del Cinto y se completó la explanación de los canales y el depósito de carga. Se realizó un buen avance en el emplazamiento para la Central, y se comenzó el muro para su sostenimiento sobre el futuro embalse de Ozumbra que regularía el nuevo salto de Posadas, nº 3 del Proyecto. La maquinaria para los trabajos se completó con un motor de explosión, que dio buen servicio para producir arena a pie de obra. Se terminaron los caminos de acceso a los puntos de trabajo y se comenzó el tendido de postes para el transporte de energía desde la central de Posadas. Se aprovechó una coyuntura favorable para comprar un transformador de 300 kVA destinado a elevador en la nueva Central.

Al final de marzo de 1946 se reanudaron los trabajos del salto del Águila, se terminó la línea Posadas a las obras. En este año se dispuso del cemento que fue menester. La campaña terminó a fines de octubre siendo acabados el azud y el canal de Vitorquia y se inició el depósito de carga. Se logró un buen avance del muro que formaría la explanada de la Central sobre el embalse de Ozumbra y se hicieron importantes obras en caminos y complementarias. Se compraron herramientas, elementos de transporte y una machacadora de mandíbulas para aumentar la producción arena y grava que aisladamente o combinada con el molino de martillos estaba dando un buen servicio. La escasez de personal, difícil de reunir en aquellos lugares, impidió dar más impulso a las obras. La temporada de trabajos de abril a octubre entraba en competencia con la mayor intensidad de las labores rurales en las aldeas de Ezcaray. La explanada de la central en obras se ve en la figura que sigue.

Figura 9.6. Explanada de la central en obras. Desconocido a la izquierda, a la derecha Juan Garrido Garrido. Cedida por Juan Luis Pérez a través de Rafael Torres Sancho.

Desde marzo de 1946 se solicitaron al Ministerio de Hacienda las desgravaciones tributarias de ley 15 mayo 1945 para nuevos aprovechamientos hidroeléctricos. En la próxima campaña de 1947 se esperaba que la obra tuviera un fuerte avance, al salvar la difícil e ingrata etapa de organización y labores preliminares. Pronto se contrataría la tubería carga y la maquinaria para la Central.

En 1947 las obras del Águila se realizaron en la temporada abril – noviembre, y se logró que el personal concurriese más regularmente que años anteriores mediante la camioneta, y transporte animal. Se construyeron los azudes de Torraguas y Moreta – Escorlacia, así el canal hasta este punto y gran parte de el del Águila, pues únicamente restaba conectar un tramo de 600 m. Se amplió la explanación del depósito, cuya gran capacidad permitiría un embalse regulador. Se construyeron y estaban en curso entrega la tubería, la turbina y el alternador.

En próxima campaña de 1948 se preveía que se terminarán obras hidráulicas, la explanada de central y el alzado de ella, y se esperaba comenzar el montaje de la instalación. Las obras se reanudaron de fin de marzo hasta mediados noviembre de 1948 con la intensidad que consintió el personal y cemento disponibles, el nuevo cupo de este material no se empezó a recibir hasta agosto. Se ve el gran condicionante de materiales básicos como el cemento que en tajos de temporada de 7 u 8 meses llegaba a la mitad del período útil. El 21 de noviembre de 1948 quedaron terminados los canales al acabarse el del Águila. La explanación del depósito exigió mucho arranque roca su capacidad sería de 3.150 m³ o 10 horas de consumo de la central sin aportación. Se hormigonó todo su frente Norte y los cimientos y parte del alzado de los laterales Sur y Oeste, y así se podría terminar en la próxima campaña. También se acabó el muro para formar la explanada de la central, el edificio para las máquinas está en sus partes esenciales, y también los apoyos de la tubería de carga.

Figura 9.7. Depósito de carga del Águila. Por la izquierda llega el canal que proviene de Torraguas, Moreta y Escorlacia. Foto de abril de 1963.

Se pagaron los primeros plazos de turbina, alternador y accesorios. La maquinaria auxiliar para el salto aumentó con la compra un molino de cilindros para arena, 3 motores eléctricos, y una camioneta para transporte de material y trabajadores de las aldeas hasta la obra.

figura 9.8. Vecinos de Valgañón en su visita a las obras del salto del Águila en 30 de agosto de 1953. El primero por la izquierda es Juan Pablo Crespo Valgañón empleado de Electra Posadas en Valgañón. Foto cedida y documentada por Rafael Torres Sancho.

Figura 9.9. La tubería de carga del salto del Águila terminada tras pasar las pruebas. Foto del 7 de octubre de 1951. Se ve un poste con aisladores de la línea provisional de las obras.

En 1949 las obras Águila comenzaron a vencer las dificultades, gracias a Dios. El gran depósito regulador se terminó quedando a falta detalles. También el muro frontal que formaría la explanada de la central. Un grupo de accionistas visitó las obras en octubre y quedaron con gran impresión. Se tendió la línea telefónica a Posadas.

Figura 9.10. Túnel de acceso a la central por el lado de esta. Fotografía de agosto de 2015.

El alternador fue recibido de fábrica dentro de los últimos meses del ejercicio de 1950, se logró la entrega de la tubería de carga tras gestiones sin cuento y ya dentro de 1951, llegaron la turbina y su regulador automático.

Los aspectos finales de esta importante obra se van a extraer del informe del consejero delegado anexo a la Memoria de 1951 SALTO DEL ÁGUILA EN OBRAS.

Con el transportista Ceferino Soto Vitores de Ezcaray se concertó el arrastre de cada 3 toneladas de tubos por 450 pta. hasta la entrada de la central. En la figura que sigue se ve el camión de este transportista.

Figura 9.11. Camión del transportista Ceferino Soto Vitores de Ezcaray, empleado en transportar la tubería de carga. Cedida por Jose Luis Soto Sáez.

Se hace constar que la imagen anterior es la de un camión de aquellos años inicios de los 50´s. No se ha localizado foto de la camioneta de Electra Posadas, tenía un aspecto similar, aunque era menos robusta y potente.

En 16 de abril se recibió el de talón expedición de la turbina JM Voith por 3.205 kg y 3.850 pta. de portes.

En 21 de abril se comenzaron a ensanchar las vueltas del camino de bajada desde la pista principal al Llano de la Casa, a la central. Se siguió repicando el suelo y los laterales del túnel de acceso para facilitar el paso de las máquinas de mayor volumen tales como alternador y el transformador elevador.

Figura 9.12. Camino de bajada a la central. Muchos años más tarde en noviembre 2017. Cedida por Iñaki Garay.

21 obreros comenzaron el moldeo de los apoyos de la tubería de carga llegando al término de Calatigorria [6] en 1º junio. Se han visto estos apoyos en las figuras 9.8., y 9.9.

La fuerte crecida del invierno socavó en parte los cimientos del muro de la central, para su consolidación se gastaron 35 sacos de cemento.

El 26 de junio llegó el montador de la casa JM Voith y comenzó el montaje de la turbina y regulador terminándolo en 3 días y regresando a su taller.

Avanzado el moldeo de los apoyos, se solicitó el envío del montador y otro especialista de soldadura a Sociedad Metalúrgica Duro Felguera a primeros de julio, y la brigada de obreros continuaba el hormigonado de apoyos hasta el depósito. Como estaba adelantada la colocación de los tubos y para evitar el peso sobre los puntos bajos de la conducción, y a pesar de los puntales de apoyo colocados de tramo en tramo, los montadores también apretaron tornillos, nivelaron tubos y colocaron chapas sobre apoyos. Las bridas fueron entregadas a mediados de agosto, fueron colocadas y recibidas en los anclajes con hormigón; así se aseguró más el conjunto, quitando el temor del gran peso en laderas tan pendientes. En la visita realizada en 15 de setiembre faltaba solo la colocación de 15 tubos hasta el depósito y la cimentación de los 3 últimos anclajes. Se realizó nueva visita de inspección el 30 de setiembre, y se presenciaron los últimos trabajos para soldar el tubo preciso para llegar a la unión con la válvula compuerta del depósito El montaje de una tubería tan larga y de gran desnivel fue un logro importante.

Se colocó la reja en el depósito, se taponaron las grietas del suelo en contacto con los muros laterales, se calafatearon con estopa y se regaron con alquitrán. Tras secar largo período se recibió la superficie con cemento.

---

[6] Situado a la mitad de la cuesta por donde discurre esta tubería.

La prueba se realizó el 7 octubre, llenándose con precaución, quedando llena de agua a las 14 horas. Se abrió la válvula de la central prevista para el desagüe, y bien sea por un exceso de velocidad de la vena líquida o por un posible golpe de ariete, alguna piedra arrastrada se interpuso al paso del agua, y en consecuencia se produjo un gran esfuerzo, que rompió cuatro barras de un anclaje desuniéndose la tubería. También se rompió el hormigón que la retenía a las bridas de anclaje. El agua arrastró escombros por la ladera encima de la central y en ½ hora que duró el vaciado de la tubería, hubo un mal rato entre los asistentes. A presenciar estas pruebas había legado a la mañana el jefe de Montajes de Duro Felguera Sr. Ruiz. Pasado un tiempo prudencial se reconoció el lugar de la avería, y afortunadamente no tenía importancia pues había repuesto de bridas y una junta de dilatación, solo fue preciso reponer las partes dañadas, se realizó al día siguiente quedando la tubería colocada en posición normal. Aunque el acabado de describir fue un desgraciado suceso afortunadamente ocurrió antes de la puesta en servicio y la retrasó 1 ½ mes, pues obligó a reforzar los 3 últimos anclajes que sufren las mayores presiones. Se reforzaron de forma importante estos 3 anclajes inferiores aumentando las armaduras del hormigón.

En Zarbeitia, o Cervitia en donde existía un fuerte ángulo de la línea a Posadas, se colocó una columna de hierro y otra en el alto del crestón cerca de la central.

Figura 9.13. Apoyo metálico en el cruce de la línea con el camino en Zarbeitia.

Otras 5 columnas metálicas más serían precisas colocar en otros tantos ángulos, y en el cruce de la línea con el camino forestal se colocaron postes tubulares de cemento armado.

Según estaba dispuesto el transformador en servicio en Posadas se transportó con bastantes dificultades, dados su volumen y peso de unos 3.000 kg a la nueva central, y en su lugar de Posadas se colocó uno de 60 kVA.

Quedó con ello la central totalmente terminada y lista para pruebas que, el 11 de noviembre, comenzaron a la llegada del montador Sr Fayós, que los primeros días se dedicó a la limpieza de cojinetes y su llenado de aceite y siguió la puesta en marcha. No tenía atribuciones para sobrepasar las 300 rpm [7] por lo que regresó a Madrid el día 17.

El 30 de noviembre llegaron el ingeniero alemán y el montador, colocando las correas de mando del regulador, se llenó este de aceite, dedicando 3 días al afino y comprobación en marcha. Como el cierre era un poco brusco, fue preciso agregar masa al sensor centrífugo de velocidad, con lo que el 1º de diciembre de 1951 se hizo la inauguración oficial con la presencia de las Autoridades de Ezcaray, cuyo inolvidable momento se festejó con un vino español, y a las 3 de la tarde en Ezcaray, con una comida, a la que asistió también el Sr Cura Párroco y el corresponsal de la "Nueva Rioja". No se ha podido localizar la crónica en este periódico, pero se ha accedido a la Biblioteca del Instituto de Estudios Riojanos IER que guarda en su hemeroteca toda la colección de este periódico [8]. Con la colaboración del personal de esta Institución se accedió a la de la Revista "El Najerilla" que en su número de diciembre la insertó sin firma, es posible que el corresponsal del periódico colaborara también con "El Najerilla". La noticia, que se transcribe parcialmente, añade detalles interesantes:

"A la primera de la mañana llegaron a la central las autoridades locales, que fueron recibidas y agasajadas por el Consejo de Administración, mostrándoles acto seguido las magníficas instalaciones de que consta, pudiendo comprobar que seis años de trabajos, interrumpidos en época invernal, se hallan más que justificados, máxime por los terrenos abruptos donde se han ejecutado las obras. Por el párroco de Zaldierna, don Manuel Calvo, fueron bendecidas sus instalaciones, y poco después empezó a funcionar con normalidad el nuevo salto. Al mediodía se reunieron los invitados en el Hotel Marichu, donde se celebró una comida con que el Consejo obsequió a las autoridades".

El consejero delegado acaba con una reflexión personal que se transcribe literalmente: *"Demasiado he prodigado los detalles del trabajo en el montaje de la tubería y las máquinas en la central etc., pero no he querido omitirlos por haber culminado con ellos el momento que con tanto afán esperábamos al convertir en realidad el funcionamiento tan perfecto de la central, respondiendo, así como el regulador con una sensibilidad asombrosa."*

Los abonados de Ezcaray y Santo Domingo quedaron por demás satisfechos, por la regularidad de la tensión perfecta y el excelente rendimiento de los motores.

A los jefes de servicios Justo Díez, contramaestre Marcelino Díez, Emilio Marín empleado de Ezcaray, y Victoriano Marín empleado de Ojacastro se les gratificó en recuerdo de la puesta en marcha, en cuyos trabajos con tanto interés trabajaron, con gratificaciones de 9.000, 6.000, 500 y 200 pta. respectivamente.

Se hace notar que, así como en el período 1929 – 1930, véase apartado 7.8., del capítulo 7, el proyecto y dirección de la línea San Felices a Santo Domingo de la Calzada gravitó sobre el consejero delegado, en la obra del Águila las mismas labores fueron absorbidas por el jefe de

---

[7] Se recuerda que el grupo era a 1.000 rpm
[8] En colaboración con Pilar Uruñuela Uyarra.

servicios con la eficaz ayuda del contramaestre, el consejero delegado se reservó la supervisión y gestión global del Proyecto. Es una observación a posteriori la cual puede explicarse por las edades, al comienzo de uno y otro proyecto el jefe de servicios tenía 22 y 36 años, mientras que las edades del consejero delegado eran respectivamente 42 y 56 años.

9.5. Descripción de la central del Águila tras esta primera fase de la margen izquierda.

Los datos generales de este aprovechamiento y central eléctrica son los siguientes:

- Capacidad del depósito de carga.   3.150 m^3.
- Cota de la lámina de agua del depósito de carga.   1.402 m. snm.
- Cota de implantación del eje de la turbina.   1.087 m. snm.
- Turbina JM Voith. Pelton. Fabricante Boetticher y Navarro.

En la figura siguiente se muestra esta turbina, en algún momento se designó como la número 2, aunque era la primera que se instaló en esta fase de la margen izquierda, su ubicación era la más cercana a la entrada de la central.

Figura 9.14. Turbina Pelton del Proyecto Ozumbra margen izquierda.

- Número de inyectores de la turbina   Uno
- Potencia de la turbina   445 CV (327 kW)
- Caudal nominal de la turbina   130 l/s.
- Salto bruto de la turbina   315 m.
- Salto neto de la turbina   300 m.

En la figura siguiente se muestra el generador.

Figura 9.15. Generador del Proyecto Ozumbra margen izquierda. A su derecha se ve su excitatriz.

- Potencia aparente   300 kVA.
- Frecuencia   50 Hz.
- Factor de potencia nominal   0,80
- Potencia activa   240 kW.
- Tensión nominal del generador Y/Δ   220 / 127 V.
- Velocidad nominal   1.000 rpm.
- Intensidad del generador   787 A.
- Potencia aparente del transformador elevador   300 kVA.
- Tensiones baja y alta del transformador elevador   220 / 10.000 V.
- Intensidad en AT   17,5 A

9.6.   La central de Tirgo sobre el río Tirón.

Se traen a continuación los datos de Ojeda San Miguel en su página 307. La primera petición para fábrica de electricidad la hizo Rosendo Gutiérrez en 1899. Y se le dio la concesión inicial por resolución Gubernativa de 28 de marzo de 1900, y se ve que en 1915 Santos Méndiz alternaba la molienda con la producción de luz nocturna. En 1933 esta central estaba registrada a nombre de Jose de la Morena [9] con el nombre de "Electra Río Tirón".

Electra Posadas compró la central de Tirgo con las redes y líneas en dicho pueblo y alrededores, y el 22 de abril de 1944 otorgó la escritura. La central incorporaba un molino el cual siguió siendo explotado por la Electra durante algunos años. Se mejoraron las redes y líneas que estaban muy abandonadas, con contadores y limitadores, con gran mejora de suministro y disminución de cargas

---

[9] En muchas citas de correspondencia aparece como Lamorena. Es muy probable sea la misma persona

al cortarse los abusos. En 24 de julio de 1958 se inscribió a nombre de Electra Posadas. La central, poco después de su compra, con su aspecto de explotación agrícola, se ve en la figura que sigue.

Figura 9.16. La central de Tirgo poco después de su compra. Fotografía de agosto de 1944.

Se hizo un plan de reformas para esta Central y para mejorar su rendimiento, con instalación de una nueva turbina, una vez trasladado el arrendatario del Molino al local que tenía en el pueblo que sería accionado por electricidad como abonado más. Su alternador se vendió por ser bifásico y a 2.000 V. se sustituyó por el sobrante de Posadas.

El circuito hidráulico, de esta central, arranca en un azud situado inmediatamente aguas abajo del puente de la carretera N232 a Pancorbo sobre el Tirón. En la figura que sigue hay una vista.

Figura 9.17. Azud de toma de la central de Tirgo sobre el río Tirón. Fotografía de 1957.

La cota estimada de su labio superior del azud es de 505 m. snm., véase en la figura.

Figura 9.18. Circuito hidráulico de la Central de Tirgo en el Tirón.

En el pronunciado meandro que el río describe aguas abajo del azud se desarrolla un salto bruto de unos 7 m., estando la restitución de las aguas en la cota de 498 m. El canal es de desarrollo muy corto y atraviesa la central.

El molino se trasladó a un edificio que se reconstruyó, y se llevaron las piedras, accesorios, con motor eléctrico de accionamiento. Su puesta en servicio fue el 17 marzo de 1948 lo invertido fueron 23.948,50 pta. con un estimable beneficio en la cuenta de pérdidas y ganancias. En el edificio de la central la reconstrucción fue casi total, tejado e interior, se recalzaron los cimientos hasta la roca y se abrió el hueco para el sifón de desagüe de la nueva turbina, y se pudo poner en marcha 15 de diciembre de 1948 y aunque con escaso el caudal del río, su producción alivió las consecuencias de la sequía. La turbina vieja tuvo un ajuste y reparación general con el alternador existente, accionado con correas trapezoidales para reserva y para tiempos de escasez de agua. Las 176.897,61 pta. invertidas se juzgaban provechosas para el negocio.

En 1949 en Tirgo entró en servicio el grupo pequeño desde el 3er trimestre y se ajustó perfectamente la turbina y se le puso el cojinete axial de bolas. Se levantó la torre del edificio de la central para la entrada y salida de líneas, con los aparatos de alta y los dos transformadores de 60 kVA retirados de Cuzcurrita en donde se puso el nuevo de marca "Zitran" de 150 kVA.

Según la disposición que apareció en el BOE de 25 de junio de 1963, se autorizaba a Electra Posadas SA la modificación de salto y caudal para este aprovechamiento y de la misma se extrae lo que sigue. El nuevo caudal de concesión fue de 2.300 l/s. ampliando el anterior en 800 l/s. La presa se recreció en 0,90 m. y quedó el salto en 6,22 m. La potencia total en ejes de turbinas resultó 125 CV (92 kW) constaba de dos turbinas: Una Francis cámara abierta marca Voith 40 CV y 800 l/s.

con alternador de 46 kVA Siemens a 220 V y factor de potencia 0,80. La otra Hélice de J Juste de 115 CV y 1500 l/s con alternador Siemens de 120 kVA a 220 V y factor de potencia 0,80. La concesión era a perpetuidad. El día que se hiciera la regulación del Tirón se volverían los derechos a su caudal primitivo. Actualmente la central está desmantelada y la situación de regulación del Tirón se dio con el embalse de Leiva. En la figura, que sigue, aparece la Central vista desde el canal de carga tras las reformas realizadas. A la izquierda se ve la torre de entrada de las líneas de alta tensión.

Figura 9.19. Central de Tirgo. Vista completa desde el canal de carga, tras las reformas. Cedida por Mari Carmen Marín Rodrigo.

Se transcriben los datos de IBERDUERO SA. Secretaría Técnica de Coordinación Estadística y son:

- Potencia   133 kW
- Número de grupos   2
- Producción en 1964   67.000 kWh
- Producción en 1965   53.000 kWh

Se facilita producción casi nula en 1966, 67 y 68 año que aparece como vendida.

Como se ha descrito el molino harinero se separó de la central a un edificio aislado cercano y su accionamiento pasó a ser con motor eléctrico.

Hubo un "Proyecto de mejora del Salto de Tirgo de Electra Posadas", realizado por el ingeniero Marino Martínez en 1958. Fue un Proyecto para legalizar un aumento de caudal y de salto, realizados en años anteriores, véase la referencia de Marino Martínez. El Proyecto ya citado, se ciñó exclusivamente a la parte hidráulica con el propósito de aumentar el salto mediante recrecimiento del azud de toma y de los bordes del canal de carga. No eran necesarias las variaciones en los puntos de toma y desagüe ni el emplazamiento de la Central. El Proyecto se atuvo al RD de 7 de enero de 1927 recogido por el artículo 6º del Decreto de 10 de enero de 1947.

9.7. La extensión de la red. Electrificación de aldeas distantes de la red principal.

La extensión de la red a poblaciones muy pequeñas y aldeas se terminó, dentro del período que nos ocupa, entre 1943 y 1951 ambos inclusive. El "Anexo documental A-80, fichero A-80.pdf "está dedicado a la extensión final de la red de Electra Posadas SA. En el período anterior, visto en 8.2. del capítulo 8, se realizó el esfuerzo principal de extensión de la red, y se vio allí que sus proyectos determinantes fueron la línea San Felices – Santo Domingo y la adquisición de la central de Cuzcurrita con sus redes propias hacia el Oeste interesando a pueblos burgaleses como Altable y Pancorbo. En la figura que sigue se ve la llegada de la línea de Alta Tensión al pueblo burgalés de Pancorbo que marcó la extensión máxima de la red de una compañía eléctrica rural como la que se está estudiando. En la fotografía se ve que, a pesar de que la carretera Madrid – Irún que atraviesa este pueblo ha cambiado y que además existe una autopista en paralelo con la misma, el lugar que se distingue muy bien por su orografía característica.

Figura 9.20. Cruce de la línea de AT de Electra Posadas a la carretera nacional Madrid – Irún. En la casa de la izquierda se ve una palomilla de la distribución de baja tensión, y a la derecha un poste de alta tensión. Foto en torno a 1960. A la derecha aparece el jefe de servicios Justo Díez Arrea, le acompañan dos de sus hijos. Cedida por Francisco Javier Díez Morrás.

También se trae del mismo anexo documental la crónica la traída de la luz Anguta con una fotografía a la fiesta de inauguración. Hay una crónica de la traída de la luz a Anguta en Torres Sancho. La inauguración fue el 13 de setiembre de 1946 y en el artículo citado se relatan las odiseas de la instalación y la alegre fiesta que siguió a la misma. Se inserta en la figura que sigue una foto del grupo de danzadores que la amenizó la fiesta.

Figura 9.21. Danzadores en la fiesta de la inauguración de la luz de Anguta. 13 de setiembre de 1946.

9.8. Conclusiones de este capítulo.

En este capítulo se ven las operaciones de Electra Posadas en una fase muy interesante de su desarrollo. Sí completaban sus extensiones territorial y empresarial con unas obras que vistas 70 años más tarde fueron que mucha importancia y que además tuvieron que luchar con un entorno empresarial social y humano muy difícil consecuencia del final en la guerra civil y de la autarquía que siguió a la misma. Esto da medida del valor humano de aquellos pioneros que lograron una empresa que hoy en día es difícil de comprender. Queda en lo que se refiere a operaciones empresariales un último capítulo que es un corolario lógico al de este capítulo 9.

CAPÍTULO 10. FINAL DE LA HISTORIA DE LA ELECTRA HASTA 1964. SALTO DE OZUMBRA REFORMADO.

En este capítulo se relata el final de esta Historia, entre los años de 1952 y 1964 ambos inclusive. En general la vida social de la empresa sigue las tendencias apuntadas en las fases anteriores (1929 a 1951) con la modesta expansión que la llevó a ser rentable y a asegurar las demandas eléctricas, pequeñas pero sostenidas, que aseguraron su vida independiente de algo más de 40 años (1923 – 1964). En el periodo que aquí se describe aparecen ciertos condicionantes importantes tales como:

- Los recursos energéticos del río Oja se agotaban.
- Tras unos años de bastantes tensiones económicas se anunciaba el final de la autarquía con el Plan de Estabilización de 1959.
- Los dividendos que proporcionaba la Electra empezaban a reducirse, y sus accionistas empezaban a ver otros títulos más rentables. A pesar de ello se mantuvieron con niveles aceptables hasta casi el final. Las razones de esta disminución de rentabilidad fueron:
  - Crecimiento elevado de los impuestos a soportar por la Empresa
  - Las tarifas tardaban en actualizarse y siempre lo hacían con retraso.
  - Siguieron los estiajes con lo que la producción hidráulica propia no aumentaba de la forma en que los gestores de la Empresa pensaron al acometer las obras del Águila y las mejoras de Cuzcurrita y Tirgo.
  - Los salarios crecieron más rápidamente que la facturación.
- Hubo una disminución relativa de los excedentes de capital que proporcionaba la agricultura en la zona. Así aparecieron dificultades para colocar acciones y obligaciones en un mercado que las había absorbido hasta entonces.
- Se acudió a nuevas fuentes de financiación, la principal fue el Banco de Crédito Industrial BCI que conllevó grandes dificultades administrativas en su negociación, por lo que llegaron tarde.
- El equipo de gestores que dirigía Electra Posadas envejecía, al inicio del período el consejero delegado llegaba a la edad legal de jubilación y, gracias a su entusiasmo y su buena salud, se mantuvo en activo casi todo el período. Además, las personas que les podrían sustituir encontraban trabajos más satisfactorios y remunerados en la industria.
- Se notaba que el mercado de la zona servida por Posadas crecía de forma acelerada. La pequeña industria local demandaba más energía eléctrica porque de forma incipiente se iba mecanizando. Los hogares se electrificaban, se difundieron los frigoríficos, las planchas eléctricas, las cocinas eléctricas al menos para el verano, ...
- Los municipios extendían el alumbrado público y aumentaban la potencia de los puntos de luz.
- Electra Posadas iba notando un estancamiento en su crecimiento.
- Iberduero, suministradora de la energía de apoyo, crecía y además estaba poniendo en servicio instalaciones generadoras muy potentes. Se cita, como principal, el caso de la central hidroeléctrica de Aldeadávila con sus 700 MW de potencia. En los primeros

momentos tenía energía excedentaria y estaba muy atenta al crecimiento de la demanda en la zona servida por la Electra Posadas.

- Se puso en servicio una nueva línea de transporte a 220 kV paralela al río Ebro.

El impulso de las nuevas obras no se detuvo pues se acometió el Proyecto del salto de Ozumbra margen derecha reformado que, aunque con dificultades menores que el del Águila, costó bastantes años en realizarlo.

Finalmente, a juicio del que esto escribe, el acercamiento de Iberduero, ofreciendo comprar la mayoría de las acciones, fue una buena oportunidad que tanto los accionistas como los gestores supieron aprovechar,

10.1. Las operaciones corrientes de Electra Posadas durante este período.

El bloque de la información de este apartado pasa al Anexo Documental A-81. Las operaciones corrientes de Electra Posadas SA en este período. Fichero A-81.pdf. Se traen aquí solamente los más salientes.

Se tienen las Memorias y cuentas de los Ejercicios entre 1952 y 1964 y de ellas se extractará la información importante de la vida de la Sociedad. Y además se describen las obras Salto de Ozumbra margen derecha reformado que se llevarán al lugar destinado para ello.

Se inserta la tabla resumen de las cantidades económicas de todo el período, en pesetas corrientes de cada año.

Año	Recibos al cobro (pta.)	Capital desembolsado (pta.)	Inversiones acumuladas en Ozumbra (pta.)	Dividendo (pta.)
1952	1.219.755,87	4.025.000		221.375
1953	1.435.376,41	4.025.000	42.233,35	241.500
1954	1.675.693,10			
1955	1.982.832,16	4.725.000	165.907,37	295.313
1956		5.614.000	642.043,74	350.875
1957		6.175.163	1.134.183,65	385.948
1958		6.264.000	1.279.657,24	394.632
1959	2.232.911,30	6.680.500	1.616.968,30	434.233
1960	2.423.233,27		1.645.073,84	
1961	2.449.470,27	6.680.500	1.979.080,89	334.025
1962	2.673.351,85	6.680.500	3.712.648,57	233.818
1963	2.985.501,64	6.680.500	4.220.727,35	233.818
1964	Se explicará más adelante la razón de que no haya datos de este año			

1952.

En la revisión de cuentas apareció por primera vez en la vida social de Electra Posadas la figura de los accionistas censores de cuentas que según la ley tenían que aprobar las mismas en cada ejercicio, tras su examen. En este ejercicio fueron los accionistas Jose Hernani Gorostiola [1] y Francisco

---

[1] Según carta de 23 de junio de 1936 vivía en Barakaldo era ya obligacionista y empleado de Altos Hornos

Criales Gil y entre los acuerdos para que fueran aprobados por la Junta General Ordinaria figuraba el de confirmar o remover a los accionistas censores de cuentas para el próximo ejercicio. A partir de este ejercicio en las hojas de cuentas aparece la fórmula de aprobación y sus firmas.

El aspecto industrial fue satisfactorio, el régimen de aguas favorable y la entrada en servicio del Águila con buen funcionamiento del embalse regulador. Tan solo hubo averías por la violencia de los agentes atmosféricos.

El resultado económico no fue tan halagüeño por la insuficiencia de precios pues las nuevas tarifas no se aprobaron en este ejercicio. Los mayores gastos de personal fueron debidos a dos pagas extraordinarias en enero y octubre. Hubo mayor carga fiscal y otros conceptos.

1953.

La aplicación a partir de enero de 1953 de las Tarifas Tope Unificadas TTU incentivó el ritmo de construcción de nuevas centrales en España, lo que trajo consigo una progresiva y rápida disminución del déficit de capacidad de producción. Este nuevo tratamiento de las necesidades del sector eléctrico contribuyó a una fase de consolidación y crecimiento rápido de la economía española, que a su vez conllevó importantes crecimientos de la demanda eléctrica. En estos años se puso de manifiesto la ventaja que suponía contar con una red interconectada para atender instantáneamente a una demanda creciente, lo que permitió aumentar sustancialmente la garantía de suministro a los clientes y aprovechar al máximo la potencia total disponible.

Hubo lluvias escasas en primavera, con un verano excepcionalmente seco que dio lugar a fuertes restricciones implantadas por Iberduero. El funcionamiento del Salto del Águila permitió no se prolongara el estiaje y la situación se normalizó el 13 de octubre. Esta central y las otras tres de la Sociedad tuvieron una producción total de 1.780.847 kWh que supuso un aumento de 671.208 kWh respecto a 1952. En consecuencia, se redujeron en 718.460 kWh los tomados a Iberduero.

La presión fiscal casi igualó al dividendo. Se propuso el 6% de dividendo tras destinar la anualidad de amortización correspondiente al plazo de la concesión del Salto del Águila. Las disponibilidades de tesorería motivaron que el dividendo no se pudiera pagar hasta que mejoraran las circunstancias, su fecha la determinaría el Consejo.

1954.

De este año no se han localizado ni la memoria ni las cuentas anuales, pero hay un informe del consejero delegado llevado a "Anexo Documental A-82. Informe del consejero delegado de Electra Posadas del año de 1954. Fichero A-82.pdf" y resumido seguidamente:

Las heladas se repitieron y se tuvo un especial cuidado para que no se formara hielo en la tubería, se dejó un pequeño paso de agua en la llave compuerta. La tubería de carga helada causó serios problemas que así no se repitieron.

La facturación de recibos era cada día más pesada porque aumentaron los recibos de contador y se decidió que Victoriano Díez que llevaba contabilidad la dejara para adelantar más con los recibos que se pasaban a cobro con demasiado retraso. La labor contable la comenzó un empleado subcontratado de la firma SISTORG.

OFILE comunicó en mayo un abono por 1953 y parte de 1954 de 109.089,29 pta. y desde la puesta en servicio del Águila se contaba con estos ingresos.

Se gastaron 135 sacos de cemento para el alzado de 1 ½ m presa del nuevo embalse Salto Posadas [2]

La Delegación de Industria de Burgos indicó que, tras la inspección a la caseta de Pancorbo y con dos meses de plazo, había que colocar tres tomas de tierra independientes, los conductores de varilla Cu de 8 mm de diámetro, sin soldaduras y que los empalmes debían ser a presión. Los pararrayos de antena se sustituirían por 3 autoválvulas. Los desconectadores [3] unipolares por uno trifásico accionable por pértiga. Se traen estas condiciones que informan sobre las mayores exigencias en instalaciones de AT signo de los nuevos tiempos, esto gravaría hacerlas en todas las casetas de la Sociedad. De un análisis somero de estas medidas se deduce que el aparellaje eléctrico estaba mejorando.

1955.

Fue un ejercicio más satisfactorio que el de 1954, y la producción de las centrales atendió al aumento de consumo y redujo el suministro procedente de Iberduero. El resultado económico superó al del ejercicio anterior, pero se temía fuera absorbido por la subida de remuneraciones al personal y el encarecimiento de los componentes exigidos por el negocio. Se ejercitó la prudencia al frenar la mejora del dividendo, y atender las amortizaciones con preferencia. OFILE demoró la compensación del Águila además de reducir los tipos iniciales.

Se adquirió otro transformador de 300 kVA, tal como se había propuesto en 1954, para conectar en San Felices con Iberduero con lo cual la capacidad de conexión se duplicó a 600 kVA.

Se proyectó más salto de Tirgo, con un presupuesto moderado, se esperaba un aumento de la producción en un 30%. En Posadas se tanteó la solución más ventajosa para mejorar su rendimiento.

1956.

El resultado económico fue menos favorable que el que podía corresponder al negocio. La industria eléctrica fue la única excepción en la economía nacional. Se piensa, con la perspectiva de más de 60 años, que al ser la electricidad un insumo de casi todas las actividades en una economía fuertemente dirigida se deseaba controlarla para evitar efectos inflacionistas. Hubo una fuerte sequía en verano y en otoño y por lo tanto mayor adquisición de energía.

El Ministerio de Trabajo decretó aumentos al personal en 1º abril y en 1º noviembre, por el contrario, el Ministerio de Industria no autorizó la elevación de tarifas.

Se presentó un resultado que permitió remunerar al capital con igual dividendo al del año anterior, sacrificando la amortización. Pudo ser una estrategia del Consejo para seguir manteniendo el atractivo de la rentabilidad de Electra Posadas ya que se avecinaban desembolsos importantes por las nuevas obras, pensando en los mercados tradicionales de capital formados por pequeños accionistas,

---

[2] Es una de las pocas referencias a las obras del Salto nuevo de Posadas que luego se abandonó y se renunció a su concesión
[3] Seccionadores

1957.

Se dieron circunstancias no favorables como las de 1956, el incremento de las tarifas no fue autorizado hasta junio, el estiaje resultó más largo y por lo tanto hubo necesidad de más energía de Iberduero. El abono a tanto alzado se redujo y aumentó, ventajosamente, el de contadores. Progresó el consumo y la recaudación, en usos industriales sobre todo en motores pequeños más rentables que los grandes.

1958.

Se encargó el "Proyecto de mejora del Salto de Tirgo de Electra Posadas" al ingeniero Marino Martínez.

Después de amortizar la central del Águila, con una cantidad prudencial por ser su concesión revertible [4], quedó un beneficio líquido que permitió un beneficio similar al de años anteriores, pero se advertía que no se podría mejorar hasta la entrada en servicio del salto reformado Ozumbra, cuya inversión era mientras tanto improductiva.

1959.

Hubo una excepcional abundancia de lluvias desde el final del verano lo que favoreció la producción de las centrales y redujo consumo a Iberduero. Pero no se reflejó en la producción pues las repetidas crecidas en Cuzcurrita y Tirgo del Tirón causaron muchos arrastres obstruyendo los rodetes de las turbinas obligando a paradas de limpieza.

La restricción crediticia aneja Plan Estabilización [5] motivó la suspensión de las peticiones admitidas por el Banco de Crédito Industrial BCI y por lo tanto la operación acordada por la Junta General Extraordinaria de 24 abril de 1959. Al mejorar la situación en 1960 se pudo presentar a trámite la solicitud en el BCI. Con la concesión del citado préstamo se podrían acometer con la máxima actividad todas las obras incluyendo el recrecimiento del azud y canal de Tirgo cuyo proyecto pendía de la Confederación Hidrográfica del Ebro.

El resultado económico siguió siendo satisfactorio. No afectó al negocio la depresión iniciada al comienzo del 2º semestre, porque el consumo industrial representaba menor proporción que el de alumbrado y el doméstico cuyo aumento compensó la baja del industrial y además este era más rentable. Se notaban retrasos en la cobranza. La Memoria adjuntaba el informe que se ha llevado a "Anexo Documental A-83. Informe del consejero delegado de Electra Posadas del año de 1959. Fichero A-83.pdf" y del que se han traído aquí sus aspectos más salientes:

La compensación de Ofile fue de 119.044,80 pta.

Se indicaron a los accionistas los nuevos proyectos por orden de prioridad:

---

[4] Se refiere a la caducidad por 75 años de la concesión.
[5] Plan Estabilización 1959. https://es.wikipedia.org/wiki/Plan_de_Estabilizaci%C3%B3n_de_1959

1º. En Santo Domingo la ejecución de 2 plantas transformadoras en lugares más adecuados.

2º. Adquisición de cobre de 5 mm de diámetro para completar el tramo hasta Cuzcurrita que faltaba. Sería preciso aumentar las secciones en la línea Posadas – Ezcaray sobre todo cuando entre en servicio grupo 2º del Águila, correspondiente a la ampliación de Ozumbra margen derecha.

3º. En cuanto se lograra autorización para el proyecto de mejora de Tirgo, de presupuesto reducido, su producción aumentaría en un 30% (30.000 kWh) anuales.

4º. Con la aprobación por el Banco de Crédito Industrial de la concesión del crédito, se contrataría la maquinaria necesaria para el 2º grupo del Águila y la tubería sifón de transvase. Con este proyecto aumentaría la compensación de OFILE, y se entregarían a la red más de 1.000.000 kWh/año.

Había además una relación de accionistas, no exhaustiva incluida en "Anexo Documental A-84. Difusión de la Memoria de Electra Posadas SA de 1959. Fichero A-84.pdf"

1960.

Hubo un riguroso estiaje, sin la duración de los de otros años, que redujo los caudales de los ríos a límites desconocidos, y en consecuencia con una producción más baja que en 1959. Aumentó en 186.000 kWh la energía tomada de Iberduero. El incremento de consumo por los abonados fue escaso por la depresión económica general que asoló al país.

Se atendieron las amortizaciones y quedó un saldo para repartir dividendo inferior al de años anteriores.

En líneas se siguió, además de las de los pueblos, en la de AT de San Felices a Cuzcurrita en la que se tendieron 3.300 m de línea trifásica de cable aluminio de 40 mm^2 con alma de acero. La adopción de cables de aluminio con alma de acero con indudables ventajas técnicas y económicas era novedosa en 1960.

Por la compensación de OFILE se cobraron 121.800,96 pta. Se informaba que los cobros se hacían mal y quedaban bastantes cantidades pendientes. La cifra más elevada la tenía el Ayuntamiento de Ezcaray con más 26.500 pta. que serían actualizadas hoy a 6.333 € según el coeficiente aproximado para la inflación que figura en el apartado 12.1. capítulo 12.

1961.

El estiaje fue más breve pero más intenso que el de 1960. Aumentó la energía procedente de Iberduero, y la facturación creció poco por ser zona rural la de Electra Posadas.

Se pusieron en circulación 1.500 obligaciones al 6,3% de la emisión de 1950 al tipo 87% [6] para que su rendimiento estuviera a tono con el mercado de capitales de renta fija.

Como venía siendo bastante habitual en los últimos ejercicios la Memoria incluía la siguiente una ampliación de datos que se ha llevado a "Anexo Documental A-85. Informe del consejero delegado de Electra Posadas del año de 1961. Fichero A-85.pdf" que se resume a continuación.

---

[6] Práctica común para alinear el interés de obligaciones en cartera que eran de interés fijo y acomodarlo al del mercado.

Las centrales funcionaron normalmente. Hubo una producción reducida en general. Posadas (19.546 kWh), Cuzcurrita (137.665), Tirgo (38.058). El Águila aumentó en 42.100. Pero en total la baja fue de 153.169 kWh. La energía de auxilio tomada de Iberduero fue de 998.400 kWh con un coste de 384.352,20 pta.

Se hicieron algunas mejoras en locomoción y en setiembre de 1961 se adquirió un ciclomotor marca Torrot [7], para el empleado de Ezcaray Emilio Marín, para sus salidas a Valgañón cuyo encargado se suprimió. La furgoneta DKW estaba muy gastada y se vendió en 6.000 pta., y se compró un FIAT – Balilla en 22.500 pta. Eran medios muy precisos para estar con rapidez en los lugares donde era necesario.

En lo referido al Banco de Crédito Industrial y al préstamo que se negoció se indicaba que fue un asunto complejo con 2 años de gestación se consiguió en el presente ejercicio con el crédito de 1,5 millones de pta. Se amortizaría en 5 años. Con el mismo se darían fin a todas las obras de Ozumbra margen derecha.

1962.

Las circunstancias fueron muy desfavorables en este año de 1962. El estiaje fue de inusitada intensidad y duración, con la consecuencia de menor producción de las centrales propias, con más alto consumo de Iberduero que supuso un desembolso mayor.

Los aumentos de salarios decretados en abril del 1961 y agosto 1962 superaron el importe de la mejora concedida por la Empresa desde julio consistente en el 10% de los ingresos procedentes de OFILE. El nuevo aumento del jornal base [8] y de los seguros sociales desde 1º enero de 1962 representó un gasto mayor que los dos aludidos e hizo reducir personal "gratificado" [9], en los pueblos más pequeños [10].

Sobre la energía consumida se ha obtenido una información muy desglosada que procede de la publicación del SINDICATO NACIONAL DE AGUA, GAS Y ELECTRICIDAD con los datos principales del 1962 que fueron:

- Producción propia más compra a Iberduero — 3.148.000 kWh
- Pérdidas en transformación, transporte y consumos propios — 972.000 kWh
- Energía facturada — 2.176.000 kWh
- Número total de abonados — 5.664

Se ve la importancia que tenían las pérdidas de casi el 31%. En manifestaciones de los gestores de la Empresa se ha visto que eran conscientes de ello y que, poco a poco, iban introduciendo mejoras para ir reduciéndolas. La más normal era el incremento de la sección de la línea que tropezaba con sus elevados costes de los conductores de cobre.

---

[7] Precisión de Carlos Marín Santamaría.
[8] Corresponde con el actual Salario Mínimo Interprofesional SMI
[9] Era personal con muy baja dedicación y por lo tanto con salarios reducidos.
[10] Aunque el ministro franquista Jose Antonio Girón había cesado como titular de Trabajo había extendido la política de aumentos de salarios generalizados. Esto visto desde el S XXI estaba basado en sueldos muy bajos. La economía española tenía muy baja productividad no achacable al factor trabajo, sino a aspectos organizativos y de muy baja inversión.

El resultado económico fue determinado por las circunstancias adversas, no pudiendo amortizar más que la devaluación del Águila y se propuso un dividendo del 3,55%.

Con la entrada en servicio del nuevo salto, la reducción de gastos y la mejora de las tarifas volvería la normalidad de los 40 años de vida social, contando con el aumento de consumo.

1963.

La memoria de este ejercicio no figura en el archivo histórico de Electra Posadas facilitado por Iberdrola. La misma ha sido facilitada en copia y transcrita por Jose Luis Agustín Tello. La transcripción completa se lleva a "Anexo Documental A-86. Memoria del ejercicio de 1963. Fichero A-86.pdf" y se traen aquí sus aspectos principales.

La producción de las Centrales ascendió a 2.174.822 kWh. El consumo de Iberduero fue de 1.308.600 kWh, y ascendió lo facturado por contador en las diversas tarifas de fuerza y alumbrado a 1.917.338 kWh.

El aumento general del salario base a 60 Ptas. diarias desde 1º de enero y el convenio colectivo del grupo de empresas eléctricas de la provincia de Logroño, aumentaron aún más las cargas de la Sociedad, sin que por otro lado llegara la tan anhelada subida de tarifas, que permanecieron prácticamente inmóviles estos años en que el nivel general de precios aumentó fuertemente, lo que gravaba más a las pequeñas empresas.

En agosto comenzó el funcionamiento el grupo del salto de Ozumbra reformado, que era el 2º de la central del Águila. Debido al retraso de los suministros del material eléctrico, no pudieron ambas máquinas funcionar acopladas hasta el 12 de noviembre. A esto se debió el ligero aumento de la producción.

Se cancelaron 450.000 pta. del préstamo de 1.500.000 pta. que el Banco de Crédito Industrial concedió.

1964. El final de la historia.

En las memorias facilitadas por el Archivo Histórico de Iberdrola en Ricobayo falta la de este año de 1964. Se han hecho gestiones especiales [11] y posteriormente se ha consultado en [12], pero ambas fuentes han indicado que no se ha localizado. En referencia a todo esto Luis de León Molina [13], conocedor de los métodos administrativos de Iberduero – Iberdrola, ha indicado ser cierto que Iberduero tomó el control de Electra Posadas en 1º de enero de 1965, y que sus anteriores gestores habían llevado el peso de la sociedad durante 1964 completo, pero la responsabilidad de los informes anuales de 1964 recaía sobre los nuevos administradores nombrados por Iberduero, asimismo ha indicado que es muy posible optaran por presentar las cuentas anuales a liquidación de impuestos de Hacienda únicamente. Por lo tanto, ante esta situación, sobre este ejercicio se emplearán los recuerdos del autor. Y así como el presente libro, salvo su Prólogo, están escritos en tercera persona se volverá aquí la primera por creer que es más adecuada para traer estas vivencias.

---

[11] Con Yolanda Diego Martín. Directora del Archivo Histórico de Iberdrola en Ricobayo (Zamora).
[12] Archivo Histórico del Registro Mercantil de Bizkaia en Bilbao.
[13] Empleado jubilado de Iberdrola.

Yo empecé a colaborar con Electra Posadas a comienzos de 1963 con las obras del sifón del Llano de la Casa para el proyecto de Ozumbra margen derecha. Sucedí a Gonzalo Merino Urrutia con el puesto de director gerente a principios de 1964 y desempeñé ese puesto hasta el control de la Sociedad por Iberduero [14]. Mi nombramiento fue motivado porque Gonzalo Merino Urrutia, con salud de hierro, pero con 76 años cumplidos no deseaba llevar el peso de la gestión diaria de consejero delegado. El ejercicio de 1963 es el último de Gonzalo Merino como consejero delegado y en el de 1964 es simplemente consejero ya que las funciones ejecutivas pasan al director Gerente recién nombrado. Como se sabe desde 1947 la sede de Posadas se había trasladado a Bilbao (Bailén 1 – 4º) y tenía dos empleados en esa oficina (Victoriano Díez y José Moles).

Entre las escasas pruebas documentales de mi colaboración se encuentra la carta firmada por mí y dirigida a Daniel Agustín Apéstegui, sobre sus acciones y obligaciones, fechada en 28 de febrero de 1964, copia de la cual sigue.

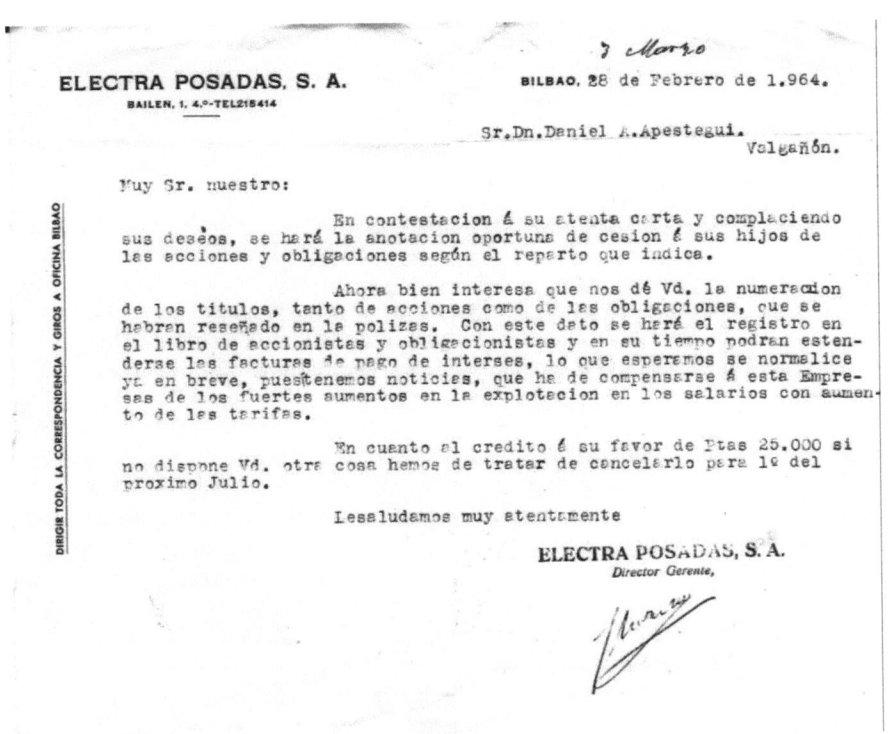

Figura10.1. Carta de Electra Posadas SA dirigida a Daniel Agustín Apéstegui. Cedida por Jose Luis Agustín Tello.

---

[14] En los datos de mi vida laboral, que figuran en la Seguridad Social, estoy cotizando entre 11 de febrero de 1964 hasta el 31 de diciembre del mismo año.

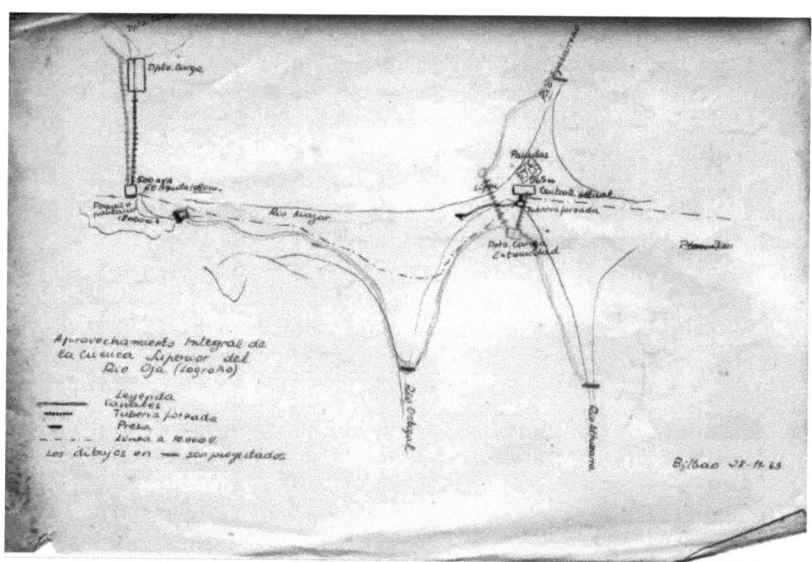

Figura10.2 Esquema de una variante al salto nº 3 nuevo de Posadas.

Indicaré en el apartado 10.2., que una de las últimas gestiones que hizo Electra Posadas ante la Administración fue la renuncia al salto nº 3 o de Posadas, no hay constancia de la misma, pero se ha rescatado un esquema de alguna variante de noviembre de 1963, realizado por mí. Se introducía la novedad de aportar al nuevo salto las aguas del arroyo Ayabarrena que salvarían el valle principal mediante un sifón.

Mi hermano Juan Bautista, como secretario del Consejo, y yo llevamos la transición de Posadas a Iberduero. Electra Posadas estaba tocando a su fin como sociedad independiente, y esto lo veía Gonzalo Merino Urrutia. Los saltos de agua ya no podían dar más, los mercados de Santo Domingo y Ezcaray crecían sin parar. Hubo problemas en algún semestre de retraso en el pago de dividendos a los accionistas. Pero sobre todo había un problema generacional, Gonzalo Merino era muy mayor y la generación siguiente se abría camino de otra manera. El haber acometido unas obras de ampliación hubiera requerido un capital fuera de las posibilidades del núcleo de pequeños accionistas riojanos, y de la familia. En fin, un ciclo había terminado. Iberduero acababa de inaugurar su gran salto de Aldeadávila y le sobraba energía, era pues lógico para ellos comprar Electra Posadas fundamentalmente porque tenía un mercado de consumidores interesante y en crecimiento.

A través de Juan Antonio Llop Halli, que había sido Ingeniero de Iberduero, entró en contacto con nosotros el Directivo de esta Compañía Joaquín Martí Llorens y tras unas negociaciones, y una visita de Martí y otro técnico [15] al salto del Águila, único que les interesaba, nos hicieron una oferta interesante. Consistía en recoger a todos los empleados en activo, tanto en Bilbao como en la Rioja, pagar las acciones por su valor nominal y abonar los dividendos retrasados. En las negociaciones con Iberdrola estuvimos Gonzalo Merino Urrutia y yo, aunque llevando el peso Gonzalo Merino. Quedaban aspectos no despreciables y de ellos el más importante era que una Junta General Extraordinaria de Electra Posadas debía de aprobar los acuerdos. Para ello realizamos visitas a accionistas claves para explicarles lo tratado. Se celebró la Junta que, en la sala que el edificio de

---

[15] Creo que era de apellido Zabalgogeascoa

EP en Ezcaray, preparada para reuniones. En aquel Consejo de Administración estaban Quintiliano Mendi de Ezcaray, Celso Alonso de Santo Domingo, además de los tres consejeros de la familia Merino. En la Junta Extraordinaria hubo alguna oposición, uno de los más destacados fue Jose Guerra industrial de la madera de Ezcaray. La transmisión se realizó por la venta de los accionistas, que aceptaron las propuestas del Consejo de Administración, individualmente a Iberduero.

Con datos personales sobre las acciones que detentaban los tres hermanos Merino Urrutia puedo estimar que estos tres consejeros de la Sociedad poseían las mayores minorías que eran en torno al 15% del total desembolsado. El resto los capitales estaban muy repartidos.

Las dos últimas actas del Consejo de Electra Posadas fueron las nº 427 y 428 con las sustituciones de los consejeros Gonzalo Merino, Quintiliano Mendi y Celso Alonso por tres nuevos nombrados por Iberduero. Posteriormente vinieron los ceses del presidente Jose Juan Bautista Merino Urrutia y del secretario Juan Bautista Merino Azcarraga.

En nota fechada el 22 de diciembre de 1964 Gonzalo Merino facilitaba la información de Iberduero por la cual les quedan unas 900 acciones sin comprar (el 6,73% de las en circulación). Indicaba que entre los conocidos estaban: *"Guerra reserva (10), Quintiliano (10), Bañuelos (13) y Salvador Barrios (4), esto indica que quieren asistir a algún Consejo o Junta General de Iberduero, ..." "Ya empiezan a intervenir el Sr Martí y su inmediato Zabalgogeascoa, y que algunos ratos pasarán por la oficina, que de momento continuará en el mismo local."*

10.2. El Proyecto del aprovechamiento de Ozumbra margen derecha reformado.

A fin de 1954 se solicitó el Proyecto que se denomina OZUMBRA MARGEN DERECHA REFORMADO. Para explicarlo bien es necesario volver sobre la concesión completa del aprovechamiento del alto Oja tal como se describe en el capítulo 9 apartado 9.3. "El Proyecto de aprovechamiento integral del alto Oja" y fijar la atención al segundo de los saltos concedidos trayendo el párrafo que decía:

"de 128 metros correspondiente al segundo salto, denominado salto de Ozumbra margen derecha, y tomando como referencia el curso del río Ozumbra" y de los caudales de *"40 l/s del Ozumbra, 30 l/s del Bizcarra"*.

Pues bien, el Proyecto del Ingeniero Antonio Renedo Fornos titulado "Proyecto reformado del salto de Ozumbra margen derecha", suscrito en Bilbao en junio de 1953, introdujo una importante variación en el segundo de los saltos que se lleva a "Anexo Documental A-87. Proyecto del Ingeniero Antonio Renedo Fornos titulado "Proyecto reformado del salto de Ozumbra margen derecha" de 30 de enero de 1946. Fichero A-87.pdf". De este Proyecto se traen las partes que lo describen:

"La Sociedad Electra Posadas SA es concesionaria según Resolución del Ministerio de Obras Públicas de fecha de 30 de enero de 1946 16 de un aprovechamiento de aguas en el término de Ezcaray *en la provincia de Logroño e integrado por tres saltos cuyos caudales y desniveles especificamos a continuación"*

---

[16] La concesión era para 75 años y esto quiere decir que de haber seguido hubiera caducado en 2021.

Seguidamente detalla los saltos y caudales que se han visto en el apartado 9.3., del capítulo 9. Sigue más adelante:

Con objeto de mejorar tal estado de obra en lo que afecta al segundo de los saltos esto es, el denominado Ozumbra – Margen derecha, proponemos la solución, objeto de este estudio, y por verificarse ya el trazado de canales por mejor terreno, lo hace ya viable constructivamente.

Por ello proponemos abandonar el aprovechamiento del Arroyo Bizcarra, por haber podido comprobarse estos años que el caudal de este es de aproximadamente de unos 5 l/s. Aprovechar las aguas del Ozumbra, no en la parte inferior para luego llevarlo por la ladera o margen derecha, sino derivar las aguas de sus afluentes a cotas superiores. Tales afluentes son los arroyos Palancar, Rasilla, Cervunal, Polvorosa y Alcaira. Los caudales respectivos de dichos arroyos y que han podido comprobarse tras meticulosos aforos, son los siguientes:

> *30 l/s del Arroyo Rasilla*
> *12 l/s del Arroyo Palancar*
> *2 l/s del Arroyo Cervunal*
> *2 l/s del Arroyo Polvorosa*
> *24 l/s del Arroyo Alcaira*
> *Suma   70 l/s*

Vemos con lo expuesto que el caudal obtenido es de 70 l/s, cantidad igual a la concesión otorgada para este segundo salto.

La ventaja que tenemos con esta modificación es punto obligado por las condiciones del terreno y que ahora nos permite con un canal verificar las tomas sucesivas de los Arroyos Cervunal, Polvorosa y Alcaira y a este mismo canal aducirán las aguas derivadas de los Arroyos Rasilla y Palancar, salvando mediante sifón el río Ozumbra, para unir sus aguas al primer canal citado y ya conjuntamente discurrir todas las aportaciones de aguas logradas por un canal de mayor sección, que terminará arrojando las aguas en la presa existente en el río Vitorquia y que integra parte del denominado Salto del Águila construido por la Sociedad Electra Posadas y cuya explotación como dijimos, fue autorizada por el Ministerio de Obras Públicas.

El canal de derivación de Vitorquia, es capaz de admitir 70 l/s más, que ahora ha de transportar. La tubería de carga por haber sido calculada holgadamente, lo es también y solo en la Central denominada Salto del Águila, hemos de instalar un nuevo grupo turbina alternador. Las cotas a las que verificamos las derivaciones de agua de los arroyos son las siguientes:

Toma en el arroyo Rasilla		*1.440,46*
Toma en el arroyo Palancar	*1.436,76*	
Toma en el arroyo Cerbunal	*1.436,93*	
Toma en el arroyo Polvorosa	*1.434,53*	
Toma en el arroyo Alcaira		*1.428,13*
Toma en el arroyo Vitorquia	*1.402,62*	
Cota del depósito de carga del Salto del Águila	*1.402,00*	
Cota de desagüe de la Central		*1.087,00*

Por lo tanto, ahora el desnivel que vamos a utilizar es el mismo que el del Salto del Águila, o sea:

$$1.402,00 - 1.087,00 = 315 \ metros$$

La potencia teórica de este Salto comparada con la que figuraba en el Proyecto primitivo, el cual fue base para el otorgamiento de la concesión, vemos que resulta superior, ya que ahora no disminuimos el caudal, y si aumentamos el salto o desnivel que pasa de 128 metros que antes se utilizaban a los 315 metros. Con esto resulta que la potencia pasa de:

$$\frac{70x128}{75} = 119 \ CV$$

Pasa a ser de:

$$\frac{70x315}{75} = 294 \ CV$$

Como la reforma propuesta produce como acabamos de indicar un aumento de potencia, mejorando el aprovechamiento, creemos estar para la aprobación del presente trabajo, dentro de cuanto señala el Real Decreto de 7 de enero de 1927 en su artículo 19, apartado C).

La disposición sobre mapa de este nuevo aprovechamiento junto con el anterior, ya en servicio, del salto del Águila aparece en la figura que sigue.

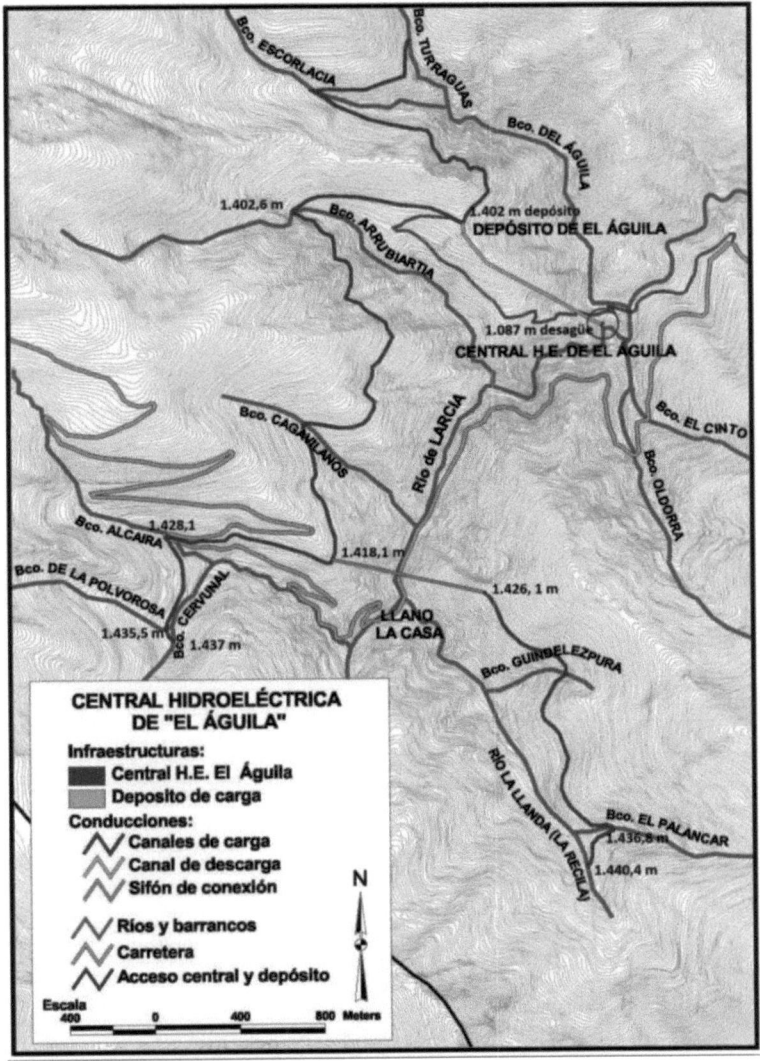

Figura10.3. Planta sobre mapa topográfico de todos los canales del salto del Águila tras la ampliación del salto de Ozumbra margen derecha reformado. Elaborado sobre plano tomado de Matey Valderrama

El perfil longitudinal del aprovechamiento nuevo con el desarrollo de los canales plasmados en la figura anterior, tanto en la margen derecha como en la izquierda, y del sifón invertido de transvase entre ambas orillas, se ha obtenido a escala con los datos del Proyecto que sirvió para llevarlo a cabo. Se han resumido todos sus detalles relevantes en las dos figuras que siguen.

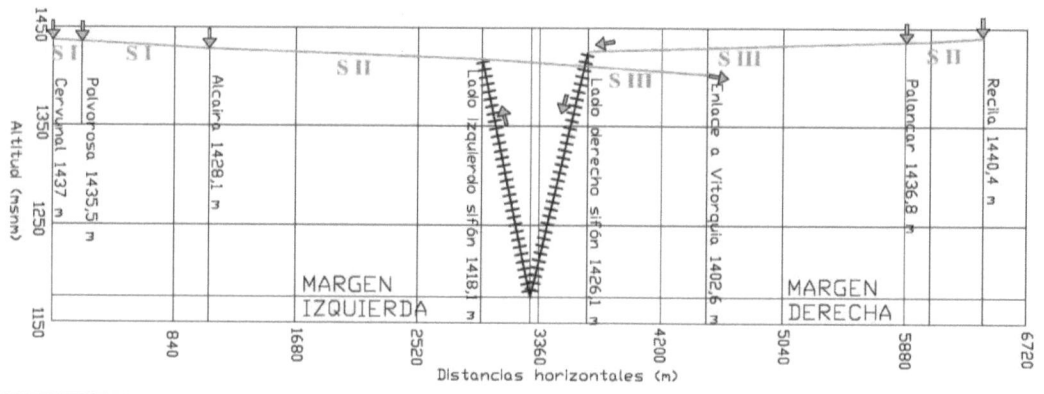

Figura10.4. Perfil altimétrico de los canales y sifón del salto de Ozumbra reformado margen derecha. Según el "Proyecto Reformado del Salto de Ozumbra margen derecha".

En la tabla que sigue se dan los detalles dimensionales de los canales y de la tubería del sifón.

Tramo desde	Tramo hasta	Sección	Longitud (m)	Diámetro (mm)	a_1 (cm)	a_2 (cm)	h_1 (cm)	h_2 (cm)	h_3 (cm)	(
Cervunal	Polvorosa	I	200		40	20	30	8	17	
Polvorosa	Alcaira	II	880		45	25	35	10	20	
Alcaira	Desagüe sifón	II	1.882		45	25	35	10	20	
Desagüe sifón	Enlace a Vitorquia	III	1.549		55	30	40	10	25	
Rama ascendente de sifón			482	250						
Rama descendente de sifón			559	250						
Recila	Palancar	II	360		45	25	35	10	20	
Palancar	Entrada a sifón	III	2.005		55	30	40	10	25	

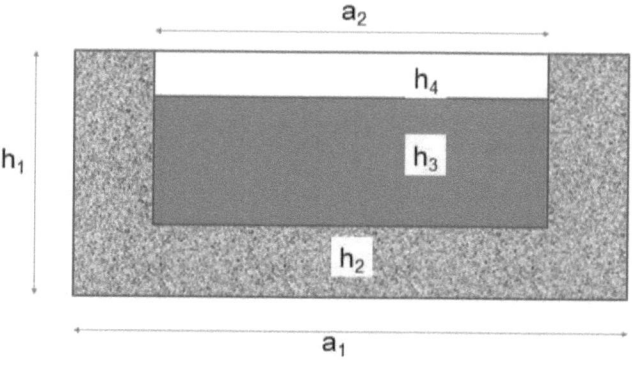

Figura10.5. Sección de los canales del salto de Ozumbra reformado margen derecha.

El Proyecto describe las "OBRAS DE CAPTACIÓN" que eran simples azudes de 2 m. de altura con una altura de lámina de agua de 1 m. y tipo de gravedad. Los "CANALES" eran de tres tipos I, II, Y III para transportar caudales crecientes de agua, a medida que se iba recogiendo.

Otra de las ventajas de este Proyecto es que no hacían falta depósito, ni tubería de carga y que solamente se establecería un nuevo grupo turbina – alternador que se injertaría mediante pieza especial "pantalón" en la tubería de carga a la entrada de la central.

Entre este proyecto y la puesta en servicio pasaron casi los 10 años y sobrevinieron muchísimas dificultades que fueron encaradas y solventadas por aquellos esforzados del Alto río Oja trabajando para el desarrollo de su Empresa y para la prosperidad de la comarca.

10.3. Las obras del aprovechamiento de Ozumbra margen derecha reformado.

Como se acaba de ver en el apartado anterior 10.2., se realizó este Proyecto por Antonio Renedo Fornos en 30 de enero de 1946. El 28 de agosto de 1954 Gonzalo Merino hizo el reconocimiento del Proyecto sobre el terreno con el jefe de servicios, y el Contramaestre recorriendo el barranco de Alcaira, en penosa caminata. Como resumen a finales de 1954 se solicitó el Proyecto que se denomina OZUMBRA MARGEN DERECHA REFORMADO.

En la actualidad existe desde hace años la carretera asfaltada por la ladera izquierda de este barranco hasta la Cruz de la Demanda. Para facilitar el trabajo del topógrafo Sr. Ramos de Bilbao, se ordenó la limpieza a lo largo de la posible explanación del canal que se trazaría para llevar las aguas al canal de Vitorquia.

En el año de 1955, ante su poco rendimiento, la central de Posadas se paró en setiembre y su maquinista Vicente Blas, quedó de capataz en las obras de la presa del nuevo salto de Posadas (salto nº 3), y responsable del acopio de materiales, y de la producción de arena en el molino Gruber. En este mismo año en el salto reformado de Ozumbra, se terminó el azud de Alcaira y gran parte explanación del canal de enlace hacia Vitorquia. Se acopiaron materiales y medios auxiliares para la próxima campaña.

En 1956 hubo buen avance en las obras de este salto de Ozumbra y si hubiera habido más cemento poco hubiera faltado, durante el largo estiaje, para aumentar el caudal disponible en el Águila, con el proveniente de Alcaira y afluentes. En la próxima campaña de obras de 1957, a punto de comenzar cuando se redactaba la memoria de 1956, se conseguiría tan interesante aumento de energía, Se confiaba construir para 1957 los azudes de toma y parte de los canales para completar el aprovechamiento, enlazando tramos hacia el depósito de carga. Por fin en 1957 las obras del salto reformado de Ozumbra, cuya autorización se otorgó hacía poco, se desarrollaron bien y el 23 de setiembre se terminó el canal de Alcaira y su caudal se sumó al de Vitorquia y su aportación redujo los estiajes. En 1958 en el salto reformado de Ozumbra no se pudieron alcanzar las obras con la intensidad prevista, se realizó la explanación del canal de Rasilla y Palancar y las labores para acopiar materiales esperando terminar en campaña del 1959 toda la parte hidráulica. En 1959 hubo falta de Tesorería y no se pudo terminar los canales de Rasilla y Palancar, solo faltaban hormigonar 700 metros, ni contratar tubería del sifón y maquinaria a instalar. Por las exigencias del personal de las aldeas se aceptaron jornales de 75 pta. para evitar retrasos. El machaqueo resultó muy gravoso por m³ ya que la biela de la machacadora se rompió al principio, y el taller que fundió la nueva tuvo una de serie defectos y todo el trabajo de producción de grava y de arena lo hizo el molino GRUBER que exigió demasiados recambios de martillos y parrillas que dieron un coste adicional de 12.367 pta. Se hormigonó el canal de Rasilla en sus 2/3 es decir faltando 648 para llegar al depósito de alimentación de la tubería del sifón de transvase. Por todos conceptos, mano obra, cemento, arrastres se pagaron 358.384 pta. resultan el metro a 293,80 precio muy caro en comparación con los años anteriores que osciló entre 125 y 150 pta./m. En la figura que sigue se ve este canal.

Figura 10.6. Canal que conduce las aguas del barranco Recila o Rasilla. Foto de 1962

Debido a los muchos pagos pendientes inaplazables y el gasto resultante, las disponibilidades económicas se redujeron y las obras se suspendieron en 1º de julio. En el proyecto inicial se previó para el sifón tubería de fibrocemento, pero las presiones en su fondo hicieron que el presupuesto inicial aumentara casi 4 veces ya que el acero había bajado su precio bastante y sería más económica con este material, por su costo y colocación ya que podía ir montado al aire con su protección de pintura correspondiente. El fibrocemento forzosamente tenía que enterrarse y abrir una zanja de 875 m de longitud en terreno rocoso lo cual daría un coste muy elevado. En las figuras que siguen se observan, primeramente, la panorámica general del canal y la explanación de la tubería para el sifón en la margen derecha, y a continuación los apoyos de hormigón para la tubería en la parte inferior del sifón.

Figura 10.7. Canal y explanación para la rama del sifón de la margen derecha. Foto de 1962.

Figura 10.8. Apoyos de hormigón para soportar la tubería del sifón antes de su montaje. Se ve en la parte inferior el cruce con el camino al Llano de la casa. Foto de 1962.

Se estimaba que si se lograba la concesión del crédito del Banco de Crédito Industrial se contrataría seguidamente la tubería, la turbina, el alternador y el transformador elevador y así se instalaría en el menor plazo el 2º grupo en la central del Águila que podría aportar a la red 1.000.000 kWh anuales, y recibir la compensación adicional de OFILE y suprimir en gran parte la energía de Iberduero.

En 1960 por iguales motivos que en 1959 no se pudieron terminar las obras del salto de Ozumbra, confiando se pudiera seguir en 1961. Los trámites Banco de Crédito Industrial no fueron resueltos con la rapidez deseada, por lo que no se pudo contratar la maquinaria y la tubería de transvase para que en este verano de 1960 hubiera habido la aportación del mayor caudal, de la Polvorosa y Rasilla, que era del orden del 45% del caudal que se aprovechaba en esa época de estiaje. Asimismo, por falta Tesorería no se terminaron los 648 m que faltaban al punto de arranque de la tubería sifón de transvase. Esto causó una sensible pérdida al negocio por falta de energía, más el pago de intereses al capital invertido en ellas. El 15 de mayo de 1961 se acometió la construcción de los azudes y la terminación de los canales de la margen derecha de Rasilla y Palancar, más el pago de los primeros plazos de la turbina y del alternador para el salto reformado de Ozumbra. El resto de la maquinaria y la tubería del sifón se aplazaron al ejercicio de 1962. Se ve el azud de toma de Recila o Rasilla en la figura que sigue.

Figura 10.9. Azud de toma de las aguas del barranco Recila o Rasilla. Foto de 1962

Fue contratada la turbina Pelton a Charmilles Española [17] de 445 CV potencia por 314.000 pta., su plazo de entrega era para agosto del año 1962. El alternador fue contratado a Siemens Industria. Sus características eran 300 kVA a 220 V y 1.000 rpm su precio de 231.600 pta. pagados dos plazos. Fue terminado en los talleres de Siemens en Cornellá y se transportó al salto del Águila en julio de 1962. En la figura que sigue se ve el este grupo turbina alternador montado en sus primeros días de funcionamiento.

---

[17] Fabricada por su licenciataria Juste y Cía. de Erandio. Joaquín Juste era su director y accionista principal.

Historia de la Electricidad en la cuenca del Oja

Figura 10.10. Segundo grupo turbina alternador correspondiente al salto de Ozumbra margen derecha reformado. Foto de 1963

La tubería del sifón de transvase fue contratada a la Sociedad Metalúrgica Duro Felguera (constructora de la del Águila) cada ramal tenía 378 m de longitud y diámetro 350 mm. Su importe total más accesorios ascendió a 745.248 pta. En 1962 las obras del salto de Ozumbra margen derecha quedaron terminadas salvo detalles del sifón de transvase, debido al retraso 4 meses en su entrega y el invierno se vino encima [18], impidiendo el montaje de la maquinaria que ya había llegado a la central. Del sifón terminado se facilitan dos vistas en las figuras que siguen. En la primera de ellas se ve un detalle de la tubería en uno de sus anclajes. La segunda muestra una vista general de ambas ramas del sifón en su parte inferior.

Figura 10.11. Detalle de un anclaje de la tubería del sifón. Foto de 1963

---

[18] Por encargo de Gonzalo Merino estuve supervisando el montaje del sifón en noviembre 1962.

Figura 10.12. Tubería del sifón en su parte inferior. Foto de 1963.

La maquinaria del nuevo grupo se montó al comienzo de 1963. Se facilita una vista del proceso de montaje con la turbina posicionada.

Figura10.13. La turbina del grupo 2º tras la ampliación por el salto de Ozumbra margen derecha reformado, posicionada en su montaje. Foto de 1963.

Hay dos vistas características de este sifón de transvase que, las muchas personas que han visitado el Llano de la Casa desde 1963, conocen y corresponde al cruce del sifón con la pista y más tarde la carretera a la Cruz de la Demanda. La primera es durante las obras de 1962 en este punto.

Historia de la Electricidad en la cuenca del Oja

Figura10.14. La parte inferior de los apoyos del sifón de transvase entre las márgenes derecha e izquierda durante las obras. La tubería está aún sin montar. Foto de 1962

Figura10.15. La parte inferior del sifón de transvase muchos años más tarde. Foto de 2015.

10.4. Producción del salto del Águila en fechas posteriores.

Se han obtenido de la publicación de IBERDUERO SA. SECRETARÍA TÉCNICA DE COORDINACIÓN. ESTADÍSTICA, son posteriores al período histórico cubierto por este libro y dan una clara idea de la productividad de este aprovechamiento tras quedar completo con la ampliación del Salto de Ozumbra margen derecha, se recogen en la tabla siguiente.

Historia de la Electricidad en la cuenca del Oja

Año	1964	1965	1966	1967	1968	1969	1970	1971	1972	1973
MWh	962	986	1.374	1.186	1.408	1.632	935	1.431	1.860	1.159
Año	1974	1975	1976	1977	1978	1979	1980			
MWh	1.159	2.082	2.033	2.813	2.099	2.253	1.594			

En todos estos años la potencia instalada de los generadores la central fue de 480 kW, con lo que las horas medias de funcionamiento estuvieron entre 1.947 en 1970 y 5.860 en 1977, el primero muy escaso y el segundo muy elevado lo que denota sin duda las variaciones en la hidraulicidad del alto Oja.

10.5. Conclusiones de este capítulo.

Con este capítulo se cierra en el relato principal este libro. A lo largo del mismo se han visto los Sucesos principales tanto en el devenir día a día como en las obras que mantuvo la sociedad y que culminaron casi totalmente el proyecto de aprovechamiento global de la cabecera del río Oja. Se han visto los principales motivos por los cuales la historia terminó con la liquidación de Electra Posadas que fue absorbida, por compra de acciones por la sociedad Iberduero. Hay que aclarar para el lector que estos procesos fueron muy corrientes en la España de aquel año lo que conllevó a la primera racionalización del sector eléctrico nacional.

RESUMENES Y CIERRE

Esta historia se resume y termina con 3 capítulos dedicados a sus protagonistas, resúmenes estadísticos y técnicos y finalmente un epílogo escrito desde el punto de vista de nuestros días.

CAPÍTULO 11.
LOS PROTAGONISTAS DE LA HISTORIA

Se está acabando el relato, y en su recorrido han ido apareciendo muchas personas que, con su trabajo, humilde o de mayor responsabilidad, contribuyeron a que ocurriera y precisamente en la forma que se ha narrado. A priori se sabe que no todos han quedado registrados en la memoria y en los datos de los muchos colaboradores que han ayudado al autor, y han tenido lugar, pero aun así es mejor citar su nombre y apellido, antes de dejar que se hundan en las profundidades del olvido que se irán agrandando al transcurrir los años. En el caso de que a algún lector del libro le surja un recuerdo, un dato o una foto y serán bienvenidas sus aportaciones. Estos protagonistas que se relacionan, por orden alfabético de apellidos, completándola con sus lugares y fechas de nacimiento y fallecimiento en los casos que se conozcan, ascienden en total a algo más de doscientos. Además, se incluirán los datos logrados siempre que estén relacionados con la Historia de la Electricidad en la cuenca del Oja.

11.1. Relación de protagonistas.

Aguirre, Tomás. Representante de Benito Gandasegui en la polémica epistolar en "La Rioja" de 1905 con Dionisio Segura vista en el apartado 5.5. del capítulo 5. Aparece como representante legal de la sociedad "Hidro Electra de Nájera" en la referida polémica.

Agustín Apéstegui, Daniel. (Valgañón, 1879 - 1969) [1]. Hijo de una familia de las que se podrían denominar "acomodadas" en su pueblo de origen. Sus primeros pasos laborales, los dio en la fábrica de bayetas de sus antepasados, en la que elaboraban géneros de gran calidad (hasta el punto de que algún cliente los denominaba "valgañones"). Vendían su producción a muchos puntos de España, hasta que en el año 1922 la industria tuvo que cerrar, debido a la fuerte competencia – por menores precios – de los productos catalanes. Daniel recorrió durante muchos años, a caballo y en las pesadas diligencias de aquella época, una ingente cantidad de kilómetros, buscando lana con la que abastecer a la fábrica. En 1907, junto con otros vecinos de Valgañón, acometió la idea de suministrar alumbrado eléctrico al pueblo, fundando la denominada "Sociedad de la Máquina". Después de la finalización de esta corta pero ilusionante aventura, se dedicó a administrar su hacienda y finalmente, en los años que siguieron a la guerra civil y hasta bien entrados los 60, se centró en la producción de miel, lo que llevó a cabo con éxito en la finca de "El Colmenar", en Valgañón, donde llegó a tener hasta 250 colmenas. Destacó por su buen hacer y el trato profesional que imprimió a todas sus actividades. Vivió en la calle Zaldúa, 2 de Valgañón. Fue consejero de Electra Posadas en 1929 y dimitió por voluntad propia.

---

[1] Datos de Jose Luis Agustín Tello.

Figura 11.1. Daniel Agustín Apéstegui. Foto de 1965. Cedida por Jose Luis Agustín Tello.

Agustín Sancho, Calixto. (Valgañón 1851 – Valgañón 1919). Alcalde de Valgañón en 1897. Promotor de la electricidad en Valgañón en los años de 1906 – 1907. Labrador y propietario.

Agustín Sancho, Germán. (Valgañón 1885 – Ezcaray 1948). Consejero de Electra Posadas, nombrado en sustitución de Daniel Agustín tras la dimisión voluntaria de este en 1930. Falleció estando en ejercicio de consejero en 12 de diciembre de 1948. La memoria del ejercicio de Electra Posadas de 1948 lo relata así: *"Tras breve enfermedad falleció el 12 de diciembre el Vocal de este Consejo Germán Agustín Sancho (qepd) que durante los muchos años que desempeñó el cargo mostró un gran entusiasmo y compenetración con el negocio. Se pidió por su alma una oración y se anunció la celebración de un funeral en su sufragio, en coincidencia con la fecha de la celebración de la Junta. Para cubrir la vacante producida por esta dolorosa pérdida fue designado interinamente el accionista Roberto Ruiz de la Cuesta, de dotes bien conocidas."* Germán, casó con María Gómez de Ezcaray y no tuvieron descendencia.[2]

Alesanco, Arcadio. (Ezcaray 1883 – Logroño 1960). Industrial textil en Ezcaray y alcalde en 1916. Preside la inauguración del ferrocarril de Haro a Ezcaray en 1916. Aparece citado como vocal suplente de Hidroeléctrica del Oja en 1913. En 1929 opina que en la pretendida fusión – absorción por Hidroelectra de Nájera, Posadas queda minusvalorada.

Alonso, Buenaventura. Consejero de Hidroelectra de Nájera en 1928.

Alonso, Celso. Santo Domingo de la Calzada. Consejero en sustitución de Roberto Ruiz de la Cuesta desde 1956 hasta el final de la historia independiente de Electra Posadas. Fue propietario de una librería en su ciudad, en la calle Alcalde Rodolfo Varona. Entró en el accionariado de Electra Posadas comprando acciones de Telmo Poves, subastadas públicamente en 1929.

---

[2] Datos facilitados por Jose Luis Agustín Tello y Rafael Torres Sancho.

Alonso, Evaristo. (Villar de Torre -). Fue empleado de EP en Bañares desde 1952 [3].

Alonso Urquijo, Fernando. Ingeniero de Caminos de Bilbao que firma junto con el también ingeniero Emiliano Azarola el proyecto de la Fábrica de Luz de Ojacastro en 1908 y a final de este año se separaron.

Altuzarra, Celedonio. Alcalde de Ezcaray en 1903.

Altuzarra, Matías. Empleado de Mancomunidad Electra Posadas en 1922.

Álvarez de Toledo y Mencos, familia. Familia de 11 hermanos propietarios, en proindivisión, del castillo y central eléctrica de Cuzcurrita en 1932 antes de venderla a Electra Posadas. El 4º de ellos Manuel llevó el poder de los demás para la venta. Era marqués de Navarrés y así se le designaba casi siempre en la documentación.

Anguiano, Saturnino. Vende los bienes de Hidroeléctrica del Oja como su representante en escritura de fecha 4 de agosto de 1916.

Ansuategui Alday, Julián Mª. Notario de Cuzcurrita que autorizó la escritura de venta de la central y castillo a Electra Posadas.

Aranjuelo Alonso, Francisco. (- Ezcaray 29 mayo 1931). Industrial textil de Ezcaray. Gestor designado por los obligacionistas de Hidro – Eléctrica del Oja. Escrutador de la junta general extraordinaria de Hidro – Eléctrica del Oja en 12 de setiembre de 1916. Miembro de la junta provisional de Mancomunidad Electra Posadas en mayo de 1916. Fue uno de los partícipes de la Comunidad Electra Posadas. Socio fundador de Electra Posadas en 1923. Primer vicepresidente de Electra Posadas en 1923 cesó como consejero en 1929. En [4] se informa de su muerte *"el entierro fue ayer a las 12 y acompañó todo el pueblo RIP"*

Aransay, Guillermo. (Santurdejo -). Accionista y escrutador de la junta general extraordinaria de Hidro – Eléctrica del Oja en 12 de setiembre de 1916, y firmó como liquidador. Estuvo casado con Simona Segura Hidalgo y por lo tanto fue cuñado de Dionisio Segura Hidalgo [5].

Arizti, Eladio. Pelotari que en 1932 estaba avecindado en Santo Domingo. Obligacionista importante.

Armero. XX. Empleado de Saltos del Duero en 1934. Participó en el reparto de mercados con Hidroeléctrica Ibérica.

Arrea Gómez, Perfecta. (Santurdejo – Ezcaray 1950). Mujer de Mateo Díez Robredo. Madre de 6 hijos (Julia, Justo, Rosa, Dolores, Marcelino y Milagros), de entre ellos Justo y Marcelino fueron empleados de Electra Posadas. Su contribución, registrada en algunas cartas y memorias de Electra Posadas, fue muy importante ya que formó un hogar en el viejo caserón de la ferrería de Posadas en épocas muy duras. La memoria de 1950 expresaba *"tenemos que dolernos que, a raíz de su jubilación por edad, falleciera Perfecta Arrea (qepd) sin poder disfrutar de tan merecido descanso, suplicándoos una oración por su alma. El otro maquinista, Mateo Díez, fue también jubilado tras*

---

[3] Datos facilitados por Alberto Alonso de Electricidad Luis María Alonso en 31 agosto de 2021.
[4] Carta G. Merino a A. Merino de 31 de mayo de 1931.
[5] Datos facilitados por Pilar Uruñuela de entrevista personal con Pablo Aransay Segura.

muchos años de excelente comportamiento. Desde 1° de enero están prestando servicio los nuevos que los sustituyen en la Central de Posadas.". Su fallecimiento ocurrió el 11 de febrero de 1950.

Ayabarrena, Isidoro. Obligacionista de Hidroeléctrica del Oja, partícipe de la Mancomunidad de Electra Posadas y algún tiempo empleado de la misma.

Azarola Gresillón, Emiliano. (Tafalla 1872 – 1950), Ingeniero de Caminos que firmó junto con el también ingeniero Fernando Alonso Urquijo el proyecto de la Fábrica de Luz de Ojacastro en 1908. Este ingeniero fue conocido, intervino en política, y de él hay una referencia en [6]Auñamendi http://aunamendi.eusko-ikaskuntza.eus/eu/azarola-gresillon-emilio/ar-16801/ .

Azcárate Pérez, Eleuterio. (Villamañán (León) 1845 – Ezcaray 1924). Médico de Ezcaray. Representante de Dionisio Segura en la polémica epistolar, en "La Rioja" de 1905, con Benito Gandasegui y también para asuntos ordinarios. Participa, entre otras, en la curación de las heridas causadas por un accidente laboral en las sierras de Ojacastro en 1911. Hay un extenso artículo sobre su vida en Jauregui Ezquibela, de ella se han sacado el lugar y fecha de nacimiento y la fecha de su muerte.

Bañares Valgañón, Domingo. (Valgañón 1873 -). Cobrador en Santo Domingo en el año 1929. Secretario del Ayuntamiento de Valgañón durante algunos años de en la década de 1930. [7]

Bañuelos, Antonio. (¿Bañares?). Labrador. Accionista importante.

Barrios Marín, Salvador. Accionista, censor de cuentas en 1963. Relojero en Santo Domingo.

Blas, Vicente. (Falleció En junio de 1961). Maquinista de Posadas. Empezó a trabajar para la empresa en 1947. Tras su muerte se nombraron para su cargo a Sebastián Mateo y correturnos y 3° del Águila a Rafael Robledo.

Calvo, Eduardo. Sustituto de Fructuoso Cilla como maquinista de la fábrica de luz de Ojacastro.

Calvo de Miguel, José. (Valgañón 1868 -). Promotor de la electricidad en Valgañón años de 1906 – 1907.[8]

Calvo de Miguel, Teodoro. (Valgañon 1866 –) [9]. Socio de Daniel Agustín Apéstegui en la "Sociedad de la Máquina", era el socio capitalista de la iniciativa. Prestó 1.000 ptas. al 5,5% de interés, bastante alto para aquella época. Fue relojero en Valgañón (1898) y concejal de su Ayuntamiento (a partir de 1899, durante varios años).

Cámara, Baldomero. Mayordomo de la Fábrica de hilados de Valgañón. Autorizado por los promotores de la electricidad en Valgañón años de 1906 – 1907 para convocar Juntas.

Campo Marín, Hermanos. De nombre Julio (ya fallecido), Domingo y Eduardo. (Nacidos en Ezcaray). Transportistas jubilados. Propietarios actuales de la central de Posadas que también explotan [10].

---

[6] Auñamendi http://aunamendi.eusko-ikaskuntza.eus/eu/azarola-gresillon-emilio/ar-16801/
[7] Datos complementados por Rafael Torres Sancho.
[8] Datos complementados por Rafael Torres Sancho.
[9] Datos de Jose Luis Agustín Tello.
[10] Datos confirmados por Jose María García Calvo en 13 de marzo de 2021.

Canal, Basilio. Vecino de Ojacastro. Trabajó en la serrería de la fábrica de luz (Ojacastro).

Castroviejo Lladó, Gumersindo. (Ezcaray 25 noviembre 1905 [11] – 8 mayo 1986). Carpintero de Electra Posadas. Su taller estaba en los bajos de la casa social de la Empresa sita en la calle Plantío cerca del Puente Alandia. Dedicó gran parte de su actividad a la preparación de los encofrados de madera para las construcciones de hormigón de canales, puentes, depósito etc. de la Central del Águila. Gran aficionado a la música tocaba el bombo en la Banda Municipal de Ezcaray.

Figura 11.2. Obras del salto del Águila año de 1951. Cuadrilla de trabajadores de las obras. (1) Gumersindo Castroviejo. (2) Victoriano Marín Villanueva. Cedida por Jose Ramón Marín Calvo.

Cermeño, Samuel. Cobrador que fue de Santo Domingo. Fue además celador de la catedral.

Cilla Cilla, Fructuoso. (Terrazas de Salas (Burgos) 1876 - Ezcaray 1959). Forjó su experiencia en La fábrica La Gloria de Ezcaray. En octubre de 1908 estaba trabajando en el tendido a la línea general desde la fábrica de luz de Ojacastro a la Cerrada. Con la puesta en servicio de la fábrica fue el primer maquinista de la misma, realizaba las instalaciones y mantenimiento de los abonados, y cuidaba del mantenimiento del cauce. En 1912 se despide y emigra a EE.UU. Retorna a Ezcaray donde fallece. [12]

Corral López, Julián. (Villavelayo 1841 -). Promotor de la electricidad en Valgañón años de 1906 – 1907. [13]

Corral López, Rufino. (Valgañón 1838 -). Promotor de la electricidad en Valgañón años de 1906 – 1907. [14]

Crespo, Manuel. Alcalde de Ojacastro en 1909.

---

[11] Dato de Pilar Carranza Campuzano.
[12] Datos de su nieto Samuel Cilla en 28 julio 2018.
[13] Datos complementados por Rafael Torres Sancho.
[14] Datos aportados por Rafael Torres Sancho.

Crespo Valgañón, Juan Pablo. (Valgañón 1902 - Valgañón 1994). Concejal de su ayuntamiento. Empleado autónomo de Electra Posadas en Valgañón con responsabilidad en los núcleos dispersos de los montes de Ayago servidos por esta Electra [15].

Criales Ruiz, Francisco. Accionista de Electra Posadas y censor para las cuentas de 1952.

Cuevas, Dámaso. (1930 -). Según [16] entrevista cuyo resumen se transcribe literalmente "*A los 14 años, entró como aprendiz en la Central Eléctrica de Tirgo, de la que recordaba que durante la noche funcionaba la turbina y durante el día, el molino; posteriormente se sustituyó la vieja turbina y se instalaron dos alternadores. Continuó trabajando en dicha Central hasta el año 1966, en la que prestaban servicio diez personas, ocupándose de los trabajos de mantenimiento de dicha Central y de la revisión de líneas. En dicho año fue trasladado a Santo Domingo, ocupándose – junto con otros empleados – en atender a 27 pueblos de la Comarca, únicamente en trabajos en baja tensión. En ocasiones se desplazó, por necesidades de servicio, a la Central del Águila, en Posadas. Antes de jubilarse en el año 1990, llegó a ocupar el cargo de capataz.*".

Cuevas, Isaías. (1902 - 1946). Empleado de Electra Posadas en Villalba que falleció electrocutado en ese pueblo junto con Florencio Llanos en 6 de diciembre de 1946.

Del Campo y Lacalle, Francisco. Vecino de Logroño. En 1908 solicita una concesión en el Rehoyo, Urdanta, para suministrar a la mina "La Lealtad". El proyecto no prosperó. También solicita el mismo año aprovechamiento en la Peña del Águila que asimismo no se lleva a cabo. Véase Anexo Documental A-49.

Del Arenal, Celestino María. Notario de Bilbao. Intervino en autentificaciones notariales de emisiones de acciones y obligaciones de Electra Posadas.

Del Río Soler de Cornellá, Luis. (Bilbao 1891- Madrid 1977). Ingeniero de caminos canales y puertos. Ingeniero de Renfe. Amigo personal de los hermanos Merino Urrutia y en especial de Gonzalo. Puso a su disposición los conocimientos en Ingeniería Civil ayudándoles con sus consejos sobre todo en las obras del salto del Águila. Suscribió el primer Proyecto de febrero de 1943, que contemplaba tres aprovechamientos en la cabecera del río Oja. Además, les asesoró en sus trámites para las concesiones y autorizaciones administrativas ante los Ministerios pertinentes. Muy ligado a Ezcaray en donde veraneó a partir del año 1936, y a partir de 1939 compró el chalet "Villa Carmen" situado en la salida hacia Zorraquín, es el antiguo chalet de "don Ángel el pintor" [17]. Es muy posible les facilitara contacto con Antonio Renedo Fornos, que realizó el Proyecto del "Salto de Ozumbra reformado" fechado en 1946.

Díaz, Hernan (¿Herman? En otros sitios). Socio de Blas Díez en la central de Sorejana.

Diego, Francisco. Socio de Blas Díez en la central de Sorejana y maquinista de esta central. Cuñado de Hernán Díaz.

Díez, Blas. Socio de la central de Sorejana. Propietario de fábrica de Harinas en Leiva.

---

[15] Datos facilitados por Jose Luis Agustín Tello en 22 de marzo de 2021 y Rafael Torres Sancho.
[16] Entrevista personal realizada por Jose Luis Agustín Tello en 27 de marzo de 2021
[17] Chalet muy conocido del rodaje de la película "El Sur" de Víctor Erice.

Díez, Victoriano. Empleado de la oficina de Electra Posadas en Haro y en Bilbao, según [18] se hablaba de la subida de sueldo a Víctoriano Díez que lleva bien el trabajo y propone pasarle de 275 pta./mes a 325 con unos meses de transición a 300. Era empleado de Posadas en Bilbao en 1964 y pasó a la plantilla de Iberduero.

Díez Arrea, Justo. (Posadas, Ezcaray 1907 – Logroño 1977). Hijo de Mateo Díez. Hizo sus estudios primarios en Posadas y en Ezcaray y a su vez ayudó a su padre en las arduas labores de la central. Se empapó del conocimiento práctico de Mateo con vistas a sucederle por lo que en los años 20 decidió formarse en la Escuela Industrial de Alcoy mediante el tradicional sistema de los estudios por correspondencia. Compaginó sus estudios con el trabajo en la central. Al constituirse Comunidad Electra Posadas siguieron, Mateo y Justo, que siguió ayudándole. Cuando la central eléctrica de Cuzcurrita de Río Tirón se integró en Electra Posadas, Justo fue enviado para ponerse al cargo del montaje del nuevo grupo hidroeléctrico de Cuzcurrita, que entró en servicio en 1935. Pasó a ser jefe de servicios de la sociedad, este cargo en un sector estratégico como era el eléctrico hizo que mediante Orden de 22 de septiembre de 1937 se decretase su desmovilización provisional durante la Guerra Civil, por lo que no tuvo que ir al frente. Con la venta de la empresa Electra Posadas a Iberduero, en 1964, pasó a ser el responsable de la oficina de esta empresa en Santo Domingo de la Calzada. Se jubiló y falleció en Logroño. Según sus coetáneos, Justo fue un hombre muy trabajador y perspicaz, desempeñando su trabajo con gran responsabilidad y habilidad, y avalado por una sólida cualificación y un evidente conocimiento de la electricidad y sus instalaciones. Contaba además con un amplio grupo de colaboradores, el más estrecho su hermano Marcelino, destacando los distintos oficiales que disponía en cada pueblo abastecido por la empresa. En muchos de esos pueblos era conocido como "*Justo el de la Electra*" o "*Justo el de la luz*", pues fueron varios los lugares a los que llegó el suministro eléctrico en los años en los que trabajó en Electra Posadas. Justo, que no conocía las vacaciones, estaba siempre disponible para dirigir los habituales trabajos de reparación e instalación con ocasión de las numerosísimas averías producidas por tormentas, caídas de postes, fallos de tensión u otros problemas habituales. Su figura fue muy conocida a bordo de un "Balilla" con "*ahitepudras*"[19] acudiendo a todas las partes donde era requerido. En la figura que sigue aparece su fotografía. Las citaciones a su eficacia profesional y como jefe son numerosas en las memorias de la sociedad. También destacaron sus realizaciones técnicas tales como la realización de los cuadros de aparatos del Águila a partir de su esquema preliminar. Otras fueron la medición a distancia del nivel del depósito del Águila, el diseño y dirección de la fabricación de postes de cemento armado por citar unas pocas. En todos estos trabajos formó un equipo eficaz con su hermano Marcelino Díez.

---

[18] Carta de G. Merino a A. Merino de 29 de enero de 1936.
[19] Asientos colocados en la parte trasera de la carrocería de un automóvil. Estaban fuera del compartimiento principal y eran muy estrechos e incómodos.

Figura 11.3. Justo Díez Arrea en torno a 1968. Cedida por Francisco Javier Díez Morrás.

Díez Arrea, Marcelino. (Posadas, Ezcaray 1924 – Santo Domingo de la Calzada 2016). Hijo quinto y penúltimo de Mateo Díez, se sumó al equipo formado por su padre y su hermano ocupando el cargo de contramaestre. Al desaparecer Electra Posadas fundó en 1964 una empresa de instalaciones eléctricas, "Electricidad SAMAR", en Santo Domingo de la Calzada con venta de electrodomésticos y material eléctrico. Formó un equipo muy eficaz con su hermano Justo. Sus cualificaciones en los mismos campos que en los de Justo estuvieron complementadas por el manejo de los explosivos que fueron muy importantes para las obras del Águila, y se puede decir en su haber que no hubo accidentes. Su fotografía aparece a continuación.

Figura 11.4. Marcelino Díez Arrea en torno a 1945. Cedida por Francisco Javier Díez Morrás.

Díez Robredo, Mateo. (Ezcaray 1877- Ezcaray 1960) Casó con Perfecta Arrea Gómez, natural de Santurdejo. En sus inicios Mateo comenzó trabajando de encargado de máquinas en la fábrica de telas y boinas de Arturo Gandasegui, pasando alrededor de 1906 a la empresa Segura y Cía. desempeñando el mismo trabajo, lo que nos habla de su habilidad con el manejo de máquinas. Mateo fue también maquinista de la Fábrica de luz de Ojacastro, y se jubiló al terminarse la obra más importante emprendida por Electra Posadas, el salto del Águila. Ha quedado memoria de su carácter recto y defensor de las causas justas. En 1º de enero de 1950 fue jubilado el matrimonio formado por Mateo Díez y Perfecta Arrea, que desempeñaron durante 29 años, el cargo de maquinista de la central de Posadas, con un haber del 70% de su sueldo que era pagado por el Montepío. Se trae este dato de pago por los Montepíos antecesores de la Seguridad Social para que se vea como han ido evolucionando en los más de 70 años transcurridos. Su fotografía viene a continuación.

Figura 11.5. Mateo Díez Robredo en torno a 1955. Cedida por Francisco Javier Díez Morrás.

Echaurren, Pedro. Alcalde de Ezcaray en 1908. Vendió en 1920 una casa en Ezcaray a los cuatro socios de Comunidad Electra Posadas, para ser destinada a sede social. Propietario de la Fonda que llevaba su nombre.

Eguren, Remigio de. Director y propietario de una importante firma de Ingeniería y suministros de equipos de Bilbao. Además de suministrador de Electra Posadas les asesoró, entre otras, en sus discusiones con Hidroelectra de Nájera y en el contrato de suministro con Hidroeléctrica Ibérica.

Elvira Apéllaniz, José. Inspector provincial de Trabajo en Logroño en 1912.

Escudero Vadillo, Ulises. Consejero suplente de Hidroeléctrica del Oja en 1913. Gestor designado por los obligacionistas de Hidroeléctrica del Oja. Miembro de la junta provisional de Mancomunidad Electra Posadas en mayo de 1916. Según referencia de [20] en el Anuario del Comercio y de la Industria de 1894, figuraba como Comercio de Quincalla, en la c/ Mayor (Ezcaray), y pagaba un impuesto anual de 24,59 pta. Fue concejal del Ayuntamiento de Ezcaray durante varios años, y llegó a ser Regidor en 1906. En el año 1907, fue el concejal más votado. Fue Jurado de los Tribunales en numerosas ocasiones, por su prestigio personal y su solvencia. En 1908 fue fiscal municipal de Ezcaray, y en el Anuario Riera de 1908 figuraba como Actividad de Hojalatería, junto con sus hermanos (o familiares) Lázaro y Pablo. En el año 1909, se deja ver su faceta conservadora, apoyando a Maura, lo que reflejaba la prensa de Madrid, añadiendo que de Ezcaray se habían sumado a la iniciativa D. Pedro Echaurren, D. Emilio Puchades, D. Benigno de la Torre y otros. En 1910 regentaba una Abacería en Ezcaray, y pagaba un impuesto anual de 20 ptas.

Fernández, Eugenio alias Boteja. Gerente de Hidroelectra de Nájera en 1929 y 1935,

Fernández, Luis. Suministrador de luz en Grañón antes de Electra Posadas

---

[20] Datos facilitados por José Luis Agustín Tello.

Fernández Nájera. Amado. Accionista y censor de cuentas de Electra Posadas en 1963.

Ferrer Arce, Francisco. Santo Domingo de la Calzada. Banquero. Miembro de la junta provisional de Mancomunidad Electra Posadas en mayo de 1916. Fue uno de los partícipes de la Mancomunidad Electra Posadas y en marzo de 1922 la representaba frente al Ayuntamiento de Santo Domingo. Socio fundador de Electra Posadas en 1923. Primer consejero delegado de Electra Posadas en 1923. En [21] se dice "*Don Francisco de Asís Ferrer Arce, de origen catalán, fue un gran hombre de empresa para la ciudad, pues creó la "Banca Ferrer", así como un importante comercio de tejidos, que tuvo de empleados a don Olegario Ibáñez, don Aurelio Bustillo y don Ildefonso Sáez*". La Banca Ferrer de Santo Domingo de la Calzada, fue absorbida por el Banco Popular en 1957. En [22] le felicita por su reciente nombramiento como diputado provincial. Era a la vez accionista y consejero de Hidroelectra de Nájera, su nombramiento como consejero fue en febrero de 1927 y dimitió en 1929.

Figura 11.6. Anuncio de la casa de banca "Hijo de Juan Ferrer"

Gallego Benito, Alejandro. (Santo Domingo de la Calzada 28 de febrero de 1879 - Asesinado el 4 de setiembre de 1936 en el cementerio de Hormilla [23]). Abogado, concejal y Alcalde de Santo Domingo de la Calzada durante la II República, Diputado provincial. Refundó en 1930 junto con otros calceatenses el Ateneo Republicano de Santo Domingo [24]. Apoyó los intereses de los propietarios de los prados de Posadas frente a los de la Electra. Se presentó a las elecciones a Cortes constituyentes de la II República Española por la circunscripción de Santo Domingo, aunque no resultó elegido. Para una semblanza más completa de esta persona véase Díez Morrás "El Demócrata Riojano".

Gamón. Empleado de Compañía Explotadora las Conchas de San Felices. En 1935 atendía las maniobras de la conexión con Hidroeléctrica Ibérica.

Gancedo, Pedro. Comerciante y propietario de Ezcaray. Consejero de Hidroeléctrica del Oja en 1913.

---

[21] Blog de Eduardo Villanueva Cornejo http://eduvicor2.blogspot.com/2011/07/profesionales-y-comerciantes.html
[22] Carta de A Merino a F. Ferrer de 24de noviembre de 1928.
[23] Según Diego Marín Abeytua en "La Rioja" 4 de setiembre de 2011.
[24] Según FJ Díez Morrás en 27 setiembre de 2020.

Gandasegui Lope, Arturo. Alcalde en 1920 y concejal de Ezcaray. Industrial del ramo textil. Experto en electricidad. Representante de Siemens. Tenía conocimientos técnicos sólidos y se ha visto que intervino en asesoramientos diversos a otros industriales del ramo eléctrico. Concesionario del contrato de alumbrado público de Ezcaray hasta 1938, en que lo vendió a Electra Posadas.

Figura 11.7. Aturo Gandasegui Lope con su hija Ana Gandasegui Perujo. Cedida por Jose María García Calvo

Sigue el membrete de una factura emitida por Arturo Gandasegui en 1911, en la que se puede ver que figuraba como suministrador de "Maquinaria eléctrica, Turbinas, Centrales completas de alumbrado eléctrico".

Figura 11.8. Membrete de la factura de Aturo Gandasegui Lope. Cedida por Jose Luis Agustín Tello.

Gandasegui Marín, Benito. (– fallece en Ezcaray 1915). Alcalde de Ezcaray. Industrial textil. Suministró luz a Ezcaray desde 1896 desde su fábrica de luz "La Gloria" situada la primera en el cauce molinar. Fue activo impulsando la construcción del ferrocarril Haro – Ezcaray, aunque murió antes de su inauguración. Véase la nota biográfica nota inédita de AGUSTÍN TELLO "D. BENITO GANDASEGUI MARIN (Datos de su vida,.)", obtenida de hemerotecas, en la que se ve su actividad política e industrial. La fotografía de Benito Gandasegui Marín, con toda su familia, se inserta a continuación.

Figura 11.9. Benito Gandasegui Marín (segundo por la derecha) con su familia. Cedida por Jose María García Calvo.

Gandasegui Orue, Leon. Fabricante de paños. Nacido en Villaro (Bizkaia). *"En 1786 pasó de Villaro a Villanueva de Cameros. Sus descendientes pasaron a Ezcaray en 1850 donde continúa en la actualidad la rama de esta familia"*. Véase en MERINO URRUTIA. "ARTÍFICES VASCOS EN LA RIOJA"

García, Jesús. Escribiente de Electra Posadas en su oficina de Haro, año de 1934.

García, Severo. Suministrador de luz a Castañares y parte de Casalarreina. Vendió su red a Electra Posadas en 1929. Esto fue el inicio de la extensión de Posadas en la zona.

García, Simeón o Gonzalo Simeón. Es posible sea el mismo que aparece con ambos nombres en igual documento. Concejal pedáneo de Posadas en 1931.

García Baquero, Faustina. Propietaria de Electra del Pilar de Anguiano, año de 1935.

García Baquero, Félix. Partícipe en el negocio de Maderas Riojanas en Ezcaray, en 1933.

Garbayo, Eduardo. Ingeniero industrial que proyectó la instalación de Valgañón.

Garrido, Jose María. El "Anuario de Electricidad" de 1900 lo cita como director técnico de "La Gloria" de Ezcaray.

Garrido Serrano, Demetrio. (San Antón, Ezcaray 1929). Vive en Posadas [25]. En conversación del autor con él, habida en 2015, dice que participó en las obras del Salto del Águila y en particular en la perforación del túnel de entrada a la central. Lo hicieron entre 6 personas.

---

[25] Verificado en 16 de marzo de 2021 por Jose Maria García Calvo.

Figura 11.10. Demetrio Garrido Serrano en el Puente de la Herrería a la entrada de la Central de Posadas. 25 de agosto de 2015.

Garrido Garrido, Félix. (Posadas 1919 – Ezcaray 2008). Alcalde pedáneo de Posadas. Trabajador de las obras del Águila. Tenía un gran conocimiento de las sendas y trochas de la sierra de la Demanda. [26]

Garrido Garrido, Juan. (Posadas 1921 – Ezcaray 1995). Trabajó activamente en la construcción de los canales y la central eléctrica de "El Águila". [27]

Gil Calleja, Teodoro. (Villavicencio de los Caballeros, Valladolid 1854 – El Escorial, Madrid 1914). Procurador de los Tribunales. Aconsejó a Agustín Merino.

Gill de la Cuesta, Sinforiano. (Briones, La Rioja). Propietario en Briones, Ezcaray y Ojacastro. En este último pueblo de un molino situado en el cauce de abajo

Gómez, Canuto. Vecino de Turza (Ezcaray). Se accidentó, no mortalmente, en 1933 por podar un chopo de su propiedad en las inmediaciones de una línea de AT de Electra Posadas.

Gómez, Pascual. Propietario del molino "Santa María" de Ojacastro en 1913.

Gómez García, Pedro. Gerente interino de Hidroeléctrica del Oja en julio de 1913. En julio de 1915, ya era gerente sin la condición de interino.

Gómez Miguel, Luis. (Villalobar 1908 – 2000). Empleado de Electra Posadas en Villalobar de Rioja. Era responsable de las lecturas de contador, cobro de recibos, maniobras de conexión en la caseta de distribución del pueblo, así como de las reparaciones en Baja Tensión.

---

[26] Datos complementados por Rafael Torres Sancho.
[27] Datos de Rafael Torres Sancho

LOS PROTAGONISTAS DE LA HISTORIA

González, Jesús. Empleado de Electra Posadas en Casalarreina. Sufre accidente mortal en 1930.

González Serrano, Marceliano. (Tosantos (Burgos) 1866 – Lerma (Burgos) 1932). Promotor de la electricidad en Valgañón años de 1906 – 1907.[28]

Gonzalo Manso, Julián. (Valgañón 1869 -). Promotor de la electricidad en Valgañón años de 1906 – 1907.[29]

Guardamino Nalda, Miguel. Empleado de Electra Posadas en Santo Domingo de la Calzada. A final de 1935 pasó a maquinista de Cuzcurrita. Sufrió un accidente laboral en 1928. En 27 de junio de 1935 intervino eficazmente para sofocar el incendio de la Sub - Central de Santo Domingo de la Calzada evitando daños personales y minimizando los de la maquinaria. En noviembre de 1951 se retira por invalidez quedando acogido al Seguro de Enfermedad. En [30] se notifica que: *"... nombramiento en favor de Don Manuel Guardamino"*. Este fue un empleado con bastantes años de servicio a EP. En lo que se refiere a lo personal, la sentencia dictada por el Tribunal Supremo zanjó de manera definitiva la reclamación motivada por el accidente de trabajo sufrido en agosto de 1928 por Miguel Guardamino, fue la Sociedad condenada al pago de las indemnizaciones legales que se satisficieron íntegramente; pero no se pudieron conseguir de la Cia. Aseguradora sino muy reducidas concesiones.

Guerra, Jose. Accionista de Electra Posadas. Industrial de la madera en Ezcaray. Su fábrica, cuyo aspecto externo es hoy reconocible, ocupaba el solar del restaurante actual y tienda de gourmet de los "Rincones del Vino" de Adolfo Soto en la calle Jesús Nazareno.

Guimón. Abogado de Madrid. Interviene en el pleito de Posadas en el Tribunal Supremo.

Gutiérrez, Rosendo. Tuvo la concesión de la central de Tirgo en 1900.

Hernani Gorostola, Jose. Vivía en Barakaldo y era empleado de Altos Hornos de Vizcaya. Accionista y censor de cuentas de Electra Posadas en 1952.

Hernáiz, Pedro. Alcalde de Ezcaray en 1901.

Herrán Rucabado, Estanislao. (- Madrid 1962). Ingeniero de Caminos Canales y Puestos. En 1921 era Ingeniero de Aguas del Ayuntamiento de Bilbao. Proyectó en pantano de Ordunte (Valle de Mena) sobre el Cadagua aguas arriba de Balmaseda, que suministra aguas a Bilbao. Hizo, en 1921, por encargo de la Mancomunidad Electra Posadas, el proyecto del río Altuzarra que no se llevó a cabo.

Herrero y Rementería, María del Pilar. Solicitó el aprovechamiento del Oja en Peña del Águila en 1903 y que se renovó en 1927 pero nunca se llevó a cabo obra alguna.

Hidalgo, Jose María. Industrial de tejería en Santo Domingo en 1922.

Ircio, Primitivo. Escribiente de Compañía Explotadora las Conchas y temporalmente lo fue de Electra Posadas en 1935.

---

[28] Datos complementados por Rafael Torres Sancho.
[29] Datos complementados por Rafael Torres Sancho.
[30] Carta de F. Ferrer a A. Merino de 21 de mayo de 1924.

Jorge, Timoteo. Sacerdote. Coadjutor de la parroquia de Ojacastro. Obligacionista de Hidroeléctrica del Oja y posteriormente accionista de Electra Posadas.

Keller Mezquiriz, Federico. (Madrid, 1868 - Madrid 1940) fue un arquitecto español, ingeniero de caminos, canales y puertos, funcionario en esta área en la Diputación de Burgos. Entre otras obras fue el encargado de la reforma y ensanche de 1903 de la villa de Miranda de Ebro [31]. Electra Posadas le sucedió en el suministro de Pancorbo (Burgos).

Lacalle. Obligacionista importante de Electra Posadas en 1932.

Lahore, Armando. Ingeniero que en 1895 iba a visitar Santo Domingo para proponer la instalación del alumbrado público. Su propuesta no prosperó.

Lamorena, A. Accionista de Electra Río Tirón.

López Gómez, Julián. (Valgañón 1935 – Valgañón 2021). Empleado autónomo de Electra Posadas en Valgañón y núcleos de los montes de Ayago servidos por la Electra [32].

López Grijalba, Lorenzo. (Valgañón 1872 – Valgañón 1937). Promotor de la electricidad en Valgañón años de 1906 – 1907.[33]

Lubian, Empleado de Electra Posadas en 1925.

Llanos, Florencio. Fue lamentable un grave accidente de trabajo en Villalba el 6 de diciembre de 1946 que, por fatal inadvertencia, costó la vida a los excelentes empleados Florencio Llanos e Isaías Cuevas (qepd).

Llerena, Fernando. Se lamentaba en la memoria la pérdida del excelente empleado de Casalarreina Fernando Llerena, víctima de aciago accidente, y se pedía una oración por su alma. Figura en la Memoria de 1952.

Llop Halli, Juan Antonio. Ingeniero de Caminos Canales y Puertos. Ayudó a poner en contacto a Iberduero con Electra Posadas para las negociaciones de absorción de esta por aquella.

Macazaga, Andrés. Obligacionista de Hidroeléctrica del Oja. Partícipe de la Comunidad Electra Posadas. Escribiente de Electra Posadas en Ezcaray antes de 1931. Además, en [34] se indicaba: *"Andrés Macazaga empezará desde mañana a servirme de escribiente"*.

Malo. Empleado de Hidroelectra de Nájera en 1935.

Manzanares, Manuel. Escrutador de Hidroeléctrica del Oja en la junta de 20 de agosto de 1915. Empleado de la Mancomunidad Electra Posadas en 1922.

Marco Gardoqui, XX. Empleado de Hidroeléctrica Ibérica en 1932.

---

[31] Según https://es.wikipedia.org/wiki/Federico_Keller
[32] Datos completados por Rafael Torres Sancho.
[33] Datos completados por Rafael Torres Sancho.
[34] Carta de G. Merino a A. Merino de 7 de enero de 1929.

Marín Rubio, Esteban. (Santa Asensio de los Cantos (Ojacastro) 1885 – Ojacastro 1968). Trabajó en la fábrica de luz de Ojacastro desde el comienzo de las obras en 1908 hasta su cierre en 1938. Comenzó como ayudante de Fructuoso Cilla y a partir de 1912 le sustituyó. Realizaba todas las funciones para el servicio de la Central tales como maquinista, mantenimiento, limpieza de canales, cobro de recibos, pequeñas reparaciones, suministro de bombillas averiadas en casa de los abonados, Con su mujer Angelita Villanueva Uyarra formó una gran familia de 11 hijas e hijos, y tuvieron su casa en la fábrica de Luz de Ojacastro. Los tres que se citan a continuación fueron empleados de Electra Posadas durante sus respectivas vidas activas, es decir formaron con su padre una saga familiar de dedicados a la electricidad.

Figura 11.11. Esteban Marín Rubio foto de 1965 ya jubilado.

Marín Villanueva, Amando. (Ojacastro 7 abril 1917 – Logroño 30 agosto 1986). Maquinista del molino y de la central de Tirgo. Cubría además el servicio de Isaac Salazar y Dámaso Cuevas hasta Cellorigo y Pancorbo. Trabajaban los domingos por la mañana y no había vacaciones. Pasó a empleado de Iberduero de encargado de su almacén de Logroño. En 1979 se retiró por enfermedad. Esta central estaba subordinada a la de Cuzcurrita en el Tirón, era la más pequeña de las cuatro de Electra Posadas y se comunicaba continuamente por el teléfono de la línea eléctrica. Datos de [35].

Figura 11.12. Amando Marín Villanueva en Tirgo. Foto en torno a 1959. Cedida por Mari Carmen Marín Rodrigo.

---

[35] Comunicados por su hija Mari Carmen Marín Rodrigo.

Marín Villanueva, Emilio. (Ojacastro 1909 --- Ezcaray 1990). Empleado de Electra Posadas en Ezcaray. Desempeñó de electricista en Electra Posadas de Ezcaray. Su trabajo era conectar el transformador y también por medio de un teléfono de magneto, estaba en contacto constante con la central del Águila, se dedicaba al mantenimiento de la red de Ezcaray y aldeas cercanas, y al cobro de recibos. Realizaba instalaciones de abonados por cuenta de ellos. Pasó a Iberduero en 1964, siguió en el mismo puesto, pero con menos responsabilidad, pues para trabajos costosos subía una cuadrilla de Santo Domingo para ayudarle, se jubiló en 1974. En sus horas libres las empleaba para sembrar verduras y hortalizas en una huerta que sigue en propiedad de sus descendientes, entre la casa y el puente roto (Puente de Alandia) como se ha visto en la figura 6.1. Había además un pajar pequeño en el que criaban un cerdo, varios conejos y gallinas trabajos de los que se encargaba su mujer Juanita Santamaría. En abril de 1951 ocurrió un hecho bien sensible que pudo tener malas consecuencias. Procedía Emilio Marín, a cortar la acometida en poste de un motor de 1 HP (0,75 kW) para un pequeño taller, con 4 recibos sin pagar, y fue apedreado por el propietario del taller, una de las piedras le dio en el costado ocasionándole una lesión. Bajó de la escalera y fue a dar parte al Juzgado y a la Guardia Civil, que levantó el correspondiente atestado. El 26 de mayo se tuvo el juicio en el Juzgado Comarcal de Santo Domingo, que condenó al agresor al pago de costas y a 15 días de cárcel, este apeló ante el Juzgado de 1ª instancia y la vista que se celebró el 27 de julio, y para gran satisfacción Electra Posadas confirmó la sentencia del comarcal. Según datos de [36].

Figura 11.13. Emilio Marín Villanueva. Cedida por Juan Luis Pérez a través de Rafael Torres.

Marín Villanueva, Rufino. (Ojacastro 1923 – Ojacastro 2019). Indicó al autor que, en ciertas épocas, durante las obras del Águila, trabajaba en las mismas para obtener ganancias eventuales.

---

[36] Su hijo Carlos Marín Santamaría,

Marín Villanueva, Victoriano. (Ojacastro 1914 – Ojacastro 1993) [37]. Electricista. Dio los primeros pasos con su padre Esteban Marín en la Fábrica de Luz de Ojacastro. En Electra Posadas fue el encargado de Ojacastro. Su cometido eran las maniobras de conexión y desconexión del transformador en su caseta, el cobro de los recibos a domicilio, las reparaciones en la red de distribución del pueblo, reparaciones por cuenta de los abonados si estos se lo solicitaban. Trabajó en las obras del salto del Águila y en las electrificaciones de las aldeas. Pasó como empleado de Iberduero hasta su jubilación en 1979. Se desplazaba para su trabajo en una motocicleta Guzzi. Aparece en la fotografía de la Figura 11.2. marcado con un (2). En la figura siguiente se le ve a Victoriano en su última etapa en Iberduero poco antes de su jubilación.

Figura 11.14. Victoriano Marín Villanueva. Cedida por Jose Ramón Marín Calvo.

Martí Llorens, Joaquín. (Alcoy 1921 – Bilbao 2011). Ingeniero industrial de Iberduero. Dirigió las negociaciones de absorción de Electra Posadas SA.

Martínez, Marino. Ingeniero. Realizó el proyecto de mejora del Salto de Tirgo de Electra Posadas en 1958.

Martínez, Pedro. Promotor de la electricidad en Valgañón años de 1906 – 1907.

Martínez, Teófilo. Empleado de Electra Posadas en Cuzcurrita maquinista de la antigua central antes de su compra por Electra Posadas. Causó baja en 1935.

Martínez, Tomas. Técnico en aforos de corrientes de agua. Intervino en 1917. Véase capítulo 6. En el mismo capítulo se hablaba de su sustitución como director técnico de la Mancomunidad Electra Posadas el 4 de diciembre de 1920.

Martínez Apéstegui, Celestino. (Valgañón 1856 -). Promotor de la electricidad en Valgañón años de 1906 – 1907[38] : Nació en Valgañón en 1856. Se desconoce el año de su fallecimiento, aunque en 1931 estaba censado en la iguala del médico. De profesión Industrial. En el año 1911 regentaba una tienda de ultramarinos y venta al por menor de vinos y aguardientes en la calle Real 7, de Valgañón (donde posteriormente se estableció el popular "Churro"). En el año 1912 constaba en la lista de compromisarios para elección de senadores, por ser uno de los mayores contribuyentes del municipio.

---

[37] Datos facilitados por su hijo Jose Ramón Marín Calvo.
[38] Datos facilitados por José Luis Agustín Tello

Martínez Apéstegui, Pedro. (Valgañón 1852 - Valgañón 1913). Promotor de la electricidad en Valgañón años de 1906 – 1907 [39]

Masip Lope, Eduardo. Alcalde de Ezcaray entre abril de 1931 y noviembre de 1932.[40]

Mateo, Sebastián. Apodado "El aguileño".[41] Maquinista de Posadas y el Águila en 1961. Hacía de correturnos.

Mazón, Jose Mª. Posible gerente de Electra Vasco Alavesa en 1929.

Mendi, Matías Quintiliano. (Ezcaray - Ezcaray). Consejero de Electra Posadas SA entre 1958 y 1964. Vivía en la calle Sagastia de Ezcaray. En los bajos tenía un taller de botas de goma. [42]

Merino Aguilar, Augusto. (Baños de Pernía (Partido de Cervera de Pisuerga, Palencia) 1932 - † 8 - 2 - 2024). Maquinista del Águila e hijo menor de Augusto. La oferta de trabajo que recibieron en 1952 de EP era solo para dos maquinistas y fueron cubiertos por Augusto padre y su hijo mayor Julián. Sin embargo, se vio de inmediato que hacía falta alguien que hiciera de guarda de líneas y canales y obtuvo este trabajo. Su sueldo inicial era de 600 pta., al mes. A los dos años en 1954 pasó a maquinista ya que era preciso pasar de los dos turnos iniciales a tres, por ser el servicio requerido de 24 horas, En las obras del sifón del Salto de Ozumbra reformado margen derecha (1960 – 62) fue capataz en las del canal de Alcaira hasta el sifón. Encargado de las voladuras con dinamita junto con Vicente Blas. Pasó a Electra de Logroño, posteriormente Iberduero. Ejerció de empleado rural (cobros, líneas de distribución, reparaciones) de Nalda, Viguera, Sorzano, Islallana, y Albelda. Para su trabajo se desplazaba en motocicleta, primeramente, con una MV, y luego con una Vespa, en esta última empresa se jubiló a los 63 años (1995) [43].

Merino Aguilar, Julián. (Ezquerra (Burgos) 1924 – Logroño 2010). Tras el desahucio que sufrieron en Ezquerra ocupó temporalmente el trabajo de molinero y panadero para "Los Avelinos" en Fresneda de la Sierra Tirón (Burgos). Maquinista del Águila e hijo mayor de Augusto. Fue, junto con su padre Augusto, seleccionado para cubrir el puesto de segundo maquinista de la central, Con sueldo inicial de 900 pta., al mes. Se jubiló como empleado de Iberduero en 1984. Su último trabajo en esta empresa fue el mantenimiento de los vehículos de su flota. [44]

Merino Azcarraga, José María. (Bilbao 1940). Ingeniero Industrial. Fue el último gerente de Electra Posadas SA en el año de 1964. Autor de este libro. Nieto de Agustín Merino e hijo de José Luis Merino.

Merino Azcarraga, Juan Bautista. (Bilbao 1942). Licenciado en derecho y abogado. Fue el último secretario del consejo de administración de Electra Posadas SA en 1964. Nieto de Agustín Merino e hijo de José Luis Merino.

Merino Gonzalo, Augusto [45]. (Santa María de Ananuñez (Burgos) 1895 – Nalda (La Rioja) 1979). Estuvo casado con Milagros Aguilar y ambos fueron padres de Julián y Augusto. Se jubiló en 1960 siendo empleado de Electra Posadas SA. Maquinista jefe de la central del Águila. Con sus dos hijos

---

[39] Datos facilitados por José Luis Agustín Tello
[40] Datos facilitados por Jose Luis Soto Sáez.
[41] Dato facilitado por Jorge Matey Valderrama.
[42] Datos facilitados por Jose Luis Soto Sáez.
[43] Él ha facilitado datos, sobre su familia y el trabajo y la vida en la central en entrevista de 29 de noviembre de 2018.
[44] Datos facilitados por Vega Merino Santamaría hija de Julián.
[45] Datos facilitados por Augusto Merino Aguilar en 29 de noviembre de 2018,

Julián y Augusto Merino Aguilar formó la plantilla que operó esta Central. Entre ellos se repartían los turnos para el funcionamiento continuo de la Central. Su experiencia, en este campo, se inició con una central eléctrica móvil para las obras del ferrocarril Santander – Mediterráneo [46]. Tras este trabajo fue maquinista de una central de 40 kW sita sobre el río Tirón en Ezquerra (Burgos), véase apartado A-15.10., del Anexo Documental A-15. Poco después fue desahuciado, de forma improcedente, del trabajo y de la vivienda de la central de Ezquerra y se estableció en Pradoluengo (Burgos) realizando trabajos de reparación de relojería y mecánica fina. Poco después del desahucio en 1952 apareció un anuncio en el "Diario de Burgos" indicando que Electra Posadas SA necesitaba cubrir dos puestos de trabajo en su nueva central de El Águila. Se presentó junto con su hijo Julián y enseguida fueron seleccionados, como maquinistas cubriendo dos turnos de 8 horas cada uno que fue el servicio inicial de la central. Tenía un sueldo inicial de 900 pta., al mes. Una vez comprometidos con EP, esta envió a los hermanos Campo Marín con su camioneta para recogerles, y a sus familias, junto a sus enseres. Llegaron a la sede de la Compañía en Ezcaray, habitándola unos días y de allí partieron a la central. Les asignaron un burro que llevaba el mote de "*Titanic*". Antes de su llegada el servicio lo aseguraban Vicente Blas y Goyo [47] que procedían de la central de Posadas. De aspecto y formas muy educadas, vegetariano en su alimentación, amante de los paseos al aire libre y recolector de plantas y hierbas de monte. Gran lector y con amplia cultura, le gustaban las matemáticas.

Figura 11.15. Familia de Augusto Merino Gonzalo. De Izquierda a derecha, su mujer Milagros Aguilar, su hijo Julián Merino Aguilar también maquinista, el propio Augusto, delante su nieta Vega Merino Santamaría. Cedida por Vega Merino Santamaría.

Merino Morquecho, Agustín. (Grañón 1855 – Bilbao 1937). Licenciado en derecho y abogado. La mayor parte de su carrera profesional transcurrió en Bilbao desde fin de 1883 y se dio de alta como abogado en 1884. Cesó en la profesión en 1926 en que causó baja en el Colegio de Abogados de esta Villa. Su actividad principal fue la de asesor de Compañías mineras inglesas que radicaban en la ría del Nervión. Tuvo negocios personales en minas y canteras, tales como las canteras de ofita de San Felices de las Conchas de Haro. Muy interesado en el desarrollo y aplicaciones industriales de la electricidad desde muy temprano, ya que entre 1888 y 1892 es Apoderado en Bilbao de la compañía Anglo American Brush Electric Ligth Corporation Limited de Londres. Esta empresa suministró equipos eléctricos para el primer tranvía eléctrico que se instaló entre Bilbao y Santurtzi.

---

[46] En la historia de los FF CC españoles fue una obra muy ambiciosa que nunca entró en servicio completo, véase https://www.vialibre-ffe.com/noticias.asp?not=8718

[47] No se han encontrado referencias a esta persona de nombre Gregorio.

Figura 11.16. Agustín Merino Morquecho en 1935. Esta fotografía presidía las salas de Consejo de Electra Posadas S.A. en Ezcaray y en Posadas.

En 1906 compró en Ojacastro una antigua fábrica de paños y batán con el propósito de convertirla en fábrica de luz. Cumplió este propósito al inaugurar el servicio de alumbrado en 1º de enero de 1909. Luego hasta el final de su vida, incluso tras su jubilación, fue activo en el desarrollo de la electricidad en el Alto Oja como se ha visto en esta historia. Socio fundador de Mancomunidad Electra Posadas en 1915 y de Electra Posadas SA., en 1923 y su primer presidente. Fue presidente del consejo de administración de Electra Posadas SA entre 1923 y 1937. Además de los negocios eléctricos y de la minería tuvo algunas otras actividades empresariales, entre las que se cuentan las agrícolas en las fincas de su mujer, Josefa de Urrutia, en Ojacastro.

Merino Urrutia, Gonzalo. (Grañón 1887 – Madrid 1984). Es la persona que más tiempo dedicó al desarrollo de esta Historia, 56 años. La misma empezó con la gestión de la fábrica de luz de Ojacastro y de Electra Posadas después. Su trayectoria empresarial coincide totalmente con la de ambas empresas. Además, fue fundamental para la transmisión de este último negocio a Iberduero. Inició su andadura en octubre de 1907, con la incorporación a la fábrica de luz de Ojacastro, montó además sus sierras para madera, y la terminó con su jubilación en enero de 1964, poco antes de cumplir los 77 años. En este lapso vio el gran desarrollo que tuvo la energía eléctrica desde instalaciones como la de la Fábrica de luz de Ojacastro con sus 10 kW hasta las grandes centrales hidráulicas de cientos de miles de kW. Incluso en los 20 años que tuvo de vida tras su jubilación tuvo un gran interés por la electricidad. Además, fue un habilidoso "manitas" en temas eléctricos y mecánicos, una de sus aficiones fue el automóvil que empezó a usar desde muy pronto y que sin duda le sirvió para la gestión de las Empresas eléctricas de las que fue responsable. Gran parte de las realizaciones de ambas compañías se inspiraron en sus ideas y se llevaron a cabo debidas a su eficaz gestión. Vivió tiempos de carestía económica pues Electra Posadas coincidió en el tiempo con las crisis desatadas por la Gran Recesión (1929), pasando por guerra civil, y posterior autarquía española. Durante los mismos su austeridad y sus dotes de control sirvieron mucho para que las empresas los superaran. Fue el segundo hijo de Agustín Merino y de Josefa de Urrutia. Gracias a sus contactos personales en toda la zona del Alto Oja muchas personas depositaran en él su confianza y sus modestos ahorros que lograron que financieramente las empresas fueran auténticamente riojanas. En Electra Posadas su puesto fue el de consejero delegado.

Figura 11.17. Gonzalo Merino Urrutia en 1965 recién jubilado

Merino Urrutia, Jose Juan Bautista. (Ojacastro 1886 – Algorta Getxo 1982). Hijo primogénito de Agustín Merino y de Josefa de Urrutia. En abril de 1907 se incorporó a las obras de la fábrica de luz de Ojacastro. En octubre de 1907 fue sustituido por su hermano Gonzalo. Él pasa a atender los restantes negocios y patrimonio familiar en Ojacastro y en la Rioja. Se dedicó a la gestión de las explotaciones de canteras en San Felices, Compañía Explotadora de las Conchas. Desde la muerte de su padre Agustín (1937) fue presidente de Electra Posadas, hasta 1964. Fue muy activo en el mundo cultural, sus contribuciones etnográficas y lingüísticas con el vascuence lo avalan. Sirvió de alcalde en Ojacastro y en Getxo. Secretario del consejo de Hidroeléctrica del Oja en 1915. Liquidador de Hidroeléctrica del Oja. Miembro de la junta provisional de Mancomunidad Electra Posadas en mayo de 1916.

Merino Urrutia, Jose Luis. (Bilbao 1892 – Bilbao 1964). Hijo tercero y menor de Agustín Merino y de Josefa de Urrutia. Licenciado en derecho y abogado en ejercicio en Bilbao heredando los asuntos jurídicos de su padre. Fue secretario del Consejo de Administración de Electra Posadas SA., desde 1928 hasta su fallecimiento, y asesor jurídico de la misma, participando en los pleitos que sostuvo. Trabajó muy unido a Gonzalo y en las dos bajas por enfermedad que tuvo este le sustituyó en el despacho de los asuntos corrientes de Electra Posadas.

Mingo, Eusebio M. Propietario de la central de San Miguel de Pedroso en el Tirón. 1932.

Moles Crespo, José. (1924 – Bilbao 2018). Empleado de la oficina de Electra Posadas en Bilbao. Tras la toma de control por Iberduero pasó a Gerente al Club Deportivo de Bilbao.

Montobbio, Ignacio. Propietario de Electra San José en Haro en 1929. Esta central era la que estaba aguas abajo de la de cabecera sobre el canal del Tirón cuyo edificio aún se ve.

Moronatti. Ingeniero de Bilbao que proyectó la línea San Felices – Santo Domingo. 1929.

Murillo Villar, Eusebio. Propietario de un molino harinero en Grañón en 1923.

Navarrés, marqués de. Título nobiliario de Manuel Álvarez de Toledo y Mencos.

O. de Allende, Víctor. Ingeniero que firmó un proyecto de reforma del salto de "La Gloria" en 1909.

Olazábal, Julián. Contratista del alumbrado público de Santo Domingo en 1895.

Onaindía, Julián de. (siglo XIX). A mediados de este siglo salió de Markina para Ezcaray a montar una rueda hidráulica según Merino Urrutia en "Artífices vascos en la Rioja".

Oñate, Juan de. Concesionario de la central de Arenzana de Abajo en el Najerilla. 1901.

Orive, Julio. Técnico, es posible no fuera empleado, pero si colaborador, de Mancomunidad y SA Electra Posadas, pues aparecen datos de que les cobraba facturas. Cuñado de Julio Salvatierra. Tenía calificación técnica importante.

Oraa, Virgilio. Director del Banco Riojano. Consejero de Hidroeléctrica del Oja en 1913.

Ortega, Amando. Obligacionista de Hidroeléctrica del Oja y posteriormente empleado de la Mancomunidad de Electra Posadas.

Ortiz, Agapito. Propietario en 1913 de la serrería movida por el cauce de abajo de Ojacastro, cuyos claros vestigios se ven en la finca "El pago de las Ánimas"

Ozalla. Socio de Eusebio Murillo en Grañón

Pagola, Desiderio. Ingeniero del Negociado de Industria del Gobierno Civil de Logroño. Extendió las actas de autorización de muchos proyectos del valle del Oja.

Palacio, Avelino. Vicepresidente de Hidroeléctrica del Oja en 1913.

Palomo, Ramón. Topógrafo de San Sebastián, realizó el levantamiento topográfico para la línea de San Felices – Santo Domingo en 1929.

Peña, Cosme. Molinero de Ojacastro. En 1923 solicitó le instalaran contador.

Peña Frades, Juan. (Pazuengos – Valgañón 1912). Promotor de la electricidad en Valgañón en los años de 1906- 1907.

Peñamaría, Jesús. Secretario del Consejo de Administración de Electra Posadas entre 1923 y 1928.

Pérez Ortiz, Martiniano. (Valgañón 1869 – Valgañón 1909). Promotor de la electricidad en Valgañón en los años de 1906- 1907.

Poves, Julián. Propietario de central de Labastida en el Ebro en 1935.

Poves del Solar, Telmo. (Santo Domingo de la Calzada 1882 -). Banquero. Además de casa de banca fue propietario de la tejería mecánica en las afueras de Santo Domingo. De ella queda aún la chimenea de ladrillo al otro lado del puente en la margen izquierda del río y se ve la inscripción

"1922" de su año de construcción. Fue partícipe de la Comunidad Electra Posadas. En julio de 1915 su banca gestionó la colocación de obligaciones hipotecarias de Hidroeléctrica del Oja. Presidente de esta sociedad en 1915. Posteriormente actúo como liquidador designado por los obligacionistas de Hidroeléctrica del Oja. Miembro de la junta provisional de Mancomunidad Electra Posadas en mayo de 1916. Socio fundador de Electra Posadas en 1923 y consejero Tesorero de esta sociedad. En 1927 despareció de Santo Domingo por quiebra. Le sustituyó Francisco de Asis Ferrer.

Prado Hernández, Justino. Médico titular de Santo Domingo presidente de Hidroelectra de Nájera en 1924.

Puchades y Cristofol, Emilio. (- Ezcaray 1923). Teniente coronel de la Guardia Civil retirado. Autor del libro *"Prácticas de la Guardia Civil"* año de 1895. En 5 de octubre de 1902 era comandante y jefe de la guardia municipal de San Sebastián. Socio fundador de Hidroeléctrica del Oja en 25 de setiembre de 1912 y presidente provisional de su Consejo en 15 de diciembre de 1912.

Quintanilla, Romualdo. Empleado y representante de Sucesores de Pinaquy en Santo Domingo de la Calzada, entre final del siglo XIX e inicios del XX.

Ramos Eguía, Jose. Ingeniero de Obras Públicas en Bilbao. Especialista en aguas. Intervino en la traída de aguas a Bilbao y también en las del Zadorra. Realizó levantamientos del salto reformado de Ozumbra para E. Posadas. Véase foto que sigue.

Figura 11.18. Un descanso durante las obras. El primero a la izquierda es el ingeniero Sr Ramos Eguia, el segundo Marcelino Díez Arrea, en torno a 1955. Cedida por Augusto Merino Aguilar. Han colaborado en la identificación del Sr. Ramos su hija Mari Tere Ramos Uranga y su sobrina Feli Gimenez Uranga.

Renedo Fornos, Antonio. (- fallecido en Madrid en 1999). Ingeniero de Caminos Canales y Puertos. Redactó el "Proyecto reformado del salto de Ozumbra margen derecha" de junio de 1946. Afamado ingeniero con numerosas obras. Una de las más conocidas es el depósito de la Plaza de Castilla, también conocido como el segundo depósito elevado del Canal de Isabel II.

Rioja, César o Castor. Molinero en el molino Montoya de Ojacastro entre 1916 y 1921.

Robledo, Rafael. Maquinista del Águila en 1961.

Robredo, Vicente. (- Posadas 1961). Maquinista de la central de Posadas [48].

Robredo Lope, Ricardo (– Ezcaray 1963). Maquinista que fue de la central de Posadas antecesor de Mateo Díez. Posadero en la aldea de Posadas.

Robredo Lope, Saturiano (– Ezcaray 1963). Sacerdote. Coadjutor de Ezcaray y párroco de Posadas y Zorraquín. Fue vicepresidente de Electra Posadas entre 1929 y 1957, cesó voluntariamente tras muy largos años de servicio y fue sustituido por el accionista de Ezcaray Matías Quintiliano Mendi.

Figura 11.19. Saturiano Robredo en 1935

Rodríguez Bascones, Teófilo. Ingeniero al servicio del Gobierno civil de Logroño. Aparece firmando en numerosos proyectos y actas de autorización y puesta en servicio.

Rubio, Manuel. Trabajó en la serrería aneja a la fábrica de luz de Ojacastro en 1911.

Rubio, Servando. (Ojacastro – Ojacastro). Molinero en el molino Montoya de Ojacastro entre 1918 y 1920.

Ruiz de la Cuesta, Roberto. Fue, entre 1948 y 1955, consejero de Electra Posadas SA.

Sagarduy, Vicente. Industrial de Pancorbo en 1954.

Saiz Martín, Antioco. Notario de Ezcaray. Autentificó el acta de liquidación de Hidroeléctrica del Oja en 1915.

Salazar Herrán, Isaac. (1923 . Sajazarra 2018**)** Empleado de Electra Posadas en Sajazarra. [49]

Salvatierra, Julio. Técnico empleado de Mancomunidad y SA Electra Posadas. No se ha descubierto si tenía algún vínculo familiar con Cipriano Salvatierra. Cuñado de Julio Orive.

---

[48] Referencia de Maria Teresa Dulac en noviembre de 2020.
[49] Datos facilitados por Luis Carlos Mahave Riaño.

Salvatierra y Rufo, Cipriano. Sus antecedentes industriales se han visto en una referencia de 1887 EL TRADICIONALISTA periódico en el que se anunciaba con una fábrica de hojalatería en la calle Mayor 53 de Pamplona. Insertaba dos anuncios como instalador de dispositivos "Para-granizos" y "Para-rayos". Socio de "La electricista de Pamplona". Los antecedentes de esta sociedad se han obtenido de la referencia de CASTIELLA en donde se ve que tan temprano como el 14 de febrero de 1889 aportó útiles y maquinaria valorados en 44.119 pta. para constituir la sociedad "Ortigosa y Compañía" junto con otros socios. Un año más tarde en 26 de noviembre de 1890 pasaron a constituirse como "La Electricista" con 4 socios principales (Ortigosa, Andreu, Garbayo y Salvatierra), la sociedad explotaba, en régimen de arrendamiento, el molino de Caparroso, sobre el Arga, sito extramuros de Pamplona. Dirigió el Proyecto de luz en Logroño que se ensayó en noviembre de 1892. Vocal de "Electra Recajo" en 1895 – 1896 y realizó la conversión del suministro a Logroño a partir del salto de Recajo. Fue muy activo en proyectos pioneros de alumbrado eléctrico en la Rioja. En la referencia de DE LEÓN también aparece como uno de los accionistas fundadores, en 1903, de Hidroeléctrica de Cataluña con 200 acciones de 500 pts., cada una, lo que constituía el 1% de su capital social. Entre 1897 y 1901 formó parte del consejo de administración de Electra Estellesa [50]. El proyecto de más importante fue su participación en la creación, en 1906, de la Sociedad General de Transportes Eléctricos, primer estadio de Saltos del Duero [51]. Se inserta un anuncio que ilustra sobre su ocupación en proyectos de pequeñas fábricas de luz en fecha de 1893.

Figura 11.20. Anuncio de Cipriano Salvatierra aparecido en La Rioja el 31 de enero de 1893. Cedido por Jose Luis Agustín Tello.

Sancha, Bernardino. Industrial y propietario de una pequeña central sobre el Oja en Casalarreina que suministró fluido al pueblo además de a su industria, en el año 1924.

San Millán, Mariano. Empleado de Electra Posadas en Santo Domingo de la Calzada. Se jubiló voluntariamente en 1958 tal como se citaba en la memoria de aquel ejercicio.

Santos García, Gregorio. Notario de Santo Domingo que en 1923 autorizó la constitución de Electra Posadas.

Saralegui, M de. Ingeniero que proyectó la línea de distribución de Ojacastro en 1909.

Segura Hidalgo, Dionisio. (Santurdejo nacido en 8 de abril de 1868 [52] - Ezcaray el 20 de octubre de 1935). Emprendedor polifacético y muy inquieto. Acomete el Proyecto de la central de Posadas en el edificio de su antigua ferrería en torno a 1903. Socio fundador de Hidroeléctrica del Oja en 25 de setiembre de 1912. Industrial del mueble y de la electricidad en el Alto Oja, se entresacan los datos

---

[50] Véase Fiat_Lux_y_Espana_se_ilumino_Historia_de.pdf
[51] Datos facilitados por Luis de León Molina
[52] Dato facilitado por Pilar Uruñuela Uyarra

generales de su actividad en la electricidad de AGUSTÍN TELLO. Los datos específicos se han visto al describir sus proyectos. "*1904.- ANUARIO DEL COMERCIO Y DE LA INDUSTRIA. En Ezcaray se anunciaba como fabricante de sillas y productor de energía eléctrica. Sin embargo, en la sección dedicada a Madrid, publicaba un anuncio en los mismos términos que en el año 1901. 1904. Circula con insistencia la noticia de que se intenta construir entre Haro y Ezcaray, un ferrocarril eléctrico de un solo carril y de una velocidad de 100 kilómetros por hora, aprovechando la fuerza de un salto de 17 metros y 700 litros por segundo en el río Oja, y cuyo dueño o representante es don Dionisio Segura, de Madrid. El autor del proyecto del mencionado tranvía se dice es el inteligente ingeniero de montes don Tomás Erice, que en instalaciones de fábricas de electricidad ha dado pruebas de ser un hábil electrotécnico*". Tuvo, entre otros, dos hermanas Cipriana y Simona abuelas respectivamente de los colaboradores de este libro Pilar Uruñuela Uyarra Segura, y Pablo Aransay Hidalgo Segura. En [53] se indicaba: "*El domingo (20 de octubre) por la mañana murió en Ezcaray Dionisio Segura, al parecer de un derrame cerebral, que había regresado de viaje el sábado por la tarde en buena salud. Ayer (21 de octubre) a las 12 se celebró el entierro (d.e.p)*".

Figura 11.21. Dionisio Segura Hidalgo y su esposa en el día de su boda. Cedida por Pilar Uruñuela Uyarra.

Serrano, Juan. (Ojacastro -). Molinero del molino Montoya sustituyendo a Castor Rioja en noviembre de 1918, por enfermedad.

Sierra, Eloy. (Treviana -). Sustituyó a Teófilo Martínez como maquinista de Cuzcurrita en 1935.

Sierra, Emiliano. Cobrador de Santurdejo. Fallecido en 20 de julio de 1941, desempeñó su puesto durante 10 años.

---

[53] Carta de JL. Merino a JJB. Merino de 22 de octubre de 1935.

Sierra Cárdenas, Pascual. (Santurdejo 1937 -). Fue el último molinero de Santurdejo [54].

Somovilla Altuzarra, Alejandro. (Ezcaray -). Sacerdote, coadjutor de Ezcaray, morador y con domicilio en la aldea de Posadas. Socio fundador de Hidroeléctrica del Oja en 25 de setiembre de 1912 y también liquidador. Fue uno de los partícipes de la Comunidad Electra Posadas. En 1928 era accionista de Electra Posadas SA y vendió su paquete de acciones a Agustín Merino para que este tuviera la mayoría en la Junta General Extraordinaria que se celebró en diciembre. Por lo que se ve en la correspondencia era conocedor de la central de Posadas e incluso supervisó alguna obra en sus canales. En [55] se indicaba: "*Dn Alejandro (Somovilla) se ha presentado en esta a cobrar y dice no vuelve ya a Ezcaray no ha traído los títulos que traerá en enero pues vive en Cordovín*"

Soto Vitores, Ceferino. (Ezcaray 22 diciembre 1907 – Ezcaray 1 de junio 1975) [56]. Miembro de una familia de industriales y comerciantes de Ezcaray, su actividad principal, relacionada con esta historia, fue la de transportes con camión. Hizo trabajos para Electra Posadas siendo notables los de las obras del Águila como se ve en el apartado 9.4. del capítulo 9. Su camión se ha visto en la figura 9.11.

Tecedor, Ambrosio. (Ojacastro – Ojacastro). Molinero en el molino Montoya de Ojacastro entre 1916 y 1917.

Teodoro (Fas). Taller mecánico de Ezcaray que tenía tornos y por lo tanto podía acometer trabajos que requerían mecanizados, véase [57].

Torija Igares, Manuel. Representante de Segura en Ezcaray para asuntos ordinarios. Escrutador de Hidroeléctrica del Oja en la junta de 20 de agosto de 1915, liquidador de la misma. Actuó como experto independiente en un acta de inspección de la locomóvil de la fábrica de luz de Ojacastro junto con Arturo Gandasegui en 19 de agosto de 1912, en consecuencia, presumiblemente tenía conocimientos técnicos.

Torres, Benigno. (- Ezcaray 1947). Empleado de Electra Posadas. Por haber pasado la edad reglamentaria fue jubilado en 1º octubre de 1945 siendo el empleado más antiguo en el negocio. Dejó muy buenos recuerdos por sus largos años de servicio.

Ugarte, Santiago. Consejero de Bodegas Bilbaínas de Haro. Se contactó con él en 1929 para tratar de desbloquear la oposición de su empresa al paso de la línea San Felices – Santo Domingo por sus viñedos.

Uriarte Humaran, Enrique. (1888 - 1973). Ingeniero de Caminos y director general de Hidroeléctrica Ibérica en 1944 [58]. Primer vasco en subir al Mont Blanc en 1926 con Bandres y Salcedo [59].

Urizarna Peña, Angel. (Valgañón 1853 -). Promotor de la electricidad en Valgañón años de 1906 – 1907.[60]

---

[54] Datos facilitados por Pilar Uruñuela Uyarra.
[55] Carta de G. Merino a JJB. y JL. Merino de 16 de julio de 1936
[56] Datos proporcionados por su nieto Jose Luis Soto Sáez.
[57] Carta de 30 de enero de 1911.
[58] Según datos de Luis de León Molina.
[59] Según https://bmf-fvm.org/resena-nombres-del-montanismo/
[60] Datos completados por Rafael Torres Sancho.

Urizarna Peña, Nicolás. (Valgañón 1867 -). Promotor de la electricidad en Valgañón años de 1906 – 1907.

Urrutia Rubio, Josefa de. (Ojacastro 1857 – Bilbao 1927). Mujer de Agustín Merino Morquecho, y fueron padres de Jose Juan Bautista, Gonzalo, y Jose Luis Merino Urrutia.

Vallhonrat, Emiliano. Director administrativo de Hidroeléctrica Ibérica, con larga trayectoria en el sector eléctrico. Véase De León Molina, páginas 291 y 375. Era un ingeniero que procedía de la empresa Irurak Bat de Bilbao en donde tuvo los puestos de director general entre 1914 – 1929 y de consejero delegado 1931 – 1944. Esta empresa pasó a ser absorbida por Hidroeléctrica Ibérica en 1932 en la que tuvo la función de director administrativo, Fue un personaje clave en la electrificación de Bizkaia.

Vélez Leiva, Ángel. Fue encargado de Compañía Explotadora las Conchas (CELC) en San Felices. Tuvo relaciones y algunos trabajos para Electra Posadas particularmente durante el tendido de la línea San Felices – Santo Domingo en 1930, y a partir de ese momento ya que la conexión eléctrica con Hidroeléctrica Ibérica era conjunta para CELC y EP. En 1948 fue nombrado alcalde pedáneo de San Felices como barrio de Haro.

Vesga. Fue técnico de Electra Posadas SA, lo único que se sabe de él es que el Consejo de 23 de mayo de 1927 trató de su dimisión.

Villanueva Uyarra, Angelita. (Ojacastro 1885 – Ojacastro 1951) [61]. Mujer de Esteban Marín Rubio. Su contribución, no registrada en documentos históricos, fue muy importante ya que formó un hogar en la fábrica de luz de Ojacastro. Se ha recogido, de tradición oral, que participaba en trabajos relacionados con la explotación de la central. Fue madre de 11 hijos de los cuales tres fueron empleados de Electra Posadas SA.

XX, Victoriano. Guarda de CELC, dirigió una cuadrilla en el tendido de la línea San Felices a Santo Domingo. No se ha registrado su apellido.

Zabalgogeascoa, XX. Ingeniero de Iberduero que inspeccionó el salto del Águila en 1964, dentro de las negociaciones para la adquisición de Electra Posadas.

Zuaznavar Arrascaeta, Mariano. (Azkoitia 1841 – San Sebastián 1916) [62]. Solicitó un aprovechamiento del Oja en Peña del Águila en 1899, que nunca se llevó a cabo. Jurista y hombre público guipuzcoano. Liberal, en la tradición de su abuelo Félix de Zuaznavar y su padre (del mismo nombre y apellidos). Decano del Colegio de Abogados de Gipuzkoa de 1915 a 1924. Alcalde de San Sebastián de 1917 a 1919. En 1923, se presentó por el distrito de la capital guipuzcoana a diputado a Cortes por la "Concentración Liberal", retirando al poco tiempo la candidatura por problemas de conciencia con la disciplina de coalición electoral. Autor de El Concierto Económico y los Municipios Vascongados, San Sebastián en 1923 [63].

SIN OLVIDAR AL GRAN GRUPO DE ESFORZADOS Y ANÓNIMOS TRABAJADORES QUE PUSIERON SU ESFUERZO Y SACRIFICIO EN LAS VARIAS OBRAS. Ellos las hicieron posibles y dejaron su sudor y manos encallecidas en esos lugares. Procedían de las aldeas

---

[61] Según datos de Pilar Carranza Campuzano.
[62] Véase https://es.wikipedia.org/wiki/Mariano_Zuaznavar .
[63] Según http://aunamendi.eusko-ikaskuntza.eus/es/zuaznavar-arrascaeta-mariano/ar-147878/

cercanas, tenían que acceder al tajo a pie casi siempre, por unos jornales muy cortos, y además se debatían entre la necesidad de llevar el jornal a casa y abandonar a cambio sus labores, ganaderas en su mayor parte. **Desde aquí un emocionado recuerdo y homenaje.**

11.2. Las sagas o grupos familiares.

En esta historia hubo muchos grupos familiares, situación que aún perdura en empresas de tipo medio y familiar. Se van a citar entre los mismos:

Esteban Marín Rubio y sus tres descendientes Amando, Emilio y Victoriano, más su yerno Gumersindo Castroviejo que en total hicieron cinco.

Agustín Merino Morquecho y sus tres hijos Gonzalo, Jose Juan Bautista y Jose Luis, formaron un grupo de cuatro.

Augusto Merino Gonzalo y sus hijos Julián y Augusto que fueron tres.

Mateo Díez Robredo que con sus hijos Justo y Marcelino formaron un equipo de tres.

Benito Gandasegui Marín, con su hijo Arturo Gandasegui Lope fueron un grupo de dos.

En estos grupos se dio, además de la confianza para desarrollar el trabajo con dedicación, una transmisión de experiencia y conocimientos que sirvieron para que pudiera ser un período tan largo, de forma tan excelente, como la historia que se acaba de contar demuestra. En la figura que sigue se ve el grupo familiar de Mateo Díez.

Figura 11.22. Familia de Mateo Díez y Perfecta Arrea con hijas, nietos, familiares y amigos a la entrada de la central de Posadas. En torno a 1950. Cedida por Francisco Javier Díez Morrás.

11.3. Apuntes sobre la vida de unas familias en la central del Águila

Toda la información empleada para redactar este apartado proviene de Augusto Merino Aguilar en la entrevista realizada en 29 de noviembre de 2018 en su casa de Nalda y de Vega Merino

Santamaría hija de Julián Merino Aguilar facilitada telefónicamente. Se ha redactado libremente por el autor. Como introducción hay que considerar que, a partir de 1952, en un lugar tan apartado como la central del Águila empezaron a vivir, de forma estable, varias familias.

Era entonces un lugar muy apartado, con acceso de más de 7 km. de pista de tierra a la aldea de Posadas, con cuestas fuertes y curvas cerradas. Desde Posadas 10 km. a Ezcaray que, aunque seguían siendo de tierra eran de trazado sin cuestas ni curvas. Hay que considerar la forma de vida, los entretenimientos fuera del trabajo si los había, el acopio de alimentos, los juegos infantiles, la educación de los niños sin escuela, el largo invierno, y como se bajaba a Posadas y a Ezcaray. Existe el testimonio personal de Vega Merino Santamaría que vivió en la central hasta los 10 años *"para mí el mundo acababa tras las cumbres de los altos montes que rodeaban a la central"*. La subsistencia en las viviendas que había en la central, con un clima muy duro en la que se acumulaba la nieve durante largos períodos que la hacían intransitable el camino a Posadas, se debió a la determinación del grupo humano que la habitó. Recuerdan, en algún invierno, hasta un mes de incomunicación. Incluso en algunas ocasiones las bocas del túnel de acceso a la central se cegaron, como por ejemplo en 1955. Augusto Merino padre era un gran experto avícola, de hecho, en la Central montó un gallinero muy limpio y moderno, para aquellos años, y además las gallinas ponían cada una su huevo todos los días. Hay que considerar que en la comarca los gallineros eran una actividad de todas las casas y su producción era discontinua. Por ello el gallinero de Augusto Merino fue una novedad en la zona, y trajo gallinas de la raza *"castellana negra"*, y controlaba la producción individual de cada ave. En frase de Augusto Merino hijo *"la que fallaba era destinada a la cazuela"*. Los huevos eran muy apreciados, y en época de exceso de producción los vendían en Ezcaray. También tenía colmenas en un lugar resguardado enfrente de la casa de máquinas, Julián Merino era el experto apícola e indican que en algún año la producción llegó a unos 400 kg, El suministro de carne y leche se aseguraba con un rebaño de cabras que llegó a ser de 50 cabezas. El suministro de chacinería se aseguraba con la matanza de cerdos comprados para engorde. La ubicación de la central, en un lugar poco soleado y a más de 1.000 m., hacía que los cultivos no fueran apenas posibles. Las familias que allí vivieron obtenían patatas y puerros en un pequeño huerto que habilitaron cerca del puente sobre el río y sus vestigios aún se ven en la actualidad en la figura que sigue.

Figura 11.23. Vestigios del pequeño huerto de subsistencia a la entrada de la central del Águila. Cedida por Iñaki Garay Montoya.

Amasaban el pan con harina comprada en cantidades de 100 kg. Estos suministros les llegaban en la camioneta de Electra Posadas o bien en los camiones de los maderistas que pasaban por sus inmediaciones. En el largo túnel de acceso a la central, orientado al frío norte, excavaron una oquedad en una de sus paredes y la habilitaron como fresquera para guardar los alimentos perecederos. El pescado estaba asegurado por las sabrosísimas truchas que había, y sigue habiendo en el alto Oja. Realmente, aunque alguna vez no respetaran la veda, la presión de tan pocas personas sobre estos peces no era considerable.

Augusto Merino Aguilar, joven y soltero en aquellos años, buscaba naturalmente la diversión y la amistad con chicas y chicos de su edad. La aldea de Posadas, mucho más poblada que ahora, reunía más de veinte jóvenes los días de fiesta. Se reunían en un salón que les cedía el alcalde pedáneo y sonaba la música de acordeón. Recuerda que una noche fría y oscura, volvía a casa, ya entrada la madrugada al subir la cuesta de Berchigüena oyó aullidos que podían ser de lobo. Con mucha sangre fría cogió piedras y se las lanzó con la suerte de que la alimaña huyó. Debía de estar ahíto ya que a la mañana siguiente los vecinos de Altuzarra contaban el destrozo que, sobre sus ovejas, había hecho el lobo que presumiblemente era el mismo. Tantos años después se puede conjeturar que, cuando se encontró con Augusto, estaba ahíto de las ovejas de Altuzarra, y eso pudo explicar lo que, afortunadamente, no sucedió en aquella fría madrugada.

También aquellos esforzados tuvieron padecimientos de salud en un lugar tan aislado, Augusto hijo relata como su padre cayó enfermo de colitis con fiebre elevada, era invierno con nieve en los caminos y sobre todo en el primer tramo entre el Águila y Posadas. Afortunadamente contaban con el teléfono que servía para la explotación, pero también para estos casos graves. Se contactó con el médico de Ezcaray Eliseo Cadarso que explicó que la nevada le impedía subir. Alguno de los miembros del grupo familiar que vivía allí sabía primeros auxilios, entre ellos poner inyecciones y disponían de un botiquín básico. Pero había que bajar al enfermo a Ezcaray. Montaron al enfermo sobre la jalma del burro bien sujeto y tapado con gruesas mantas y con Augusto hijo conduciendo al asno de su ronzal y muchísimas precauciones salieron a las 11 de la mañana hacia Posadas, el camino se les hizo eterno. En la aldea les esperaban algunos voluntarios. pero, habiendo pasado lo peor del camino, declinaron su ayuda y por fin llegaron a Ezcaray. Allí la casa sede de EP tenía una habitación en la cual Augusto padre fue atendido y visitado por el médico hasta que curó. Este suceso tuvo lugar cuando estaba cercano a los 65 años y, en consecuencia, solicitó la jubilación cosa que obtuvo.

Hay otra anécdota ocurrida en los primeros años de la década de los 60 del pasado siglo, durante las obras del sifón del Llano de la Casa, que refleja muy bien el entorno social y cultural de ciertos grupos de vagabundos en aquella época. Durante las obras un burro se despeñó y se mató, los trabajadores planearon hacer un agujero en el mismo lugar para enterrarlo. Pero la noticia corrió y los vagabundos acudieron a donde estaba el cadáver, lo desollaron, lo despiezaron y todavía tuvieron ganas de asar la cabeza y comérsela, tan campantes, en el mismo lugar.

Una última anécdota, muy humana, tiene relación con la cena de Nochebuena, y con el consumo de las ricas truchas que el río Oja daba y sigue dando en aquellos lugares de aguas bravas. Julián Merino era cazador y pescador y la práctica de esas aficiones le servía para aportar variación a los alimentos que aquellas familias consumían. En aquellos años, de la segunda mitad de los 50, se estaba construyendo la presa de Mansilla sobre el río Najerilla cuyo cauce corre al Este del Oja. Parte de los trabajadores eran presos, práctica común en aquellos años. Pues bien, en las inmediaciones de la Navidad uno de ellos se fugó por los montes y la Guardia Civil, que vigilaba las obras de Mansilla y a los presos que trabajaban allí, deduce que es posible se fuese hacia la central del Águila. Por ello encargaron, a una pareja del puesto de Ezcaray que se personara en el Águila, como así pasó. Era el día de Nochebuena y Julián salió a recibir a los guardias que le explicaron su misión. Augusto padre les invitó a pasar la noche con las familias y a compartir la cena, en la que el plato especial eran las truchas pescadas en período de veda. Se recuerda que, en aquellos años, una de las responsabilidades de la Guardia Civil era perseguir la caza y pesca furtivas. Las familias Merino se quedaron un tanto "cortadas" pues no sabían qué hacer con el plato de truchas. Augusto padre decidió abordar la situación con naturalidad y ofreció el plato a los guardias los cuales reaccionaron inmediatamente aceptando la invitación. También se supo que el preso fugado decidió no refugiarse en la central porque deduciría, sin duda, que la Guardia Civil habría destacado a alguno de sus miembros allí.

11.4. Algunos aspectos de la vida en Posadas en los últimos años.

Hay unos recuerdos sacados de las referencias de Javier Albo y María Teresa Dulac que se refieren a esta aldea en los años 1961 – 62. Estaba bastante poblada y han sido aportados por su maestra, Maria Teresa Dulac, a la sazón. Refiere que, aunque el ferrocarril de vía estrecha Haro – Ezcaray aún estaba en servicio, realizaba el tramo Ezcaray – Posadas a lomos de un burro lo que ilustra de la vigencia de este modo de transporte. Cuando los fines de semana iba a tomar el tren a Ezcaray lo hacía en el burro que le habían asignado, y al llegar Ezcaray se apeaba, daba la vuelta al pollino y este obediente regresaba solo a la aldea. Una buena idea sobre la población de la aldea la ofrece cuando indica que tenía 25 alumnos de ambos sexos y que en Posadas se concentraban los de Altuzarra y Ayabarrena. La escuela tenía estufa de leña aportada por los padres de los escolares. También asistió a cuatro primeras comuniones. Recuerda que fueron los años de la repoblación intensiva de pinos que compitieron con los pastos con la consiguiente oposición de los moradores que tenían en la ganadería su actividad principal.

Un aspecto interesante ligado con Electra Posadas era la posibilidad que ofrecían los maquinistas de la central para que los vecinos de la aldea se comunicaran para las noticias importantes. Se deja a la maestra que lo cuente con sus palabras "*Cuando mis padres se tenían que poner en contacto conmigo, Augusto [64], encargado de la central, apagaba dos veces seguidas la luz y eso significaba que llamaban a la Señorita. Yo pasaba y hablaba con mis padres a través del teléfono interno de las centrales. Ellos, por su parte, acudían a la central de Santo Domingo y Mariano San Millán, persona entrañable, les dejaba hablar. Eran unos teléfonos de los que hemos visto en películas del Oeste, con el aparato pegado a una caja de la que salía el micrófono y para escuchar se hacía a través de un auricular manual. Así me enteré de que había aprobado cada uno de los tres exámenes que tuve que pasar: escrito, oral y práctico*".

También entre sus vivencias está la del traslado al hospital de una vecina de la aldea, para ello se toman de nuevo sus palabras "*Sucedió por esas mismas fechas que una vecina nuestra se puso de parto y tal como le venía no podía dar a luz en casa. La tenían que bajar al hospital a Logroño, pero era tal la nevada que había que no se podía salir ni entrar en Posadas. Para sacarle a coger el taxi que subía de Ezcaray al camino prepararon con dos arados de vara larga y una mula una especie de camilla a la que pusieron una manta para poderla sacar. Afortunadamente lo consiguieron y la criatura nació bien en Logroño.*"

Ya se ha visto en el testimonio de Augusto Merino que Posadas contaba de un grupo de jóvenes, pues bien, ahora Tere Dulac cuenta como fue acogida la joven maestra "*Recuerdo otro día que fui invitada por los jóvenes a la fiesta de Santa Águeda. Tenían costumbre de hacer cena y baile y cené con ellos. Al estar yo allí, estaban un poco cohibidos así que pensé que allí podía estorbar, les agradecí su invitación y me retiré para dejarles disfrutar de su fiesta. Al día siguiente, me dieron las gracias por la deferencia.*".

---

[64] Se refiere a Augusto Merino Aguilar.

11.5. Noticias de tipo técnico facilitadas por colaboradores.

El primer grupo son las facilitadas por Augusto Merino Aguilar en la entrevista de 29 de noviembre de 2018.

El rodete de la turbina Pelton de la primera unidad se desgastó de modo importante, era de marca Voith. Recuerda que en 1956 vinieron ingenieros y especialistas de esa firma de nacionalidad alemana e hicieron un recargue "*in situ*". El problema no volvió a aparecer.

El mantenimiento de los canales situados a la cota de 1.400 m. era en los inviernos muy trabajoso. Subían 4 o 5 personas de Posadas para realizar esta pesada labor. Se explica porque los canales discurren por laderas pendientes y la nieve cae sobre ellos. Iberduero, en cuanto se hizo cargo de la central, los recubrió con medias tejas de fibrocemento y así dio solución al problema. También Electra Posadas recubrió antes de esos años el de Vitorquia que era el que aportaba más agua, sobre todo tras la entrada en servicio del sifón. Véase la figura que sigue.

Figura 11.24. Canal de Vitorquia recubierto en época de nevadas. Cedida por Eduardo Díez Morrás

Durante las obras, no se conserva fotografía, el suministro eléctrico en los tajos se hacía con un cajón con ruedas en el que estaba instalado un pequeño transformador seco que reducía a Baja Tensión la energía traída con un cable desde la central de Posadas. Este cajón se arrastraba a donde hacía falta y la energía accionaba una pequeña machacadora de piedra para el hormigón, y un cabrestante eléctrico para los arrastres por las laderas.

Al comienzo la línea de teléfono para comunicar entre centrales era independiente sobre propios postes de madera de árboles talados "*in situ*" con sus propios aisladores. Corría cercana a la pista o carretera. Tras la adopción de los postes de cemento armado se integró bajo la línea eléctrica a 10.000 V.

Una avería importante fue la rotura de la tubería de carga un febrero, no recuerda el año, a las 4 de la madrugada. Augusto hijo estaba de turno, y vio que la presión que marcaba el manómetro de entrada a la turbina empezó a disminuir, pensó que el depósito no se había podido vaciar y llamó a su hermano Julián, fuera de turno y que dormía, para evaluar la situación y proceder a lo más conveniente. Lo primero que hicieron fue parar la turbina que ya no podía funcionar y avisaron a Posadas para que, en cuanto amaneciera, subiera gente a ayudar pues la labor se suponía penosa, pues está nevado y helado, el termómetro que portaba Augusto marcaba – 18°C. Comenzó el grupo a subir con muchas dificultades y al llegar a la Umbría de Calatigorría, lugar en el que la tubería discurre casi en horizontal después de un tramo muy pendiente vieron que la tubería se había roto y que el agua estaba saliendo con gran presión.

La decisión estaba clara, había que seguir el penoso camino quedan aún unos 250 m de desnivel hasta el depósito, cerrar la compuerta de salida. Se tuvieron que ayudar con cuerdas, además de bastones y palos. Entonces no existía moderno material de montaña. La compuerta accionada por volante se cerró cortando el agua. La central permaneció un mes parada, hasta que pudieron acceder especialistas soldadores y montadores de la empresa Duro Felguera de Asturias que, en un día, la repararon. Desde entonces, en invierno, aunque la central estuviera fuera de servicio, se dejaba un hilo de agua circulando en la tubería para evitar el hielo.

Augusto Merino sigue informando sobre las labores rutinarias de los maquinistas de vigilar las máquinas y su marcha suave, manteniendo la tensión en las mismas y en sus transformadores, practicando su mantenimiento con limpieza y engrases periódicos. También tenían que coordinar con los maquinistas de las otras tres centrales que tuvo EP (Posadas, Cuzcurrita y Tirgo) el arranque y parada de las mismas además de la conexión y desconexión de la línea de Iberduero que se conectaba en San Felices, esto se realizaba mediante la comunicación telefónica propia de la empresa que además de los terminales en las 4 centrales tenía otros dos en Ezcaray y Santo Domingo (aquí lo atendía el Contramaestre) y el Jefe de Servicios a través del de Cuzcurrita. Realizaba además los partes horarios. En época de estiaje administraban el agua acumulada en el depósito que guardaba agua para generar unos 6.500 kWh, cuando la central tuvo dos grupos con total de 480 kW lo que significaba 13 horas de autonomía. Con los incidentes concretos de limpieza de canales y rotura de la tubería de carga también se ha dado una información de los trabajos extraordinarios.

El acoplamiento de las máquinas para lograr el sincronismo de la red se realizaba con el sincronoscopio de lámparas y llegado el momento de conexión el generador se realizaba con un interruptor manual de cuchillas situado en el centro del cuadro de aparatos. Sobre esto véase el apartado 10.7. de SHEPHERD, J., et alia. Las turbinas eran reguladas por un dispositivo electrohidráulico sobre el que se fijaba el punto de consigna de potencia mediante un volante. La tensión era modificada con un reóstato de volante situado en el cuadro que estaba inserto en el circuito de la excitatriz.

Había maniobras notables como la reacción, cambiando las consignas de los generadores, durante el arranque del motor de mayor potencia en la red perteneciente a la Tejera de Pancorbo, su potencia se ha estimado en unos 50 CV (37 kW), valor que para un sistema como el de EP era notable y porque además estaba a unos 60 km de la central del Águila. La conexión del motor provocaba una caída apreciable de tensión junto con un aumento de la intensidad, sin embargo, las pautas de esta fábrica eran conocidas por los maquinistas y no les cogía desprevenidos. Inmediatamente subían la consigna de potencia en la turbina y la excitación del alternador. Esta es la denominada en la jerga de control *"Regulación en lazo abierto"* pero hace más de 60 años aquellos maquinistas la realizaban sin conocer este término.

Augusto Merino informa que aún se veían los cimientos del azud de toma del nuevo salto de Posadas que no se realizó al pie de la Central del Águila. En los datos económicos de las memorias aparecen las inversiones en estos trabajos.

Hay otra noticia que se podría clasificar entre las de tipo técnico, aunque tiene algún aspecto especial y es la facilitada por Jose Ramón (Moncho) Marín Calvo [65] y se transcribe, con sus palabras, seguidamente. *"He recordado que, un día, al anochecer, fui a dar la luz a la caseta del transformador del pueblo y, al conectar a la línea una de las llaves de la línea (interruptor de cuchillas, creo, y creo que era la que daba luz a Amunartia), saltaron chispas como si hubiera estallado un rayo. Al volver a casa se lo dije a mi padre. Cuando fue a recorrer la línea para ver qué pasaba, encontró un zorro muerto tumbado encima de un cable de la luz caído, roto. Los chavales del pueblo, a los que se lo conté como una hazaña, empezaron a llamarme de mote "el zorro". Como me fui poco después del pueblo al internado marianista de Escoriaza, el mote no caló".* Vienen varios comentarios y datos adicionales al realizar a Moncho preguntas. La primera su edad de 11 años y que ocurrió en 1960 aproximadamente, es decir que el protagonista era un adolescente. Es cierto que su padre Victoriano Marín, responsable en Ojacastro de Electra Posadas, según sigue el testimonio literal de Moncho *"Delegar... bueno, en algunos casos. Sí que él me enseñó cómo hacer la maniobra con seguridad, lo que tenía que tocar y lo que estaba totalmente prohibido tocar en la caseta. También es cierto que había días en los que él no había vuelto a casa a la hora de dar la luz en la caseta y, por ese motivo, me enseñó cómo hacerlo. Por la mañana, salvo excepciones, era él quien quitaba la luz en la caseta y miraba, remiraba y volvía a inspeccionar a ver si todo estaba bien. Al día siguiente mi padre fue a revisar la línea, vio al zorro con el cable, arregló la línea y, al volver, me contó el porqué de los chispazos. No fui con él a recorrer la línea. Supongo que yo iría a la escuela, claro alguna vez sí le dije que quería ir con él, pero nunca me dejó".* Al ver esto lo primero es que se sabe con seguridad es que en 1960 ya llevaba varios años el servicio eléctrico continuo, salvo averías, en pueblos como Ojacastro pero que en aldeas como Amunartia era solo nocturno, de ahí la obligación imperiosa que Victoriano tenía de conectar el servicio de la aldea. También que las líneas no tenían protecciones eléctricas que hubieran evitado esta situación. Pero sobre todo ¡Cuánto han cambiado las normas de seguridad en 60 años! Hoy no se pueden dar estas situaciones ...

Hay un apunte sobre la necesidad de descanso y diversión de aquellos esforzados que se ilustra con la foto que sigue en la que se ven las botellas de vino y como Marcelino Díez lía un pitillo, sus semblantes son propios de una charla distendida.

Figura 11.25. Un grupo merendando en un descanso de las obras del Águila en torno a 1945. Identificados a la izquierda Marcelino Díez Arrea, siguiente a su derecha María Urrecho. Cedida por Francisco Javier Díez Morrás.

---

[65] Email de Jose Ramón Marín Calvo de 22 de noviembre de 2021.

Hay un bonito relato de solidaridad en el que se ve que las relaciones personales se superponían a las del trabajo. Se trata de la intervención del matrimonio de Mateo Díez y Perfecta Arrea en los cuidados a Gonzalo Merino, seriamente enfermo de úlcera estomacal en febrero de 1932. Perfecta Arrea bajó a la casa de Gonzalo a Ezcaray *"Esta noche ha bajado la Perfecta para estar de enfermera y ayudanta .... Anoche estuvo Andrés* [66] *y una de sus hijas"*, en paralelo Mateo Díez se dedicaba a recoger hielo para atender a la prescripción médica *"ha sido verdaderamente providencial que en esta época tan cruda se coja el hielo de cualquier sitio, porque de ocurrir la cosa en tiempo cálido hubiera sido dificultoso tenerlo a tiempo artificial de fuera y en la cantidad grande que se requiere. A prevención tiene recogida una gran cantidad Mateo de los enormes témpanos que allí se han formado en 2 meses"*

11.6. Desde la tracción animal para el transporte de materiales y mercancías hasta el transporte con camión.

En este libro se han citado los lugares tan escabrosos de los trabajos llevados a cabo en la construcción del Salto del Águila. Estas se desarrollaron a altitudes entre los 1.100 y 1.500 m sobre el nivel del mar, durante pocos meses al año, ya que de noviembre a mayo no eran posibles por las inclemencias del tiempo y por la brevedad de las horas diurnas útiles para el trabajo. Además de los desniveles las pendientes eran muy duras, los caminos ásperos y solamente era económico emprender los trabajos de alisamiento y ensanchamiento estrictamente necesarios. El único camino arreglado fue el corto ramal que descendía desde la pista forestal al Llano de la Casa al lugar del Cinto en donde se ubicó la central y por el que iban a pasar equipos pesados y delicados. Seguidamente el camino desde la central hasta el depósito de carga tuvo que asegurar el transporte de muchos sacos de cemento y de los tramos de tubería de acero para la conducción de agua a presión, y comparado con el anterior es mucho más duro. Con estas condiciones se encontró enseguida la solución de alquilar burros a los mismos trabajadores que acudían diariamente a las obras. Estos sufridos animales consumidores de pienso barato producían algún ingreso adicional a sus propietarios y es posible que les sirvieran del transporte desde y hacia sus casas para llegar a los tajos. La aldea más cercana de la central, Posadas, está a casi 7 km, lo cual con las pendientes existentes supone más de la hora de camino en cada sentido. En los meses de verano existieron barracones poco confortables. Es posible que algunos emplearan bicicletas, motocicletas "Guzzi", y se acomodaran a los transportes de madera talada desde el Llano de la Casa. En la figura, aparece uno de estos burros en acción.

---

[66] Se refiere a Andrés Macazaga que hacía de escribiente.

Figura 11.26. Burro arrastrando un rústico carro para el transporte de materiales en las obras del salto del Águila. Foto de agosto de 1946.

También hay una interesante fotografía que es posible sea de las obras del salto de Ozumbra reformado margen derecha en la que se ve a estos sufridos animales transportando cargas por las abruptas laderas. Aunque la foto no es muy nítida se distingue que portaban serones de esparto para los materiales suelto de arena y cascajo. Con la primera de estas dos fotografías se ha visto que estos sufridos asnos eran de la raza zamorano – leonesa [67] abundantes, a la sazón, en pueblos y aldeas del alto Oja. Otra opinión procede de [68], *"aquí no hubo una raza concreta, los llamaban "burreños" y dependía de los sementales que traía el ejército a la parada, no obstante se buscaba unos burros capaces de aguantar condiciones extremas de clima, trabajo y sobre todo pocos cuidados, eran unos burros con mezcla de Luceño (cordobés) y Zamorano en unas proporciones poco proporcionadas, ..., se buscaba que aguante frío, calor, Que ande por malos terrenos, sendas estrechas, pendientes y con mucha piedra, ..."*. Es muy claro que no hay información muy precisa, pero si sobre las condiciones de trabajo de estos animales adecuadas a las tareas.

Figura 11.27. Burros acarreando materiales por las laderas. Foto posiblemente de mediados de los años 50 del siglo pasado. Cedida por Augusto Merino Aguilar.

---

[67] Información de la veterinaria Carmen Merino Sáenz de Santa María.
[68] Información de Jose Maria García Calvo.

El haber iniciado este apartado por el transporte a lomo de asnos se ha hecho, ya que fue muy característico, pero, obviamente, se emplearon los camiones como se describe seguidamente. Electra Posadas SA., durante las obras del Águila, tuvo una camioneta marca Chevrolet de 16 HP y de matrícula BI – 6297. Hay un documento de 28 de noviembre de 1947 en la que se citan los problemas con su repostaje y el cupo que tenía concedida la empresa para gasolina. Se ve en la instancia de 28 de noviembre de 1947 [69] que Gonzalo Merino como consejero delegado de EP dirigió al Gobernador Civil – Delegado provincial de Abastecimientos y Transportes en la que además de explicar la necesidad de transportes diarios indica *"Hasta la fecha como la gasolina se recogía sin dificultad en el surtidor más próximo, sito en Santo Domingo, a 14 km., de Ezcaray pero ante la escasez actual, es poco seguro que la camioneta, baje ante la inseguridad que el surtidor tenga existencias – ya que en breves momentos queda el surtidor vacío. Hace ya días tenemos la camioneta parada, por la falta de gasolina y como el que sirve el surtidor, no quiere llenar el cupo que tenemos asignado en bidones, por no estar autorizado para ello, no tenemos forma de poner la camioneta en servicio. En consecuencia, encarecidamente: SUPLICO a VS que, ante las razones expuestas, se autorice al surtidor de D. Guillermo Pineda de Santo Domingo, para que pueda llenar en el bidón que se le facilita, el cupo de gasolina que se nos asigne cada mes ..."*. Además, hay testimonios de que, en temporadas de obras del Águila, se hacían cuatro viajes de ida y vuelta desde Ezcaray a la central, el primero y el último llevando a trabajadores a sus casas y los dos centrales del día con materiales para las obras. Además, se contrataban transportistas locales como los Hermanos Campo Marín y Ceferino Soto Vitores ya citados en el apartado 11.1.

Hay otros testimonios que ayudan a comprender estos trabajos como el de la página 9 del libro referencia de MERINO URRUTIA con una foto del camión del maderista de Ezcaray Jose Guerra en el Llano de la Casa. Su chófer fue Agustín Martínez García de Ojacastro, que indicó para el autor de este libro *"Cabina Buick, motor Barreiros"*. Siguen los testimonios de esta persona *"Era necesario practicar el doble embrague (las cajas de cambio no eran sincronizadas), y había que subir la cuesta de Berchigüena en marcha atrás pues las curvas inicial y final no permitían los giros, muchas veces sin faros, sin frenos ..."*. *"En invierno Agustín encendía fuego debajo del cárter para que se calentase el aceite y arrancase con las heladas. Desde dentro se veía el suelo de la carretera, y que había que circular con las ventanas abiertas porque el humo que hacía el camión era tremendo..."* [70].

11.7. Los consejos de administración y gestores de las empresas que intervinieron.

La gestión de estas empresas, al principio, estuvo muy ligada a sus propietarios ya que la primera Sociedad Anónima se constituyó en 1912 con Hidroeléctrica de del Oja.

Hasta ese año hubo las siguientes personas:

- De la fábrica de luz "La Gloria" hasta 1915. Propietario Benito Gandasegui. Gestor Arturo Gandasegui. A partir de ese año. Propietario y gestor Arturo Gandasegui.
- De la fábrica de luz de Posadas hasta 1912. Propietario y gestor Dionisio Segura.

---

[69] Copia cedida por Jose Luis Soto Sáez.
[70] Este último según testimonio de los hermanos Martínez Marín hijos de Agustín Martínez García.

- De la fábrica de luz de Valgañón. Propietario agrupación cooperativa "La Máquina" cuyos participantes están citados alfabéticamente en el apartado 1 de este capítulo. El gestor principal fue Teodoro Calvo y el tesorero Daniel Agustín.
- De la fábrica de luz de Ojacastro. Propietario Agustín Merino. Gestor Gonzalo Merino.

De la Hidroeléctrica del Oja SA desde, su constitución en 1912, hasta su liquidación en 1915 no se ha logrado una lista de consejeros con continuidad temporal y los datos son los siguientes:

- Presidente. Emilio Puchades. Provisional en diciembre de 1912. En enero de 1913 ya no era provisional.
- Vicepresidente. Avelino Palacio, en enero 1913.
- Secretario. Telmo Poves, en enero 1913.
- Vocal. Alejandro Somovilla, en enero 1913.
- Vocal. Virgilio Oraá, en enero 1913.
- Vocal. Pedro Gancedo, en enero 1913.
- Vocal suplente. Ulises Escudero, en enero 1913.
- Vocal suplente. Arcadio Alesanco, en enero 1913.

Se sabe que en julio de 1913 estuvo de gerente interino Pedro Gómez García. En enero de 1914 hubo una circular que la firmaba Avelino Palacio como vicepresidente,

En la documentación de la liquidación de la sociedad de agosto de 1915 desaparecieron los anteriores consejeros y gestores, y los tres socios Telmo Poves, Alejandro Somovilla y Manuel Torija aparecían como propietarios de 180 acciones que superaban las 176 que constituían los 2/3 de la sociedad. Junto a ellos aparecía Jose Juan Bautista Merino secretario del Consejo y más tarde Liquidador, también Manuel Torija firmaba una circular en noviembre de 1915.

La Mancomunidad Electra Posadas se formó, tras la compra en 4 de agosto de 1916, por Francisco de Asís Ferrer, Telmo Poves, Francisco Aranjuelo, y Agustín Merino de los bienes de la Hidroeléctrica quebrada. Esta Mancomunidad funcionó hasta 1923. Previamente en 20 de mayo de 1916, se habían redactado unas bases para su constitución, estas bases las firmaron Francisco Aranjuelo, Telmo Poves, Ulises Escudero, Francisco A Ferrer y Jose Bautista Merino. Los partícipes eran muchos más y su lista aparece en el Anexo Documental A-59. Los gestores efectivos eran los 4 partícipes citados al comienzo de este párrafo y en representación de Agustín Merino ya aparecía Gonzalo Merino, pero no se ha encontrado que tuviera puesto, ni retribución concreta. Por la correspondencia del período se ve que estaba haciendo de director técnico cosa además normal ya que tenía las mayores competencias técnicas. Por fin de Electra Posadas SA se constituyó en 12 de noviembre de 1923 y de ella se han obtenido casi todas sus memorias por lo que se dará una relación prácticamente completa de sus consejeros y gestores. La siguiente tabla lo expresa.

	1923 a 1926	1927 a 1928	1929
Presidente	Agustín Merino	Agustín Merino	Agustín Merino
Vicepresidente	Francisco Aranjuelo	Francisco Aranjuelo	Saturiano Robredo
Tesorero	Telmo Poves	Francisco Ferrer	Daniel Agustín
Consejero delegado	Francisco Ferrer	Gonzalo Merino	Gonzalo Merino
Secretario	Jesús Peñamaría	Jesús Peñamaría	Jose Luis Merino
Director Gerente	Gonzalo Merino		

	1930 a 1936			1937 a 1947	1948 a 1955
Presidente	Agustín Merino			Jose J Bta Merino	Jose J Bta Merino
Vicepresidente	Saturiano Robredo			Saturiano Robredo	Saturiano Robredo
Tesorero	Germán Agustín			Germán Agustín	R R de la Cuesta
Consejero delegado	Gonzalo Merino			Gonzalo Merino	Gonzalo Merino
Secretario	Jose Luis Merino			Jose Luis Merino	Jose Luis Merino
Director Gerente					
Jefe de Servicios	Justo Díez			Justo Díez	Justo Díez

	1956 a 1957	1958 a 1963	1964
Presidente	Jose J Bta Merino	Jose J Bta Merino	Jose J Bta Merino
Vicepresidente	Saturiano Robredo	Quintiliano Mendi	Quintiliano Mendi
Tesorero	Celso Alonso	Celso Alonso	Celso Alonso
Consejero delegado	Gonzalo Merino	Gonzalo Merino	
Consejero			Gonzalo Merino
Secretario	Jose Luis Merino	Jose Luis Merino	J Bta Merino
Director Gerente			Jose Maria Merino
Jefe de Servicios	Justo Díez	Justo Díez	Justo Díez

11.8. Los conocimientos aplicados por el personal de las empresas para su manejo.

El personal de todas las empresas además del ímpetu empresarial que se dio en ellas, desarrolló conocimientos de todo tipo lo que hizo que en toda la historia de casi 70 años solamente se contrataran expertos externos en muy contadas ocasiones. Sobre este extremo cabe citar que fueron los ingenieros de caminos, canales y puertos los profesionales que redactaron los proyectos de nuevos saltos a partir de 1920. Los proyectos anteriores de fábricas de luz también fueron realizados por ingenieros de caminos e industriales. De todos ellos de los que se tiene documentación y memoria se han tomado los datos que aparecen ordenados alfabéticamente en el apartado 11.1. de este capítulo.

También los extensos replanteos generales para la ejecución de los canales, depósito de carga y central en los proyectos de Ozumbra margen izquierda y reformado margen derecha fueron realizados por topógrafos profesionales contratados al efecto. Sin embargo, los levantamientos parciales a partir de aquellos fueron realizados entre el jefe de servicio y el contramaestre, esta posibilidad dio mucha flexibilidad a la gestión pues no había que esperar a los técnicos externos.

Las obras fueron siempre responsabilidad de las empresas activas en el valle. Los proyectos de detalle, a partir de los generales de los Ingenieros contratados, fueron desarrollados por los técnicos de estas pequeñas Compañías. Se subcontrataba con los herreros y albañiles locales los trabajos más especializados. Hay abundantes testimonios de que las instalaciones de líneas, casetas, e interconexiones las realizaban empleados de las pequeñas empresas eléctricas, un ejemplo claro fue el de los cuadros eléctricos de la central del Águila.

Para los montajes y puesta en servicio de tubería de carga, turbinas y alternadores siempre se recurrió a los montadores e ingenieros de las firmas que los habían suministrado. Obviamente estos trabajos estaban incluidos en los contratos de compra.

LOS PROTAGONISTAS DE LA HISTORIA

Todas estas cualificaciones las obtuvieron las personas con la práctica y la experiencia de los compañeros más veteranos. Hay algún ejemplo de cursos a distancia por correspondencia.

Como prueba de esta formación se ha guardado, de Electra Posadas, un libro técnico en dos volúmenes de referencias ZOPETTI JUDEZ.

Sobre todo, Electra Posadas SA, de la que se conoce su historial mejor por ser la última, fue autónoma o casi en los asuntos legales con intervención directa en pleitos pues dos de sus consejeros que eran abogados en ejercicio. Las cuestiones comerciales fueron llevadas por su consejero delegado y las relaciones con Ayuntamientos fueron apoyadas por alguno de sus consejeros ya que se procuró que siempre que hubiera consejeros vecinos de Ezcaray y de Santo Domingo.

La captación de ahorro local para la suscripción de acciones y obligaciones fue una tarea en la que participaron todos los miembros del Consejo y también el jefe de Servicios. El banco que siempre apoyó a Electra Posadas fue el Banco de Vizcaya con sucursal en Santo Domingo y agencia en Ezcaray. Hay alguna intervención del Banco Hispano Americano con sucursal en Santo Domingo. Como se ve detalladamente en el capítulo 10 también intervino el Banco de Crédito Industrial para la financiación parcial del Salto de Ozumbra reformado margen derecha. Los notarios fueron de Ezcaray, al inicio de esta historia, y de Santo Domingo. La última emisión de obligaciones se escrituró en un notario de Bilbao.

CAPÍTULO 12. DATOS ECONÓMICOS Y TÉCNICOS DE LAS EMPRESAS

En este capítulo se van a recopilar datos de tipo económico y técnico de las empresas que existieron en el devenir de la electrificación de la cuenca del Oja. Al lector le vendrá bien tenerlos resumidos, de forma clara, para que se pueda hacer la mejor idea posible de la marcha de las actividades entre los años 1896 a 1964. Para abordar esta presentación lo primero que se va a hacer, a pesar de las dificultades de la tarea, es presentar los factores de conversión de las cantidades en pesetas que fueron sufriendo los efectos de la inflación, en unas épocas más acusados que en otras, y además referirlos al euro (€) que es la moneda legal en casi toda la Unión Europea desde el 1º de enero de 2002. A pesar de que en los primeros años, tras su implantación, hubo muchas personas en España, que seguían pensando en las antiguas pesetas hoy, pasados cuatro lustros, se puede usar el euro con su significado pleno en todos los estamentos sociales.

Tras esta primera parte se presentarán algunos datos de precios y salarios de la época estudiada (1896 – 1964) para ilustrar a los lectores.

En el apartado siguiente se traerán, de forma parcial, algunas cantidades en pesetas entresacadas de los capítulos de esta historia y a su lado (entre paréntesis) se pondrán sus valores en euros (€) deducidos mediante la aplicación de los factores de conversión introducidos al comienzo.

De todas las entidades y sociedades que desarrollaron su actividad fue Electra Posadas SA, la única de la que ha sido posible sacar muchos datos económicos en sus 40 años de vida ya que ha sido posible obtener casi todas sus memorias anuales. A presentar sus datos más significativos, se dedicará otro apartado.

Finalmente, en el último, se traerá el resumen de los datos técnicos más relevantes.

12.1. Factores para convertir los datos económicos.

El problema de obtener unos factores que puedan trasladar cantidades monetarias en vigor entre 125 y 55 años antes de la actualidad es de solución muy complicada, puesto que por un lado las series estadísticas de valor del dinero no eran tan extendidas, y por el otro el entorno económico y social cambió varias veces a lo largo de estos años. Además, la proporción entre las distintas clases de consumo varió profundamente en los años considerados, que han abarcado la vida activa de dos generaciones completas, y estuvieron influidos por conflictos internacionales y nacionales. En la actualidad, en España, existen variados índices económicos elaborados y publicados por el Instituto

Nacional de Estadística INE [1]. Entre ellos destacan los referido al consumo, agrupados en familias y también se debería acudir a los de "Maquinaria y bienes de equipo" y de "Energía" por incidir más en el sector estudiado. Ante estas dificultades, como además se está tratando de dar solamente una orientación al lector para interpretar cantidades en pesetas desde hace 125 años, se ha optado por una aproximación recurriendo al "Índice de los Precios al Consumo" ya que sus series históricas son más extensas, este es el denominado IPC.

Para ello se ha analizado la disponibilidad de datos publicados y se ha tomado el de la referencia bibliográfica de Maluquer de Motes de la que se han obtenido los valores de la serie más completa que figura en su Cuadro A1.7., y referido al "Índice de los Precios al Consumo". Esta serie se extiende entre 1830 y 2012 lo cual cubre con amplitud las fechas de este la historia de este libro (1896 – 1964). Comienza con un índice 158 en el año de 1830 y está construido tomando el índice 100.000 para el año 2000 y termina para el año 2012 con 139.441.

Para establecer unos índices sencillos aproximados para un lector actual, se han unido los años 2012 a 2019 (esto se está escribiendo a comienzos del 2020) y estos son los del INE. La serie completa con estos índices se lleva al "ANEXO 3. Series de valores del Índice de Precios al Consumo y del Factor de Conversión a Euros empleadas en este estudio.". Se traen sus valores notables a continuación.

Año	IPC
1896	213
1964	4.676
2000	100.000
2012	134.441
2019	145.460

Así por ejemplo 1 peseta de 1896 se convierte en $1 \times \frac{145.460}{213} = 682,91$ de 2019 (año de referencia para el lector). Pero como el lector opera con la moneda legal del Euro (€) la cantidad de 692,91 pta. calculada arriba se convierte en $\frac{682,91}{166,386} = 4,104€$ A este se le va a denominar Factor de Conversión. Del mismo modo se calcula para los demás años del proceso histórico (1896 – 1964) y se llevan de forma gráfica a la figura que sigue.

---

[1] Según la web www.ine.es

Figura 12.1. Factor de conversión a euros (€) de 2019 pare las cifras monetarias en pesetas que aparecen en los años 1896 a 1964 de esta historia.

Después de esta explicación se reitera, de nuevo, que estos factores de conversión son muy aproximados y solo se han de emplear como orientación para situarse ante valores económicos muy antiguos.

También en el ANEXO 3 van a figurar los valores del Factor de conversión a euros (€) acabado de explicar.

12.2 Precios y datos de salarios de la época.

A lo largo del proceso de investigación para este libro se han ido recopilando una serie de datos y se traen como referencia, a continuación, ya que pueden venir bien al lector para que se haga una idea de los precios aplicados en aquellas épocas.

Del trabajo inédito de AGUSTÍN TELLO, Jose Luis. "La Comarca del alto Oja en la prensa. Tomo 9: Período desde 1913 a 1914". y en el día 7 de julio de 1913, en "La Rioja" se facilitan:
- Segar, atar y agavillar. Jornal de 4 pta. al día más la olla de mediodía.
- Trillar con trillos en la era. Jornal 1,75 pta. más manutención. Sin manutención 3,75 pta.
- Acarreo de mieses. Jornal 2,75 pta.
- Servicio de las trilladoras y de prensar paja. Contrato con el dueño.
- Las demás labores agrícolas. De julio a 15 de agosto a 3 pta.; la segunda mitad de agosto a 2,50 pta. y en el de setiembre a 2 pta., todos sin manutención.
- En vendimia. Jornal de 3 pta. más la olla de mediodía. Mujeres y muchachos 1,75 pta. y la olla.
- En el lavado de tinos. Jornal de 3 pta., y en lavado de cubas 4 pta.

- De 1º de octubre hasta 31 de enero en todas las labores de campo el jornal será de 2 pta. salvo en la vendimia
- Los podadores según su pericia convendrán con el propietario, pero el jornal no será inferior a 2 pta.
- Los obreros ajustados por temporada de las Candelas (2 febrero) a San Juan (24 junio) ganará en febrero y marzo 2,50 pta.; en abril, mayo y junio 2.75 y la olla de mediodía.
- Si están ajustados por semanas ganarán los jornales en febrero 2,25; en marzo 2,50; en abril y mayo 3; y en junio 3,25 más la olla de mediodía.

Las condiciones laborales eran variadas y también las describe la misma referencia con detalle, en horarios, descansos, tiempos para comer, días festivos fuera de los domingos, descuentos si no puede trabajar porque llueve. Además de indicar la preferencia a los obreros de la localidad.

Del año de 1924 las remuneraciones anuales de los secretarios de los ayuntamientos de Ezcaray, Ojacastro y Valgañón eran de 4.000, 2.500 y 2.000 pesetas anuales [2]. Más elevadas que las de los jornaleros agrícolas, pero aun miserables.

En lo que se refiere a salarios se trae la información que sigue de 1941 posterior a la guerra civil. Se trata de una región alejada como lo es Murcia para oficios en fábricas de conservas vegetales situadas en aquella provincia. En la Rioja ya existía industria conservera a la sazón. Véase la figura que sigue.

CATEGORÍAS	HOMBRES	MUJERES
Oficiales de primera	10,00	
Oficiales de segunda	9,00	
Especialistas/obreras especializadas	9,00	6,50
Obreras de primera		5,50
Obreras de segunda		4,50
Peones/auxiliares femeninos	7,50	4,00
Pinches/pinchas (18 a 20 años)	5,00	4,00
Pinches/pinchas (16 a 18 años)	3,50	3,00
Aprendices/aprendizas	2,50	2,50

Figura 12.2. Salarios mínimos diarios en pesetas para las conservas, 1942. Fuente: Salarios mínimos aprobados por la Dirección General del trabajo en 14 mayo 1941. Cedido por Xabier Barrutia Etxebarria.

Los precios de la electricidad, que se llevaron a la figura 2.2. capítulo 2, se expresan más abajo actualizados con los factores de conversión de la figura 12.1.

---

[2] Según comunicación de Jose Luis Agustín Tello de 10 de octubre de 2019.

	Lámpara 16 bujías al mes		Fuerza motriz por kWh	
Año	Pta.	Actualizado (€)	Pta.	Actualizado (€)
1906	3,00	11,11	0,07	0,26
1907	3,85	14,26	0,17	0,63
1909	3,00	11,50	0,15	0,58
1920			1,00	1,94
1922	2,25	4,87		
1922			0,15	0,32
1923			1,75	3,79
1923			0,50	1,08
1925	2,20	4,68		
1933			0,18	0,39
1934	2,50	5,26		
1934	2,75	5,78		
1936			0,50	1,046
1942	2,85	2,41		
1943	2,00	1,70		

A la vista de los precios anteriores, en los que la muestra es pequeña, se ve que es difícil establecer tendencias, aunque los de la luz bajaron tras la guerra civil. En lo que se refiere a precios, en 1924, es bueno fijarse en un anuncio de una casa de comidas en la figura.

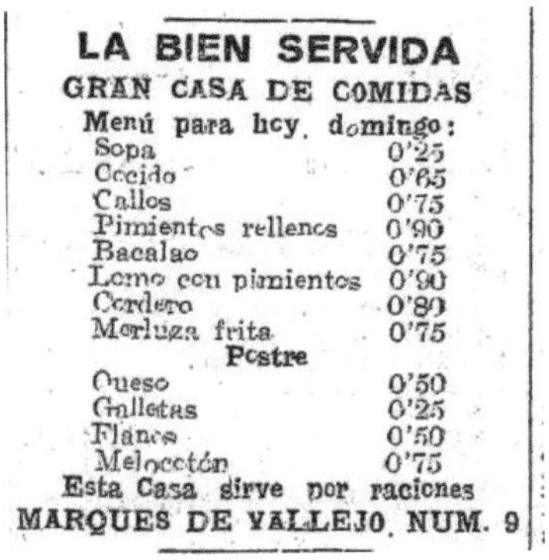
LA BIEN SERVIDA
GRAN CASA DE COMIDAS
Menú para hoy, domingo:

Sopa	0'25
Cocido	0'65
Callos	0'75
Pimientos rellenos	0'90
Bacalao	0'75
Lomo con pimientos	0'90
Cordero	0'80
Merluza frita	0'75
Postre	
Queso	0'50
Galletas	0'25
Flanes	0'50
Melocotón	0'75

Esta Casa sirve por raciones
MARQUES DE VALLEJO, NUM. 9

Figura 12.3. Periódico "La Rioja" 25 de mayo de 1924. Anuncio de una casa de comidas en Logroño. Cedida por Jose Luis Agustín Tello.

No hay que hacer muchas cuentas con los factores de conversión del apartado anterior y ver que los jornales eran míseros, pero aquí no se entra en análisis más profundos pues estos valores son de referencia, y este era uno de los indicadores del atraso secular en que la agricultura vivía postrada. También se ven las grandes diferencias salariales entre mujeres y hombres, que tras la guerra civil seguía muy agudo.

12.3. Algunos datos de precios y costes sacados de la historia presente y su conversión al momento actual.

Para redactar este apartado se han repasado los capítulos que describen el devenir histórico de la electricidad en el valle del Oja y se han entresacado datos económicos significativos de todos ellas.

Se traen con la cifra en pesetas referida al año en que ocurrió y seguidamente su equivalente, mediante los factores de conversión descritos en el apartado 12.1., entre paréntesis. Se dejan al lector los comentarios.

Santo Domingo de la Calzada.
Año de 1895. El contrato de alumbrado público fue de 3.825 pta. anuales (15.698 €)

Ezcaray fábrica de luz "La Gloria".
Año de 1901. El contrato de alumbrado público fue de 1.750 pta. anuales (6.566 €).
Año de 1938. Los ingresos de la fábrica de luz de Gandasegui fueron 4.136 pta. (6.886 €).
Año de 1938. Electra Posadas adquiere su negocio a Gandasegui en 27.000 pta. (44.955 €)

Valgañón fábrica de luz "La Máquina".
Año de 1907. El coste de la turbina y accesorios fueron 3.500 pta. (12.964 €).
Año de 1908. Los portes de la anterior turbina de Zumarraga a Valgañón fueron 125,55 pta. (467 €).
Año de 1909. El precio de una lámpara "Phillips" de entre 5 y 16 bujías era de 0,65 pta. (2,50 €).
Año de 1908. Los precios de la dinamo, cobre para la línea y 22 lámparas fue 4.500 pta. (16.740 €)
Año de 1910. El proyecto facultativo de la línea de eléctrica fue de 200 pta. (770 €).
Año de 1910. El suministro a una lámpara de 16 bujías 3,90 pta. al mes (15,02 €).
Año de 1910. El mayor mes de recaudación de luz fue diciembre con 217,27 pta. (836,71 €).
Año de 1910. Plancha eléctrica vendida a un vecino de Valgañón por 20 pta. (77 €).

Ojacastro fábrica de luz "San Jose".
Año de 1908. El coste de la turbina y accesorios fueron 3.500 pta. (13.020 €).
Año de 1908. Dinamo Siemens comprada a través de A Gandasegui de Ezcaray 2.500 FF, su contravalor en pesetas fue 2.880 pta. (10.714 €).
Año de 1908. Presupuesto proyectado de Ojacastro. Incluía turbina y dinamo 14.467 pta. (53.817 €).
Año de 1909. Cobros de la fábrica de luz de Ojacastro en ese año 1.106,80 pta. (4.243 €)
Año de 1912. Compra de una locomóvil de 2ª mano más sus reparaciones 2.170 pta. (8.213 €).
Año de 1912. Compra del molino Montoya más escritura y derechos reales 4.813,85 pta. (18.220 €).
Año de 1913. Precio de venta de la locomóvil a la tejera en Salvatierra de Álava 2,650 pta. (9.776 €).
Año de 1915. Compra de la turbina de segunda mano de Valgañón 500 pta. (1.734 €).
Año de 1916. Merienda de los 13 trabajadores que han intervenido en las obras del molino Montoya al terminarlas 28,35 pta. (92,13 €).
Año de 1931. Fábrica de luz cobros 4.045,85 pta. (8.504 €).
Año de 1931. Fábrica de luz pagos 1.123,70 pta. (2.362 €).
Año de 1931. Fábrica de luz saldo líquido del año 2.922,15 pta. (6.142 €)
Año de 1932. Coste de la línea entre la fábrica Los Trapos y la fábrica de luz de Ojacastro 1.075 pta. (2.281 €).
Año de 1938. Electra Posadas adquiere su negocio de la fábrica de luz a los hermanos Merino Urrutia en 26.000 pta. (43.290 €)

Posadas central de Hidroeléctrica del Oja SA.
Año de 1912. Capital social escriturado constituido por acciones y obligaciones 400.000 pta. (1.514.000 €).
Año de 1915. Recaudación anual en torno a las 10.000 pta. (34.690 €).

Año de 1916. Balance de la liquidación. El activo fue de 121.465,92 pta. (394.764 €), El del pasivo fue de 432.948,17 pta. (1.407.081 €). Luego la pérdida fue de 311.482,25 pta. (1.012.317 €).

Mancomunidad Electra Posadas.
Año de 1916. Capital proyectado de la Mancomunidad 120.000 pta. (390.000 €).
Año de 1917. Venta como chatarra de las antiguas máquinas de vapor a 0,60 pta. el kg (1,68 €).
Año de 1921. Un albañil de Ezcaray cobraba 8 pta. al día (16,62 €).
Año de 1921. Un carro cargado con unos 800 kg más el carrero podía hacer un viaje diario desde Ezcaray y costaba 15 pta. (31,16 €).
Año de 1921. Presupuesto para el nuevo salto de Altuzarra que no se realizó, véase capítulo 12 apartado 12.6., pta. 206.342 (428.572 €).
Año de 1922. Recaudación del año 38.000 pta. (82.232 €).
Año de 1922. ASEA ofrece un alternador de 75 kVA por 10.500 pta. (22.722 €).
Año de 1922. Benz y Cia. ofrece un motor semidiesel de 84 HP por 20.600 pta. (44.578 €).
Año de 1922. El Ayuntamiento de Santo Domingo concede un terreno a la entrada del paseo de los Molinos para instalar la Sub Central Diesel por 250 pta. (541 €).

Electra Posadas SA.
Año de 1923. Valoración de todos los bienes que entran como aportación en su constitución 236.000 pta. (511.884 €).
Año de 1923. Capital social en acciones 400.000 pta. (867.600 €).
Año de 1928. Mejor abonado de Santo Domingo el café Suizo al año 2.600 pta. (5.889 €).
Año de 1929. Recaudación por el luz y fuerza 63.455,73 pta. (134.336 €).
Año de 1929. Precio de un transformador marca Eguren de 300 kVA, 9.500 pta. (20.111 €).
Año de 1929. Coste del levantamiento topográfico de la línea San Felices a Santo Domingo 2.366 pta. (5.009 €).
Año de 1929. Compra a Severo García de sus redes de Anguciana, Casalarreina, Bañares y Castañares en 55.000 pta. (116.435 €).
Año de 1930. Precio por un automóvil usado Berliet de 14 HP (solo había rodado 6.600 km) recogiendo un viejo Daimler 5.000 pta. (10.820 €).
Año de 1932. El precio del castillo, central y fincas de Cuzcurrita fue a 68.000 pta. (144.296 €).
Año de 1932. La suscripción de obligaciones rebasó ya las 100.000 pta. (212.200 €).
Año de 1933. El presupuesto para el tendido del 3er hilo de Treviana a Pancorbo y mejora del servicio y acoplamientos ascendió a 11.520 pta. (24.975 €).
Año de 1933. Los cangrejos que se pescaban en el canal de Cuzcurrita los vendían en Bilbao a 2,50 pta./ kg (5,40 €).
Año de 1933. Nómina de EP en agosto fue de 2.600 pta. (5.621 €).
Año de 1935. Los consejeros de EP cobraban de dieta por asistencia a cada reunión 20 pta. (42 €).
Año de 1935. Sueldo del instalador cobrador en Santo Domingo 150 pta. al mes (315 €).
Año de 1935. Sueldo de Victoriano Díez empleado de EP en Haro 275 pta. al mes (578 €).
Año de 1935. Las deudas más importantes de ayuntamientos eran para Santurdejo 450 pta. (946 €); Cuzcurrita 2.200 (4.624 €); Ezcaray 2.500 (5.255 €); Santo Domingo 3.000 (6.306 €).
Año de 1943. Avería en un transformador de 300 kVA de San Felices 22.659 pta. (19.260 €).
Año de 1945. Remuneración al Consejo de Administración 5.000 pta. (3.805 €).
Año de 1948. Avería en un transformador de San Felices 4.229 pta. (1.954 €).
Año de 1949. El Banco de Vizcaya concedió un crédito de 250.000 pta. (109.500 €).
Año de 1951. Se compró una partida de aceite de transformadores al precio muy conveniente de 9 pta./ kg (3,25 €) cuando su precio normal eran 15 (5,42 €).
Año de 1954. El precio de un transformador de 200 kVA de marca Fierro para Santo Domingo fue 65.000 pta. (23.270 €).
Año de1954. Precio de un poste de acacia de 9 m 180,35 pta. (65,60 €).

Año de 1954. Compra de una parcela en el barrio de la Puebla de Santo Domingo de 6 m² para situar el transformador 2.000 pta. (716 €).

Año de 1954. Ajuste a destajo con una cuadrilla de Posadas para preparación de 370 m del canal de Alcaira en 3.500 pta. (1.253 €).

Año de 1959. Percibido por la compensación de OFILE 119.044 pta. (22.500 €).

Año de 1960. Deuda del ayuntamiento de Ezcaray 26.500 pta. (6.333 €).

Año de 1960. Precio de Duro Felguera por la tubería del sifón del Salto de Ozumbra margen derecha de 350 mm de diámetro 745.248 pta. (178.114 €).

Año de 1961. Compra de un FIAT Balilla para el jefe de Servicio 22.500 pta. (5.175 €).

Año de 1962. Turbina nº 2 para el salto del Águila de 445 CV 314.000 pta. (68.138 €).

Año de 1962. Alternador nº 2 para el salto del Águila de 300 kVA 231.600 pta. (50.257 €).

Año de 1963. Salario base diario legal 60 pta. (12 €). Expresado al mes significaba 360 €.

Año de 1964. Salario anual del autor de este libro como ingeniero novel en una empresa constructora de equipos eléctricos de Bilbao 137.600 pta. (25.230 €).

12.4. Los balances de Electra Posadas y sus magnitudes más importantes.

Electra Posadas SA ha sido la empresa de la que, gracias a la amabilidad del Archivo Histórico de Iberdrola en Ricobayo, se ha logrado su serie casi completa de Memorias, Balances y Cuentas de Resultados. Por ello se darán datos más completos de forma gráfica pues facilitan la visión rápida e intuitiva. En los Anexos Documentales "Balances y Cuentas de Resultados" se darán los datos numéricos completos para el lector que desee establecer sus propias conclusiones. Conviene recalcar que, al analizar esta serie de 40 años de balances, se observa que durante los años transcurridos los criterios contables evolucionaron. Por lo tanto, se presentan sus magnitudes más importantes con muy pocos comentarios. A pesar de que el primer ejercicio fue el de 1923, el primer ejercicio con datos fue el de 1929. Los huecos que se observan. además, en la representación gráfica, significan que ese año no hubo el dato en cuestión. El primero es el del activo y el pasivo.

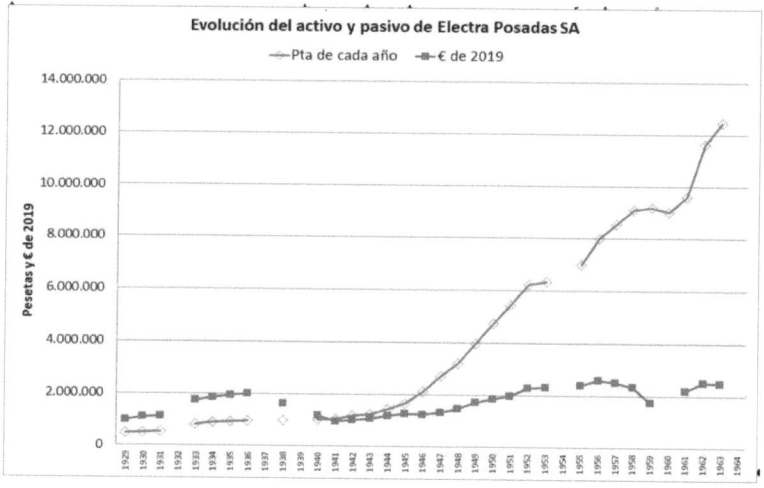

Figura 12.4. Evolución del activo y pasivo de Electra Posadas SA. En pesetas corrientes de cada año y referido a € de 2019.

El pasivo está respaldado por el capital social total constituido por las acciones y obligaciones desembolsadas y no amortizadas. Su evolución se ve en la figura que sigue.

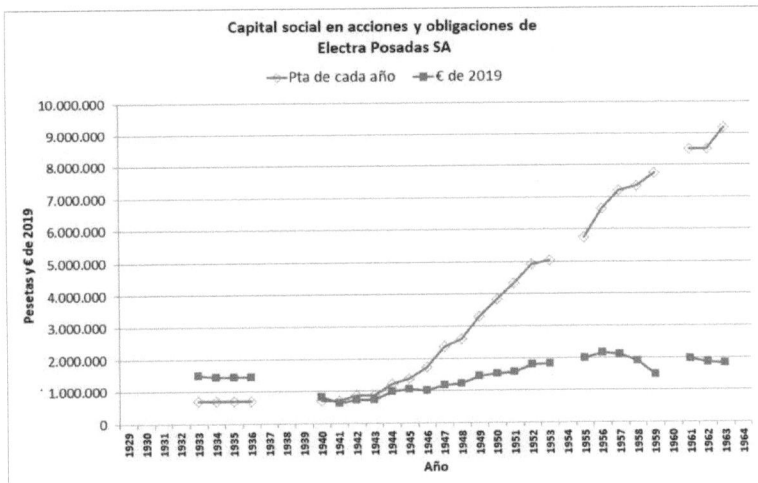

Figura 12.5. Evolución del capital social (acciones y obligaciones) de Electra Posadas SA. En pesetas corrientes de cada año y referido a € de 2019.

Las obras e inversiones varias de Electra Posadas se ven con el inmovilizado en la figura.

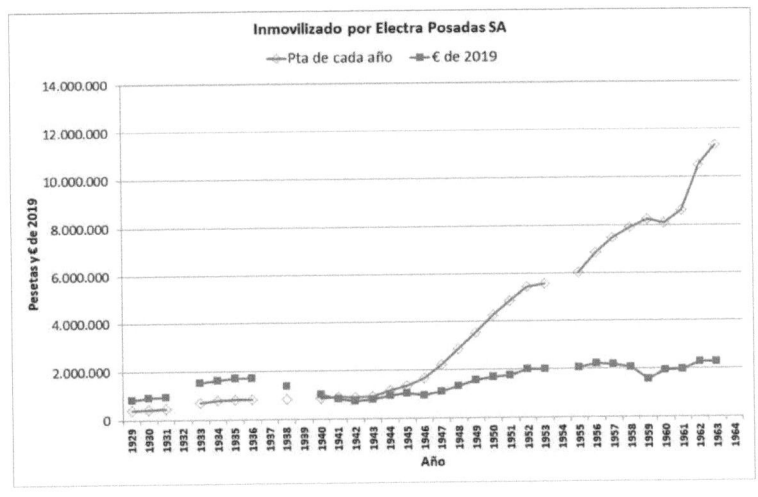

Figura 12.6. Evolución del inmovilizado total de Electra Posadas SA. En pesetas corrientes de cada año y referido a € de 2019.

Como se ha visto a lo largo de las páginas anteriores la obra del Salto del Águila en sus dos fases (Ozumbra margen izquierda y derecha) fue la obra más importante de la empresa. Se ve que a partir del año 1952 comienza a decrecer ya que el criterio contable en aquellos años era que las amortizaciones minoraban los capitales invertidos a partir de la puesta en producción de los aprovechamientos. Véase figura que sigue.

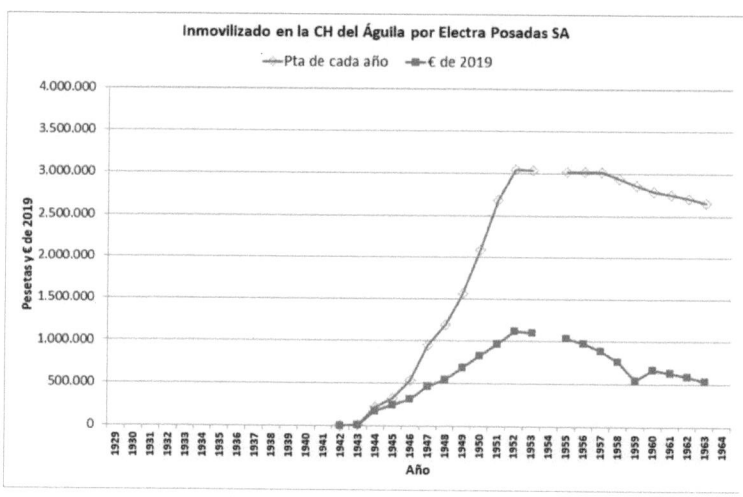

Figura 12.7. Evolución del inmovilizado en la CH del Salto del Águila por Electra Posadas SA. En pesetas corrientes de cada año y referido a € de 2019.

Los ingresos de Electra Posadas eran todos de ventas de luz y fuerza motriz. Su valor en términos reales decreció a partir de 1959. Ello fue debido a la falta de actualización de las tarifas. Esta fue una de las razones del declinar de la empresa y de su absorción por Iberduero.

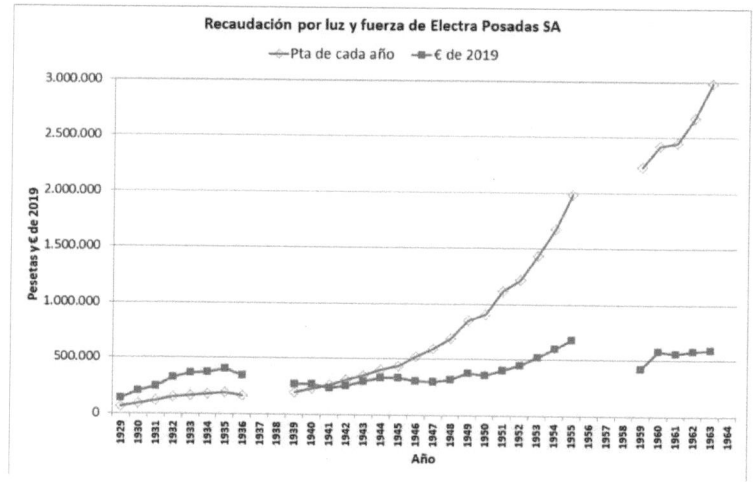

Figura 12.8. Evolución de la recaudación por luz y fuerza de Electra Posadas SA. En pesetas corrientes de cada año y referido a € de 2019.

De la cuenta de resultados, o pérdidas y ganancias, el saldo de explotación es la cantidad más relevante. Está influida por la recaudación y por los esfuerzos para lograr rentabilidad.

Historia de la Electricidad en la cuenca del Oja

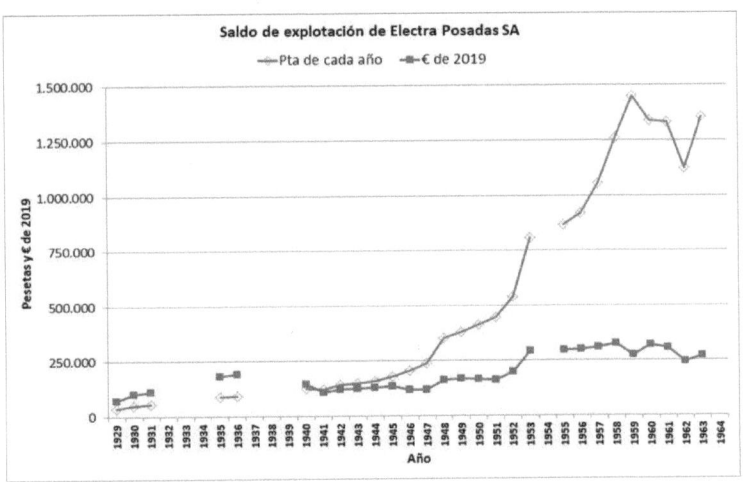

Figura 12.9. Evolución del saldo de explotación de Electra Posadas SA. En pesetas corrientes de cada año y referido a € de 2019.

A continuación, se incluye la evolución de las contribuciones e impuestos, aunque como comentan las memorias los criterios con los que se reflejan en cuentas no son uniformes y además, en ocasiones, no se atribuyeron al ejercicio sino a cuando se satisficieron.

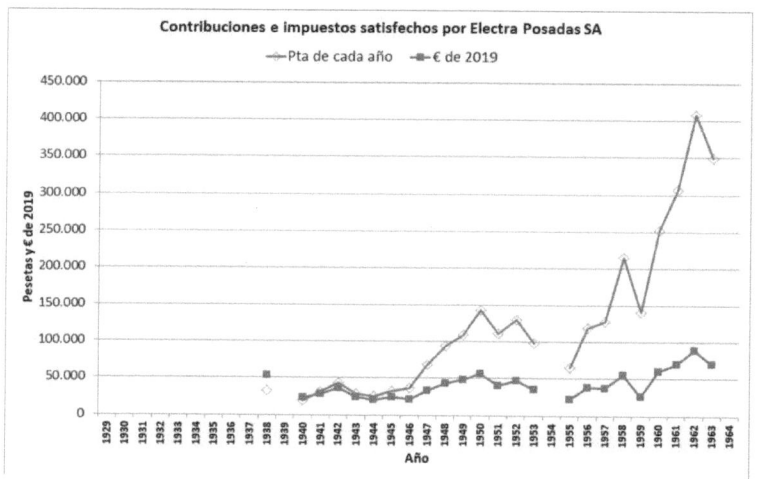

Figura 12.10. Evolución de las contribuciones e impuestos satisfechos por Electra Posadas SA. En pesetas corrientes de cada año y referido a € de 2019.

La evolución de los dividendos sigue. Su decrecimiento en los años finales es una de las causas que explican el final de la vida independiente de Electra Posadas.

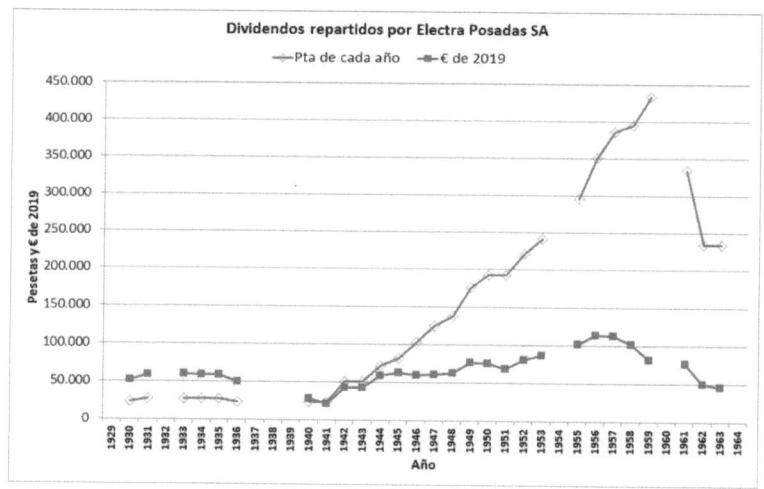

Figura 12.11. Evolución del dividendo repartido por Electra Posadas SA. En pesetas corrientes de cada año y referido a € de 2019.

12.5. Datos técnicos principales.

En Sudriá se dan unos datos generales de España, que vienen muy bien para enmarcar los facilitados en este apartado *"En el momento de estallar la guerra civil había en España una potencia eléctrica instalada de 1.500 MW, de los que la gran mayoría 1.100 MW, correspondían a centrales hidroeléctricas. La producción comercializada rondaba los 3.300 GWh. El consumo se distribuía de forma muy desigual. Mientras que en España en su conjunto se consumían 135 kWh por habitante, en Cataluña y el País Vasco el consumo rondaba los 400 kWh por habitante; Madrid, País Velenciano, Murcia, Asturias, Cantabria y Aragón se situaba en torno a los 200 kWh por habitante; y en el resto de las regiones en cotas entre los 80 (Andalucía) y los 13 (Castilla – La Mancha)."*

Existen datos, bastante fiables, de la potencia de generación de todas las centrales que operaron en la zona, incluso desde la fase primitiva de pequeñas fábricas de luz aisladas. Los mismos son aproximados en las fechas de alta y baja de los generadores, pero aun así dan una imagen lo suficientemente válida y la misma se lleva a la figura que sigue.

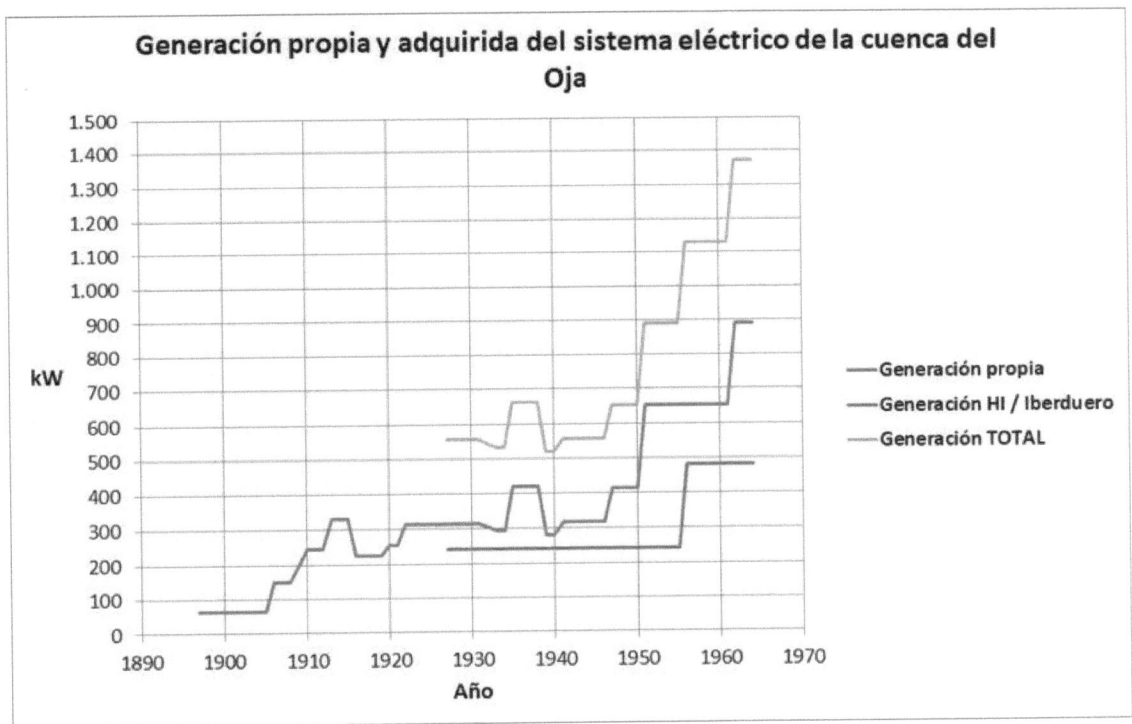

Figura 12.12. Generación propia y adquirida del sistema eléctrico de la cuenca del Oja entre 1896 y 1964.

A continuación de esto, y aunque son incompletos, se van a dar los datos de potencia y energía de Electra Posadas referidos a los años 1950 a 1954 y también a la distribución en zonas que hizo esta pequeña empresa para mejorar su gestión, la misma fue explicada en el apartado 8.2. del capítulo 8. Se estableció en 1932 tras la compra de Cuzcurrita y de sus redes y se trae de nuevo:

- 1ª zona, que comprende todas las líneas desde la Central de Posadas a Ezcaray, Santurde, Santurdejo, Santo Domingo, y Bañares inclusive,
- 2ª zona, que comprende la línea general de San Felices a Santo Domingo y sus derivaciones y ramales, con Casalarreina, Castañares, …
- 3ª zona, que abarca las líneas últimas adquiridas que parten de la Central de Cuzcurrita, fuera de este pueblo y las de Treviana, Altable, Pancorbo y las de enlace proyectadas y en parte construidas.

Más adelante en 1944, véase capítulo 10, tras la compra de la central de Tirgo se definió un SECTOR ESTE de la 3ª zona.

En las tablas que siguen se facilita la energía facturada en kWh por cada zona en alguno de los años indicados:

Facturación en kWh	1ª ZONA		2ª ZONA		3ª ZONA		SECTOR ESTE	
	1950	1951	1950	1951	1950	1951	1950	1951
Alumbrado	116.382	147.175	46.533	105.735	35.749	49.197	38.525	45.322
Fuerza motriz	288.566	361.248	70.660	81.854	59.262	91.833	27.434	31.197
TOTALES	404.948	508.423	117.193	187.589	95.011	141.030	65.959	76.519

Se ve la preponderancia de la 1ª Zona que comprendía Ezcaray y Santo Domingo ya que en 1950 representó el 59,2% sobre el total, y en 1951 el 55,6%. Los totales se dan en la Tabla que sigue.

Facturación en kWh	TODA LA RED DE EP	
	1950	1951
Alumbrado	237.189	347.429
Fuerza motriz	445.922	566.132
TOTALES	683.111	913.561

Llama la atención el fuerte incremento del 33,7% atribuible en mayor grado a las zonas 2ª y 3ª, no se han encontrado explicaciones ya que para un aumento normal de la demanda parece demasiado fuerte.

Hay también algunos datos del parque de contadores controlado por los gestores de EP ya que impulsaban su instalación para reducir los contratos a tanto alzado, aun así en los dos años considerados se ve muy poco incremento

Parque de contadores	1ª ZONA		2ª ZONA		3ª ZONA		SECTOR ESTE	
	1950	1951	1950	1951	1950	1951	1950	1951
En propiedad	386	453	253	253	244	244	143	142
Alquilados	340	349	175	175	35	35	197	198

Otro aspecto digno de mención son los precios medios resultantes de los contratos que se ven para las cuatro zonas en la tabla que sigue.

Precio medio pta./kWh	1ª ZONA		2ª ZONA		3ª ZONA		SECTOR ESTE	
	1950	**1951**	**1950**	**1951**	**1950**	**1951**	**1950**	**1951**
Alumbrado	3,34	3,14	4,56	2,32	4,19	3,69	1,96	1,94
Fuerza motriz	0,34	0,38	0,37	0,43	0,54	0,46	0,22	0,15

Se ve la gran diferencia de los precios medios (pta./kWh) entre alumbrado y fuerza motriz, a falta de otras consideraciones más elaboradas tiene su lógica pues la electricidad para alumbrado consumía poca energía y era en el fondo una venta al detalle y en cambio la de fuerza motriz se podía considerar al por mayor. En lo que se refiere a la producción de las centrales y la energía adquirida, de Iberduero pues la fusión Hidroeléctrica Ibérica y Saltos del Duero había tenido en 1944, los datos que se han logrado son:

Energías en kWh	**1950**	**1951**	**1952**	**1953**	**1954**
Central Posadas	167.656	207.928		102.662	129.484
Central Cuzcurrita	293.227	305.673		411.452	474.779
Central Tirgo	107.473	87.853		255.493	338.476
Central El Águila				1.011.230	965.366
TOTAL producción propia	568.356	601.454		1.780.837	1.908.105
De Iberduero	1.016.400	1.465.000		655.800	742.200
Propia + Adquirida	1.584.756	2.066.454		2.436.637	2.650.305
Factura de Iberduero (pta)	169.254	177.679		178.244	199.408

Se ven las grandes diferencias entre la energía producida más adquirida sobre la facturada. La explicación parcial puede ser debida a que todavía subsistían, en la primera mitad de la década de los 1950`s muchos contratos a tanto alzado en los que, al no haber contador, no se medía la energía que consumían.

Los únicos datos muy detallados aparecen, para 1962, en la referencia de Sindicato Nacional de Agua, Gas y Electricidad y los mismos se traen a continuación. En la misma se ve que se desglosan en las provincias de Logroño y Burgos porque, como se sabe, en esta última estaban los pueblos de Pancorbo y Altable.

	Alumbrado por contador				Alumbrado a tanto alzado				Alumbrado y usos domesticos un solo contador y circuito	
	Viviendas		Establec indep de vivienc		Viviendas		Alumbrado público			
Provincia	Abonados	kWh	Abonados	kWh	Abonados	kWh			Abonados	kWh
Logroño	69	38.000	443	167.000	1.295	291.000	24	306.000	3.245	652.000
Burgos			20	33.000	77	8.000	2	16.000	232	27.000
TOTAL	69	38.000	463	200.000	1.372	299.000	26	322.000	3.477	679.000

Usos domesticos y otros servicios con circuito y contador inepend		Usos industriales		Consumos Propios kWh	Pérdidas en Transm y transf kWh	Energía Facturada kWh	Energía Producida + adquirida kWh	Número Total Abonados
Abonados	kWh	Abonados	kWh					
34	38.000	201	394.000					
6	5.000	16	201.000					
40	43.000	217	595.000	34.000	938.000	2.176.000	3.148.000	5.664

Se han podido rescatar pocos datos del funcionamiento del sistema, pero hay un gráfico de gran interés realizado por Justo Díez, jefe de servicios de Electra Posadas, que da el funcionamiento horario, en el día 9 de enero de 1959 viernes, de las 4 centrales de la Empresa y de la conexión a Iberduero. Se ve en la figura que sigue en la que aparecen la potencia y la energía diaria total.

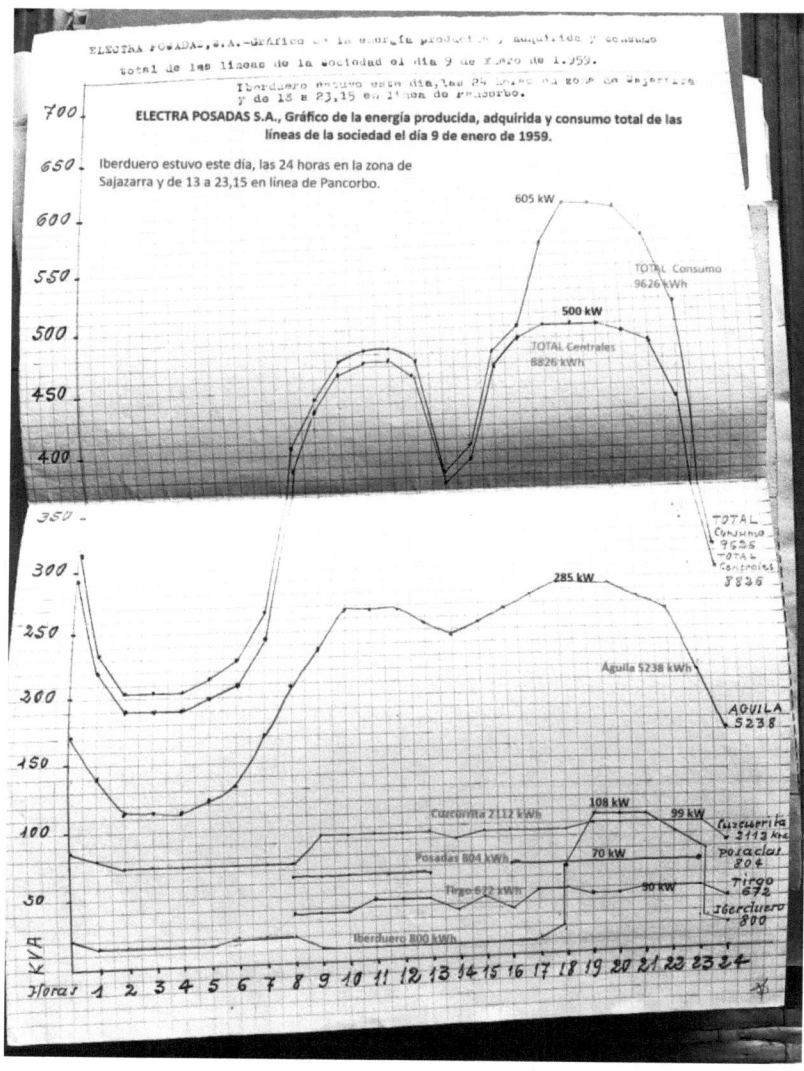

Figura 12.13. Gráfico de la evolución de la potencia horaria y la energía de las 4 centrales de Electra Posadas más la conexión a Iberduero para el 9 de enero de 1959 viernes. Procede del archivo de Javier Díez Urrecho cedido por sus hijos y herederos.

EPÍLOGO

Con el capítulo 10 de este libro se ha acabado la "Historia de la electricidad en la cuenca del Oja" que terminó al final del año de 1964. A continuación, para ayudar al lector, se han situado los capítulos 11, y 12 en los que se han recogido aspectos necesarios, pero fuera del hilo temporal de la historia. Estos han versado sobre los referidos a las personas que protagonizaron la historia, y un resumen de datos económicos y técnicos. Como el tema de la historia de la electricidad de la zona ha quedado vivo entre las gentes del valle del Oja, y sus centrales eléctricas han tenido devenir distinto, entre 1964 y los momentos en los que se escribe esta historia en 2021, se ha optado por escribir el presente epílogo con la perspectiva que dan los 57 años transcurridos desde su final. La crónica de lo que pasó en el sistema distribución a partir del momento de la toma de control por Iberduero quedó sumida en la de las redes más potentes, extensas y racionalizadas de esta gran empresa, y por lo tanto no tiene la personalidad de una central hidroeléctrica con su nombre y situación concretos. La racionalización de las redes era lógica ya que el objetivo primordial de la absorción era el crecimiento del mercado, por lo tanto no se hará referencia alguna a los cambios en las redes de EP. Pero sin embargo sus cuatro centrales hidroeléctricas experimentaron trayectorias diferentes. Las dos del Tirón, Cuzcurrita y Tirgo, fueron vendidas por Iberduero muy pronto, tras 1965, y en manos de sus nuevos propietarios no volvieron a producir electricidad. La central del Águila fue mejorada con algunos equipos y sobre todo automatizada para poder ser telemandada y destinar su personal a otras tareas. Al acercrse el final de la concesión salió fuera de servicio y finalmente fue desmantelada. Posadas la más antigua de todas, con más de un siglo de historia a cuestas, fue también comprada a Iberduero, modernizada y sigue aportanto su energía limpia al sistema eléctrico.

E. 1. Devenir de las centrales de Cuzcurrita y Tirgo en el Tirón.

Estas dos centrales funcionaron, en las redes controladas por Iberduero, unos pocos años, según lo indicado en IBERDUERO SA. Secretaría Técnica de Coordinación. Estadística, y tuvieron la producción dada por la tabla que sigue.

Año	Cuzcurrita (kWh)	Tirgo (kWh)
1965	207.000	53.000
1966	335.000	1.000
1967	231.000	2.000
1968	10.000 (Vendida)	6.000 (Vendida)

La central de Cuzcurrita fue vendida por Iberduero, en 1968, a la familia Sainz de Inchaústegui, propietarios a la sazón del castillo y bodega y la misma no se volvió a poner en servicio. Posteriormente, en 1999, pasó a estar controlada por la sociedad Bodega Castillo de Cuzcurrita que produce vinos de alta calidad de los viñedos propios que rodean la propiedad. La central pertenece a esta sociedad, pero está abandonada, conserva sus sólidos muros y se observa claramente sus funciones anteriores como molino y central hidroeléctrica. Su circuito hidráulico con el azud, el canal de carga y el aliviadero se encuentran en estado aceptable.

La central de Tirgo fue vendida por Iberduero en 1968 aunque el último año que tuvo producción apreciable fue en 1965 con 53.000 kWh. En una relación de centrales publicada por la Confederación Hidrográfica del Ebro aparece que sus propietarios actuales son la Comunidad de Regantes PRADO DEL MOLINO Y OTROS. Se ha visto que residen en Tirgo y que tiene una extensión de 4,5 Hectáreas en el Censo de Usuarios de la citada Confederación. Se realizó una visita en agosto de 2019 y se pudo ver que el edificio de la Central subsiste y no se pudo acceder a su interior. Su circuito hidráulico es aceptable en el nivel superior, pero el desagüe se ha convertido en huertas cultivadas. Se inserta la fotografía del edificio de la central en su estado actual.

Figura E.1. Central de Tirgo. Vista de su situación en 2019.

E. 2. Descripción de las modificaciones en la central del Águila.

Durante las negociaciones para la toma de control de Electra Posadas por Iberduero en 1964, esta sociedad manifestó que era interesante para su generación eléctrica. En consecuencia, acometió importantes mejoras, entre las que destacan:

- Automatización y telemando de modo que sus empleados (4 turnos) se podían dedicar a otras labores.
- Apoyos metálicos en todas las líneas de AT que sustituyeron a los de hormigón armado fabricados por Electra Posadas.
- Paso de la alta tensión desde 10 a 20 kV.
- Instalación de una nueva tubería de carga con soldadura helicoidal.
- Montaje de un limpiarrejas automático en la toma del depósito de carga.
- Sustitución de parte de los canales por otros prefabricados de fibrocemento tapados por encima.

Historia de la Electricidad en la cuenca del Oja

Entre todas estas mejoras merece destacar la de cambio de la tubería de carga original por una nueva que se realizó con tubo de acero soldado helicoidalmente y con su exterior galvanizado. Esta mejora se llevó a cabo en 1970. Este tubo presenta menos pérdidas de carga, menos fugas en las bridas y su galvanizado externo evita el mantenimiento de la pintura. En la figura que sigue aparece la nueva preparación del camino de arrastre al lado de los viejos pilares de la tubería antigua. El lector puede apreciar el contraste con los métodos artesanales basados en tracción animal, véase apartado 11.6. del capítulo 11.

Figura E.2. Preparación del asentamiento de la nueva tubería de carga del Salto del Águila. 1970. Tomada de la obra de Aurelio Bustillo.

Se aprovechó esta parada, que fue de larga duración, para reparaciones en el depósito de carga pues así lo requería tras unos 20 años de funcionamiento.

La producción de esta central según IBERDUERO SA. Secretaría Técnica de Coordinación. Estadística, entre los años 1965 y 1973 osciló entre un mínimo de 935.000 y un máximo de 1.860.000 kWh. Una vista general de esta central y su tubería de carga funcionando, después de 1970, se da en la figura siguiente.

Figura E.3. El Salto del Águila funcionando con posterioridad a 1970. Cedida por el Archivo fotográfico de Iberdrola.

E.3. Destino de la central de Posadas.

La central de Posadas fue vendida a los hermanos Campo Marín de Ezcaray en 1969. Estos hermanos acometieron importantes mejoras en el equipamiento completo tanto en las turbinas y generadores como en los sistemas automáticos que las gobiernan. En el apartado 5.11. del capítulo 5 se describe su estado actual. Es llamativo que la más antigua de las centrales de esta historia, es la única que subsiste en servicio en la actualidad (2024) habiendo cumplido 118 años de servicio, si bien ha experimentado bastantes remodelaciones por sus diferentes propietarios. Su energía se vierte a la red eléctrica integrada. Su concesión es a perpetuidad y fue bien concebida, ya que al estar cerca de la cabecera del río Oja nota menos los estiajes.

E.4. Fin de servicio y desmantelamiento de la central del Águila.

Se recuerda que la autorización de esta central figura en "Anexos documentales" con el título "Proyecto de aprovechamiento integral del alto Oja" y que fue concedida el 13 de febrero de 1946 y en su cláusula 9ª decía *"Se otorgará esta concesión por una duración de 75 años, contados desde la fecha en que se autorice la explotación."*. Según esto su fecha de vencimiento ha sido en 2021.

Después de las mejoras descritas en el apartado E.2., funcionó bastantes años de modo automático según podían observar, por su desagüe en cola de caballo, los excursionistas que se adentraban en el alto Oja. Por la evolución económica de la generación de electricidad, con costes de mantenimiento acusados, y al acercarse el final de la concesión, perdió interés para su propietaria Iberdrola. De hecho, su fecha exacta del final de funcionamiento se ha visto en la anotación en el cuaderno de servicio realizada por uno de sus últimos maquinistas que dice: *"Día 18/5/07. Se deja la Central fuera de servicio – Seccionador de línea Abierto. Paco"*.

Posteriormente se inició el expediente de extinción de la concesión al tenor del documento que se copia parcialmente a continuación *"Por Acuerdo del Comisario de Aguas de esta Confederación Hidrográfica del Ebro, de fecha 15 de julio de 2014, se ha iniciado el expediente de extinción de derechos a instancia del Gobierno de la Rioja -por encontrarse fuera de uso más de tres años consecutivos por causa imputable al titular- de un aprovechamiento de aguas del río Oja, también denominado Glera u Ozumbra y de los Arroyos Rasilla, Palancar, Alcaira, Torraguas, Escorlacia, y Vitorquia de un caudal de 1.400 l/s y un salto bruto autorizado de 315 m, destinado a usos industriales para producción de energía eléctrica en la denominada "Central Hidroeléctrica de El Águila", en el término municipal de Ezcaray (La Rioja), otorgado a Electra Posadas S.A. por resolución ministerial de 30 de enero de 1946".* [1]

A los tres años del anterior se vio la petición para obras de desmantelamiento según el anuncio oficial de 18 de octubre de 2017 que se extracta parcialmente: [2]*"Iberdrola Renovables Energía SA ha solicitado autorización para la realización de las obras cuyos datos y circunstancias se indican a continuación ... Las obras solicitadas consisten en el desmantelamiento y adecuación medioambiental de las instalaciones de la Central Hidroeléctrica del Águila ... reponiendo el medio natural a su estado inicial al haber cesado la actividad hidroeléctrica. El plazo de ejecución de las obras estimado es de 8 meses. ... "*

La realización de esta obra de desmantelamiento, a pesar del plazo solicitado, tardó en comenzar y se ha dilatado mucho más de los 8 meses solicitados. El tema mereció un reportaje periodístico en "La Rioja" según Javier Albo. No se va a comprobar cómo se han realizado las obras de *"desmantelamiento y reposición del medio natural a su estado inicial"* según se citaba en el anuncio oficial de 18 de octubre de 2017. Solamente se va a indicar, cuando se escribe esto en a mediados de 2024, la situación las obras exteriores principales de esta central:

- La tubería de carga está desmontada con fecha de abril de 2019 y los tubos arrancados, para ser llevados a la chatarra, amontonados al pie de la carretera al Llano de la Casa en el pago de Cervitia. Se ven además algunos tubos de la primitiva tubería que entró en servicio en 1951, que quedaron abandonados en las inmediaciones. En la figura, que sigue, se ven perfectamente ambos esperando su traslado.
- También en el desmantelamiento se la considerado la existencia de piezas de amianto como es el caso de algunos accesorios que se aplicaron a los canales para mejorar su servicio en los últimos años de funcionamiento de la central. Estas piezas fueron tratadas para su eliminación de acuerdo con las actuales normas de este tipo de materiales.

---

[1] Transcrito del Boletín Oficial de la Rioja BOR nº 149. Lunes 1 de diciembre de 2014.
[2] Transcrito del Boletín Oficial de la Rioja BOR nº 121. Miércoles 18 de octubre de 2017.

Figura E.4. Tubería de carga desmantelada y esperando en el pago de Cervitia para su transporte a la chatarra. Cedida por Jorge Matey Valderrama.

- Los pilares de apoyo de las tuberías de carga han quedado también demolidos, y su material en forma de cascotes ha quedado esparcido por el terreno. Se puede observar el estado actual en la fotografía de la figura E-5.

Figura E.5. Apoyos de la tubería de carga tras su desmantelamiento. Cedida por Ricardo Aransay Calvo.

- También la línea completa hasta la central y se desmanteló la línea completa hasta Posadas.
- La casa de máquinas no se ha demolido. Toda la maquinaria de la central ha sido ya desmontada y trasladada. Estos elementos tenían un valor como equipos de segunda mano utilizables por su propietario Iberdrola o vendidos a terceros.
- El sifón del Llano de la Casa ha sido desmantelado, y a sus pilares de apoyo se les ha dado el mismo tratamiento que a los de la tubería de carga
- El depósito de carga se demolió por completo, pero sus escombros permanecían en su lugar según se ve en la figura, aunque se espera que la vegetación los vaya ocultando.

Historia de la Electricidad en la cuenca del Oja

Figura E.6. Depósito de carga recién demolido. Foto tomada de Internet de LUIS ÁNGEL SÁEZ/JUAN PÉREZ

- La demolición del depósito originó un comentario de Bomberos Forestales de la Rioja en Facebook que se transcribe: *"Y este año sin agua para helicóptero en la zona ... confiamos en que se pueda hacer y alguna empresa asuma la construcción del de la cerrada de la (H)ilaria ... Una pena ... "*
- Los canales que accedían bien al depósito o a los extremos del sifón del Llano de la Casa actualmente se han mantenido en su estado y en algún caso han quedado parte de sus estructuras que defiende la senda la senda de la época de las obras de hace unos 65 años. Esto puede apreciar en la figura que viene a continuación.

Figura E.7. Situación del canal y de la choza de La Recila en diciembre de 2019. Fotografía cedida por Dámaso Cuevas.

Para cerrar esta breve información sobre el desmantelamiento de la central del Águila se inserta una fotografía con la zona por la que el sifón cruzaba la carretera que sube a la Cruz de la Demanda y que durante más de 60 años estuvo atravesado por esta tubería. En la figura siguiente se ve como ha quedado el paisaje tras su desmantelamiento.

Figura E.8. Situación del sifón del Llano de la Casa en la actualidad. Fotografía cedida por Jorge Matey Valderrama.

E.5. Punto de vista personal sobre la recuperación de la central del Águila.

En este apartado te voy a dar, querido lector, mi opinión que se suma a las voces que han surgido, recientemente en Ezcaray y su comarca, sobre la posibilidad de recuperación de esta pintoresca central. Por mi historial profesional, y porque parte de los gestores que concibieron y realizaron esta obra fueron antepasados directos míos, he sentido profundamente el final de su vida útil y la contemplación del desmantelamiento de unas instalaciones que costaron tantos esfuerzos. Además, su realización estuvo muy ligada al desarrollo y bienestar de las personas que habitaban mi querida comarca de la cuenca del Oja, en tiempos muy difíciles. Simplemente mi corazón se sitúa al lado de mantener operativa la central del Águila, y ver su desmantelamiento me ha producido gran pena. Pero mi mente es consciente de que el grado de desarrollo material y social que disfrutamos es debido, en parte, a la gran intensidad energética de la que gozamos. Honestamente pienso que nos costaría vivir si tuviéramos que prescindir de las comodidades que la electricidad nos ha traído. Esto se ha logrado gracias a la eficiencia económica y técnica de las empresas eléctricas y la central del Águila ha sucumbido ante este movimiento imparable.

Para seguir las ideas que voy a presentar, te pido tengas presentes las indicaciones que se han ido recogiendo en los apartados anteriores de este Epílogo. Se ha visto que la concesión de uso de las aguas fue otorgada por 75 años, en 1946, por lo tanto, su caducidad ha sido en 2021. Al igual que otras concesiones se podría, con la antelación debida, haber solicitado una extensión, pero esta ampliación temporal nunca está garantizada al solicitante hasta que se resuelve. Además, como, en 2007, Iberdrola había puesto fuera de servicio la Central, se puede deducir que no le interesaba. Desconozco sus razones, pero es muy plausible que los costes de explotación muy elevados serían la principal.

En lo que se refiere los costes de explotación (mantenimiento y operación) del salto del Águila opino que tenía dos partes bien diferentes. Por un lado, los canales, azudes de toma, y el depósito que al ser de extensión importante y estar situados por encima de 1.400 m., sufrían problemas durante las nevadas, caída de hojas, etc. y requerían trabajos que no se pueden automatizar y necesitan mucha mano de obra. Por otro lado, la central con su maquinaria y aparatos fue mejorada por Iberduero como se ha visto en el apartado E.2., y desde entonces pudo prescindir de la intervención directa de los maquinistas y ser gobernada a distancia desde los centros de control de la empresa. El personal especialista tenía que acudir periódicamente para el mantenimiento de las máquinas y aparatos. Sin embargo, es mi opinión, que los costes de mantenimiento de la parte de la central automatizada posiblemente eran absorbibles por el valor de la electricidad producida. Pero los costes de mantenimiento tuvieron que ser importantes para los canales, azudes y depósito de carga y provocar la falta de rendimiento económico total de la Central del Águila.

También te voy a dar mis opiniones sobre el impacto ambiental del Águila tal como se concibió y ejecutó. Vaya por delante que en los años en los que se realizó la obra, 1943 a 1962, las preocupaciones ecológicas no existían. Los impactos que produjo la central durante su construcción fueron: Movimiento de tierras, explosión de barrenos, corte de las corrientes de agua de pequeños arroyos, desbroce de vegetación en las zonas de paso de los canales, principalmente brezos y aulagas y además no se talaron especies arbóreas de gran porte ya que la repoblación arbórea de la Sierra vino tras 1960. También hubo machaqueo, de las rocas que se volaban, para obtener áridos para el amasado de hormigón. Recuerdo haber oído a los mayores, que intervinieron en las obras, que las especies de rapaces incluida el águila, abandonaron la zona a consecuencia de la explosión de barrenos.

Una vez puesta en servicio la central los impactos principales fueron:

- Los azudes de toma, de poca altura, unidos por los canales tuvieron un impacto pequeño pues interrumpían el paso de los peces, se instalaron rejillas en la entrada de los canales para evitar su paso.
- El depósito de carga por sus grandes dimensiones daba mayor impacto visual y en lo que se refiere a la vida piscícola conviene acudir Soto Sáez que cuenta historias relacionadas con esto.
- Impacto visual de canales reducido como se puede apreciar en la figura que sigue. En mi opinión contribuyó a fijar sendas de trazado cómodo y horizontal, esta ventaja subsiste actualmente. El hormigón de los canales se va disimulando por la maleza, musgos y líquenes.
- Las tuberías de carga desde el depósito a la central y de ambas ramas del sifón del Llano de la Casa tuvieron un impacto visual mayor, que disminuía en cuanto el observador se alejaba de ellas.
- La casa de máquinas generaba un zumbido al funcionar, pero este ruido disminuía rápidamente con la distancia.
- La línea de alta tensión hasta Posadas exigió la tala de los árboles en una senda, no muy ancha, para evitar contactos que podrían generar incendios. No recuerdo incendios importantes durante la vida de la central por esta causa.
- El edificio que se construyó para albergar la maquinaria es muy funcional sin valor arquitectónico. Conviene recordar que se hizo al final de los años 40 del pasado siglo.

Figura E.9. Canal de La Recila /Rasilla en marzo de 2021. Fuera de servicio casi 15 años. Cedida por Ricardo Aransay Calvo.

Posiblemente a la obra se podría haber dado otro destino diferente a un desmantelamiento, que difícilmente puede ser total, para llevar al entorno natural a un estado similar al que los parajes, en los que se hicieron las obras, tenían antes de 1943. Como era una central que estaba automatizada y producía energía con escasos impactos ecológicos, se le podía haber dado valor a sus obras hidráulicas para manejar el agua en el Alto Oja, lo cual puede tener valor estratégico importante. Pero esto no se planteó con el debido tiempo para contar con los permisos y la voluntad de una Empresa privada o Ente público que hubiera absorbido los costes de tal transformación, tanto los de capital como los de explotación.

La otra posibilidad sería reconvertir lo que queda para otros usos entre los que destaco el destino turístico y de actividades de ocio muy enraizados en Ezcaray. Podrían añadirse programas de senderismo, pesca, y caza. Los lugares en general son muy pintorescos. La temporada normal para las mismas es entre abril a noviembre ya que no está garantizado el mantenimiento de la carretera entre Posadas y el Llano de la Casa como abierta fuera de esa época.

En consecuencia, sugiero desarrollar un catálogo de rutas entre las que podrían destacar los paseos por las sendas de servicio de los canales, véase la figura E.9. En los carteles de todas ellas la referencia clara de lo que fue la central del Águila y su significado en la historia de la comarca de Ezcaray debería estar muy presente.

Historia de la Electricidad en la cuenca del Oja

BIBLIOGRAFÍA, ABREVIATURAS, ANEXOS Y ANEXOS DOCUMENTALES

En esta parte complementaria al final del libro se muestran aspectos tales como: la bibliografía; el glosario, las definiciones, y los acrónimos empleados a lo largo de todo el texto; tres anexos necesarios para el mejor que comprensión del texto; y el índice de los anexos documentales.

BIBLIOGRAFÍA

AGUSTÍN TELLO, Jose Luis. "La Comarca del alto Oja en la prensa. Tomo 9: Período desde 1913 a 1914". Trabajo inédito.

AGUSTÍN TELLO, José Luis. "LA INDUSTRIA ELÉCTRICA EN EL VALLE DEL OJA". Año de 2014. Trabajo inédito.

AGUSTÍN TELLO, Jose Luis. "Las minas de Ezcaray: Crónica de una decepción". Trabajo inédito.

AGUSTÍN TELLO, José Luis. "Los orígenes de la electricidad en Valgañón (La Rioja). Diciembre de 2000. Trabajo inédito. Año de 2017.

AGUSTÍN TELLO, Jose Luis. *Historia del Ferrocarril Haro Ezcaray (La Rioja) (1916-1964)*. Edita: Asociación Amigos de Zaldierna. Logroño 2002

AGUSTÍN TELLO, Jose Luis. Nota inédita "D. BENITO GANDASEGUI MARIN (Datos de su vida, extraídos de la prensa y revistas)". Setiembre de 2018.

AGUSTÍN TELLO, Jose Luis. Nota inédita "D. DIONISIO SEGURA HIDALGO. ELECTRICISTA Y FABRICANTE DE SILLAS. (Con fábricas en Ezcaray y Madrid). Setiembre de 2018.

AGUSTÍN TELLO, Jose Luis. Noticias del diario La Rioja recogidas entre 1892 y 1896. Inédito. 2023

ALBO, Javier. Periódico "La Rioja". "Cuando enseñaba en Posadas cubría el trayecto hasta Ezcaray en burro". 21 de octubre de 2020.

ALBO, Javier. Periódico "La Rioja". "La antigua central de 'El Águila' de Ezcaray sigue desapareciendo del paisaje". https://www.larioja.com/comarcas/antigua-central-aguila-20201015000551-ntvo.html . 15 de octubre de 2020.

ARROYO, Mercedes. "De las fábricas de luz a la creación de un sistema". Fichero cArroyo_Delasfabricas_Catalunya_historia.pdf

AZAROLA GRESILLÓN, Emilio. "Presa de hormigón armado reticulada". Revista de Obras Públicas. 1928- Tomo 2492 páginas 4 a 6. Fichero "1928_tomoI_2492_02.pdf"

BARTOLOMÉ RODRÍGUEZ, Isabel. "Comentarios a La industria eléctrica en España (1890 – 1936)". Estudios de Historia Económica nº 50. Banco de España.

BEVOR, Antony. "La guerra civil española". Editorial Crítica. 2006.

BOLETIN OFICIAL DEL ESTADO. "Ley 82 Año de 1980 de 30 de diciembre sobre conservación de energía". BOE núm 23 de 27 enero 1981. BOE-A-1981-1898_Ley_82_1980.pdf

BONNIN, Jacques. *L'eau dans l'antiquité. L'hydraulique avant notre ère*. Editions Eyrolles. Paris. 1984.

BUSTILLO, Aurelio. "COMARCA CALCEATENSE" editado en 2002.

CALLIS, Eduard. "Arquitectura de los pantanos en España". Tesis doctoral en la Universitat Politècnica de Catalunya". Octubre de 2015. Fichero "TECF1de1.pdf"

CASTIELLA, María. "Orígenes y fundación de "El Irati S.A." 1889 – 1907

CAYÓN, Francisco. "La regulación del sector eléctrico en España antes de la guerra civil". Universidad Autónoma de Madrid. Economic History. Working Paper 06/2009.

CHÁVARRI PÉREZ, Susana. "La construcción de los saltos del Sil. 1945 – 1965". Diputación provincial de Ourense. Colegio de Ingenieros de Caminos, Canales y Puertos. Colección ciencias, humanidades e ingeniería. Año de 2010.

BIBLIOGRAFÍA

DE LEÓN MOLINA, Luis. *Plentzia, el alumbrado y las eléctricas*. Ayuntamiento de Plentzia. 2017.

DÍEZ MORRÁS, Francisco Javier. "El Demócrata Riojano". Revista Piedra de Rayo nº 40 mayo 2012.

DÍEZ MORRAS, Francisco Javier. Documento inédito. "EL ALUMBRADO DE SANTO DOMINGO DE LA CALZADA Y LA LLEGADA DE LA LUZ ELÉCTRICA". Año de 2018.

DOMÍNGUEZ MARMOLEJO, Antonio. "Consideraciones sobre la legislación de suministro eléctrico". Técnica Industrial 247. Diciembre 2002. a40_Antonio_Dominguez_Marmolejo.pdf

DULAC, Maria Teresa. "Mi vida en Posadas (La Rioja)". Noviembre de 2021. Documento inédito realizado para este libro.

EL TRADICIONALISTA. Diario de Pamplona. 22 de abril de 1887. Página 3

FRAILE MORA, Jesús. *Genios de la Ingeniería Eléctrica. De la A a la Z*. Colección Gigantes. Fundación Iberdrola. Madrid. 2006.

GACETA DE MADRID, antiguo BOE. 3 abril 1916. Documento "A00025-00028_gaceta_1916. pdf".

GARCÍA DE SAN LORENZO MÁRTIR, Fr. Jose. "La industria en Ezcaray". Revista Berceo documento electrónico 61351.pdf

GARCÍA DE SAN LORENZO MÁRTIR, Fr. José. "La Industria en Ezcaray". Revista Berceo. Fichero 61341.pdf.

GARRUÉS IRURZUN, Josean, HIDALGO MATEOS, Antonio. *Strategies of international financial capitalism and the integration of the Spanish electricity system: the Levantine coast*. Revista de Historia Industrial Nº 83. 2021.

IBERDUERO SA. Secretaría Técnica de Coordinación. Estadística. "Inventario histórico de Centrales. Producciones y potencias desde 1904". Facilitado por Luis de León Molina.

JACKSON, Gabriel. "La República española y la guerra civil". 2ª Edición. Editorial Crítica. 1976.

JAUREGUI EZQUIBELA, Íñigo. Revista FUERO. Ed XXXV. Abril de 2019. Edita D –tinta Comunicación.

JEFATURA DE SERVICIOS ELÉCTRICOS DE OBRAS PÚBLICAS. *Estadística sobre embalses. Producción de energía hidroeléctrica en 1962 y años anteriores y Tracción eléctrica*. Ministerio de Obras Públicas. 1963.

LA ENERGÍA ELÉCTRICA. Revista General de electricidad y sus aplicaciones. Año XIII, número, 10 de mayo de 1911. Página 159.

LACALZADA DE MATEO, Maria Jose. "La Rioja 1852 – 1902: Un eslabón entre la tradición y el progreso". Editorial Librería Central. Corona de Aragón, 40. 50009. Zaragoza.

MADOZ, Pascual "Diccionario geográfico-estadístico-histórico de España y sus posesiones de Ultramar". Madrid, 1845-1850. Entrada: Calzada. Santo Domingo de, pág. 308.

MALUQUER DE MOTES, Jordi. "La inflación en España. Un índice de precios de consumo, 1830 – 2012". Estudios de Historia Económica nº 64. Banco de España.

MARTÍNEZ, Marino. "Proyecto de mejora del Salto de Tirgo de Electra Posadas". 1958. Archivo Histórico de Iberdrola en Ricobayo. Signatura 41/

MATEY VALDERRAMA, Jorge. *Planos de toponimia actual e histórica y nomenclátor del Alto Oja (La Rioja)*. Instituto de Estudios Riojanos. Logroño 2016.

MERINO AZCARRAGA, Jose Maria. *EFICIENCIA ENERGÉTICA ELÉCTRICA. Tomo II. Generación de la Electricidad*. URMO. CADEM – Grupo EVE. Iberdrola. Bilbao. 2003

MERINO, Jose Mari. "Los tres puentes de Ojacastro". Revista Municipal de Ojacastro. Año de 2010.

MERINO URRUTIA, Jose Juan Bautista. *El Río Oja y su comarca*. Publicaciones de la Excma. Diputación de Logroño. Logroño. 1968.

MERINO URRUTIA, Juan Bautista. "ARTÍFICES VASCOS EN LA RIOJA. Ensayo histórico de una gran emigración". Publicaciones de la Junta de Cultura de Vizcaya. Bilbao. 1976.

MONESMA, Eugenio. "5 INGENIOS HIDRÁULICOS ancestrales activados por la FUERZA DEL AGUA del río y el uso de trampillas" en YouTube https://youtu.be/iasOe4t52yY

MONTOYA REPES, Alfredo. "ACTIVIDADES ECONÓMICAS EN SANTURDE DE RIOJA". Año de 2015.

NEGUERUELA SUBERVIOLA, Eduardo. *Historia del Alumbrado público en Logroño*. Nº 50 Serie Logroño. Instituto de Estudios Riojanos IER. Ayuntamiento de Logroño. Año 2011.

OJEDA SAN MIGUEL, Ramón. "Aquellas viejas fábricas de luz. La explosión del mundo hidroeléctrico en la cuenca alta del Ebro". Instituto Municipal de Historia. Fundación Municipal de Cultura. Ayuntamiento de Miranda de Ebro. 1998.

REVISTA ALREDEDOR DEL MUNDO. "La casa eléctrica". 23 agosto 1900. Facilitado por Jose Luis Agustín Tello.

REVISTA ALREDEDOR DEL MUNDO. *La electricidad en España*. 22 de noviembre de 1900. Página 405. Facilitada por Jose Luis Agustín Tello.

REVISTA DE OBRAS PÚBLICAS. Año LII. Número 1.518. Madrid 27 de octubre de 1904.

REVISTA MINERA, METALÚRGICA Y DE INGENIERÍA. 8 de noviembre 1896. Página 167.

SÁNCHEZ SÁNCHEZ Isidro. *Las luces del 98. Las Sociedades eléctricas en la España finisecular*. Publicado en "Sociabilidad fin de siglo. Espacios asociativos en torno a 1898". Colección Humanidades. Ediciones de la Universidad de Castilla – La Mancha. Cuenca 1999.

SANS URANGA, Francisco. Notario de Haro. "COPIA DE LA ESCRITURA DE COMPRAVENTA otorgada por Don Manuel Álvarez de Toledo y Mencos, por si y en representación de otros. - a favor de La Sociedad Anónima "Electra Posadas", representada por Don Jose Luis Merino Urrutia". Núm. 53. 27 de abril de 1932.

SERRANO IBARNEGARAY, Luis. *Fundamentos de máquinas eléctricas rotativas*. Marcombo Boixareu Editores. Universidad Politécnica de Valencia. 1989.

SHEPHERD, J., et alia. "Higher electrical engineering". Sir Isaac Pitman & Sons LTD. London. 1958

SINDICATO NACIONAL DE AGUA, GAS Y ELECTRICIDAD. "Datos estadísticos técnicos de las Centrales Eléctrica Españolas. Producción, distribución, consumo". 1962

SOTO SÁEZ, Adolfo. En su blog: https://es.scribd.com/document/94475650/La-Demanda-de-Ezcaray

SUDRIÁ, Carles. "Cambio técnico y oferta de energía en la España del siglo XX". VI Congreso de la Asociación de Historia Económica. Girona 15 – 17 de setiembre de 1997.

TORRES SANCHO, Rafael. "Anguta" pág. 68 de Villa de Valgañón 2019. Revista en autoedición

ZOIDO NARANJO, Florencio. Universidad de Sevilla. "1. La población de España".

ZOPETTI JUDEZ, Gaudencio. "Estaciones Transformadoras y de Distribución". Editorial Gustavo Gili. Barcelona MCMLV.

ZOPETTI JUDEZ, Gaudencio. "Redes eléctricas de Distribución". Editorial Gustavo Gili. Barcelona MCMXLVIII.

GLOSARIO. DEFINICIONES. ACRÓNIMOS.

A la par. En la compraventa de acciones designa cuando su precio efectivo es el nominal.

Abrupto. Brusco o repentino.

Acción. Título que representa la propiedad de una parte del capital de la empresa.

Aceña. (*) [1] Acequia o canal.

Acometida. Toma eléctrica para un usuario o abonado.

Acrónimo. (*) Sigla cuya configuración permite su pronunciación como una palabra; p. ej., ovni: objeto volador no identificado; TIC, tecnologías de la información y la comunicación

ACSR. Aluminum Conductor Stranded Reinforced. Conductor de aluminio reforzado de acero.

Acuífero. (*) Dicho de una capa o vena subterráneas: Que contiene agua.

Acuífero carbonatado. Es el acuífero formado por rocas de carbonos minerales.

Aforar. (*) Medir la cantidad de agua que lleva una corriente en una unidad de tiempo.

Alta tensión. Se refiere a las tensiones o voltajes superiores a 1.000 V.

Aluvial cascajoso. Es el acuífero formado por piedras y arenas.

Amperaje. Intensidad de una corriente eléctrica.

Amperímetro. Aparato para medir la intensidad de las corrientes.

Amperio. (*) Unidad de intensidad de corriente eléctrica del sistema internacional, equivalente a la intensidad de una corriente constante que, al circular por dos conductores paralelos y rectilíneos, colocados a la distancia de un metro uno de otro en el vacío, produciría entre dichos conductores una fuerza de dos diezmillonésimas de newton por cada metro de longitud. (Símbolo A).

Analógico. (*) Dicho de un aparato o de un sistema: Que presenta información, especialmente una medida, mediante una magnitud física continua proporcional al valor de dicha información.

Anastomosado. Referido a los cauces de los ríos que presentan un cauce formado por varios en paralelo y cuya trayectoria no es fija.

Anfiteatro. Por analogía con la forma semicircular u oval de una cuenca de montañas.

Anillo rozante. Empleados en las máquinas eléctricas para transmitir corriente a su rotor.

Antropización. Lugar de la naturaleza en el que se ven huellas de la acción humana.

Aplomado. (*) Que tiene verticalidad.

---

[1] Las marcadas con un asterisco (*) se traen del Diccionario de la Real Academia Española DRAE.

GLOSARIO. DEFINICIONES. ACRÓNIMOS

Arco voltaico. (*) Arco eléctrico.

AT. Abreviatura de alta tensión.

A vereda. El Ayuntamiento llamaba al pueblo "a vereda": de esta forma cada vecino o familia completa aportaba una peonada de trabajo por día, cada soltero mayor de edad o viudo o viuda aportaba media peonada o media jornada. Con el despoblamiento actual se hace por la buena voluntad de los entusiastas que no quieren perder las buenas tradiciones.

Avenamiento. Desagüe o drenaje de una cuenca

Azud. Pared que corta la corriente de un río para formar una toma de agua o un embalse. Suele ser de pequeñas dimensiones en contraposición a una presa.

Baja Tensión. La tensión o voltaje eléctrico inferior a 1.000 voltios (V).

Bakelita. La baquelita (o baekelita) fue la primera sustancia plástica totalmente sintética, creada en 1907 y nombrada así en honor a su creador, el belga Leo Baekeland. Se trata de un fenoplástico que hoy en día aún tiene aplicaciones interesantes. Este producto puede moldearse a medida que endurece al solidificarse. No conduce la electricidad, es resistente al agua y los solventes, y fácilmente mecanizable.

Balance hidráulico. Es la relación ordenada de entradas y salidas de agua en una cuenca.

Bálata. (*) Ferodo. Material que se emplea para forrar los frenos y embragues.

Barranquismo. (*) Deporte de aventura consistente en descender por los barrancos del curso de un río salvando los diversos obstáculos naturales.

Bobina de "*self*". Termino en desuso que designa a la bobina eléctrica de autoinducción.

Bobinado eléctrico. Componente conductor de la corriente eléctrica que hay en los aparatos eléctricos. Está formado de cables o conductores aislados.

BOE. Boletín Oficial del Estado.

Bomba autocebante. Bomba hidráulica que tiene un dispositivo integrado para permitir su cebado.

BOPL. Boletín Oficial de la Provincia de Logroño.

Borna eléctrica. Terminal de un bobinado o de una máquina eléctrica.

BT. Abreviatura que se refiere a la baja tensión.

Bramil. Se refiere a una herramienta que está compuesta de tres maderos cruzados con un hierro y puesta a la punta de palo más largo y que se emplea en los carpinteros para realizar en las tablas una línea recta donde se nota que hay que cortar.

Bujía. La bujía se definía a partir de la unidad de flujo luminoso producido por una vela de 2 cm de diámetro, cuya llama es de 5 cm de altura que pasó a ser la bujía decimal y que más adelante pasó a ser la unidad básica del Sistema Internacional SI de unidades con la denominación de candela (cd).

Cámara abierta. En las turbinas de reacción, son aquellas que no tienen cámara espiral.

Cámara de carga. En la cámara de carga se reúne todo el caudal del salto hidráulico y de ella parte la tubería de carga.

Cámara espiral. Es la parte de la turbina que, con su forma, reparte el caudal en la periferia del distribuidor.

Camino de herradura. (*) Camino que es tan estrecho que solo pueden transitar por él caballerías, pero no carros.

Candela. Unidad básica de intensidad luminosa del Sistema Internacional SI de unidades con la denominación abreviada de candela (cd). Una candela se define como la intensidad luminosa de una fuente de luz monocromática de 540 THz que tiene una intensidad radiante de 1/683 vatios por estereorradián, o aproximadamente 1,464 mW/sr. La frecuencia de 540 THz corresponde a una longitud de onda de 555 nm, que se corresponde con la luz verde pálida en la región de máxima sensibilidad cromática del ojo. De acuerdo con las leyes de la fotometría una lámpara de 1 bujía = 1 candela emite un flujo luminoso total de 12,5[2] lúmenes.

Caracol. Por su forma es otra designación de la cámara espiral en una turbina.

Canal. (*) Cauce artificial por donde se conduce el agua para darle salida o para otros usos.

Candil. (*) Utensilio para alumbrar, dotado de un recipiente de aceite, torcida y una varilla con gancho para colgarlo.

Capa freática. Capa de agua subterránea en los terrenos que la llevan.

Carbón cisco. (**)[3] Carbón cisco. Es un carbón vegetal combustible sólido, frágil y poroso con un alto contenido en carbono (del orden del 98 %). Se produce por calentamiento de madera y residuos vegetales, hasta temperaturas que oscilan entre 400 y 700 °C, en ausencia de aire.

Cárcavo. (*) Hueco donde gira el rodezno de los molinos.

Caudal. (*) Cantidad de un fluido que discurre en un determinado lugar por unidad de tiempo.

Caz. Término, caído en desuso, para designar un cauce.

CHE. Confederación Hidrográfica del Ebro.

Cianográfico. Método de reproducción de planos que dejó de usarse a mediados del siglo XX.

Ciclos por segundo. También denominado Hercio (Hz). Unidad de frecuencia para las magnitudes alternas.

Circuito hidráulico. Sirve para designar al conjunto de componentes por los que circula el agua en un aprovechamiento hidráulico.

Cojinete. (*) Pieza o conjunto de piezas en que se apoya y gira el eje de un mecanismo.

Colusión. (*) Pacto ilícito en daño de tercero.

Conexión en paralelo. Asociación de dos o más aparatos eléctricos que suman sus intensidades y en las cuales la tensión es la misma que la de uno de ellos.

Conexión en serie. Asociación de dos o más aparatos eléctricos que suman sus tensiones y en las cuales la intensidad es la misma que la de uno de ellos.

Coordenada. (*) Dicho de una línea, de un plano o de un eje: Que sirve para determinar la posición de un punto en el plano o en el espacio.

Corriente alterna. Es la corriente cuyo sentido oscila en el tiempo.

Corriente continua. Es la corriente cuyo sentido permanece constante en el tiempo.

---

[2] Más exactamente $4\pi = 12,56$
[3] Las marcadas con (**) se traen de Wikpedia en castellano

Corta en el río. Sirve para designar las obras de poca magnitud en un río realizadas para derivar parte de su caudal.

CTNE. Acrónimo de la antigua Compañía Telefónica Nacional de España.

Cubo de un molino. Es otra designación de su cámara de carga.

Cubo de un rodete. Parte central del rodete de una máquina hidráulica que sirve para unirlo con el eje de la máquina.

Cuenca fluvial. (*) Territorio cuyas aguas afluyen todas a un mismo río o corriente de agua.

CV. Abreviatura del caballo de vapor.

Datum. En topografía es el nivel de referencia al cual se refieren las altitudes.

Depósito de extremidad o de carga. Depósito al que confluye el agua antes de pasar a la tubería.

Derecho de tanteo o de retracto. (*) Derecho que compete a ciertas personas para quedarse, por el tanto de su precio, con la cosa vendida a otro.

Diesel. (*) Viene de Rudolf Diesel (1858-1913), ingeniero alemán. Se aplica al gasóleo y a los motores de explosión que emplean este combustible.

Dinamo. Se aplica a los generadores eléctricos de corriente continua.

DRAE. Diccionario de la Real Academia Española.

Drenaje. (*) Es la salida y corriente a las aguas muertas o a la excesiva humedad de los terrenos, por medio de zanjas o cañerías.

EDAR. Estación de Depuración de Aguas Residuales.

Eficiencia energética. Relación entre la energía útil que produce una máquina o instalación respecto de la que requiere en su entrada.

Electroimán. (*) Imán artificial que consta de un núcleo de hierro dulce rodeado por una bobina por la que pasa una corriente eléctrica.

Electromagnetismo. (*) Rama de la física que estudia la interacción de los campos eléctricos y magnéticos.

Enlucido. (*) Capa de yeso, estuco u otra mezcla, que se da a las paredes de una casa con objeto de obtener una superficie tersa.

Escobilla de carbón. Bloque de carbón de propiedades especiales que se usa para captar la corriente eléctrica.

Escorrentía. (*) Agua de lluvia que discurre por la superficie de un terreno.

Estiaje. (*) Nivel más bajo o caudal mínimo que en ciertas épocas del año tienen las aguas de un río, estero, laguna, etc., por causa de la sequía.

Estado. El estado en madera serrada es una medida tradicional de la superficie de las tablas. El grueso de cada tabla es independiente. Así 1 estado de tabla de 50 mm de grueso tiene el doble de volumen que 1 estado de tabla de 25 mm de espesor. Se ha encontrado la equivalencia 1 estado = 7.057 pulgadas^2 = 49 pies^2 = 4,56 m^2. Hay otra nota de 1914 en la que se dice que el estado de 1" pesa 55 kg. El de ¾ " pesa 39 kg. El de ½ " pesa 28 kg

Etnografía. (*) Estudio descriptivo de la cultura popular.

Evaporación. (*) Acción y efecto de evaporar o evaporarse.

Evapotranspiración. (**) La evapotranspiración se define como la pérdida de humedad de una superficie por evaporación directa junto con la pérdida de agua por transpiración de la vegetación. Se expresa en milímetros por unidad de tiempo.

Ex cupón. Se refiere a las acciones de una empresa que entran en una compraventa y para las cuales su precio se negocia sin el último cupón de pago de dividendo.

Excitación. En las máquinas eléctricas basadas en un campo magnético separado es la función que sirve para establecer este campo.

Excitación en derivación o "*shunt*". Es la excitación cuya alimentación se obtiene mediante un circuito en paralelo con el principal de la máquina.

Excitatriz. Máquina o dispositivo eléctrico que provee la potencia necesaria de excitación.

Feeder. Del inglés "alimentador" ha caído en desuso, muy empleada hasta los años 30 del siglo XX. Se refiere a las actuales líneas de alimentación de baja tensión.

Ferrería. (*) Taller en donde se beneficia el mineral de hierro, reduciéndolo a metal.

Flecha. (*) Distancia máxima de los puntos de una curva a la recta que une sus extremos.

Fusible. (*) Hilo o chapa metálica que se coloca en algunas partes de las instalaciones eléctricas, para que, cuando la corriente sea excesiva, la interrumpa fundiéndose.

Gavión. (*) Receptáculo de grandes dimensiones, tejido de alambre, mimbres o ramas, relleno de tierra o piedra usado en obras hidráulicas.

GPS. (*) GPS, acrónimo de "*Global Positioning System*" "sistema de posicionamiento global". Sistema que permite conocer la posición de un objeto o de una persona gracias a la recepción de señales emitidas por una red de satélites.

Grado de irregularidad de un motor de explosión. En un motor de explosión mide la oscilación de su velocidad durante un ciclo completo del mismo.

Gravedad. (*) Fuerza que, sobre todos los cuerpos, ejerce la Tierra hacia su centro.

Hercio. También denominado ciclos por segundo. Unidad de frecuencia para las magnitudes alternas.

Hidroelectricidad. Producción de electricidad a partir de la energía hidráulica.

Hidrología. (*) Disciplina que estudia las aguas de la Tierra.

Hilo activo. En una red o línea eléctrica designa a los conductores que tienen una tensión determinada respecto a la tierra considerada que tiene valor nulo.

Hilo neutro. En una red o línea eléctrica designa a los conductores que tienen una tensión nula respecto a la tierra considerada que tiene valor nulo.

HP. Abreviatura de caballo de potencia en inglés "**Horse Power**".

Hz. Símbolo de la unidad Hercio.

Inducción electromagnética. (*) Producción de electricidad en un conductor por influencia de un campo magnético variable.

Infiltración. Dícese del agua de la lluvia que penetra en el terreno alimentando los acuíferos.

GLOSARIO. DEFINICIONES. ACRÓNIMOS

Innivación. Se refiere a la cantidad de nieve caída sobre una cuenca.

Intensidad eléctrica. (*) Magnitud física que expresa la cantidad de electricidad que atraviesa un conductor en la unidad de tiempo, y cuya unidad en el sistema internacional es el amperio.

Interconexión. Unión eléctrica de dos redes separadas.

Interpolación lineal. (*) Calcular el valor aproximado de una magnitud en un intervalo cuando se conocen algunos de los valores que toma a uno y otro lado de dicho intervalo, aplicando reglas de proporcionalidad simple o lineal.

Inyector. Órgano principal de una turbina de acción, Pelton normalmente, que acelera el agua en su entrada para que choque en su rodete o rueda hidráulica.

Isoyeta. (*) Curva para la representación cartográfica de los puntos de la Tierra con el mismo índice de pluviosidad media anual.

Jícara. Taza, servía como designación popular de los aisladores de porcelana de líneas.

Jurásico. (*) Segundo período de la era mesozoica, que abarca desde hace 208 millones de años hasta hace 144 millones de años, caracterizado por el apogeo de los dinosaurios y la aparición de los mamíferos y las aves

Kilovatio. (*) Unidad de potencia equivalente a 1.000 vatios.

Kilovoltioamperio. Unidad de potencia aparente equivale a 1.000 VA.

kVA. Abreviatura de kilovoltioamperio unidad de potencia aparente de una máquina de corriente alterna.

kW. Abreviatura de kilovatio.

Ladrón o sangradera.(*) Compuerta por donde se da salida al agua sobrante de un caz o cauce.

Litro por segundo. Caudal de una corriente de agua.

l/s. abreviatura del caudal en litros por segundo.

Lumen. Unidad de flujo luminoso total que emite una lámpara. Es una unidad derivada de la de intensidad luminosa. De acuerdo con las leyes de la fotometría una lámpara de 1 bujía = 1 candela emite un flujo luminoso total de 12,5 [4] lúmenes.

Luz de un puente. Distancia entre sus dos apoyos.

Llar.(*) Cadena de hierro, pendiente en el cañón de la chimenea, con un garabato en el extremo inferior para colgar la caldera, y a poca distancia otro para subirla o bajarla.

Majada. (*) Lugar donde se recoge de noche el ganado y se albergan los pastores.

Mampostería. (*) Obra hecha con mampuestos colocados y ajustados unos con otros sin sujeción a determinado orden de hiladas o tamaños. El mampuesto es el material que se emplea usualmente ladrillos cerámicos o adobes.

Martinete. (**) Dentro de una fragua, el martinete o mazo es un aparato diseñado para utilizar la energía hidráulica en el trabajo de forja. Se trata de un martillo pesado, que cae sobre un yunque dispuesto sobre un bloque de madera o un poyo. El martillo se monta sobre una palanca oscilante alrededor de un eje horizontal. Este martillo es accionado mediante unas levas que giran.

---

[4] Más exactamente $4\pi = 12,56$

Historia de la Electricidad en la cuenca del Oja

Metro cúbico por segundo. Caudal de una corriente de agua.

m³/s. Abreviatura del caudal en metros cúbicos por segundo.

Mochar. (*) Desmochar, cortar. Se refiere a la poda de la parte superior de un árbol. Si se aplica a las hayas se dice "Haya trasmocha".

Molino de canal. Dícese del molino en el que el agua entra a velocidad mediante un canal inclinado en su entrada.

Monofásico. Sistema de corriente alterna de una sola fase.

m. snm. Abreviatura del nivel o elevación topográfica en metros sobre el nivel del mar.

Nivel freático. (**) El nivel freático corresponde al nivel superior de una capa freática o de un acuífero en general.

Obligación. Título del capital de renta fija de una empresa.

Ohmio. Su unidad derivada microhmio. Unidad de resistencia de un conductor.

Pago en plata. A finales del siglo XIX cuando el pago se exigía en monedas de plata en circulación.

Paramento. (*) Cada una de las dos caras de una pared.

pdf. (**) Siglas en inglés de Portable Document Format, «formato de documento portátil» es un formato de almacenamiento para documentos digitales independiente de las plataformas.

Paila. (*) Dispositivo metálico que permite calentar el agua en las cocinas de carbón.

Palmatoria. (*) Especie de candelero bajo, con mango y pie, generalmente de forma de platillo.

Par de un motor. (*) Momento de giro producido en un eje por un motor.

Pasarela. (*) Puente pequeño o provisional.

Perfil altimétrico. Trazado topográfico que representa las altitudes del terreno, camino o conducción.

Pértiga aislante. Vara aislante que permite maniobrar un aparato eléctrico en tensión con seguridad.

Pluviógrafo. Aparato que mide y registra la lluvia.

Pluviómetro. Aparato que mide la lluvia.

Pluviosidad. (*) Cantidad de lluvia que recibe un sitio en un período determinado de tiempo.

Polaridad. Designa el polo positivo o negativo de un imán o electroimán.

Potencia aparente. Sirve para expresar el dimensionamiento de las máquinas y aparatos eléctricos como producto de la tensión por la intensidad para las cuales se construyen.

Potencia de un acuífero. Es la profundidad del mismo.

Pozada. Fue durante muchos años una práctica muy extendida entre los industriales de establecimientos con un largo canal de entrada. Este canal podía retener una cantidad de agua modesta pero apreciable si se compara con los caudales de los establecimientos. Si una fábrica de luz podía retener unos 200 m³ que significan algo más de 6 minutos para su turbina de 500 l/s a pleno caudal. Una pozada se inicia cerrando totalmente la compuerta de entrada de un establecimiento, con lo cual las máquinas del establecimiento se detienen. Una vez acumulada la pozada esta se puede soltar poco a poco a través de las máquinas y dar un servicio temporal breve. En Ojacastro, con varios establecimientos hidráulicos en serie en los cauces, una pozada decidida por uno de ellos afectaba negativamente a los demás, ya que normalmente se hacía sin avisar.

Precipitación. (*) Agua procedente de la atmósfera, y que en forma sólida o líquida se deposita sobre la superficie de la tierra.

Precipitación quince minutal. Precipitación acumulada durante un cuarto de hora o quince minutos.

Presa. Pared que corta la corriente de un río para formar un embalse. Suele ser de grandes dimensiones en contraposición a un azud.

PVC. Material plástico aislante de Poli Vinilo Cloruro.

Quinqué. (*) Lámpara de mesa alimentada con petróleo y provista de un tubo de cristal que resguarda la llama.

Real. Unidad monetaria de curso legal en España antes de 1868, equivalía a veinticinco céntimos de peseta.

Rendimiento energético de una lámpara. Expresa los vatios de potencia eléctrica que consume para dar un flujo luminoso dado. Al principio el flujo luminoso se expresaba en bujías para, tras la adopción del sistema de medidas SI, pasó a lúmenes.

Relais o Relé. La primera es la versión original en francés del término que se introdujo en los primeros años del siglo XX. La segunda es la versión es castellano. Sirven para designar al dispositivo de protección de los sistemas y aparatos eléctricos.

Restitución. Devolución del agua al río tras pasar por una central hidráulica.

RO. Abreviatura de Real Orden.

Rodete. Parte giratoria o rueda de una turbina hidráulica.

Rodezno. Parte giratoria o rueda de un molino de eje vertical.

Royo. Contracción de arroyo

rpm. Abreviatura de revoluciones por minuto para expresar la velocidad de una máquina giratoria.

Rueda gravitatoria. Rueda hidráulica vertical que tiene la entrada del agua por su parte superior y actúa por el peso del agua.

Rueda vitrubiana o de velocidad. Rueda hidráulica vertical que tiene la entrada del agua por su parte inferior y actúa por la velocidad del agua.

Saetín. Tobera en los molinos de cubo que dirige el agua a la rueda o rodete.

Sangradera o ladrón.(*) Compuerta por donde se da salida al agua sobrante de un caz o cauce.

Seccionador de cuchillas. Aparato para separar en partes un circuito eléctrico.

Simb. Abreviatura de símbolo.

Sincronización. Para acoplar en paralelo dos generadores síncronos hay que poner en fase e igualar la frecuencia de sus magnitudes eléctricas

Sincronoscopio. Aparato que indica las magnitudes eléctricas durante la maniobra de sincronización.

Sifón. (*) Tubo encorvado que sirve para sacar líquidos del vaso que los contiene, haciéndolos pasar por un punto superior a su nivel.

Sifón invertido. Caso particular del anterior en el que el punto de paso es inferior a los niveles de ambos extremos.

Sistema Internacional de medidas SI. (*) Sistema de medidas que tiene por unidades de base el metro, el kilogramo, el segundo, el amperio, el kelvin, el mol y la candela.

snm. Sobre el nivel del mar

Solana. (*) Sitio o lugar donde el sol da de lleno.

Tanto alzado. Sistema de facturación basado en el número de lámparas que se pueden conectar a la red y no en su consumo.

Telecontrol. Control a distancia.

Telemedida. Medida a distancia.

Telenivómetro. Aparato para medir a distancia la nieve caída.

Tensión eléctrica. Potencial o tensión a la que está sometido un conductor.

Terminal eléctrico. Dispositivo de conexión de un aparato eléctrico.

Tesorería. (*) Parte del activo de un comerciante disponible en metálico o fácilmente realizable.

Toponimia. (*) Conjunto de los nombres propios de lugar de un país o de una región.

Tornapuntas. (*) Madero ensamblado en uno horizontal para servir de apoyo a otro vertical o inclinado.

Traviesa. Pieza de madera que mantiene a distancia los dos carriles de una vía férrea.

Trifásico. Que tiene tres fases

Tubería forzada. Tubería a presión que conduce el agua a las turbinas hidráulicas.

Turbina. (*) Máquina destinada a transformar en movimiento giratorio de una rueda de paletas la fuerza viva o la presión de un fluido.

Turbina Francis. Es uno de los tipos de turbinas de reacción introducida por James B. Francis.

Turbina hélice. Es uno de los tipos de turbinas de reacción cuyo rodete es una hélice.

Turbina Kaplan. Turbina hélice mejorada con paletas móviles introducida por Viktor Kaplan.

Turbina Pelton. Turbina de acción o impulso introducida por Lester Pelton.

Umbría. (*) Parte de terreno que, por su orientación, casi siempre está en sombra.

Velocidad de rotación. Expresa la velocidad de giro de una máquina rotativa.

Viento. (*) Cuerda larga o alambre que se ata a una cosa para mantenerla derecha en alto o moverla con seguridad hacia un lado.

Voltaje. Anglicismo usado en vez de tensión.

Voltímetro. Aparato para medir la tensión.

Voltio. Unidad de tensión.

Al inicio de este libro, en donde se explica su estructuración, se ha indicado como se van a presentar sus anexos. Debido al trabajo de investigación en que está basado se recopilado y estructurado una gran cantidad de información que se agrupa en dos partes. La primera se entiende que puede ser necesaria a parte de sus futuros lectores para comprender mejor algunos aspectos, de los que es posible no tengan conocimientos previos, no es demasiado extensa y se va a recoger a continuación. La segunda es mucho más amplia y no necesaria para avanzar en la lectura y comprensión de la historia de la electricidad en la cuenca del Oja. Está constituida por diversos tipos de documentos tales como escrituras públicas, contratos, cartas, relaciones, y otros varios no clasificables. También contiene, los balances y cuentas de resultados de la mayoría de los años en los que Electra Posadas fue activa. Como, para escribir el libro, ha sido preciso estudiarla y clasificarla se ha pensado ofrecerla a los lectores en enlace de Internet ya que podría ser interesante para estudios de más detalle. Los anexos de la primera parte son tres que se traen a continuación. El nº 1 se refiere a magnitudes eléctricas más comunes, en el nº 2 se ven las relaciones básicas de la energía hidráulica, y finalmente el nº 3 trae la tabla con los valores numéricos anuales del IPC y del Factor de Conversión a Euros (€) según se ha explicado en el capítulo 12, apartado 12.1.

ANEXO 1. Relaciones entre potencia, tensión (voltaje) y corriente.

La potencia eléctrica se expresa de forma simple mediante el producto de la tensión (voltaje) entre cables por la corriente (los amperios de corriente que circulan por los mismos) [1]:

Válida para corriente continua y alterna monofásica:
$$P \ (vatios) = V(voltios) x I \ (amperios)$$

Válida para corriente alterna trifásica:
$$P(vatios) = 1{,}732 x V(voltios) x I(amperios)$$

Las abreviaturas para designar las magnitudes son:
- P : Potencia
- V : Tensión (Voltaje)
- I : Corriente o intensidad

Es decir, cuando la tensión (voltaje), la corriente o ambas sean mayores, mayor será la potencia transportada del generador a los receptores. Las tensiones estuvieron desde los principios de las aplicaciones prácticas de la electricidad fijadas por Normas [2]. Por ejemplo, en la actualidad la

---

[1] Se emplean indistintamente las designaciones, correcta de tensión y la no correcta de voltaje, que es un anglicismo, pero que también está extendida en el lenguaje común.
[2] En los inicios estas Normas las fijaban los propios constructores de generadores, motores, y lámparas. En la actualidad estas Normas las fijan Comités internacionales y todos los fabricantes se adhieren a ellas.

tensión normalizada en los hogares de Europa es de 230 voltios (220 voltios en el pasado), en las primeras aplicaciones de corriente continua estaba en torno a los 165 voltios. Si por error se conecta un aparato a una tensión mayor se inutilizará enseguida, en lenguaje coloquial "*se ha fundido*". Las tensiones inferiores a 1.000 voltios se denominan de baja tensión (BT), por encima de este está la media tensión (MT), y superando a esta la alta tensión (AT). Cuando se hace un proyecto se elige una tensión entre las normalizadas, si las potencias en juego son pequeñas se adoptará baja tensión, si son potencias medias la elegida será la media tensión, y finalmente para las altas potencias se tomará la alta tensión.

Una vez elegida la tensión, para transportar una potencia determinada la corriente que pasará por la línea vendrá dada por.

Si es corriente continua o alterna monofásica:

$$I(amperios) = \frac{P(vatios)}{V(voltios)}$$

Si se trata de corriente alterna trifásica:

$$I(amperios) = \frac{P(vatios)}{1,732 x V(voltios)}$$

Se constata que la corriente depende del cociente entre la potencia y la tensión. Es decir, para mayores potencias a transportar hacen falta corrientes más elevadas. Se recuerda que hay un buen símil entre la electricidad y el flujo de agua por una tubería, con la diferencia de que el agua se ve y la electricidad no. En esta similitud se tiene que:

- Corriente eléctrica en un conductor eléctrico, similar a caudal de agua que pasa por la tubería.
- Tensión eléctrica entre conductores similar, a la presión del agua en una tubería respecto a su exterior.

ANEXO 2. Relaciones en la energía hidráulica entre potencia, salto y caudal

Se van a traer aquí, sin deducirlas, unas relaciones muy sencillas entre las magnitudes que definen los aprovechamientos hidráulicos. Estas son principalmente:

H_n : Salto neto a la entrada de la turbina. Se expresa siempre en [m] metros.
Q : Caudal que atraviesa la turbina. Se expresa para saltos normales en [m³/s] metros cúbicos por cada segundo de tiempo. Si los aprovechamientos son de poco caudal se expresará en [l/s] litros por cada segundo de tiempo. El paso de uno a otro viene dado por:

$$Q(m^3/s) = \frac{Q(l/s)}{1000}$$
$$Q(l/s) = Q(m^3/s) x 1000$$

P : Potencia en el eje de la turbina. Se expresa normalmente en [kW] kilovatios
η : Rendimiento de la turbina. Se expresa en [%].

La potencia viene dada por

$$P(kW) = 9{,}81x(\frac{\eta}{100})xQ(m^3/s)xH(m)$$

Teniendo en cuenta los rendimientos habituales de turbinas pequeñas esta relación se convierte en:

$$P(kW) = 8xQ(m^3/s)xH(m)$$

La unidad legal, del SI [3], para la potencia es el vatio [W] o su múltiplo el kilovatio [kW], pero en la época en la que sucedió esta historia para la potencia mecánica se empleaba el caballo de vapor [CV] cuya relación respecto del kilovatio [kW] es

$$1(CV) = 0{,}736\ (kW)$$

Y la relación inversa es:

$$1(kW) = 1{,}36\ (CV)$$

La fórmula simple para la potencia de una turbina en [CV] pasa a ser

$$P(CV) = 11xQ(m^3/s)xH(m)$$

Como se va a tratar de magnitudes de potencia históricas los datos de partida van a ser la mayor parte de las veces en CV, que se seguirá empleando para relacionarlas con el documento original, pero a continuación, entre paréntesis, se pondrá su equivalente en kW, por ejemplo 100 CV (73,6 kW). En los países de habla sajona se empleaba su caballo de vapor "*Horse Power*" con iniciales HP con equivalencia $1(HP) = 0{,}746\ (kW)$, como hubo mucha influencia de esos países se han encontrado designaciones en HP, es estos casos se empleará esta última equivalencia de 746 vatios por cada "*Horse Power*" HP.

ANEXO 3. Series de valores del Índice de Precios al Consumo y del Factor de Conversión a Euros (€) empleadas en este estudio.

Se trae del Cuadro A1.7 de la referencia de Maluquer de Motes entre los años relevantes para este estudio.

Año	IPC	Año	IPC	Año	IPC	Año	IPC
1896	213	1918	370	1941	967	2000	100.000
1897	223	1919	415	1942	1.034	2001	102.827
1898	229	1920	450	1943	1.028	2002	106.517
1899	226	1921	421	1944	1.074	2003	109.816
1900	228	1922	404	1945	1.149	2004	113.174
1901	233	1923	403	1946	1.507	2005	117.000
1902	237	1924	411	1947	1.773	2006	123.271
1903	239	1925	411	1948	1.893	2007	124.617
1904	240	1926	395	1949	1.995	2008	129.765
Año	IPC	Año	IPC	Año	IPC	Año	IPC
1905	241	1927	393	1950	2.212	2009	129.449
1906	236	1928	386	1951	2.420	2010	132.093
1907	236	1929	413	1952	2.372	2011	136.130
1908	235	1930	404	1953	2.410	2012	134.441
1909	228	1931	416	1954	2.440	2013	*134.708*

---

[3] SI. Acrónimo de Sistema Internacional

Historia de la Electricidad en la cuenca del Oja

Año	IPC	Año	IPC	Año	IPC	Año	IPC
1910	227	1932	412	1955	2.539	2014	*133.570*
1911	234	1933	403	1956	2.687	2015	*132.463*
1912	231	1934	416	1957	2.976	2016	*133.428*
1913	237	1935	416	1958	3.375	2017	*135.895*
1914	240	1936	418	1959	4.622	2018	*140.045*
1915	252	1937	457	1960	3.664	2019	*145.460*
1916	269	1938	525	1961	3.802		
1917	312	1939	642	1962	4.020		
		1940	744	1963	4.371		
				1964	4.676		

A continuación, se traen los valores del Factor de conversión de los valores antiguos de pesetas a euros (€) de 2019

Año	Factor	Año	Factor	Año	Factor
1896	4,104	1918	2,363	1941	0,904
1897	3,920	1919	2,107	1942	0,845
1898	3,818	1920	1,943	1943	0,850
1899	3,868	1921	2,077	1944	0,814
1900	3,834	1922	2,164	1945	0,761
1901	3,752	1923	2,169	1946	0,580
1902	3,689	1924	2,127	1947	0,493
1903	3,658	1925	2,127	1948	0,462
1904	3,643	1926	2,213	1949	0,438
1905	3,628	1927	2,225	1950	0,395
1906	3,704	1928	2,265	1951	0,361
1907	3,704	1929	2,117	1952	0,369
1908	3,720	1930	2,164	1953	0,363
1909	3,834	1931	2,102	1954	0,358
1910	3,851	1932	2,122	1955	0,344
1911	3,736	1933	2,169	1956	0,325
1912	3,785	1934	2,102	1957	0,294
1913	3,689	1935	2,102	1958	0,259
1914	3,643	1936	2,091	1959	0,189
1915	3,469	1937	1,913	1960	0,239
1916	3,250	1938	1,665	1961	0,230
1917	2,802	1939	1,362	1962	0,217
		1940	1,175	1963	0,200
				1964	0,187

Se indica que estos valores han sido representados gráficamente en la Figura 12.1. capítulo 12.

ANEXOS DOCUMENTALES. ACCESO E INDICE.

Este libro está basado en un proyecto de investigación con numerosos anexos documentales y de cuentas, en formato PDF, según se ha indicado a lo largo de sus páginas. Además, para facilitar la utilización, por los estudiosos de economía, de los datos de cuentas, se incluyen estos en formato editable EXCEL [1]. También hay algunos vídeos ilustrativos. Todo ello se va a recoger en una carpeta de la cual se facilitará su índice detallado y el enlace para acceder a ella. El enlace es:

https://drive.google.com/drive/folders/1-TSECETLPlaudHKgKaM9Md17iaW8qQNM?usp=sharing

Como para el lector qué se acerca por primera vez a este libro el enlace anterior es poco amigable se se ha convertido en un código QR la comodidad del acceso al mismo. Este código QR se inserta a continuación:

El uso del código QR anterior se realizará en ordenadores, tanto portátiles como de sobremesa, tabletas y teléfonos móviles inteligentes por los medios establecidos para estos dispositivos.

La organización de la carpeta de los ficheros es la siguiente:

- **0_Indice_Anexos_RE**. Es este documento en *PDF.
- **1_Anexos_Documentales_PDF**. Con los 89 Anexos Documentales **A-1** a **A-87** y los 2 adicionales **A-11_suplemento** y **A-67_Constitucion_E_Posadas**.
- **2_Balances_Cuentas_Resultados**. Con un fichero PDF y otro *.xlsx

---

[1] Microsoft Excel es una hoja de cálculo desarrollada por Microsoft para Windows, macOS, Android y iOS.

- **3_Videos_Rio_Oja**. Con 10 videos *mp4 desde el **VID-1** a **VID-10**.

Los anexos documentales se van a clasificar por su secuencia de aparición en el texto principal del libro, como se indica a continuación:

Para complementar al Capítulo 1.
- Anexo Documental A-1. Localización topográfica de los ríos, arroyos, obras e instalaciones descritas en este libro. A-1.pdf
- Anexo Documental A-2. Hidrología del Alto Oja. A-2.pdf
- Anexo Documental A-3. Evolución en los caminos, carreteras y puentes desde 1968 hasta la fecha. Fichero A-3.pdf
- Anexo Documental A-4. Relaciones fundamentales de los saltos de agua. Fichero A-4.pdf
- Anexo Documental A-5. Las ruedas hidráulica verticales y horizontales. Fichero A-5.pdf
- Anexo Documental A-6. Descripción de las turbinas hidráulicas. Fichero A-6.pdf

Para complementar al Capítulo 2.
- Anexo Documental A–7. Autorización conseguida por Dionisio Segura para la instalación de la Central de Posadas. A-7.pdf
- Anexo documental A-8. Fábrica de luz de Valgañón. Oficio 231 del Gobierno Civil de la Provincia de Logroño, Obras Públicas, Negociado Electricidad. 11 setiembre de 1910. Fichero A-8.pdf
- Anexo Documental A-9. Fábrica de luz de Ojacastro. "Boletín Oficial de la Provincia de Logroño" miércoles 11 de marzo de 1908, número 57, páginas 211 – 212. Fichero A-9.pdf
- Anexo Documental A-10. Proyecto de aprovechamiento integral del alto Oja. Fichero A-10.pdf
- Anexo Documental A-11. Recopilación de tarifas eléctricas. Fichero A-11.pdf. Hay un suplemento al mismo con más datos y nombre de fichero A-11_suplemento.pdf.
- Anexo Documental A-12. Datos adicionales sobre relaciones laborales. Fichero A-12.pdf
- Anexo Documental A-13. Calidad de suministro eléctrico. Fichero A-13.pdf
- Anexo Documental A-14. La forma práctica de regular la tensión sin considerar la regulación de frecuencia. Fichero A-14.pdf

Para complementar al Capítulo 4.
- Anexo Documental A-15. Entorno empresarial de las empresas de esta historia. Fichero A-15.pdf
- Anexo Documental A-16. Autorización de la línea de transporte y las de distribución a Dionisio Segura. Fichero A-16.pdf
- Anexo documental A-17. Comunicación nº 188 del Ayuntamiento de Ezcaray. Fichero A-17.pdf
- Anexo Documental A-18. Autorización a Benito Gandasegui de 2 de agosto de 1906 en el BOPL. Fichero A-18.pdf
- Anexo Documental A-19. Transcripción de la publicación en el BOPL 10 de enero de 1910 a favor de Benito Gandasegui. Fichero A-19.pdf
- Anexo Documental A-20. Lista de precios de Juan Wenzel y Cía. del año de 1910. Fichero A-20.pdf
- Anexo Documental A-21. Cuenta de Gastos el día de la inauguración de la luz, con los Socios de la Máquina y Ayuntamiento. Año de 1910. Fichero A-21.pdf
- Anexo Documental A-22. Solicitud a Obras Públicas de Logroño, el PRESUPUESTO de gastos que ocasionaría el preceptivo Informe sobre las obras de la central de Valgañón, facilitado el 14 de junio de 1910. Fichero A-22.pdf

- Anexo Documental A-23. Autorización administrativa para establecer una Instalación eléctrica en la Villa de Valgañón. Fichero A-23.pdf
- Anexo Documental A-24. Factura de la instalación de la casa de Calixto Agustín de Valgañón fechada en 15 de julio de 1908. Fichero A-24.pdf.
- Anexo Documental A-25. Relación de los gastos iniciales que tuvo la Sociedad de La Fábrica con motivo de la instalación de la luz en Valgañón. Fichero A-25.pdf
- Anexo Documental A-26. Circular informativa a los vecinos de Valgañón ante la llegada de la luz eléctrica. Fichero A-26.pdf
- Anexo Documental A-27. Lista de cobros del mes de abril de 1910 de la fábrica de luz de Valgañón. Fichero A-27.pdf
- Anexo Documental A-28. Recaudación total de algunos meses de la fábrica de luz de Valgañón. Fichero A-28.pdf
- Anexo Documental A-29. PRESUPUESTO PARA EL ALUMBRADO realizado por Daniel Agustín Apéstegui. Fichero A-29.pdf
- Anexo Documental A-30. Inscripción de los dos aprovechamientos hidráulicos de Agustín Merino en Ojacastro. Fichero A-30.pdf
- Anexo Documental A-31. Especificación preliminar de materiales para el tendido de las líneas de la fábrica de luz de Ojacastro. Fichero A-31.pdf
- Anexo Documental A-32. Datos complementarios de las líneas eléctricas de Ojacastro en el Proyecto de Emiliano Azarola. Fichero A-32.pdf
- Anexo Documental A-33. Oficio nº 3703 del Gobierno Civil de la Provincia de Logroño – Negociado de Instalaciones eléctricas de 10 de diciembre de 1908. Fichero A-33.pdf
- Anexo Documental A-34. ACTA de reconocimiento de la línea de Ojacastro de 6 de diciembre de 1909. Fichero A-34.pdf
- Anexo Documental A-35. Actividad comercial de la Serrería. Fichero A-35.pdf
- Anexo Documental A-36. Relación, no exhaustiva, de proveedores y clientes de la fábrica de luz y serrería de Ojacastro. Fichero A-36.pdf
- Anexo Documental A-37. Anuncio "A los habitantes del pueblo de Ojacastro" de diciembre de 1908. Fichero A-37.pdf" de diciembre de 1908.
- Anexo Documental A-38. Sobre los maquinistas de la Fábrica de Luz de Ojacastro. Fichero A-38.pdf
- Anexo Documental A-39. Carta de Agustín Merino a Mateo Díez en Ojacastro de 26 de enero de 1920. Fichero A-39.pdf
- Anexo Documental A-40. El Contrato con la estación de Ojacastro del FFCC Haro – Ezcaray. Fichero A-40.pdf
- Anexo Documental A-41. Informe de 25 de enero de 1911 por Gonzalo Merino razonando sobre la instalación de un motor térmico para los estiajes. Fichero A-41.pdf
- Anexo A-42. Detalles adicionales sobre la locomóvil que se instaló en la Fábrica de Luz de Ojacastro. Fichero A-42.pdf
- Anexo Documental A-43. Establecimientos industriales que aprovechaban la fuerza hidráulica de ambos cauces molinares de Ojacastro. Fichero A-43.pdf
- Anexo Documental A-44. Carta de Gonzalo Merino a Agustín Merino de 29 de noviembre de 1912. Fichero A-44.pdf
- Anexo Documental A-45. Oferta de Siemens Schuckert, sucursal de Bilbao, presupuesto nº 1952. Fichero A-45.pdf
- Anexo Documental A-46. Acoplamiento eléctrico de Fábrica y Molino. Fichero A-46.pdf
- Anexo Documental A-47. El proyecto, montaje, puesta en servicio de la Fábrica de Luz. Fichero A-47.pdf

- Anexo Documental A-48. Cuentas de la Fábrica de luz de Ojacastro. Fichero A-48.pdf

Para complementar al Capítulo 5.

- Anexo Documental A-49. Los Proyectos no realizados. Fichero A-49.pdf
- Anexo Documental A-50. La polémica entre Segura y Gandasegui sobre el Proyecto e instalación de Posadas. Fichero A-50.pdf
- Anexo Documental A-51. Escritura de constitución de "Hidroeléctrica del Oja SA" de 25 de setiembre de 1912. Fichero A-51.pdf
- Anexo Documental A-52. Escritura de aclaración sobre "Hidroeléctrica del Oja SA" de 8 de noviembre de 1912. Fichero A-52.pdf
- Anexo Documental A-53. Listas de obligacionistas de Hidroeléctrica del Oja. Fichero A-53.pdf
- Anexo Documental A-54. Autentificación Notarial del acta nº 24 de la Junta general extraordinaria de liquidación de "Hidroeléctrica del Oja" de 20 de agosto de 1915. Fichero A-54.pdf
- Anexo Documental A-55. Documentación para el pago de los derechos reales de la disolución de "Hidroeléctrica del Oja" de 13 de setiembre de 1915. Fichero A-55.pdf
- Anexo Documental A-56. Hidroeléctrica del Oja. Probable situación de las obligaciones y su numeración. Anexo Documental A-56. Fichero A-56.pdf.
- Anexo Documental A-57. Escritura de presentación del balance definitivo de la liquidación de la Sociedad Hidroeléctrica del Oja SA. Fichero A-57.pdf

Para complementar el capítulo 6.

- Anexo Documental A-58. Bases para la constitución de una Sociedad Civil o "Comunidad de Bienes" que se propone la compra y explotación del negocio eléctrico de la Sociedad Anónima en liquidación, denominada "Hidro – Eléctrica del Oja. Fichero A-58.pdf
- Anexo Documental A-59. Mancomunidad Electra Posadas. Lista de las personas firmantes en 1916 con sus aportaciones. Los partícipes en la Mancomunidad a 31 de diciembre de 1921. Fichero A-59.pdf
- Anexo Documental A-60. Estadillo de 3 de junio de 1921, con datos de la Mancomunidad Electra Posadas. Fichero A-60.pdf
- Anexo Documental A-61. SITUACION GENERAL FINANCIERA a mayo de 1923. Fichero A-61.pdf
- Anexo Documental A-62. Carta de la Sociedad Española de Electricidad Asea, en Bilbao enviada a Electra Posadas de 21 de febrero de 1922. Fichero A-62.pdf
- Anexo Documental A-63. Borrador "Contrato que celebran de mutuo acuerdo la Sociedad Electra Posadas (Rioja) y la casa Benz y Cía. de Mannheim representada por don Nicolás de Zubigaray de Bilbao". 22 de febrero de 1922. Fichero A-63.pdf
- Anexo Documental A-64. Relación de partícipes de Mancomunidad Electra Posadas que van a ampliar su capital en 17 de marzo de 1922. Fichero A-64.pdf
- Anexo Documental A-65. De la carta de A. Merino a F. Ferrer de 31 de octubre de 1922, causas por las que el Motor BENZ no pudo dar toda su potencia en las primeras pruebas. Fichero A-65.pdf
- Anexo Documental A-66. Lectura de los aparatos del alternador durante el trabajo para motores. Fichero A-66.pdf

Para complementar el capítulo 7.

- Anexo Documental A-67. Escritura de constitución de "Electra Posadas SA" de 12 de noviembre de 1923. Resumen parcial. Fichero A-67.pdf. Como suplemento se incluye el fichero A-67_Constitucion_E_Posadas.pdf con la escritura de constitución de Electra Posadas completa.
- Anexo Documental A-68. Relación de accionistas a noviembre de 1923. Fichero A-68.pdf

- Anexo Documental A-69. Las operaciones corrientes de Electra Posadas SA entre 1923 y 1930. Fichero A-69.pdf

Para complementar el capítulo 8.

- Anexo Documental A-70. Las operaciones corrientes de Electra Posadas SA entre 1931 y 1942. Fichero A-70.pdf
- Anexo Documental A-71. Carta de 28 de enero de 1935 de Gonzalo Merino a Agustín Merino. Fichero A-71.pdf
- Anexo Documental A-72. Carta de 28 de enero de 1935 de Gonzalo Merino a Agustín Merino. Fichero A-72.pdf
- Anexo Documental A-73. Carta de Gonzalo a Agustín de 10 de junio de 1935. Fichero A-73.pdf
- Anexo Documental A-74. Electra Posadas Legalización en 1936 de las tarifas de 1924. Fichero A-74.pdf
- Anexo Documental A-75. Extensión de la red de Electra Posadas SA entre los años de 1931 y 1942. Fichero A-75.pdf
- Anexo Documental A-76. Descripción básica de la Central de Cuzcurrita y de sus pertenecidos. Fichero A-76.pdf

Para complementar el capítulo 9.

- Anexo Documental A-77. Las operaciones corrientes de Electra Posadas SA entre 1943 y 1951. Fichero A-77.pdf.
- Anexo Documental A-78. Memoria del ejercicio de 1951. Fichero A-78.pdf
- Anexo Documental A-79. Informe del consejero delegado de Electra Posadas del año de 1951. Fichero A-79.pdf
- Anexo Documental A-80. La extensión de la red a poblaciones muy pequeñas y aldeas. Fichero A-80.pdf

Para complementar el capítulo 10.

- Anexo Documental A-81. Anexo Documental A-81. Las operaciones corrientes de Electra Posadas durante el período 1951 a 1964. Fichero A-81.pdf
- Anexo Documental A-82. Informe del consejero delegado de Electra Posadas del año de 1954. Fichero A-82.pdf
- Anexo Documental A-83. Informe del consejero delegado de Electra Posadas del año de 1959. Fichero A-83.pdf
- Anexo Documental A-84. Difusión de la Memoria de Electra Posadas SA de 1959. Fichero A-84.pdf
- Anexo Documental A-85. Informe del consejero delegado de Electra Posadas del año de 1961. Fichero A-85.pdf
- Anexo Documental A-86. Memoria del ejercicio de 1963. Fichero A-86.pdf
- Anexo Documental A-87. Proyecto del Ingeniero Antonio Renedo Fornos titulado "Proyecto reformado del salto de Ozumbra margen derecha" de 30 de enero de 1946. Fichero A-87.pdf

Balances y Cuentas de Resultados Balances_Cuentas_Resultados.pdf

Fichero Excel de las cuentas C_Resultados_Electra_Posadas.xlsx

Varios vídeos del río Oja. Editados por Iñaki Garay Montoya,

- VID-1.mp4. Arroyo Charcones en el nacimiento del Oja en 8 de abril de 2007.
- VID-2.mp4. El azud de toma de la central de Posadas en 8 de abril de 2007.

- VID-3.mp4. Estación de aforo A-157 en Azarrulla de la Confederación Hidrográfica del Ebro en 16 de agosto de 2017.
- VID-4.mp4. El río Oja en 29 de diciembre de 2019 en el puente de Azarrulla a San Antón. Cedida por Mercedes Del Río Merino.
- VID-5.mp4. El Oja el 5 de junio de 2017 en el puente Canto de Ezcaray.
- VID-6.mp4. El río Oja renace tras el estiaje en 31 de octubre de 2021 en el puente Alandia. Cedida por Adolfo Marañón.
- VID-7.mp4. Crecida del Oja de 11 de diciembre de 2017 en el puente de la Estación de Ezcaray. Cedida por Jorge Matey Valderrama.
- VID-8.mp4. Pasarela rústica de 4 de noviembre de 2012 en la pasada de los Bueyes de Ojacastro.
- VID-9.mp4. El río Oja o Glera en 25 de setiembre de 2018 a la altura del Ventorro de Ojacastro.
- VID-10.mp4. El río Oja en 10 de febrero de 2018 en el puente de Santo Domingo de la Calzada.

Este documento, en su versión PDF, aparece al final del libro y en la carpeta de Anexos Documentales.